시사 EJU 플랜

EJU 일본어

시사일본어사

시사 EJU 플랜 EJU 일본어

초판발행 2019년 10월 1일
1판 3쇄 2023년 8월 30일

저자 주종관, 모리이케 다이치
책임 편집 조은형, 김성은, 오은정, 무라야마 토시오
펴낸이 엄태상
콘텐츠 제작 김선웅, 장형진
마케팅 이승욱, 왕성석, 노원준, 조성민, 이선민
경영기획 조성근, 최성훈, 김다미, 최수진, 오희연
물류 정종진, 윤덕현, 신승진, 구윤주

펴낸곳 시사일본어사(시사북스)
주소 서울시 종로구 자하문로 300 시사빌딩
주문 및 교재 문의 1588-1582
팩스 0502-989-9592
홈페이지 www.sisabooks.com
이메일 book_japanese@sisadream.com
등록일자 1977년 12월 24일
등록번호 제 300-2014-31호

ISBN 978-89-402-9291-4
978-89-402-9290-7 14730 (Set)

전원만점! 일류 대학의 꿈은 이루어진다!

한 권으로 끝내는 청량음료와 같은 길라잡이임을 자부한다.

본 책의 특징은 EJU일본어를 처음 접하는 수험생들도 한눈에 EJU일본어가 무엇인가를 알 수 있도록 독해·청독해·청해·기술의 출제 경향을 분석하고 각 분야를 필수 패턴으로 나누어 철저하게 학습할 수 있도록 구성하였다. 기존의 EJU일본어가 독해나 청해·청독해 등으로 따로 출판되어 2% 부족함을 느껴 온 것도 사실이다. 이러한 목마른 갈증을 한꺼번에 풀어주는 최초의 EJU 종합 수험서가 될 것을 자부한다.

독해의 문맥을 파악해서 가장 빠르게 해답을 찾는 비결을 전수한다.

먼저 처음 EJU시험을 준비하는 수험생 중에서 가장 먼저 난관에 부딪치는 일이 일본어 독해인데, 그것은 먼저 한자나 어휘 부족에 의한 문장의 이해력이 떨어지는 점과 시간에 대한 압박감을 끊임없이 느껴야 하는 점이라고 생각한다. 그래서 본문을 읽으면서 정답을 찾아내는 문제 푸는 요령을 패턴 분석에서 자세히 설명하였다. 그리고 무엇보다도 중요한 것은 한 두 문제의 까다로운 문제에 연연하지 않고 25문제를 다 푸는 스피드 정신이다.

청독해에 대한 알레르기를 치유할 비법을 전수한다.

두 번째로 청독해는 수험생들이 가장 까다롭게 생각하는 문제이기 때문에 많은 문제를 통해서 다양한 경험을 쌓는 것이 중요하다. 먼저 청독해는 청해에 비해서 스크립트의 길이가 짧아서 좀 더 자세히 설명하는 부분에 유의하고 후반부에 접어들어 역접의 접속사에 나오는 내용을 특히 주의 해서 들을 필요가 있다. 그리고 무엇보다도 놓친 문제에 연연하지 말고 다음 문제에 집중하는 멘탈 갑의 정신이 필요하다.

청해에 대한 방심을 원천 봉쇄하는 대비책을 전수한다.

세 번째로 청해는 난이도에서 수험생에게 많은 부담을 주지 않지만 문제당 배점이 높기 때문에 가능한 한 실수하지 않도록 세심한 주의가 필요하다. 특히 본문 내용은 그다지 어렵지 않지만 선택지를 고를 때 수험생들의 주의가 요구되는 문제가 많이 출제된다. 예를 들면 본문의 내용 중 정답에 해당하는 부분을 선택지에서는 동음이의어의 단어로 제시되거나 때로는 본문의 내용이 추상적 의미의 선택지로 제시될 때 수험생이 오답을 고를 확률이 매우 높아지기 때문에 긴장의 끈을 놓지 마라.

글쓰기에 대한 공포를 한방에 날려주는 요령을 전수한다.

마지막으로 두 개 중 하나의 테마를 400자 이상 500자 이내로 문장을 쓰는 기술 시험에서 가장 유의해야 할 점은 기술에 너무 힘을 쏟은 나머지 중요한 일본어에서 집중력을 잃는 것이다. 먼저 기술은 자기 나름대로의 글쓰기 패턴을 몸에 익히는 훈련이 중요하다. 따라서 패턴별로 서론·본론·결론을 자신만의 맛깔나는 언어로 문장을 쓸 수 있도록 여러분을 안내할 것이다.

아무쪼록 본 교재가 일본 대학 합격의 밑거름이 되는 계기가 되었으면 좋겠다.

2019년 9월 주종관, 모리이케 다이치

이 책의 특징

이 책의 특징은 2019년까지의 일본유학시험(EJU) 일본어 과목(독해 · 청독해 · 청해 · 기술) 기출문제를 철저하게 분석하여 각 분야를 패턴별로 나누고, 처음 EJU를 접하는 수험생들이 정리된 패턴을 몸에 익히면서 문제 푸는 시간을 단축시키고 정확하게 정답을 찾을 수 있도록 노하우를 공개하였습니다. 또한 국내 최초로 JASSO로부터 승인을 받아 기출문제를 실어 놓았고 실전 감각을 익힐 수 있도록 하였습니다. 마지막으로 기출문제에 자주 등장하는 주제를 분석하여 다양한 주제의 출제 예상문제를 제작하였고, 예상문제에 등장하는 주요 어휘를 자연스럽게 습득하여 실전에 철저하게 대비할 수 있도록 구성해 놓았습니다.

✔ 1단계 - 워밍업! 과목별 포인트를 확인하고 주요 표현을 익히자!

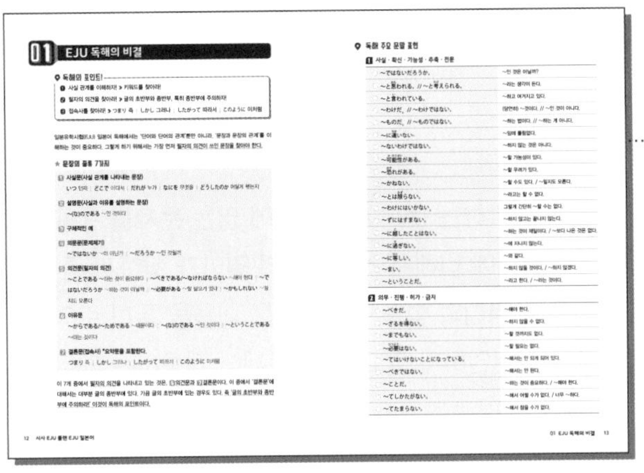

워밍업 단계로 과목별 포인트를 확인하면서 문제를 풀기 전, 각 과목의 포인트와 주요 표현들을 익힐 수 있습니다.

✔ 2단계 - 도움닫기! 기출문제를 풀어 보며 필수 패턴을 익히자!

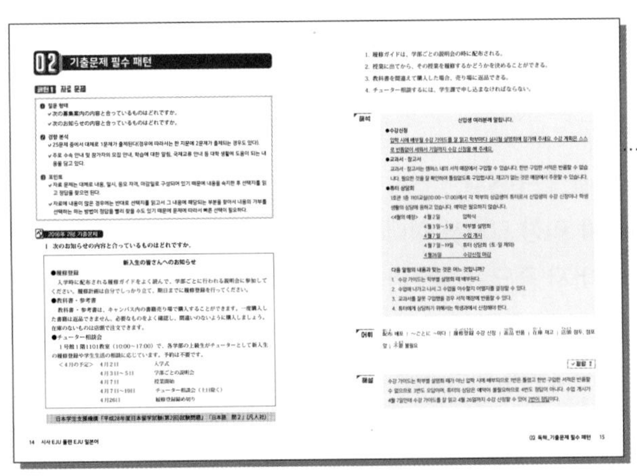

국내 최초! 국내 유일!
EJU 기출문제 사용 허가를 JASSO로부터 승인받아 과목별로 실어 놓았습니다.
기출문제를 풀어보며, 패턴을 몸에 익히고 문제를 푸는 노하우를 장착할 수 있습니다.

✓ 3단계 - 높이뛰기! 다양한 주제의 출제 예상문제를 풀어 보자!

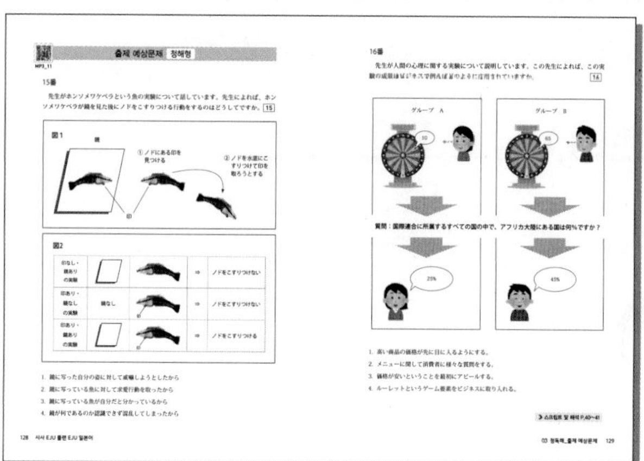

기출문제에 자주 등장하는 주제를 분석하여 다양한 주제의 출제 예상문제를 실어 놓았습니다. 청독해와 청해는 QR코드로 바로 음성 확인을 할 수 있습니다.

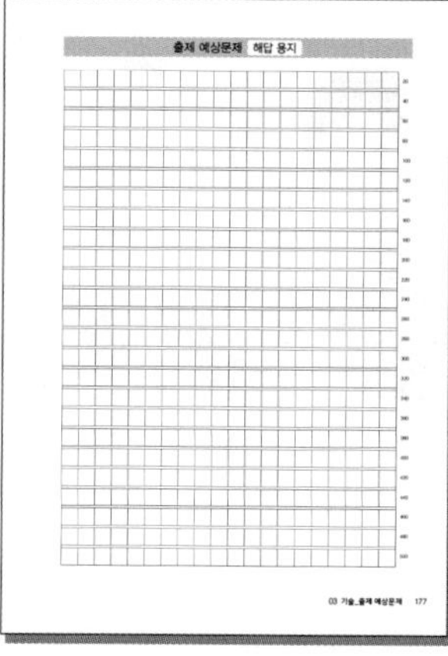

기술의 경우, 실전에 대비할 수 있도록 시험지와 동일하게 원고지를 제공하고, 확인할 수 있도록 하였습니다.

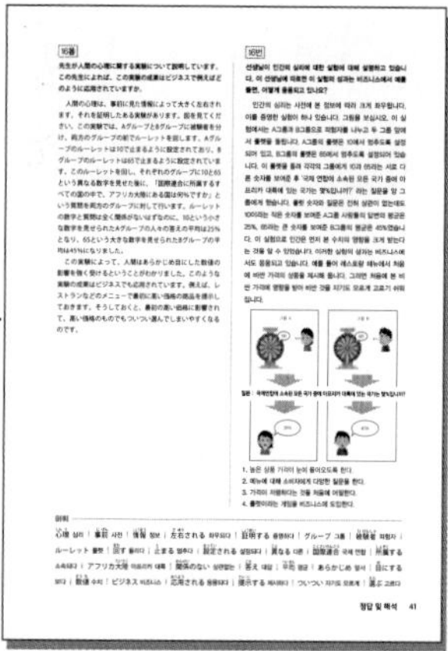

출제 예상문제를 풀며 다양한 주제의 주요 어휘를 자연스럽게 습득하고, 별도의 단어장이 필요 없을 정도로 꼼꼼하게 정리해 놓았습니다.

✓ 4단계 - 착지! 실전에 철저하게 대비하기!

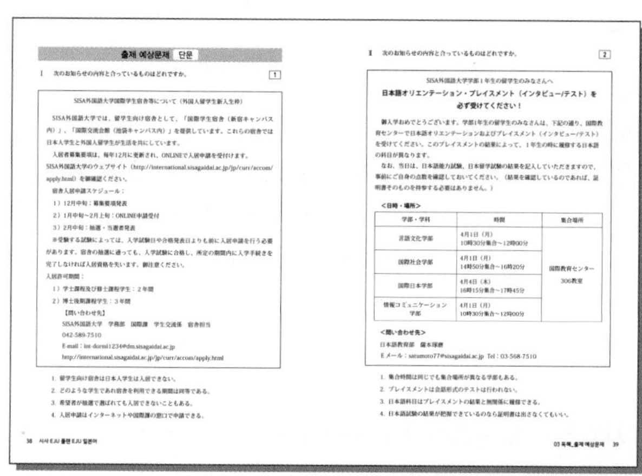

실전에 철저하게 대비할 수 있도록 난이도를 높인 모의테스트를 풀어 볼 수 있도록 하였습니다.

차 례

EJU시험 정보

일본유학시험 실시목적

외국인 유학생으로 일본의 대학(학부) 등에 입학을 희망하는 자의 일본어능력 및 기초학력을 평가하는 것을 목적으로 합니다.

과목 구성

수험자는 지원 대학 등에서 지정하고 있는 과목에 근거하여, 아래의 과목 중에서 선택하여 응시합니다. 단, 이과와 종합과목을 동시에 선택할 수 없습니다.

과 목	목적	해답시간	득점범위
일본어 과목	일본의 대학 등에서 면학할 수 있는 일본어능력(아카데믹 재패니즈)을 측정	125분	[독해], [청독해/청해] 0~400점 [기술(記述)] 0~50점
이과	일본 대학 등의 자연계 학부에서의 면학에 필요한 이과(물리 · 화학 · 생물)의 기초적인 학력을 측정	80분	0~200점
종합 과목	일본의 대학 등에서 면학에 필요한 인문계의 기초적인 학력, 특히 사고력, 논리적 능력을 측정	80분	0~200점
수학	일본 대학 등에서의 면학에 필요한 수학의 기초적인 학력을 측정	80분	0~200점

※ 위의 각 과목은 공통의 척도에 의거하여 채점됩니다. (득점등화[得点等化] 방식) (일본어과목의 기술영역은 제외)

[일본어과목] 구성

❶ 구성	[기술(記述)], [독해], [청독해/청해]의 3영역으로 구성됩니다.
❷ 순서/시간	기술(記述)(30분) · 독해(40분) · 청독해 · 청해(청독해와 청해가 연속으로 약 55분간 실시)의 순서로 실시합니다.
❸ 득점범위	[기술(記述)]은 0~50점의 범위로 별도로 표시되며, [독해] 0~200점, [청독해/청해] 0~200점으로 합계 0~400점으로 표시됩니다.

[이과] 구성

이과에는 물리 · 화학 · 생물 3과목이 있습니다.

수험자는 지원 대학에서 지정하고 있는 바에 근거하여, 시험당일 답안지 상에 3과목 중에서 2과목을 선택해야 합니다.

[종합과목] 구성

정치 · 경제 · 사회를 중심으로 하여 지리와 역사에서 종합적으로 출제됩니다. 유학생이 일본의 대학 등에서 면학에 필요한 현대 일본의 기초지식을 가지고, 근현대 국제사회의 기본적인 문제에 대해 논리적으로 사고하고 판단하는 능력이 있는지를 측정합니다.

[수학] 구성

수학에는 코스 1(인문계 학부 및 수학의 필요성이 비교적 적은 자연계 학부용), 코스 2(수학을 고도로 필요로 하는 학부용)의 2종류가 있습니다. 수험자는 수험희망대학의 지정에 근거하여, 시험당일 답안지 상에 둘 중 한가지를 선택해야 합니다.

출제언어

일본유학시험은 2개 언어(일본어 및 영어)로 문제가 출제됩니다(일본어과목은 일본어로만 출제됨). 또한 문제지는 일본어와 영어가 각각 다른 용지이므로, 수험자는 지원 대학에서 지정하고 있는 언어에 근거하여, 원서 작성 시 원서 상에 둘 중 한 가지를 선택하여 표기해야 합니다.

답안지 종류

일본어과목의 답안지는 〈객관식〉 및 〈서술식〉 2종류이며, 이과, 종합과목, 수학은 모두 〈객관식〉 답안지에 답안작성을 하도록 되어 있습니다.

※ 〈객관식〉 : 다지선다형 마크시트 방식 / 〈서술식〉 : 문장을 직접 작성하는 방식

시험시간 / 해답시간 / 지각한도

시험시간: 시험에 관한 여러가지 안내시간, 문제지 • 답안지 배부시간, 문제를 풀고 해답을 하는 시간을 모두 포함한 시간입니다.

해답시간: 문제를 풀고 해답을 하는 시간만을 말합니다.

지각한도: 이 시간부터는 고사실 입실이 금지되므로, 수험자는 이 점에 주의해야 합니다.

교시	과목	시험시간	해답시간	지각한도
1교시 (오전)	일본어과목	9:30～12:00 경	9:55～12:00 경 (약125분)	9:40
2교시 (오후)	이과 (이과)	1:30～3:00	1:40～3:00 (80분)	1:50
	종합과목(문과)			
3교시 (오후)	수학	3:40～5:10	3:50～5:10 (80분)	4:00

※ 이과, 종합과목, 수학과목은 지각한도 시간 10분 전부터 해답이 개시되므로, 수험자는 반드시 시험시간(1:30, 3:40)까지 입실을 완료해야 합니다.

독해

시사
EJU
플랜

EJU
일본어

日本語－02

記述問題

説明

記述問題は，二つのテーマのうち，**どちらか一つを選んで，**記述の解答用紙に書いてください。

解答用紙の**テーマの番号**を○で囲んでください。

文章は横書きで書いてください。

解答用紙の裏（何も印刷されていない面）には，何も書かないでください。

問題冊子

시사 EJU 플랜 EJU 일본어

日本留学試験　模擬試験

日本語

（125分）

I　試験全体に関する注意

1．係員の許可なしに，部屋の外に出ることはできません。

2．この問題冊子を持ち帰ることはできません。

II　試験全体に関する注意

1．試験開始の合図があるまで，この問題冊子の中を見ないでください。

2．試験開始の合図があったら，下の欄に，受験番号と名前を，受験票と同じように記入してください。

3．問題は，記述・読解・聴読解・聴解の四つの部分にに分かれています。それぞれの問題は，以下のページにあります。

	ページ
記述	1～3
読解	5～31
聴読解	33～47
聴解	49～52

4．各部分の解答は，指示にしたがって初めてください。指示されていない部分を開いてはいけません。

5．足りないページがあったら手をあげて知らせてください。

6．問題冊子には，メモなどを書いてもいいです。

III　解答用紙に関する注意

1．解答は，解答用紙に鉛筆（HB）で記入してください。

2．記述の解答は，記述用の解答用紙に日本語で書いてください。

読解・聴読解・聴解の問題には，その解答を記入する行の番号 1, 2, 3, …がついています。解答用紙（マークシート）の対応する解答欄にマークしてください。

3．解答用紙に書いてある注意事項も必ず読んでください。

※　試験開始の合図があったら，必ず受験番号と名前を記入してください。

受験番号			＊					＊							
名　　前															

01, EJU 독해의 비결

02, 기출문제 필수 패턴

03, 출제 예상문제

01 EJU 독해의 비결

독해의 포인트!

❶ 사실 관계를 이해하자! ➤ 키워드를 찾아라!

❷ 필자의 의견을 찾아라! ➤ 글의 초반부와 종반부, 특히 종반부에 주의하자!

❸ 접속사를 찾아라! ➤ つまり 즉 | しかし 그러나 | したがって 따라서 | このように 이처럼

일본유학시험(EJU) 일본어 독해에서는 '단어와 단어의 관계'뿐만 아니라, '문장과 문장의 관계'를 이해하는 것이 중요하다. 그렇게 하기 위해서는 가장 먼저 필자의 의견이 쓰인 문장을 찾아야 한다.

★ 문장의 종류 7가지

1 사실문(사실 관계를 나타내는 문장)

いつ 언제 | どこで 어디서 | だれが 누가 | なにを 무엇을 | どうしたのか 어떻게 했는지

2 설명문(사실과 이유를 설명하는 문장)

～(な)のである ～인 것이다

3 구체적인 예

4 의문문(문제제기)

～ではないか ～이 아닌가 | ～だろうか ～인 것일까

5 의견문(필자의 의견)

～ことである ～하는 것이 중요하다 | ～べきである/～なければならない ～해야 한다 | ～ではないだろうか ～하는 것이 아닐까 | ～必要がある ～할 필요가 있다 | ～かもしれない ～일지도 모른다

6 이유문

～からである/～ためである ～때문이다 | ～(な)のである ～인 것이다 | ～ということである ～라는 것이다

7 결론문(접속사) *요약문을 포함한다.

つまり 즉 | しかし 그러나 | したがって 따라서 | このように 이처럼

이 7개 중에서 필자의 의견을 나타내고 있는 것은, 5 의견문과 7 결론문이다. 이 중에서 '결론문'에 대해서는 대부분 글의 종반부에 있다. 가끔 글의 초반부에 있는 경우도 있다. 즉 '글의 초반부와 종반부에 주의하라!' 이것이 독해의 포인트이다.

독해 주요 문말 표현

1 사실 · 확신 · 가능성 · 추측 · 전문

☐ 〜ではないだろうか。	~인 것은 아닐까?
☐ 〜と思(おも)われる。// 〜と考(かんが)えられる。	~라는 생각이 든다.
☐ 〜と言(い)われている。	~하고 여겨지고 있다.
☐ 〜わけだ。// 〜わけではない。	(당연히) ~것이다. // ~인 것이 아니다.
☐ 〜ものだ。// 〜ものではない。	~하는 법이다. // ~하는 게 아니다.
☐ 〜に違(ちが)いない。	~임에 틀림없다.
☐ 〜ないわけではない。	~하지 않는 것은 아니다.
☐ 〜可能性(かのうせい)がある。	~할 가능성이 있다.
☐ 〜恐(おそ)れがある。	~할 우려가 있다.
☐ 〜かねない。	~할 수도 있다. / ~일지도 모른다.
☐ 〜とは限(かぎ)らない。	~라고는 할 수 없다.
☐ 〜わけにはいかない。	그렇게 간단히 ~할 수는 없다.
☐ 〜ずにはすまない。	~하지 않고는 끝나지 않는다.
☐ 〜に越(こ)したことはない。	~하는 것이 제일이다. / ~보다 나은 것은 없다.
☐ 〜に過(す)ぎない。	~에 지나지 않는다.
☐ 〜に等(ひと)しい。	~와 같다.
☐ 〜まい。	~하지 않을 것이다. / ~하지 않겠다.
☐ 〜ということだ。	~라고 한다. / ~라는 것이다.

2 의무 · 진행 · 허가 · 금지

☐ 〜べきだ。	~해야 한다.
☐ 〜ざるを得(え)ない。	~하지 않을 수 없다.
☐ 〜までもない。	~할 것까지도 없다.
☐ 〜必要(ひつよう)はない。	~할 필요는 없다.
☐ 〜てはいけないことになっている。	~해서는 안 되게 되어 있다.
☐ 〜べきではない。	~해서는 안 된다.
☐ 〜ことだ。	~하는 것이 중요하다. / ~해야 한다.
☐ 〜てしかたがない。	~해서 어쩔 수가 없다. / 너무 ~하다.
☐ 〜てたまらない。	~해서 참을 수가 없다.

02 기출문제 필수 패턴

패턴1 자료 문제

1 질문 형태

- 次の募集案内の内容と合っているものはどれですか。
- 次のお知らせの内容と合っているものはどれですか。

2 경향 분석

- 25문제 중에서 대체로 1문제가 출제된다(경우에 따라서는 한 지문에 2문제가 출제되는 경우도 있다).
- 주로 수속 안내 및 참가자의 모집 안내, 학습에 대한 알림, 국제교류 안내 등 대학 생활에 도움이 되는 내용을 담고 있다.

3 포인트

- 자료 문제는 대체로 내용, 일시, 응모 자격, 마감일로 구성되어 있기 때문에 내용을 숙지한 후 선택지를 읽고 정답을 찾으면 된다.
- 자료에 내용이 많은 경우에는 반대로 선택지를 읽고서 그 내용에 해당되는 부분을 찾아서 내용의 가부를 선택하는 하는 방법이 정답을 빨리 찾을 수도 있기 때문에 문제에 따라서 빠른 선택이 필요하다.

2016年 2回 기출문제

I　次のお知らせの内容と合っているものはどれですか。

新入生の皆さんへのお知らせ

●履修登録

入学時に配布される履修ガイドをよく読んで、学部ごとに行われる説明会に参加してください。履修計画は自分でしっかり立て、期日までに履修登録を行ってください。

●教科書・参考書

教科書・参考書は、キャンパス内の書籍売り場で購入することができます。一度購入した書籍は返品できません。必要なものをよく確認し、間違いのないように購入しましょう。在庫のないものは店頭で注文できます。

●チューター相談会

1号館1階1101教室（10:00～17:00）で、各学部の上級生がチューターとして新入生の履修登録や学生生活の相談に応じています。予約は不要です。

＜4月の予定＞	4月2日	入学式
	4月3日～5日	学部ごとの説明会
	4月7日	授業開始
	4月7日～19日	チューター相談会（土日除く）
	4月26日	履修登録締め切り

日本学生支援機構『平成28年度日本留学試験(第2回)試験問題』「日本語　問2」(凡人社)

1. 履修ガイドは、学部ごとの説明会の時に配布される。

2. 授業に出てから、その授業を履修するかどうかを決めることができる。

3. 教科書を間違えて購入した場合、売り場に返品できる。

4. チューター相談するには、学生課で申し込まなければならない。

해석

신입생 여러분께 알립니다.

●수강신청

입학 시에 배부될 수강 가이드를 잘 읽고 학부마다 실시될 설명회에 참가해 주세요. 수강 계획은 스스로 빈틈없이 세워서 기일까지 수강 신청을 해 주세요.

●교과서 · 참고서

교과서 · 참고서는 캠퍼스 내의 서적 매장에서 구입할 수 있습니다. 한번 구입한 서적은 반품할 수 없습니다. 필요한 것을 잘 확인하여 틀림없도록 구입합시다. 재고가 없는 것은 매장에서 주문할 수 있습니다.

●튜터 상담회

1호관 1층 1101교실(10:00～17:00)에서 각 학부의 상급생이 튜터로서 신입생의 수강 신청이나 학생 생활의 상담에 응하고 있습니다. 예약은 필요하지 않습니다.

<4월의 예정>	4월 2일	입학식
	4월 3일～5일	학부별 설명회
	4월 7일	수업 개시
	4월 7일～19일	튜터 상담회 (토·일 제외)
	4월26일	수강신청 마감

다음 알림의 내용과 맞는 것은 어느 것입니까?

1. 수강 가이드는 학부별 설명회 때 배부된다.
2. 수업에 나가고 나서 그 수업을 이수할지 어떨지를 결정할 수 있다.
3. 교과서를 잘못 구입했을 경우 서적 매장에 반품할 수 있다.
4. 튜터에게 상담하기 위해서는 학생과에서 신청해야 한다.

어휘 配布(はいふ) 배포 | ～ごとに ~마다 | 履修登録(りしゅうとうろく) 수강 신청 | 返品(へんぴん) 반품 | 在庫(ざいこ) 재고 | 店頭(てんとう) 점두, 점포 앞 | 不要(ふよう) 불필요

✔정답 2

해설 수강 가이드는 학부별 설명회 때가 아닌 입학 시에 배부되므로 1번은 틀렸고 한번 구입한 서적은 반품할 수 없으므로 3번도 오답이며, 튜터의 상담은 예약이 불필요하므로 4번도 정답이 아니다. 수업 개시가 4월 7일인데 수강 가이드를 잘 읽고 4월 26일까지 수강 신청할 수 있어 2번이 정답이다.

패턴 2 문장의 내용과 맞는 것을 고르는 문제

❶ 질문 형태

✔次の文章の内容と合っているものはどれですか。

❷ 경향 분석

✔문장의 내용과 맞는 것을 찾는 문제는 25문제 중에서 대체로 2~3문제가 출제된다.

✔설명문이나 수필, 또는 논설문 등 다양한 글에서 출제되고 있지만 한 가지 공통된 점은 필자가 가장 말하고 싶은 내용을 묻는다는 점이다.

❸ 포인트

✔우선 지문을 읽을 때 필자가 가장 중요하게 생각하는 문장, 즉 키센텐스를 찾고, 밑줄을 그어 놓자.

✔두 번째는 그 키센텐스를 가장 잘 나타내고 있는 선택지를 답으로 찾자. 오답 선택지는 키센텐스와 반대되는 내용이거나 관계없는 내용이다.

✔문장의 내용과 맞는 것을 고르는 문제는 필자가 가장 말하고 싶은 문제와도 일맥상통하는 점이 있다.

2016年 2回 기출문제

II 次の文章の内容と合っているものはどれですか。

インターネット上における匿名どうしの人々による善意の行動や、助言の行動について、それがどのような特徴を持っているのか調べてみよう。

ネット上には、…（略）…募金活動や寄付活動など、同じく見ず知らずの相手に対して非常に好意的な態度を持って行われる行動が見られる。また、商品購入に関するサイトなどでは、すでに購入した人から、未購入者へのアドバイスや、商品に関する質問に対する解答などが、金銭的な利益とは関係なく自発的に行われることが多い。

このような行動を考える手掛かりとしては、従来の社会心理学における、他人に対して利益をもたらす援助行動にについての研究がある。この研究によると、興味深いことに、多くの人が援助できる可能性を持っていれば、それだけ援助行動が活発になるかといえば、必ずしもそうではなく、むしろ他に援助できる人がいるだろう、と考えることで、自分自身が援助をする責任を考えることが希薄になり（責任の分散）、その結果、最悪の場合では誰も援助を起こさない場合も出てくるのである。

（是永論「電子空間のコミュニケーションーネットはなぜ炎上するのか」橋本良明編著『メディア・コミュニケーション学』大修館書店）

日本学生支援機構『平成28年度日本留学試験(第2回)試験問題』「日本語　問6」(凡人社)

1. 見知らぬ人に対しては、自発的に援助しようとする人が少なくなる傾向がある。

2. たくさんの人が援助する可能性があれば、かえって援助する人が少なくなる。

3. 見知らぬ相手に対して援助をすれば、結果的に自分の利益となる。

4. 援助の必要性が強く認識されれば、より多くの援助が集まりやすい。

해석

인터넷상에서 익명의 사람들에 의한 선의의 행동이나 조언의 행동에 대해서 그것이 어떤 특징을 가지고 있는가 조사해 보자.

인터넷상에는 … (생략) …모금 활동이나 기부 활동 등 똑같이 전혀 모르는 상대에게 몹시 호의적인 태도를 가지고 이루어지는 행동을 볼 수 있다. 또한 상품 구입에 관한 사이트 등에서는 이미 구입한 사람으로부터 미구입자에게의 충고나 상품에 관한 질문에 대한 답변 등이 금전적인 이익과는 관계없이 자발적으로 행해지는 경우가 많다.

이와 같은 행동을 생각하는 단서로서는 종래의 사회심리학에서 타인에 대해서 이익을 가져오는 원조 행동에 대한 연구가 있다. <u>이 연구에 의하면 흥미롭게도 많은 사람이 원조할 수 있는 가능성을 가지고 있다면 그만큼 원조 행동이 활발해 지는가 하면 반드시 그렇지 않고, 오히려 다른 원조할 수 있는 사람이 있을 것이라고 생각해서 자기 자신이 원조할 책임을 생각하는 것이 희박해져 (책임의 분산), 그 결과 최악의 경우에는 아무도 원조를 하지 않는 경우도 나올 것이다.</u>

다음 문장의 내용과 맞는 것은 어느 것입니까?

1. 낯선 사람에 대해서는 자발적으로 원조하려고 하는 사람이 적어지는 경향이 있다.
2. 많은 사람이 원조할 가능성이 있으면 오히려 원조하는 사람이 적어진다.
3. 낯선 상대에 대해서 원조를 하면 결과적으로 자신의 이익이 된다.
4. 원조의 필요성이 강하게 인식되면 보다 많은 원조가 모이기 쉽다.

어휘

匿名(とくめい) 익명 | 善意(ぜんい) 선의 | 助言(じょげん) 조언 | 特徴(とくちょう) 특징 | 募金(ぼきん) 모금 | 寄付(きふ) 기부 | 見(み)ず知(し)らず 전혀 모름, 생면부지 | 好意的(こういてき) 호의적 | 態度(たいど) 태도 | 商品(しょうひん) 상품 | 購入(こうにゅう) 구입 | 未購入者(みこうにゅうしゃ) 미구입자 | 解答(かいとう) 해답 | 金銭的(きんせんてき) 금전적 | 利益(りえき) 이익 | 自発的(じはつてき) 자발적 | 手掛(てが)かり 단서 | 従来(じゅうらい) 종래, 종전 | 援助(えんじょ) 원조 | 救助(きゅうじょ) 구조 | 希薄(きはく) 희박 | 見知(みし)らぬ 낯선, 알지 못하는

✔정답 2

해설

먼저 문장의 내용과 맞는 것을 찾는 문제는 필자가 가장 말하고 싶은 문제와 유사해서 필자가 가장 말하고 싶은 내용을 찾으면 밑줄 그어 놓은 부분이다. 연구 결과에서 알게된 것은 많은 사람이 원조할 가능성이 있을 경우에는 원조를 하지 않게 된다는 내용이므로 <u>정답은 2번</u>이다. 1번은 본문에서 인터넷상에서 낯선 사람에게 호의적인 태도를 보인다고만 언급되어 있어서 정답이 아니고 3번도 마찬가지로 낯선 사람에게 원조하면 자신의 이익이 된다고 언급하지 않았기 때문에 정답이 될 수 없으며 4번은 정답과는 반대의 의미인 많은 원조가 모인다고 했기 때문에 오답이다.

패턴 3 필자가 가장 말하고 싶은 것을 고르는 문제

❶ 질문 형태

✔ 次の文章で筆者が最も言いたいことは何ですか。

❷ 경향 분석

✔ 필자가 가장 말하고 싶은 문제는 25문제 중에서 대체로 2~3문제가 출제된다.

✔ 일반적으로 필자가 가장 말하고 싶은 내용은 대체로 본문의 맨 끝(미괄식)에 오지만, 가끔은 본문의 맨 처음(두괄식)에 오는 경향이 있다.

✔ 특히 본문의 맨 끝에 나오는 접속사를 주의해서 읽는 것이 중요하다.

❸ 포인트

✔ 필자가 가장 말하고 싶은 문제는 도입 부분에 일반적인 내용이 나온다.

✔ 그 다음에 필자가 주장하고 싶은 내용은 대체로 역접의 접속사와 문장의 끝에 오는 어구와 연결되는 경향이 있다.
～ではないか ～은 아닐까? | ～ほうがいい ～하는 편이 좋다 | ～言うまでもない ～말할 것까지도 없다 | ～必要がある ～할 필요가 있다 | ～べきである ～해야 한다 | それよりは～私は思う 그것보다는 ～라고 나는 생각한다 | ～ことが重要だ ～하는 것이 중요하다

2018年 1回 기출문제

Ⅲ 次の文章で、筆者が言いたいことはどれですか。

依存症には、どのようなものであれ、孤独への不安がつきまとっている。これをまぎらわすために、アルコールに頼ったり、買い物に走ったり……するのであり、携帯電話を手放せない、というのも同じだろう。心の裏には孤独への不安、ひとりになることへの不安があるから「つながっていたい」のであり、その分、さして重要とも思えない「お話し」を長くつづけることもできるのだろう。

たしかに、「ひとりになる」ことは必ずしも、楽しいことでも、うれしいことでもない。ひとりになって「自分というもの」を考える時間というのは、ある意味、苦しいことだ。

自分のダメなところ、弱いところ、恥ずかしいところ、不得意とするところを直視しなければならなくなるのだから……しかし、人はそうして成長してゆくともいえる。

「ひとりになる」ことを避けようとする人たちは、自分と向かい合う機会がない。これでは人として成長することはむずかしいのではないのか。

（斎藤茂太『「ゆっくり力」ですべてがうまくいく』集英社）

日本学生支援機構『平成30年度日本留学試験(第1回)試験問題』「日本語　問4」(凡人社)

1. 孤独への不安に耐えて自分を見つめなければ、人は成長できない。
2. 他人への精神的な依存を断つことで、人は孤独の苦しみから解放される。
3. 自分の欠点を克服して成長するには、人とのつながりが欠かせない。
4. 常につながっていなくても、人とのつながりは簡単には切れない。

해석

의존증에는 어떤 것이든 고독에 대한 불안이 늘 따라다닌다. 이것을 달래기 위해서 알코올에 의존하기도 하고 쇼핑에 빠지기도 하고…하는 것이고 휴대폰을 손에서 뗄 수 없다고 하는 것도 같을 것이다. 마음 속에는 고독에 대한 불안, 혼자가 되는 것에 대한 불안이 있기 때문에 「연결되어 있고 싶은」것이고 그만큼 그다지 중요하고 생각되지 않은 「이야기」를 길게 계속할 수도 있을 것이다.

분명히 「혼자가 되는」것은 반드시 즐거운 것도 기쁜 것도 아니다. 혼자가 되서 「자신이라는 것」을 생각하는 시간이라는 것은 어떤 의미로는 괴로운 것이다.

자신의 좋지 않은 점, 약한 점, 창피한 점, 잘 하지 못하는 점을 직시해야 하니까…그러나 사람은 그렇게 해서 성장해 간다고도 할 수 있다.

「혼자가 되는」 것을 피하려고 하는 사람들은 자신과 마주 볼 기회가 없다. 이래서는 사람으로서 성장하는 것은 어렵지 않을까?

다음 문장에서 필자가 말하고 싶은 것은 어느 것입니까?

1. 고독에 대한 불안에 견디고 자신을 응시하지 않으면 사람은 성장할 수 없다.
2. 타인에 대한 정신적인 의존을 끊는 것으로 사람은 고독의 괴로움에서 해방된다.
3. 자신의 결점을 극복하고 성장하는 데는 사람과의 유대가 불가결하다.
4. 늘 연결 되지 않아도 사람과의 관계는 간단하게는 끊을 수 없다.

어휘

依存症(いぞんしょう) 의존증 | 孤独(こどく) 고독 | 不安(ふあん) 불안 | まぎらわす 마음을 달래다, 기분을 전환하다 | 頼(たよ)る 의지하다, 의존하다 | 手放(てばな)す 손을 놓다, 손을 떼다 | 不得意(ふとくい) 서투름, 능숙하지 못함 | 直視(ちょくし) 직시 | 避(さ)ける 피하다 | 向(む)かい合(あ)う 마주 보다, 마주 대하다 | 耐(た)える 견디다 | 断(た)つ 끊다 | 解放(かいほう) 해방 | 欠点(けってん) 결점 | 克服(こくふく) 극복 | 欠(か)かせない 빠뜨릴 수 없다, 불가결하다 | 常(つね)に 항상, 늘 | 簡単(かんたん)に 간단하게

✔ 정답 1

해설

필자는 글의 첫머리에서 고독에는 늘 불안이 따라다닌다고 말하고 후반부에서 자신의 약점을 직시해야 성장한다고 하였으므로 정답은 1번이다. 2번은 타인에의 의존이나 고독의 해방에 대한 언급이 없고 3번과 4번은 사람과의 연결을 강조하고 있으므로 정답이 아니다.

패턴 4 밑줄의 이유를 묻는 문제

❶ 질문 형태

✔下線部「○○○」とありますが、どうしてですか。

✔下線部「○○○」理由として、最も適当なものはどれですか。

❷ 경향 분석

✔밑줄의 이유를 묻는 문제는 25문제 중에서 대체로 1~2문제가 출제된다.

✔이런 패턴의 문제는 밑줄의 앞뒤에 있는 문장이 대체로 정답인 경우가 많다. 즉 너무 멀리서 정답을 찾지 말고, 가까운 곳에서 찾는 것이 중요하다.

❸ 포인트

✔먼저 밑줄의 앞뒤에 이유나 원인의 접속사가 있는지 없는지 확인하자.

✔다음과 같은 이유나 원인을 나타내는 어구 앞뒤에 연결되는 경우가 많지만 그렇지 않은 경우에도 앞뒤의 문장이 답인 경우가 있다.
なぜなら 왜냐하면 | どういうわけ 어떠한 이유 | ～ゆえに ～때문에 | ～なのである ～인 것이다 | ～からである ～때문이다 | ～ためである ～때문이다

2012年 2回 기출문제

Ⅳ 下線部「おとなにとっても、子どもに絵本を読むことはとてもよい」の理由として最も適当なものはどれですか。

子どもは幼ければ幼いほど、親や保育者など「読んでくれる人」を必要とします。幼児がひとりで絵本を楽しむことはゼロではありませんが、絵本に込められたメッセージを読み取るのは、言葉の力の未熟な幼児にはなかなか難しいものです。内容をよく知るためには「説明をしてほしい」「読んで」とおとなに頼まなければなりません。この「お願いする」行為をとおして、子どもは人とのかかわり方（一種の社会的行動）を学ぶでしょう。そして、読んでくれるおとなとつながりをもちます。

おとなにとっても、子どもに絵本を読むことはとてもよいのです。特に幼児は絵本を読んでもらいながら感想を言ったり、文章を覚えてさかんに口まねしたりします。それを見ていろいろと感じませんか？「あっ、この子はこんなことを考えているんだ」と、行動を見ているだけではわからない子どもの心が見えてきます。

（永田桂子『よい「絵本」とはどんなもの？』チャイルド本社）

日本学生支援機構『平成24年度日本留学試験(第2回)試験問題』「日本語　問３」(凡人社)

1. 子どもに絵本の読み方を教えることができるため
2. 子どもに社会性を教えることができるため
3. 子どもの関心を引きつけることができるため
4. 子どもが考えていることを知ることができるため

해석

어린이는 어리면 어릴수록 부모나 보육자 등「읽어 주는 사람」을 필요로 합니다. 유아가 혼자서 그림책을 즐기는 것은 아주 없는 것은 아니지만 그림책에 담겨진 메시지를 이해할 수 있는 것은 말의 힘이 미숙한 유아에게는 꽤 어려운 일입니다. 내용을 잘 알기 위해서는「설명해 줬으면 좋겠어」,「읽어줘」라고 어른에게 부탁해야 합니다. 이「부탁하는」행위를 통해서 어린이는 사람과의 관계하는 법(일종의 사회적 행위)을 배우겠지요. 그리고 읽어 주는 어른과 관계를 갖습니다.

어른에게 있어서도 어린이에게 그림책을 읽어주는 것은 매우 좋은 일입니다. 특히 유아는 그림책을 읽어 주는 것을 들으면서 감상을 말하기도 하고 문장을 외워서 자주 말로 흉내를 내기도 합니다. 그것을 보고 여러가지로 느끼지 않을까요?「아, 이 아이는 이런 것을 생각하고 있구나」라고, 행동을 보고 있는 것만으로는 모르는 어린이의 마음이 보이게 됩니다.

밑줄「어른에게 있어서도 어린이에게 그림책을 읽어주는 것은 매우 좋은」 것의 이유로서 가장 적당한 것은 어느 것입니까?

1. 어린이에게 그림책의 읽는 법을 가르쳐 줄 수 있기 때문에
2. 어린이에게 사회성을 가르쳐 줄 수 있기 때문에
3. 어린이의 관심을 끌 수 있기 때문에
4. 어린이가 생각하고 있는 것을 알 수 있기 때문에

어휘

保育者(ほいくしゃ) 보육자 | 幼児(ようじ) 유아 | 絵本(えほん) 그림책 | 込(こ)める 담다 | 読(よ)み取(と)る 이해하다, 알아차리다 | 未熟(みじゅく)な 미숙한 | 頼(たの)む 부탁하다 | 行為(こうい) 행위 | 一種(いっしゅ) 일종 | 感想(かんそう) 감상 | 口(くち)まね 남의 말투를 흉내 냄 | 引(ひ)きつける 끌다, 매혹하다

✓정답 4

해설

밑줄의 이유를 묻는 문제는 일반적으로 직전의 문장이나 직후의 문장에서 정답을 찾을 수 있는데, 이 글에서는 직전의 문장에서 책을 읽어 달라고 하는 행위를 통해서 사회적인 행위를 배운다는 내용이 등장한다. 때문에 2번도 관련이 있는 것 같지만 문제의 밑줄과는 상관없이 읽어달라는 행위의 중요성을 말해 주는 것 뿐이다. 밑줄 직후에 '특히 어른들이 읽어주는 문장을 어린이가 입으로 흉내내기도 하고 감상을 말하기도 해서 어른들은 어린이가 생각하는 마음이 보인다'고 했으므로 어린이의 생각을 알 수 있다고 한 4번이 정답이다. 1번과 3번의 선택지는 밑줄과 관련이 없기 때문에 정답이 아니다.

패턴 5 밑줄의 의미를 묻는 문제

❶ 질문 형태

- ✔下線部「○○○」の意味として、最も適当なものはどれですか。
- ✔筆者は、下線部「○○○」について、どのように考えましたか。

❷ 경향 분석

- ✔밑줄의 의미를 묻는 문제는 25문제 중에서 대체로 1~2문제가 출제된다.
- ✔독자가 잘 모르는 개념이나 알고 있다 해도 혼동되는 개념이 밑줄로 사용되며, 문맥상 무엇을 의미하는가를 물어본다.
- ✔수험자는 출제자가 제시한 밑줄의 내용을 문장의 흐름에 따라 잘 읽고 문맥에 맞는 답을 고르는 것이 중요하다.

❸ 포인트

- ✔밑줄의 의미를 묻는 문제의 정답은 문장 속에서 멀리 있지 않고 가까이에 있다. 단, 가까어에 있지만 밑줄의 내용을 나타내는 본문의 내용을 선택지에서 고르는 훈련이 필요하다.
- ✔정답을 나타내는 본문의 내용과 같은 의미의 일본어 표현을 선택지에서 찾아라.

2017年 1回 기출문제

V 下線部「本当に価値のある」とはどういう意味ですか。

企業が顧客に商品やサービスをアピールする際にはその商品やサービスの機能の素晴らしさを伝えるのではなく、その商品やサービスが顧客にとってどのような価値をもたらすのかという価値提案を行う必要があるのです。価値提案を行うことによって商品は“単なるモノ”から、そしてサービスは“単なるサービス”から、顧客にとって“価値のあるもの”へと変わっていくというわけです。つまり、企業は製品戦略の根幹として「顧客にとって自社の商品やサービスの価値とは何か？」を深く考え、わかりやすくそのベネフィットを伝えていかなければならないのです。

…（略）…

商品の機能が優れていれば売れると考えるのは企業側の論理であって、顧客にとっては機能面では劣っていても、自身の欲求を満たす価値のある提案が企業側からあれば、機能が劣っている製品でも高い満足度を実現できます。企業は顧客に自社製品の何が、どのように優れているのかを伝え、<u>本当に価値のある</u>製品だと理解してもらえば、機能が劣る製品でも市場で競争優位性を発揮することができるというわけです。

（安部徹也『メガヒットの「からくり」』角川SSC新書/株式会社KADOKAWA）

日本学生支援機構『平成29年度日本留学試験(第1回)試験問題』「日本語　問9」(凡人社)

1. 顧客にとってほしいと思える。
2. 機能が優れている。
3. 高い技術が使われている。
4. 値段が高い。

해석

기업이 고객에게 상품이나 서비스를 어필할 때에는 그 상품이나 서비스 기능의 훌륭함을 전하는 것이 아니라 그 상품이나 서비스가 고객에게 있어서 어떠한 가치를 가져오는가 하는 가치 제안을 할 필요가 있는 것입니다. 가치 제안을 함으로써 상품은 "단순한 물건"에서 그리고 서비스는 "단순한 서비스"에서 고객에게 "가치 있는 것"으로 바뀌어 간다는 것입니다. 즉 기업은 제품 전략의 근간으로서「고객에 있어서 자사의 상품이나 서비스의 가치란 무엇인가?」를 깊게 생각하고 알기 쉽게 그 혜택을 전달해야 합니다.

… (생략) …

제품의 기능이 뛰어나면 팔린다고 생각하는 것은 기업 측의 논리이고 고객에게 있어서는 기능면에서 떨어져 있어도 자신의 욕구를 충족시키는 가치가 있는 제안이 기업 측에 있다면 기능이 떨어진 제품이라도 높은 만족도를 실현할 수 있습니다. 기업은 고객에게 자사 제품의 무엇이 어떻게 뛰어난지를 전하고 정말로 가치가 있는 제품이라는 이해를 얻으면 기능이 떨어지는 제품이라도 시장에서 경쟁 우위성을 발휘할 수 있다는 것입니다.

밑줄「정말로 가치가 있는」이란 어떠한 의미입니까?

1. 고객이 갖고 싶다고 생각한다.
2. 기능이 뛰어나다.
3. 높은 기술이 사용되고 있다.
4. 가격이 비싸다.

어휘

顧客(こきゃく) 고객 | 機能(きのう) 기능 | 価値(かち) 가치 | 提案(ていあん) 제안 | 戦略(せんりゃく) 전략 | 根幹(こんかん) 근간 | ベネフィット 편의, 이익, 은혜, 혜택 | 満足度(まんぞくど) 만족도 | 実現(じつげん) 실현 | 製品(せいひん) 제품 | 競争(きょうそう) 경쟁 | 優位性(ゆういせい) 우위성 | 発揮(はっき) 발휘

✓정답 1

해설

필자는 정말로 가치 있는 제품은 기능이 떨어지는 제품이라도 고객의 욕구를 충족시키고 고객에게 높은 만족도를 실현할 수 있는 제품이라고 했으므로 그러한 제품은 즉 고객이 갖고 싶어하는 제품이다. 그러므로 정답은 1번이다.

패턴 6 밑줄의 지시어를 묻는 문제

❶ 질문 형태

✔ 下線部「これ」とは何ですか。

✔ 下線部「このようなこと」とはどのようなことですか。

❷ 경향 분석

✔ 밑줄의 지시어를 묻는 문제는 25문제 중에서 대체로 1~2문제가 출제된다.

✔ 지시어 문제는 난이도 그다지 높지 않고 또한 지시어 바로 앞 문장의 내용이 정답일 확률이 가장 높다.

❸ 포인트

✔ 지금까지 기출문제에 나온 지시어는 다음과 같다.
それ 그것 | そう 그렇게 | その 그 | そうした 그러한 | そのような 그러한 | そんな 그런 | そういう 그와 같은 | これ 이것 | このような 이러한 | この 이

✔ 지시어 문제는 일반적으로 바로 앞에 나오는 내용을 가리키는 경우가 많은데 간혹「これ」가 지시어 직후의 문장을 나타낼 수도 있으므로 주의가 필요하다. 그리고 드물기는 하지만 지시어가 글의 맨 앞에 나오는 경우도 있다.

2017年 1回 기출문제

Ⅵ 下線部「この論理」が指す内容として、最も適当なものはどれですか。

たとえば、私がローカル放送で短期的に放送されたアニメにとても感動したとする。そのアニメに感動するようなタイプの人間は、1,000人に一人くらいの割合だったとする。人口100人の村では、このアニメについての感動を共有できる人もいないかもしれない。しかし、人口10万人の都市でなら、同じ感動を共有できる人が100人はいるかもしれない。したがって、このようなグループ…（略）…は都市において作られやすい、と都市学者は言う。

この論理が妥当であるとするならば、原理的には10億以上の人びとが地理的な制約なしに出会うことができるインターネット空間では、きわめて特殊な趣味や関心を持つ人びとも、自らの感動を共有できる他者を見いだすことができる。そしてそれは実際に起こっている。

（遠藤薫「否定の＜コミュニティ＞—＜オタク＞の発生とインターネット」遠藤薫編著『ネットメディアと＜コミュニティ＞形成』東京電機大学出版局）

日本学生支援機構『平成29年度日本留学試験(第1回)試験問題』「日本語　問２」(凡人社)

1. 人口の少ない村より人口の多い都市のほうが、同じ趣味の人が見つかる可能性が高い。
2. 人口の少ない村より人口の多い都市のほうが、アニメ好きの人の割合が多い。
3. 人口の多い都市より人口の少ない村のほうが、感動を共有しようとする人が多い。
4. 人口の多い都市より人口の少ない村のほうが、個性的な趣味を持つ人が多い。

해석

예를 들면 내가 지역방송에서 단기적으로 방송된 애니메이션에 매우 감동받았다고 하자. 그 애니메이션에 감동받을 타입의 인간은 1000명에 한 명 정도의 비율이었다고 하자. 인구 100명의 마을에서는 이 애니메이션에 대한 감동을 공유할 수 있는 사람도 없을지도 모른다. 그러나 인구 10만명의 도시라면 같은 감동을 공유할 수 있는 사람이 백명은 있을지도 모른다. 따라서 이와 같은 그룹 … (생략) …은 도시에서 만들어 지기 쉽다고 도시학자들은 말한다.

이 논리가 타당하다고 한다면 원리적으로는 십억 이상의 사람들이 지리적인 제약없이 만날 수 있는 인터넷 공간에서는 지극히 특수한 취미나 관심을 갖는 사람들도 스스로의 감동을 공유할 수 있는 타인을 발견할 수 있다. 그리고 그것은 실제로 일어나고 있다.

밑줄 「이 논리」가 가리키는 내용으로서 가장 적당한 것은 어느 것입니까?

1. 인구가 적은 마을보다 인구가 많은 도시 쪽이 취미가 같은 사람이 발견될 가능성이 높다.
2. 인구가 적은 마을보다 인구가 많은 도시 쪽이 애니메이션을 좋아하는 사람의 비율이 많다.
3. 인구가 많은 도시보다 인구가 적은 마을 쪽이 감동을 공유하려고 하는 사람이 많다.
4. 인구가 많은 도시보다 인구가 적은 마을 쪽이 개성적인 취미를 가진 사람이 많다.

어휘

放送(ほうそう) 방송 | 割合(わりあい) 비율 | 共有(きょうゆう) 공유 | 都市(とし) 도시 | 論理(ろんり) 논리 | 妥当(だとう) 타당 | 原理的(げんりてき) 원리적 | 地理的(ちりてき) 지리적 | 制約(せいやく) 제약 | ～なしには～ない ~없이는 ~않다 | 空間(くうかん) 공간 | 特殊(とくしゅ) 특수 | 趣味(しゅみ) 취미 | 他者(たしゃ) 타인, 타자 | 見(み)いだす 찾아내다, 발견하다

✓정답 1

해설

「이 논리」의 지시어 「이」는 앞에 나온 내용 전체를 받는다. 즉 취미나 관심을 공유할 수 있는 사람이 1000명에 한 명일 경우, 10만명이면 백 명 그리고 그 이상일 경우는 더 많아지므로 인구가 많은 도시에서 공유할 수 있는 사람이 더 많아진다. 때문에 정답은 1번이다.

패턴 7 괄호에 문, 어구, 접속사를 삽입하는 문제

❶ 질문 형태

✔(A)の中に入るものとして、最も適当なものはどれか。

❷ 경향 분석

✔괄호에 적당한 것을 삽입하는 문제는 25문제 중에서 대체로 2~3문제가 출제된다.

✔정답은 괄호의 앞이나 뒤, 바로 가까이에 있다.

✔괄호는 본문 후반부에 있는 경우가 많다.

❸ 포인트

✔답은 괄호 가까이에 앞과 뒤를 찾아라.

✔접속사를 찾는 문제는 괄호의 앞뒤 문맥을 파악하고 애매할 경우는 선택지를 넣어서 읽어보자.

✔괄호가 본문 후반부에 있을 때는 의견문을 찾아라.

✔역접의 접속사「しかし(그러나)」에 주의하자.

✔키워드도 주의하자.

2018年 2回 기출문제

Ⅶ 次の文章の（ A ）に入るものとして、最も適当なものはどれですか。

日本の広告に外国人が登場するのと同じく、海外の広告にも時々日本人が登場する。ちょんまげ姿の空手家のような男、首からカメラを下げた眼鏡の観光客、長い黒髪と赤い口紅が印象的な着物の女性。これらは皆、海外の広告にときどき見られる日本人像である。

確かに、これらの広告に登場する「日本人」は、日本人に対して*ステレオタイプ的認識を持っている。固定化されたイメージでしか見ないのであれば、日本人のありのままの姿は見えてこないだろう。今後、実りある国際を推進するためには、まず（ A ）が必要だろう。

＊ステレオタイプ：型にはまった考え方

1. 歌舞伎や能などの伝統文化も広く紹介していくこと
2. 新しい画一的イメージを広く外国人に定着させること
3. さまざまな国の文化を日本人が積極的に学び、理解すること
4. 外国人が日本人に対して持っている先入観を取り払うこと

日本学生支援機構『平成30年度日本留学試験(第2回)試験問題』「日本語　問10」(凡人社)

해석

일본의 광고에 외국인이 등장하는 것과 마찬가지로 해외의 광고에도 때때로 일본인이 등장한다. 일본식 상투를 틀고 가라테를 하는 사람과 같은 남자, 목에 카메라를 내건 안경 쓴 관광객, 긴 검은 머리와 빨간 입술연지가 인상적인 기모노를 입은 여성. 이것들은 모두 해외의 광고에 때때로 보여지는 일본인 상이다.

분명히 이들 광고에 등장하는 「일본인」은 일본인에 대해서 상투적 인식을 갖고있는 외국인에게는 이해하기 쉬울 것이다. 그러나 실제 일본인은 실로 다양한 개성을 가지고 있다. 고정화된 이미지로 밖에 보지 않는다면 일본인의 있는 그대로의 모습은 보이지 않게 될 것이다. 앞으로 결실 있는 국제교류를 추진하기 위해서는 우선 (A)가 필요할 것이다.

다음 문장의 (A)에 들어갈 것으로서 가장 적당한 것은 어느 것입니까.

1. 가부키나 노 등의 전통문화도 널리 소개해가는 것
2. 새로운 획일적인 이미지를 널리 외국인에게 정착시키는 것
3. 여러 나라의 문화를 일본인이 적극적으로 배워서 이해하는 것
4. 외국인이 일본인에 대해서 가지고 있는 선입관을 제거하는 것

어휘

広告(こうこく) 광고 | 登場(とうじょう) 등장 | 空手家(からてか) 공수가, 가라테를 하는 사람 | 眼鏡(めがね) 안경 | 観光客(かんこうきゃく) 관광객 | 黒髪(くろかみ) 흑발, 검은 머리 | 口紅(くちべに) 입술연지 | 印象的(いんしょうてき) 인상적 | 着物(きもの) 기모노 | ステレオタイプ 스테레오 타입, 판에 박은 형식 | 認識(にんしき) 인식 | 多様(たよう)な 다양한 | 個性(こせい) 개성 | 固定化(こていか) 고정화 | 交流(こうりゅう) 교류 | 推進(すいしん) 추진

✔ 정답 4

해설

괄호에 들어갈 어구를 찾는 문제는 괄호 바로 앞과 뒤의 문장의 흐름이 중요한데 바로 앞의 문장의 내용이 외국인이 일본인을 고정화된 이미지로 밖에 보지 않는다는 것 그래서 결실 있는 국제교류를 위해서는 고정화된 이미지와 반대되는 내용이 필요하기 때문에 선입관을 제거한다는 4번이 정답이다. 1번과 3번은 문화에 관한 사항이므로 정답과 멀고 2번은 괄호 앞의 문장의 내용과 같은 맥락의 내용이기 때문에 정답이 아니다.

패턴 8 특정한 키워드가 의미하는 것을 묻는 문제

❶ 질문 형태

- ✔ 次の文章で、筆者は＿＿＿＿について何と述べていますか。
- ✔ 筆者にとっての＿＿＿＿とはどのようなことですか。

❷ 경향 분석

- ✔ 특정한 키워드가 의미하는 것을 묻는 문제는 가장 많이 출제되고 있는 문제이다.
- ✔ 문장 첫머리는 출제자가 문장을 선택할 때 가장 중요시하는 부분이다.
- ✔ 그리고 그 다음으로 전개되는 문장에 역접의 접속사「しかし(그러나)」와 함께 글의 요지가 나오는 경우가 많으므로 주의 깊게 읽자.

❸ 포인트

- ✔ 특정한 키워드가 나오면 먼저 그 정의를 머리 속에 입력하자.
- ✔ 특정한 키워드와 반대되는 개념의 단어의 정의도 확실하게 머리 속에 입력하고 선택지를 고를 때 반대되는 단어를 나타내는 문장을 소거하자.
- ✔ 선택지를 고를 때 본문 내용에 없는 그럴듯한 일반론을 선택하지 않도록 주의하자.

2016年 2回 기출문제

Ⅷ 次の文章で、筆者が考える「経営の目的」として、最も適当なものはどれですか。

そもそも「企業は何のために存在するのか」、すなわち「経営の目的」について考えてみましょう。

その答えもけっして一様ではありません。「利益を上げること」「株式価値を極大化すること」が経営の目的だと主張する人もいるでしょう。確かに、利益を上げ、企業のオーナーである株主に還元することは、資本主義社会の中の存在である企業にとって、大切な命題です。

しかし、私は企業経営の本質は、「価値創造」にあると考えています。顧客に認められる価値を生み出してこそ、顧客はそれを購入し、対価を支払おうとします。それによって、企業は収益を上げることができます。価値創造に成功しなければ、利益を上げることも、株主に還元することもできません。…（略）…

利益にしても、株価や配当にしても、顧客が認める価値を生み出したことによる「副産物」にすぎません。企業活動の本質とは、価値創造活動のことなのです。

（遠藤功『経営戦略の教科書』光文社）

日本学生支援機構『平成28年度日本留学試験(第2回)試験問題』「日本語　問1」(凡人社)

1. 利益を生み出し続けること
2. 利益を株主に還元すること
3. 社会に貢献できる企業であること
4. 顧客に認められる価値を作ること

해석

처음부터 「기업은 무엇을 위해서 존재하는가」, 즉 「경영의 목적」에 대해서 생각해 봅시다.

그 대답도 결코 똑같지 않습니다. 「이익을 올리는 것」, 「주식 가치를 극대화하는 것」이 경영의 목적이라고 주장하는 사람도 있겠지요. 확실하게 이익을 올려 기업의 오너인 주주에게 환원하는 것은 자본주의 사회 속에 존재하는 기업에 있어서 중요한 명제입니다.

그러나 나는 기업 경영의 본질은 「가치 창조」에 있다고 생각하고 있습니다. 고객에게 인정받는 가치를 만들어 내야 비로소 고객은 그것을 구입하고 대가를 지불하려고 합니다. 그것에 의해서 기업은 수익을 올릴 수 있습니다. 가치 창조에 성공하지 않으면 이익을 올릴 수도, 주주에게 환원할 수도 없습니다.
… (생략) …

이익도 주가나 배당도 고객이 인정하는 가치를 만들어 내는 것에 의한 「부산물」에 지나지 않습니다. 기업활동의 본질이란 가치 창조활동에 관한 것입니다.

다음 문장에서 필자가 생각하는 경영의 목적으로서 가장 적당한 것은 어느 것입니까?

1. 이익을 계속해서 만들어 내는 것
2. 이익을 주주에게 환원하는 것
3. 사회에 공헌할 수 있는 기업인 것
4. 고객에게 인정받는 가치를 만드는 것

어휘

そもそも 처음부터, 애당초 | 企業 기업 | 経営 경영 | 目的 목적 | 一様 똑같음, 한결같음 | 利益 이익 | 株主 주주 | 価値 가치 | 極大化 극대화 | 主張 주장 | 確かに 확실하게 | 資本主義社会 자본주의 사회 | 命題 명제 | 本質 본질 | 創造 창조 | 生み出す 만들어 내다 | 顧客 고객 | 購入 구입 | 対価 대가 | 支払う 지불하다, 치르다 | 収益 수익 | 還元 환원 | 株価 주가 | 配当 배당 | 副産物 부산물 | 活動 활동

✔정답 4

해설

필자의 생각이 가장 잘 드러난 문장은 역접의 접속사 「しかし(그러나)」부터이다. 즉 경영의 본질은 가치 창조라고 생각하고, 고객에게 인정받는 가치를 만들어 내야 비로소 고객은 구입하고 대가를 지불한다고 했으므로 정답은 4번이다.

패턴 9 중문 · 장문의 패턴

포인트

- 일본유학시험(EJU) 일본어 독해 파트는 지문의 길이에 따라서 단문 · 중문 · 장문으로 나뉜다.
- 지금까지 학습한 8가지 패턴은 단문에서 보여지는 패턴이며, 중문과 장문에서는 단문의 8가지 패턴 중 2개 이상의 패턴이 섞여 나온다.
- 지문의 길이만 길 뿐이므로 앞에서 배운 패턴 포인트를 잘 활용하여 그 패턴에 맞게 풀면 된다.
- 중문과 장문을 푸는 요령은 먼저 문제를 읽고 문제와 관계가 있는 부분을 빨리 찾는 것이다.
- 중문은 지문 전체에서 전반부가 첫 번째 문제, 후반부가 두 번째 문제와 관련성이 있다.
- 장문도 마찬가지로 지문 전체에서 전반부가 첫 번째 문제, 중반부가 두 번째 문제, 후반부가 세 번째 문제와 관련이 있거나 전반부와 후반부가 첫 번째 문제와 두 번째 문제이면 글 전체가 세 번째 문제와 연관성이 있으므로 순차적으로 문제를 해결해 가는 습관이 중요하다.

2011年 1回 기출문제

Ⅷ 次の文章の内容と合っているものはどれですか。

会話のもう一つの有用性は理論の進展が加速されることである。自分一人で考えていると、思考がなかなか前に進まず、堂々巡りしていることも多い。他人と議論すると自分の中にある潜在的な思考が目覚めたり、あるいは新しいひらめきが生じたりする。議論の相手が言ったことに関係なく、相手がいるということだけで生じるアイデアも多い。

なぜ会話や議論にそんな不思議な力があるのだろう。それはおそらく、人には「他人の前では何か良いことが言いたい」という欲求があり、その欲求が脳をフル回転させるエネルギーとなっているからだと思われる。会話は言葉のキャッチボールであり、ボールを受けたらすぐに投げ返さなければならない。そのとき、同じ内容のことを返しても意味がない。少し視点を変えて言おうなどと考えているうちに新しい考えが見つかるのだろう。ただし、会話や議論がこのように大きな力をもつためには、「他人の前で何か良いことが言いたい」という欲求があり、そのためには相手に一目置かれたいという気持ちがなければならない。そう思わない会話や議論を続けても、新しい視点は生まれない。

（三木光範『理系発想の文章術』講談社）

日本学生支援機構『平成23年度日本留学試験(第1回)試験問題』「日本語　問11,12」(凡人社)

問1　下線部「そんな不思議な力」とは、どのような力のことですか。 **패턴 6**

① 自分一人で考える力

② 思考を進める力

③ 相手を説得する力

④ 他人の主張を理解する力

問2　この文章で筆者は、会話や議論を有益なものにするために最も必要なのはどんなことだと言っていますか。 **패턴 8**

① 相手の言葉をじっくりと受け止めること

② 相手と同じ視点を持つようにすること

③ 相手に認められたいという気持ちがあること

④ 相手の意見を尊重しようとする姿勢があること

해석

회화의 또 하나의 유용성은 이론의 진전이 가속되는 점이다. 자기 혼자서 생각하고 있으면 사고가 좀처럼 앞으로 나아가지 않고 다람쥐 쳇바퀴 돌 듯 진전이 없는 일도 많다. 타인과 토론을 해 보면 자신의 머리 속에 잠재했던 사고가 눈을 뜰 때가 있고 혹은 새로운 영감을 얻을 수 있는 경우도 있다. 논의의 상대가 말한 것에 관계 없이 상대가 있다는 것만으로 생기는 아이디어도 많다.

왜 회화나 논의에 그런 불가사의한 힘이 있는 것일까? 그것은 아마도 사람에게는「타인 앞에서는 무언가 좋은 말을 하고 싶다」고 하는 욕구가 있고 그 욕구가 뇌를 최대한 회전시키는 에너지가 되기 때문이라고 생각된다. 회화는 말의 캐치볼이고 볼을 받으면 곧 다시 던지지 않으면 안 된다. 그 때 똑같은 내용으로 받아쳐서는 의미가 없다. 조금 시점을 바꿔서 말하자고 생각하는 사이에 새로운 생각이 발견될 것이다. 단, 회화나 논의가 이렇게 커다란 힘을 갖기 위해서는「타인 앞에서 뭔가 좋은 말을 하고 싶다」는 욕구가 있고 그러기 위해서는 상대에게 인정을 받고 싶다는 마음이 없으면 안 된다. 그렇게 생각하지 않은 회화나 논의를 계속해도 새로운 시점은 생기지 않는다.

문1 밑줄「그런 불가사의 한 힘」이란 어떠한 힘에 관한 것인가?

① 자신 혼자서 생각하는 힘

② 사고를 진행시키는 힘

③ 상대를 설득하는 힘

④ 타인의 주장을 이해하는 힘

해석

문2 이 문장에서 필자는 회화나 논의를 유익하게 하기 위해서 가장 필요한 것은 어떠한 것이라고 말하고 있습니까?

① 상대의 말을 차분하게 받아들이는 것
② 상대와 똑같은 시점을 갖게 하는 것
③ 상대에게 인정받고 싶다는 마음이 있는 것
④ 상대의 의견을 존중하려고 하는 자세가 있는 것

어휘

有用性(ゆうようせい) 유용성 | 理論(りろん) 이론 | 進展(しんてん) 진전 | 加速(かそく) 가속 | 堂々巡(どうどうめぐ)り (의론 따위가)겉돌 뿐으로 진전이 없음, 다람쥐 쳇바퀴 돎 | 議論(ぎろん) 의론, 논의 | 潜在的(せんざいてき) 잠재적 | 目覚(めざ)める 눈뜨다, 깨어나다, 떠오르다 | ひらめき 빛남, 번뜩임 | 生(しょう)じる 생기다 | 欲求(よっきゅう) 욕구 | フル回転(かいてん) 풀회전, 완전 회전 | 投(な)げ返(かえ)す 되던지다 | 見(み)つかる 발견되다, 발각되다 | 一目置(いちもくお)く 자기보다 실력이 한수 위라고 인정하다, 경의를 표하다

✓정답 문제1 ② / 문제2 ③

해설

문1

지시사 'そんな(그런)'는 일반적으로 바로 앞에 나온 내용을 가르킨다. 따라서 그런 불가사의한 힘이란 바로 앞에서 말한 내용 전부를 나타내는데 간략하게 말하면 이론의 진전이 가속되는 점, 사고가 진전되지 않을 때 잠재적 사고가 눈을 떠 새로운 영감을 얻을 수 있다고 하므로 답은 사고를 진행시키는 힘인 2번이다.

문2

본문에서 회화가 유익한 것이 되기 위해서 타인에게 좋게 말하고 싶은 욕구와 그러기 위해서 상대에게 인정을 받고 싶어하는 마음이 있어야 한다고 했으므로 정답은 3번이다. 그런데 여기에서 특히 주의할 점은 본문에서 '相手に一目置かれたい (상대에게 인정받고 싶다)'라는 일본어 관용구를 선택지에서는 '相手に認められたい (상대에게 인정받고 싶다)'로 써서 답을 고르게 한 점이다. 즉 EJU일본어에서는 본문의 내용과 유사한 어휘를 선택지에 바꿔 내는 점에 주의하자.

2017年 2回 기출문제

Ⅷ 次の文章の内容と合っているものはどれですか。

記者という仕事をしている人なら、きっと先輩から「必ず現場に行け」と繰り返し言われていると思います。これは、自分が行ったことがある場所や、そこで何が起きたかを知っている場合でも、例外ではありません。

しかし、現場に行くのが簡単ではない場合もあります。例えば、海外で、その地域に記者が駐在しておらず、そこに行くのに時間がかかるような場合です。そのような場合、近くの地域にいる記者が、国際放送をテレビで見る、その地域の新聞を読む、国際電話で取材する、などして記事を書くことがあります。このように、直接現場を見ずに記事を書くこともあるわけです。

こうした記事は、どんな情報だと考えたらよいのでしょうか。今の時代、テレビや新聞やインターネットなどを通してさまざまな情報が手に入り、記者は現場に行かなくても「見る」ことができます。ですから、「確認するためだけに現場に行く必要があるのか」と思うかもしれません。しかし、現場に行くと、自分が得ていた情報が、全体の中の一部分に過ぎなかったことがよくわかるものです。現場に行かなければ見えないことは数多くあります。わかったと思っていただけで、本当はわかっていなかったことに気づくのです。

それは、どんな情報も何らかの「編集」や「加工」をしたものだからです。実際には、カメラに映っていない情報、書かれていない情報が存在します。テレビや新聞のニュースもインターネットの情報も、「そこにない情報」の方が圧倒的に多いのです。

（ A ）、記者は、現場に行かなければ、情報を深く書くことができないはずです。これは、外国のように、文化の異なる地域においては、特にあてはまることです。さらに、記者が現場にどのくらい長く滞在して取材をしているか、といったことも情報の深さに影響を与えるわけです。例えば、事件の前後の変化は、その時期を通して現場にいなければ、事実に迫る情報が得られない可能性があるのです。

（松林薫『新聞の正しい読み方—情報のプロはこう読んでいる!』NTT出版を参考に作成）

日本学生支援機構『平成29年度日本留学試験(第2回)試験問題』「日本語　問23,24,25」(凡人社)

問1　下線部「見る」は、具体的には何を見るのですか。 패턴 5

① 現場でしかわからない情報

② 現場のある程度の情報

③ 現場に行って確かめるべき情報

④ 現場全体のありのままの状況

問2　（　A　）に入るものとして、最も適当なものはどれですか。 패턴 7

① とはいえ

② なぜなら

③ したがって

④ それでも

問3　この文章で筆者が最も言いたいことはどれですか。 패턴 3

① 記者は、実際に現地に行かなければ、十分な情報を伝えることはできない。

② 記者は、異なる文化に影響されることなく、自分の感じたままを記事にすべきだ。

③ 記者は、様々なメディアからの情報をいち早く分析することが大切である。

④ 記者は、現場の情報をすべて伝えるのではなく適切に編集することが大切である。

해석

기자라는 일을 하는 사람이라면 반드시 선배로부터 '꼭 현장에 가라'고 되풀이 해서 들을 것이라고 생각합니다. 이것은 자신이 간 적이 있는 장소나 거기에서 무엇이 일어나고 있는가를 알고 있는 경우라도 예외는 아닙니다.

그러나 현장에 가는 것이 간단하지 않는 경우도 있습니다. 예를 들면 해외에서 그 지역에 기자가 주재하고 있지 않고 거기에 가는데 시간이 걸리는 경우입니다. 그와 같은 경우 근처의 지역에 있는 기자가 국제 방송을 텔레비전으로 보고, 그 지역의 신문을 읽고, 국제전화로 취재해서 기사를 쓰는 경우가 있습니다. 이렇게 해서 직접 현장을 보지 않고 기사를 쓸 수도 있는 것입니다.

이러한 기사는 어떤 정보라고 생각하면 좋을까요? 현시대, 텔레비전이나 신문이나 인터넷 등을 통해서 여러 가지 정보가 손에 들어와서, 기자는 현장에 가지 않아도 '볼' 수가 있습니다. 그러기 때문에 '확인하기 위해서 만으로 현장에 갈 필요가 있는 걸까?'하고 생각할지 모릅니다. 그러나 현장에 가면 자신이 얻었었던 정보가 전체 중에 일부분에 불과했던 것을 잘 알 수 있는 것입니다. 현장에 가지 않으면 보이지 않는 것은 수없이 있습니다. 알았다고 생각하고 있었던 것 뿐으로 사실은 알지 못했던 것을 깨닫는 것입니다.

해석

그것은 어떤 정보도 얼마간의 '편집' 이나 '가공'을 했던 것이기 때문입니다. 실제로는 카메라에 비치지 않는 정보, 쓰여져 있지 않는 정보가 존재합니다. 텔레비전이나 신문의 뉴스도 인터넷의 정보도 '거기에 없는 정보' 쪽이 압도적으로 많은 것입니다.

(A), 기자는 현장에 가지 않으면 정보를 깊게 쓸 수 없을 것입니다. 이것은 외국처럼 문화가 다른 지역에 있어서는 특히 들어맞을 것입니다. 더욱더 기자가 현장에 어느 정도 오래 체재해서 취재를 하고 있는지도 정보의 깊이에 영향을 줄 것입니다. 예를 들면 사건의 전후의 변화는 그 시기를 통해서 현장에 있지 않으면 사실에 다가가는 정보를 얻을 수 없을 가능성이 있는 것입니다.

문1 밑줄 친 부분 '보는' 은 구체적으로는 무엇을 보는 것입니까?

① 현장에서 밖에 모르는 상황

② 현장의 어느 정도의 상황

③ 현장에 가서 확인해야 할 상황

④ 현장 전체의 있는 그대로의 상황

문2 (A)에 들어갈 것으로서 가장 적당한 것은 어느 것입니까?

① 그렇지만

② 왜냐하면

③ 따라서

④ 그런데도

문3 이 문장에서 필자가 가장 말하고 싶은 것은 어느 것입니까?

① 기자는 실제로 현지에 안 가면 충분한 정보를 전할 수는 없다.

② 기자는 다른 문화에 영향을 받지 않고 자신이 느낀 대로를 기사로 해야 한다.

③ 기자는 여러가지 미디어로부터의 정보를 빨리 분석하는 것이 중요하다.

④ 기자는 현장의 정보를 모두 전하는 것이 아니라 적절하게 편집하는 것이 중요하다.

어휘

記者(きしゃ) 기자 | 現場(げんば) 현장 | 例外(れいがい) 예외 | 駐在(ちゅうざい) 주재 | 取材(しゅざい) 취재 | 記事(きじ) 기사 | 情報(じょうほう) 정보 | 確認(かくにん) 확인 | 数多(かずおお)く 수없이, 많이 | 気(き)づく 알아차리다, 깨닫다 | 編集(へんしゅう) 편집 | 加工(かこう) 가공 | 圧倒的(あっとうてき) 압도적 | 異(こと)なる 다르다, 다른 | あてはまる 들어맞다, 적합하다 | 滞在(たいざい) 체재 | 前後(ぜんご) 전후 | 事実(じじつ) 사실 | 迫(せま)る 다가오다, 다가서다

✓정답 문제1 ② / 문제2 ③ / 문제3 ①

해설

문1

밑줄 친 부분의 본다는 의미는 바로 앞 문장에 나와 있는 텔레비전이나 신문이나 인터넷 등을 통해서 얻은 정보를 본다 라는 것으로 선택지의 현장의 어느 정도의 상황을 본다 라는 의미이므로 정답은 2번이다.

해설

문2

문제2는 접속사 문제로 카메라에 잡히지 않은 정보나 쓰여져 있지 않은 정보가 압도적으로 많아서 필연적인 결과로 기자는 현장에 가지 않으면 깊이 있는 기사를 쓸 수 없다는 내용이다, 그러므로 전술한 내용의 필연적인 결과를 나타내는 접속사인 'したがって(따라서)'가 (A)에 들어가야 하므로 정답은 3번이다.

문3

필자가 가장 말하고 싶은 것은 문장 전체를 통해서도 알 수 있지만, (A)들어갈 접속사 'したがって(따라서)'를 넣어주면 쉽게 알 수 있다. 즉 'したがって(따라서)'는 결론을 낼 때 쓰는 접속사 이므로 필자가 가장 말하고 싶은 내용인 현장에서 오래 체재하면서 취재한 깊은 내용의 정보를 쓸 수 있다는 것이므로 1번이 정답임을 알 수 있다.

독해

03 출제 예상문제

단문

중문

장문

출제 예상문제 단문

I　次のお知らせの内容と合っているものはどれですか。 1

SISA外国語大学国際学生宿舎等について（外国人留学生新入生枠）

SISA外国語大学では、留学生向け宿舎として、「国際学生宿舎（新宿キャンパス内）」、「国際交流会館（池袋キャンパス内）」を提供しています。これらの宿舎では日本人学生と外国人留学生が生活を共にしています。

入居者募集要項は、毎年12月に更新され、ONLINEで入居申請を受付けます。SISA外国語大学のウェブサイト（http://international.sisagaidai.ac.jp/jp/curr/accom/apply.html）を御確認ください。

宿舎入居申請スケジュール：

1）12月中旬：募集要項発表

2）1月中旬～2月上旬：ONLINE申請受付

3）2月中旬：抽選・当選者発表

※受験する試験によっては、入学試験日や合格発表日よりも前に入居申請を行う必要があります。宿舎の抽選に通っても、入学試験に合格し、所定の期間内に入学手続きを完了しなければ入居資格を失います。御注意ください。

入居許可期間：

1）学士課程及び修士課程学生：２年間

2）博士後期課程学生：３年間

【問い合わせ先】
SISA外国語大学　学務部　国際課　学生交流係　宿舎担当
042-589-7510
E-mail：int-droml1234@dm.sisagaidai.ac.jp
http://international.sisagaidai.ac.jp/jp/curr/accom/apply.html

1. 留学生向け宿舎は日本人学生は入居できない。
2. どのような学生であれ宿舎を利用できる期間は同等である。
3. 希望者が抽選で選ばれても入居できないこともある。
4. 入居申請はインターネットや国際課の窓口で申請できる。

Ⅱ　次のお知らせの内容と合っているものはどれですか。 2

SISA外国語大学学部１年生の留学生のみなさんへ

日本語オリエンテーション・プレイスメント（インタビュー/テスト）を必ず受けてください！

御入学おめでとうございます。学部1年生の留学生のみなさんは、下記の通り、国際教育センターで日本語オリエンテーションおよびプレイスメント（インタビュー/テスト）を受けてください。このプレイスメントの結果によって、１年生の時に履修する日本語の科目が異なります。

なお、当日は、日本語能力試験、日本留学試験の結果を記入していただきますので、事前にご自身の点数を確認しておいてください。（結果を確認しているのであれば、証明書そのものを持参する必要はありません。）

＜日時・場所＞

学部・学科	時間	集合場所
言語文化学部	4月1日（月） 10時30分集合～12時00分	国際教育センター 306教室
国際社会学部	4月1日（月） 14時50分集合～16時20分	
国際日本学部	4月4日（木） 16時15分集合～17時45分	
情報コミュニケーション学部	4月1日（月） 10時30分集合～12時00分	

＜問い合わせ先＞

日本語教育部　薩本琢磨

Eメール：satumoto77@sisagaidai.ac.jp Tel：03-568-7510

1. 集合時間は同じでも集合場所が異なる学部もある。
2. プレイスメントは会話形式のテストは行われない。
3. 日本語科目はプレイスメントの結果と無関係に履修できる。
4. 日本語試験の結果が把握できているのなら証明書は出さなくてもいい。

Ⅲ　次の文章の内容と合っているものはどれですか。 **3**

クジャクの尾羽(おばね)は、単純な自然淘汰の進化論からみると、どう考えても邪魔であるように思われる。天敵から身をかわすために使えるわけでもなく、闘争時に武器となるわけでもない。ただ、じつは一つメリットがある。その尾羽を見て同種の「雌が好む」という点である。つまり、「雌にモテる」ためにだけ、無駄に巨大で、過剰なまでに壮麗な装束(しょうぞく)を身に纏(まと)うことになったのである。

しかし、クジャクにとってみれば、美しい尾羽は死活問題以外の何ものでもない。その美しさと繁殖の可能性は比例しているからだ。同じクジャクの種でも、おもしろいことに*シンメトリーに生え揃(そろ)い、鮮やかで、大きく優雅な尾羽を持つ雄ほど、繁殖に有利だという。つまり、美しいほど、モテるのである。

こうしてクジャクの尾羽はいまのような形状に進化してきた。より華麗で、より大きく、よりかたちが整った雄が雌に選ばれて、生殖し種を残す。その子孫を美しい尾羽を持つ雄が雌に選ばれて、生殖し種を残す。これを繰り返していくと、より長く、より美しい尾羽を持つ遺伝子が雌の選好により残されるため、尾羽の特徴はますます強化されていく。

（茂木健一郎『化粧する脳』集英社新書）

＊シンメトリー：左右対称であること

1. クジャクの尾羽は子孫を残すには何の役にも立たないものである。
2. クジャクの尾羽は同種の雌にも他種の雌にも目を引き付けるものである。
3. クジャクの尾羽はもともと天敵から身を隠すために進化したものである。
4. クジャクの尾羽が美しいのは繁殖のためにメリットがあるからである。

Ⅳ　次の文章の内容と合っているものはどれですか。 **4**

「カン」は熟達者の真髄であると言ってもよい。将棋、囲碁の熟達者の直観はその発展形といえる。一手一手で最善の手を考え、それを積み重ねていく。次の一手についても、勝負を決める最終的な形についても正解はない。しかし、プロの棋士はこれから向かおうとする形について直観的に視ることができ、次の一手も直観によって無数の選択肢から候補を絞り込むことができるそうである。

将棋や囲碁では熟達者の「直観」の働き方は二種類ある。全体の終着点についての直観と、次の手についての直観である。多くのタイトルを持つプロ棋士の羽生善治さんは著書『大局観』で前者を「ひらめき」、後者を「直観」と呼び分けている。これは非常に示唆に富む洞察である。

（今井むつみ『学びとは何か』岩波新書）

1. プロの棋士は冷静な判断力を積み重ねていくべきである。
2. プロの棋士は直観によって次の手の打ち方を狭めることができる。
3. 「ひらめき」とは次に打つ手がわかることを意味する。
4. 結果への全体的な道筋を把握することが「直観」である。

V　次の文章で筆者が最も言いたいことはどれですか。　**5**

人の評価などを気にするというのは愚かなことなのです。

フランスの救国の聖女・ジャンヌ・ダルクは、魔女裁判で火刑に処されて最期を迎え、死後約500年経ってから聖人に認定されました。あのシェイクスピアも、自分の著書の中でジャンヌのことを罵倒していたりします。その他にも、ジャンヌのことを否定する言説は数多く存在します。これは、イギリスがフランスの敵対国だったことに端を発します。

逆に、ナチスドイツのアドルフ·ヒトラーは、第２次世界大戦が始まる前は「歴代最高の政治家」でした。600万人いた失業者を劇的に減らし、ドイツを世界第２位の経済大国にまで成長させるなどの、天才的な政治的手腕を発揮していたからです。しかし今では、ヒトラーの名前は悪名高く世界に広まっています。

このように、人間の評価というのは、時代や評価する人によって変わってしまうものなのです。

（西岡壱誠『東大読書』東洋経済新報社）

1. 人の評価は時代や評価する人にかかわらず普遍的である。
2. ジャンヌ·ダルクの評価はイギリスでは低く評されてきた。
3. アドルフ·ヒトラーが政治的手腕を見せたことは認められるべきだ。
4. 人の評価は時代や評価する人によって異なるので気にしなくてもいい。

Ⅵ　次の文章で筆者が最も言いたいことはどれですか。　**6**

みなさんの家では新聞を取っていますか？取っていない家庭が多いと思います。今はインターネットが普及しているので、わざわざ新聞を取らなくても、ネットで無料の情報が好きなだけ検索できるようになっています。

「新聞なんて、必要なの？」そんな声も聞こえてきそうですね。でも新聞はやはり必要だと私は思います。ネットにメリットがあるように、新聞にもメリットがあるんです。

そのメリットは何かというと、ひとつにはネットの画面で見るより、紙に印刷された文字で読むほうが記憶が定着することです。

ネットの情報はどうしても画面をサーッと流してしまいがちです。感覚的に文字が頭にひっかからないので、記憶にあまり残らない。サーッと読めてしまうのが、ネットの良いところでもあるのですが、記憶に定着するかという点で見たら、紙に印刷されたもののほうが、圧倒的に有効なのではないでしょうか。

なぜかというと、紙に印刷されたものは、文章が書いてあった場所や形を記憶にとどめやすいからです。

（齋藤孝『新聞力』ちくまプリマー新書）

1. 新聞は紙よりネットの画面の方が情報を早く読み取れて便利である。
2. 今はインターネットが普及しているので、新聞をわざわざ取る必要はない。
3. 紙に印刷された新聞はその内容が文字の位置や形によって記憶に長く残る。
4. 新聞は陳腐な内容が載っているため、感覚的に文字が記憶にあまり残らない。

Ⅶ　下線部「きまぐれと、あきっぽさは、ねこの性格の代名詞」の理由として、最も適当なものはどれですか。 **7**

きまぐれと、あきっぽさは、ねこの性格の代名詞のようなものです。「そこが、またたまらないねこの魅力」と思う方もおられますし、一方で「だからねこはすきになれない」と思う方もおられるでしょう。ねこのきまぐれと、あきぽっさは、「いぬ」の忠実さと我慢強さと全く対照的です。巷での「ねこ派」対「いぬ派」の二元論も、あながち間違いではないというよりも、むしろ相反する両者の魅力の違いをよく言い当てていると私は思います。

「ねこ」も「いぬ」もその性格の違いは、そもそもの野生のネコ科動物と、イヌ科動物の生活の違い、特にハンティング方法の違いが、如実に反映されています。ネコ科動物はライオンなどの例外はあるものの、基本的に単独で生活し、狩りも単独で行います。従って、自分に必要なことはすべて自分で決定し、単独で行動しなければなりません。ねこには、相手の顔色をうかがって行動する必要などありません。これが人間の目には、気まぐれで、ワガママで、マイペースというふうに映ってしまいます。しかし、そうでなくては野生の厳しい環境では、ねこは生き残っていくことはできないのです。

（山根明弘『ねこの秘密』文春新書）

1. 自ら決め、単独で行動するねこの習性が人の目にはそう感じさせたから。
2. 実際、ねこは飼い主の言葉に飽きたり、すねたりする行動を見せるから。
3. いぬとねこと両方を飼うときに、特にねこにそのような特徴が目立つから。
4. 野生ではなく、都市の厳しい環境で暮らし生き残るために必要だったから。

Ⅷ　次の文章の（　A　）に入るものとして、最も適当なものはどれですか。 **8**

弘法は筆を選ばずという。本当に上手な人は、粗末な道具でもみごとに使いこなすという意味である。しかし、実際には、（　A　）。

写真が上手になろうと思えば、ある程度のレベルの一眼レフを買ったほうがいい。*一眼レフを使っていったん、いろいろなテクニックを身につけた人なら、オートフォーカスカメラを用いてなかなかよい写真を撮れるということはあるかも知れない。けれども、オートフォーカスカメラしか使っていない人の技量があまり上まで進むということは考えにくい。

テニスのラケットやゴルフのクラブでも同じことが言える。

（岡本浩一『上達の法則』 PHP新書）

＊一眼レフ：焦点調整用と撮影用とを一つのレンズで兼ねるレフレックスカメラ

1. 上達は道具の質とは全然関係がない。
2. 上達は基本的に努力しだいである。
3. 上達が道具に左右されることがある
4. 上達が道具しだいであるとはかぎらない。

Ⅸ　下線部「自明性の罠からの解放」の意味として、もっとも適当なものはどれですか。 9

自分自身を知ろうとするとき人間は鏡の前に立ちます。全体としておかしくないか、見ようとするときは、相当に離れたところに立ってみないと、全体は見ることができない。自分の生きている社会を見るときも同じです。いったんは離れた世界に立ってみる。外に出てみる。遠くに出てみる。そのことによって、ぼくたちは空気のように自明（「あたりまえ」）だと思ってきたさまざまなことが、＜あたりまえではないもの＞として、見えてくる。演劇の好きな人は、「異化効果」という、*ブレヒトの言葉を思い出すでしょう。社会学、特に比較社会学の意味は、ぼくたちが生きていく上で「あたりまえ」だと思い込んでいるさまざまなことを、＜あたりまえではないもの＞として、新鮮なもの、異様なもの、驚きに充ちたものとして、見せてくれるということです。社会学のキーワードでいうと、＜自明性の罠からの解放＞ということです。

（見田宗介『社会学入門』岩波新書）

＊ブレヒト：ドイツの劇作家、詩人、演出家

1. 普段われわれが当然だと思い込んでいるものを別の視角から見ること
2. 人間が自分自身を理解するためには近すぎず遠からずの位置がいいこと
3. 演劇の好きな人が劇の当たり前な展開を罠だと思って回避すること
4. 人間は明確なものに対して罠に陥る傾向がある存在だということ

X　下線部「パラダイム・チェンジ」の具体例としてもっとも 適当でないものはどれですか。

10

パラダイムという言葉を知っているだろうか。これは、クーンというアメリカの科学哲学(てつがく)者が言い出した概念(がいねん)で、「思考の枠組(わくぐみ)」と理解していい。それが時代によって変わっていくのがパラダイム・チェンジで、極端(きょくたん)に言うと、ある時代に「正しい」とされていたことが、「パラダイム＝思考の枠組」が変わると、「まちがった」ことになってしまうことがあるということだ。…（略）…

…（略）…「天動説」から「地動説」に宇宙観が変わったのは、パラダイム・チェンジのもっともわかりやすい例の一つである。つまり、ある時代に「論理的」であったことが別の時代には「非論理的」になってしまうことがあるということだ。クーンはそういう事態をパラダイム・チェンジという言葉で語ったのである。

（石原千秋『未来形の読書術』ちくまプリマー新書）

1. 天動説から地動説へと人々の宇宙観が変わったこと
2. 昔は開発がよいことだったのに、今は環境汚染のために悪いこと
3. 昔は主に米を食べたのに、今はパンも多く食べるようになったこと
4. 地球が平らな円盤ではなく、丸い球体であると認識が変わったこと

XI　下線部「そういう内容」の意味として、もっとも適当なものはどれですか。　11

古典は、第一に、一読明快じゃない。二読読めば変わる。むしろ、一年後に読んで、あの時はこう読んだけれど浅はかだった、本当はこう書いてあったんだなあというふうにして読めてくるような内容をもっていなければ、古典とはいえないでしょう。「本当はこうだったんだなあ」と読めるところにこそ古典本来の味があり意味がある。一読不明快は古典の運命ではなく目的そのものです。

文章は同じなんですよ。A氏の本の何ページというのはまったく同じで、その同じものの読みが変わる。読み手である自分の成長とともに違ってくる。古典の名に値する古典であるほど、その違いは大きいですね。古典がそうだというよりも、むしろ、そうであるのが古典だといい変えておきます。その方が正確ですから。現在古典として一般に認められているかどうかは別として、<u>そういう内容</u>をもったものは、あるいはものこそが、すなわち古典である。この認識は重要ですから、御記憶ねがいます。

（内田義彦『読書と社会科学』岩波新書）

1. 現在一般社会で広く認められている内容
2. はじめて読んだ読者には全く理解しえない内容
3. 自分の精神的な成長に伴って読みが変わる内容
4. 自分に感動を与えつつ人生を導いてくれる内容

XII 次の文章で、筆者は読書会について、どのように述べていますか。 **12**

読書会というのは、研究会形式というか皆で集まって持続的に本を読む、そういう会であるわけですね。そこで問題は二つある。一つは本をどう読むかということ。もう一つは、読書会というと、研究を含んだ会を、どうすれば実りのある、持続的で楽しい場にすることができるだろうか、ということ。つまり本の読み方と会の持ち方。この二つは、別個の問題でありまして相互に関係がなさそうに見えますけれども、その二つの問題を、「読む」という一事がもつ諸相に結びつけて考えてみたい。この会では、いろいろな種類の古典的な本を次々に読んでゆかれる予定のようですが、その「古典」は、どう読めば、古典としての深い中身を読み手のひとりひとりに顕示してくれる「私の古典」になるだろうかを考え、それを軸にして読書会のあり方を考える。あるいは会のあり方持ち方を同時に考え合わせながら、本を読むという、あり来たりでお座なりになりやすい仕事の含む問題性について、あらためて考えてみたいと思います。

（内田義彦『読書と社会科学』岩波新書）

1. 読書会は研究会のような形式をとるのはよくないものである。
2. 読書会は読書のあり方より会の持ち方の方に重きを置くべきである。
3. 読書会は読書のあり方と会の持ち方との関連性を考慮すべきである。
4. 読書会は古典を深く理解するためには専ら読書に力を入れるべきである。

XIII　次の文章の表題として最も適当なものはどれですか。　**13**

ソーシャルワーカーという職業は十九世紀にイギリスを中心とするヨーロッパで生まれ、アメリカにわたって、アメリカとヨーロッパの双方の地域で、実践も理論も磨かれ成熟してきました。

十八世紀から十九世紀当時のヨーロッパやアメリカは産業革命が進展している最中です。目覚ましい生産技術革新、流通システムの進展の中で飛躍的に生産規模が拡大し、巨大な富を生み出す社会に変貌(へんぼう)を遂げていました。しかし工業化という生活活動の基本構造の変化は、社会階層としての膨大な労働者層を生み出すと同時に、労働者の中に極めて貧しい労働者群も産みだしました。これら貧しい労働者は都市に集中し、彼らが住む地域はスラムと呼ばれました。

ソーシャルワーカーの仕事は、これら都市に集まる貧しい人々を救う慈善事業の活動から生まれてきた歴史があります。

（宮本節子『ソーシャルワーカーという仕事』ちくまプリマー新書）

1. ソーシャルワーカーの起源
2. ソーシャルワーカーの変遷
3. ソーシャルワーカーの功績
4. ソーシャルワーカーの価値観

XIV 次の文章で、筆者はスペシャリストの問題について、どのように述べていますか。 14

「手に職がある」という表現を聞いたことがあるだろう。「手に職があると有利だ」と言われている。これは、スペシャルな知識や技術を持っているという意味だが、同時に*「マイナ」だといっても良い。**メジャでスペシャルなものはない。メジャではスペシャルにならないからだ。たとえば、運転免許など持っていても、日本では全然スペシャリストではない。…（略）…

スペシャリストは、その部署にとって、なくてはならない人材だから、その仕事があるかぎり、リストラされる心配はない。問題は、その人の跡継ぎを育成しなけらばならないことで、企業にとってはこれが頭の痛い問題になる。だから、だれにでもできるようにマニュアル化しようとして、コンピュータを使ってデジタル化する。

（森　博嗣『「やりがいのある仕事」という幻想』朝日新書）

＊マイナ：マイナー

＊＊メジャ：メジャー

1. 問題はスペシャルな知識や技術をどうマニュアル化するかにある。
2. 運転免許を持っていても日本では全くスペシャリストになれない。
3. 昔は手に職があると有利とされたが、今は頭を使わなければならない。
4. スペシャリストは首にはならないが、後継者を育てるのが困難だ。

XV　筆者は「さえずり」と「鳴き声」についてどのように述べていますか。 **15**

都会のゴミをあさるカラスは、どこでも評判がよくありません。よく聞いていると、カラスもいろいろと異なる鳴き声を出します。たまには、「パコン、パコン」などというおもしろい音声を出している個体もいます。しかし、カラスの「カアカア」という大声はたしかに耳障りですし、だれもこれを「さえずり」とは呼ばないでしょう。一方、ウグイスのホーホケキョ」という声や、カナリアやジュウシマツの美しい鳴き声は、私たちの耳にも心地よく、こちらは「さえずり」と呼ばれます。

さえずりと鳴き声とはどこが違うのでしょうか? さえずりとは、かなり長く続く複雑な音声で、おもに雄が繁殖期に発するものをさします。それに対して、鳴き声とは、短く単純な音声で、雄も雌も発し、とくに季節が限られてはいないものをさします。この区別はそれほど厳密なものではありませんが、伝統的に使われていますし、機能の違いをよく反映していると言えます。

（長谷川眞理子『生き物をめぐる４つの「なぜ」』集英社新書）

1. さえずりは心地よく聞こえるが、鳴き声は気持ち悪く聞こえる。
2. さえずりと鳴き声は機能の違いではなく、人間の感じ方の違いである。
3. さえずりは短く単純な音声であり、鳴き声は長く続く複雑な音声である。
4. さえずりは繁殖期に雄が発するもので、鳴き声は日頃雌雄とも出すものである。

XVI　筆者は「ロングセラー商品」とはどのようなものだと述べていますか。　16

ヒット商品は偶然に生まれることがあっても、長期にわたって安定成長を遂げるロングセラー商品に偶然はない。ある商品がヒットするかどうかは人知の及ばないところがある。思いもしない追い風が吹いたり、予想外のターゲットに人気が波及したり、思いもつかない用途が発見されたりするというのが、ヒット商品の特性だ。しかし、そうしたヒット商品がロングセラー商品となるためには、その商品に焦点を絞ってつぎつぎに新機軸を導入する試みが不可欠だ。関連した新ニーズを発掘し、新規顧客を開拓し、そしてまた新しい技術を商品の中に導入し続けるというのは、そうした試みである。その場その場の*アドホックな作業ではなく、「ブランドとして成長させたい」とする企業側の長期にわたる鮮明な意図が不可欠なのだ。

（石井淳蔵『ブランド』岩波新書）

＊アドホックな：「特定の目的のための」「その場限りの」といった意味を持つラテン語ad hocのこと

1. その時その時の流行に後れず品質とデザインのよさを併せ持っている商品
2. その場その場の顧客のニーズに応えながら臨機応変に対処して作る商品
3. 顧客の新たなニーズに応じて新技術を受け入れながら長い目で成長させる商品
4. 予想外のターゲットに人気が及んだり、思いもつかない用途が発見される商品

정답 및 해설 별책 P.04~10

출제 예상문제 중문

Ⅰ　次の文章を読んで後の問いに答えなさい。

ペダンティックという言葉がある。*衒学的(げんがくてき)という意味で、学問や教養を必要以上にひけらかす態度のことだ。日本語で言えば済むところをフランス語で言ってみたり、誰も読んでいないような本の話をすることで、自分の教養を誇示するような嫌味な態度を批判するときなどにも使われる。現代では、<u>この言葉自体が死語になっている</u>。というのは、知らないことを恥だと思う文化自体がなくなってきてしまったからだ。

知らないことが恥でない以上、どんなに教養をひけらかされても、聞く側にコンプレックスは生じない。それを聞いたからといって勉強するわけでもない。教養があることが尊敬されることであり、本を読んでいないことが恥だとされる前提があったからこそ、意味のない知識のひけらかしを批判する言葉も使われる意味があった。

普段の会話に本の話を組み入れることは少なくなった。大学生に聞いてみても、友だち同士でまじめな本の話をすることは、かつての大学生に比べると減ってきている。

（齋藤孝『読書力』岩波新書）

＊衒学的：学問のあることをひけらかすさま

問1 下線部「この言葉自体が死語になっている」理由として、最も適当なものはどれですか。 1

1. 自分の教養をひけらかす人を批判するときなどに使われるから
2. 無知が恥ずかしいと思う社会的なコンセンサスがなくなったから
3. 自分の学問や教養を自慢する人の態度が不快感を与えるから
4. 日本語で言えば済むところをわざわざ外国語で言ったりするから

問2 この文章の内容と合っているものはどれですか。 2

1. 使われている環境が変わると言葉が意味をなさなくなることがある。
2. 現代にも学会ではペタンティックという言葉を使うようになった。
3. 今も昔も他人が教養のあることを誇示するとコンプレックスを感じた。
4. 大学生が友達同士でまじめな本の話をすることは、今も昔も変わらない。

Ⅱ　次の文章を読んで後の問いに答えなさい。

あなたは、普段、どのような態度で外国人に接しているだろうか。外国人と接する機会がないという人も、一般的に日本人が外国人に接するときにどうしているか考えてみてほしい。

日本人は礼儀正しい民族であるか。そのような話題が日本の英字新聞の投書欄で論じられていた。日本人自身の中にも、このような日本人論に関して疑問を持つ人が少なくないようである。私も、この点に関しては大いに疑問である。そもそも、民族単位で礼儀正しいというのもなかなか不気味な話である。日本人を見ていて私が感じるのは、他の国の人々と同じように 礼儀正しい人もいればそうでない人もいるということでしかない。

ただ、日本人が礼儀正しいという印象を持つ外国人もかなり多いというのも事実である。とくに日本人の仕草にそのような印象を持つようだ。だが、これは日本人がよくする所作に対する解釈が文化によって異なっているだけではないかと私は考えている。その所作がお辞儀である。日本人にとってお辞儀は会釈程度の意味合いしかないが、例えば、アメリカなどではそれは最上位の敬意を払っているような意味となる。

これに関して、オーストラリアで行われた調査は非常に興味深いものだった。共に仕事をする機会が多い日本人とオーストラリア人に、前者には「あなたはオーストラリア人にお辞儀はするか」と聞き、後者には「一緒に仕事をする日本人はあなたにお辞儀をするか」と聞いたのである。なんと、日本人は「しない」と答え、オーストラリア人は「する」と答えたので面白い。要するに、現地では最高の敬意として捉えられるようなことを、私達は意識することなくやっているということだ。

問1 この文章で筆者は、日本人がていねいだという説は、どこから起因すると述べていますか。 **3**

1. 日本人は昔から伝統を重んじ、また上下関係の厳しい身分制度が身につけられたこと
2. 日本人は国内でていねいなお辞儀をし、外国でも同様にていねいなお辞儀をすること
3. 日本人の会釈にすぎないことを欧米人は最もていねいなあいさつとして受け止めること
4. 日本人がていねいな民族かどうかは、日本の英字新聞の投書欄を見るとわかること

問2 下線部「日本人は「しない」と答え、オーストラリア人は「する」と答えたので面白い」とありますが、筆者はなぜおもしろいと言っていますか。 **4**

1. 日本人にとってただの会釈はお辞儀をしたことにはならないから
2. 日本人がお辞儀をしたのに、自分はした覚えがないとうそをついたから
3. 日本人がお辞儀をしなかったのに、オーストラリア人はしたとうそをついたから
4. オーストラリア人にとって無意識にする日本人の会釈も最もていねいなあいさつだから

Ⅲ　次の文章を読んで後の問いに答えなさい。

新聞を活用して授業をやると、メディア・リテラシーはもちろんのこと、「新しい学力」といわれる、これからの時代に要求される能力も身につきます。

新しい学力とは何かというと、問題を発見して、解決していく、問題解決型の学力のことです。従来の学力は、各教科に分かれた系統的な学習に基づくものでした。

算数であれば足し算と引き算の次に掛け算や割り算をやるというような系統的に順序づけられたものだったのです。

みなさんも学校では系統だって授業を受けてきたと思います。足し算引き算の次に掛け算割り算、その次に分数など、順番に覚えていくやり方ですね。

でも今なぜ新しい学力が必要になってきたのかというと、世の中で私たちが直面するさまざまな問題は算数だけで解けるわけでもなく、国語だけで解けるわけでもない。

総合的な力が必要になってきたからです。

たとえば地震で被害を受けた地域を復興していくという課題があったとします。

復興は土木や建築の知識だけでは解決できませんよね。そこに住む人たちの心のケアやコミュニティづくり、福祉の充実などさまざまな知識が必要です。そういう問題を解決していくために、考える力を養っていくのが新しい学力の大きな柱です。

（齋藤孝『新聞力』ちくまプリマー新書）

問1 下線部「新しい学力」とは、どのような学力ですか。 5

1. 系統だって順序づけられた学習に基づく学力
2. 被害を受けた地域への復帰に必要な土木や建築の知識
3. 自ら問題を見出して解決する問題解決型の学力
4. 被災にあった住民のケアや福祉に関する知識

問2 筆者が最も言いたいことはどれですか。 6

1. これからは新聞を活用するメディア・リテラシーがますます重要になっていく。
2. 足し算や引き算などの従来の系統的な学習に基づいた学習の重要性も無視できない。
3. これからの時代は学校から習った従来の教科より実践的な知識を身につけた方がいい。
4. これからの時代は予期せぬ事態にあっても問題を解決できる総合的な学力が必要である。

Ⅳ　次の文章を読んで後の問いに答えなさい。

寛容な人がもてるのはいうまでもないでしょう。寛容とは心が広いことですから、ちょっとしたことで怒ったり、いらいらしたりということがありません。ですから、近寄りやすいのです。

つまり、寛容な人は、つねに相手を受け入れようとしているわけです。その意味で、開かれた人であるということができます。

先日、こんなことがありました。東京駅の近くのオープンスペースで、人を待っているあいだ、本を読んでいると、イギリス人が話しかけてきたのです。彼は私に、「何を読んでいるんですか？」と尋(たず)ねました。

そうしてしばらく世間話をしているうちに、彼がおもしろいことをいいだしました。本を読んでいる人にいつも話しかけるようにしているというのです。

これはある種の社会実験で、彼の分析によると、本を読んでいる人は話しかけると気さくに応じてくれるといいます。これに対して、ケータイを見ている人は愛想が悪いというのです。

（　A　）、オープンスペースでわざわざケータイという私的空間に入り込むというのは、外部からのコミュニケーションを拒否していることになります。実際、話しかけられたくないから、あえてケータイをいじっている人はいるものです。

ところが、オープンスペースで本を読むというのは、世界を広げようとする行為だと考えられます。本を読む行為自体、新たな世界を開こうとしているわけですし、それをオープンスペースでやるということは、「私が読んでいるものをシェアしてもいいですよ」という気持ちの表れでもあるのではないでしょうか。

（小川仁志『もてるための哲学』PHP新書）

問1 下線部「本を読んでいる人にいつも話しかけるようにしている」とありますが、それはなぜですか。 7

1. オープンスペースで本を読む人は、警戒心がなくてなじみやすい性格の持ち主だから
2. 開かれた空間で本を読むという行為は、相手を受け入れようとする心構えの表れだから
3. オープンスペースで本を読むという行為は、自分の知識を教えたがる傾向があるから
4. 開かれた空間で本を読むという行為は、声をかけてもケータイをいじったりしないから

問2 （ A ）に入るものとして、最も適当なものはどれですか。 8

1. しかし
2. たとえば
3. そこで
4. つまり

V　次の文章を読んで後の問いに答えなさい。

*ホンソメワケベラには独特な行動があります。**クエや***ハタなどの巨大な魚（ここでは****クライアントと呼びましょう）についた寄生虫を食べて、掃除するのです。夫婦仲が良く、しばしば雄雌2匹がつがいとなって、クライアントを掃除します。

ところが(1)<u>面白いこと</u>に、ホンソメワケベラは、じつは、寄生虫がそれほど好きではありません。本当はクライアントが分泌する粘液を食べるほうが好みなのです。しかし、粘液を食べすぎてしまうと、クライアントは、そのホンソメワケベラを見捨てて、泳ぎ去ってしまいます。つまり、失業しないように、しかたなく寄生虫を食べているという状況なのです。

とくにペアで行動しているときには、自分が粘液を食べることで（自分はおいしい思いができますが）相棒には一方的に迷惑をかけてしまうでしょう。ここに他者を意識した行動が生まれる可能性があります。

(2)<u>この点</u>に目を付けたブシャリ博士らは、一人で掃除しているときとペアで掃除しているときで、粘液を食べる率を比較してみました。興味深いことに、ペアで掃除しているときは、粘液を食べる割合が半分程度に低下しました。他者がいることで（一見）独り善(よ)がりな行動を控えるわけです。

（池谷裕二『脳には妙なクセがある 』扶桑社新書）

＊ホンソメワケベラ：スズキ目・ベラ科・カンムリベラ亜科に属する魚の一種

＊＊クエ：スズキ目ハタ科に属する海水魚の一種

＊＊＊ハタ：スズキ目ハタ科ハタ亜科に属する魚の総称

＊＊＊＊クライアント：依頼人、顧客、取引先の意

問1　下線部(1)「面白いこと」とは、どのようなものですか。　**9**

1. クライアントの期待に応えるために、自分の欲望を抑える行動
2. クエやハタなどの巨大な魚についた寄生虫を食べて掃除する行動
3. 夫婦が仲良く、クライアントについた寄生虫を食べて掃除する行動
4. 寄生虫がそれほど好きではなく、クライアントの粘液を好む行動

問2　下線部(2)「この点」の説明として、最も適当なものはどれですか。　**10**

1. 相棒より少なめに食べようと心がけること
2. 相棒を意識せず、気の向くままに行動すること
3. 相棒を思いやって独り善がりな行動を抑えること
4. 自分は犠牲し、相棒にすべて食べさせる行動をとること

Ⅵ　次の文章を読んで後の問いに答えなさい。

哲学を必須の教養として挙げる理由は、おそらくすぐにわかっていただけると思います。もちろん私の専門が哲学であることもありますが、何より哲学は万学の母だからです。古代ギリシャの哲学者アリストテレスは、西洋哲学の礎を築いた人物といえますが、その彼も倫理学、論理学、政治学、自然科学などあらゆる学問の基礎を作り、「万学の祖」と呼ばれているくらいです。

哲学はそもそも物事の本質を批判的、根源的に探究する学問ですから、どの学問にも不可欠の基本的な思考態度を学ぶことができるのです。思い込みから自らを解放するために、まず疑う。そして、徹底的に問いを繰り返す。その際、論理的に考えることが大切です。そうして初めて万物の本質にたどり着くことができるのです。

哲学の歴史はそんな本質探究の成果といえます。そのプロセスで生み出された思考法や概念の数々は、哲学をするうえで非常に有用なツールとなることでしょう。それこそが、私たちが過去の英知に学ぶ理由なのです。哲学は決して暗記科目ではありません。考える学問です。しかし、その際、過去の英知をツールとして活かすためにも、それらを知っておく必要があるのです。（　A　）、より深く考えるために、知っておくわけです。

（小川仁志『覚えるだけの勉強をやめれば劇的に頭がよくなる』PHP新書）

問1　筆者は、「哲学」についてどのように述べていますか。　11

1. 哲学は深く考えるために必要な暗記科目の一つである。
2. 哲学は疑わず、まず倫理的に考えることが大切な学問である。
3. 哲学は本質探究のために、真理を突き詰める実践的な学問である。
4. 哲学はあらゆる学問を支える基礎的な学問である。

問2　（　A　）に入るものとして、最も適当なものはどれですか。　12

1. そこで
2. いわば
3. そのうえ
4. しかも

Ⅶ　次の文章を読んで後の問いに答えなさい。

鳥が卵を温める行動の中でもっとも奇妙なのは、オーストラリアとニューギニアなどにすんでいるツカツクリという鳥です。これは、本当に変わった「抱卵」行動をみせるので、お話ししないわけにはいきません。

ツカツクリの雄は、砂、枯れ葉、小枝など、総重量にして最高五トンにもなるほどの材料を、掘っておいた穴に運び込んで、直径が12メートルにもなる大きな塚(つか)を作ります。だから、ツカツクリという名前があるのです。それは、雄の大事な財産であり、そこで求愛をします。ツカツクリの雌は、交尾のあと、その塚に大きな卵を数個産んでそのまま立ち去ります。さて、それから、父親である雄の涙ぐましいほどの「抱卵」行動が始まります。それは、自分ですわって卵を温めるのではありません。雄は、卵の上にさらに枯れ葉や砂を盛り上げ、塚が持つ地熱によって卵を温めるのです。しかも、外気の温度や太陽の光の具合をみながら、熱くなりすぎるようだったら（　A　）、冷たくなりすぎるようだったらもっと（　B　）、なるべく温度が一定になるよう、それはそれは注意深く世話をします。これを6ヶ月も続けるというのですから、本当に立派なお父さんですね。

（長谷川眞理子『生き物をめぐる4つのの「なぜ」』集英社新書）

問1　下線部「本当に変わった「抱卵」行動をみせる」とありますが、具体的にどのような行動を指していますか。　13

1. 雄が枯れ葉や砂で一定の温度を保つようにしている塚に雌が座って卵を温めること
2. 雄が枯れ葉や砂で一定の温度を保つようにしている塚の地熱で卵を温めること
3. 掘っておいた穴に雌が枯れ葉や砂を穴に運んで塚を作り自分で座って卵を温めること
4. 掘っておいた穴に雌が枯れ葉や砂を運んで塚を作り雄が座って卵を温めること

問2　（　A　）と（　B　）に入るものとして、最も適当なものはどれですか。　14

1. A：砂を減らし　　B：砂をかけ
2. A：水をかけ　　B：熱を加え
3. A：小枝で覆い　　B：小枝を多くし
4. A：枯れ葉を多くし　　B：枯れ葉を少なくし

Ⅷ　次の文章を読んで後の問いに答えなさい。

私の学生時代、たいへんむずかしい言葉を使って講義をする先生がいた。中身はじつに立派で間違いのない話をしているのだが、聞いているほうはさっぱりわからない。そこで文句をいいに行ったことがある。

「<u>先生の講義は非常にわかりにくい</u>。もう少しやさしく講義してくれてもいいのではないか」

ところが先生は、

「いや、その必要はない。ワシのいっていることにはひとつもムダがない。ワシがいったことを全部書いてみろ」

という。*一心不乱にメモをとると、たしかにそのとおりで、先生はひとつもムダなことはいっていなかった。そのかわり、ひと言でも聞きもらしたり、意味を取り違えると全然わからなくなるのである。これでは、聞いているほうが疲れる。だから、わかりにくく、むずかしく聞こえるのだ。

講義の上手な先生の話には、じつは冗長な言葉がいっぱい入っている。しかもあちらこちらに余分な話が入っている。だから半分くらい居眠りをしていても、講義の内容はだいたいわかる。つまり、私たちが相手にメッセージを送るときに重要なのは、冗長度の**サジ加減なのである。

（唐津一『かけひきの科学』PHP新書）

＊一心不乱：一つの事に心を注いで他の事のために乱れないこと

＊＊サジ加減：手加減すること

問1　下線部「先生の講義は非常にわかりにくい」とありますが、筆者は、なぜこの先生の講義は難しいと言っていますか。　15

1. ムダがない分、注意しないと理解できなくなるおそれがあるから
2. 難しい言葉を使う上に、あまりにも早口で講義をするから
3. 中身は実に立派で間違いはないが、一本調子で講義をするから
4. やさしい言葉を使って講義をすると、学生のためにならないから

問2　筆者は、上手な講義とは、どのようなものだと述べていますか。　16

1. 多岐にわたる語彙の豊富さに加え、示唆に富んだ講義
2. 難しい言葉とやさしい言葉が半分ずつ混ぜられた長い講義
3. ムダがなく、適材適所に使うべき言葉の工夫がなされた講義
4. ある程度のいらぬ話が組み込まれたほどよい長さの講義

Ⅸ　次の文章を読んで後の問いに答えなさい。

同じ大きさのものを見ても、色の違いによって、感じる大きさが異なって見えます。

赤や黄は膨張色、青は収縮色といわれることがありますが、明るさの等しい赤と青を比較すると、その見かけの大きさにはほとんど差が生じないことが実験で確かめられています。大きさが異なって見える主な原因は明度にあるといわれており、色相や彩度による差は小さいとされています。黄が青より大きく見えるのは、鮮やかな黄は明度が高く、青は明度が低いためです。

特に黒い背景のなかにある白いものが最も大きく見え、白い背景のなかにある黒いものが最も小さく見えます。白や明度の高い黄色などが膨張色、黒や明度の低い青や赤が収縮色になります。

囲碁で使う高級な碁石は、白石は蛤(はまぐり)、黒石は那智黒石(なちぐろいし)からつくられています。碁盤の上に白と黒の碁石を置くと同じ大きさに見えますが、実は黒石のほうが少し大きくつくられています。白色が直径21.9ミリメートルであるのに対して、黒色の直径は22.2ミリメートルです。

囲碁は囲んだ地（陣地）の広さを競うゲームです。同じ広さの地でも、白石で囲った地のほうが広く見えます。黒石を持ったほうは、互角であっても自分の地が狭いと感じてしまい、挽回しようとして無理な手を打つことがあるので、囲碁をやる人は要注意です。

また、着やせをするテクニックのひとつは、（　A　）ことです。暗い色の服を着ることは、肌を白く見せる効果もあります。スリムに見せたい人が膨張色の服を着たら、逆効果です。一方、自分を大きく見せたい人は、膨張色の明るい色の服を着るとよいでしょう。

（入倉隆『脳にきく色　身体にきく色』日経プレミアシリーズ）

問1　下線部「実は黒石のほうが少し大きくつくられています」とありますが、それはどうしてですか。　**17**

1. 彩度による影響を受けて、黒石が白石より陣地を狭く感じさせるため
2. 囲碁では黒石を持つのは下手だから、もっと自信を持たせるため
3. 黒石が収縮色であるせいで、実際の広さより陣地を狭く感じさせるため
4. 互角の勝負でも自分の地が狭いと感じ、無理な手を打つため

問2　（　A　）に入るものとして、最も適当なものはどれですか。　**18**

1. 膨張色である暗い色の服を着る
2. 収縮色である明るい色の服を着る
3. 膨張色である明るい色の服を着る
4. 収縮色である暗い色の服を着る

X　次の文章を読んで後の問いに答えなさい。

私は背伸びをするのは決して悪いこととは思わない。難しい本を読んで、少し背伸びして知的な会話をしてみる、というのは、よいことだ。とりわけ、若いうちはそうして、だんだんと自分の考えを身につけていく。むしろ、それまでの自分の知的レベルのままの会話を続けていると、いつまでもそれまでの自分から脱することができない。

問題なのは、ある程度の地位の人が、そんなふうに自分でもわかっていないような難しい言葉を使いたがることだ。その種の人は、評判になっているビジネス書をすぐに買って読もうとする。それ自体はいいことだ。買ってもはじめの数ページと評判になっている項目や書評などを読んで一応の知識を仕入れるだけというのが多いのだが、それはそれでよい。

問題なのは、そこに出てきた新しい言葉を、きちんと理解できていないのに、会社の朝礼などで、すぐに使いたくなることだ。むろん、中味がきちんとわかっていて、その言葉を知らない人にもわかるように説明できるのならいい。

ところが、この種の人は、こんな言葉くらいみんな勉強していてわかっていて当たり前だとばかりに使う。さらに、この種の人の話には、カタカナ言葉がやたらに出てくるのも特徴だ。

だが、自分でもろくに理解していない難解なことをしゃべったり、相手がちんぷんかんぷんなことを専門用語を使って言ってみたりするのは、賢く見えるどころか、逆効果のほうが多い。ことに、その言葉の意味がほんとうにわかっている人にとっては、バカに見える。知らない人で、素直な人には、「やはり部長はすごいな！」と思わせる効果もあるかもしれないが、たとえその言葉を知らなくても、ちょっと見る目がある人には、「部長はまた新語を使って、利口ぶっているな」と見抜かれているものだ。

（樋口裕一『頭がいい人、悪い人の話し方』PHP新書）

問1 下線部「私は背伸びをするのは決して悪いこととは思わない」理由として、最も適当なものはどれですか。 19

1. 若い時に難しい本を読んでおかないと、のちに二度とその機会がこないから
2. 若い時に背伸びをすると、身長が伸びて健康によい影響を与えるから
3. 若い時に自分の知的な水準に合わせた会話にとどまると発展がないから
4. 難しい本を読んで、自分の知識を見せびらかすのは若さの特権であるから

問2 筆者が最も言いたいことはどれですか。 20

1. ある程度の地位の人が評判になっているビジネス書を読むこと自体はよくない。
2. ある程度の地位の人が背伸びして知的な会話を試みるのは考え物だ。
3. ある程度の地位の人が背伸びして知識を自慢したがるのはわからないでもない。
4. 背伸びする言葉は知らない人や素直な人にたまには効果があるので使っていい。

XI　次の文章を読んで後の問いに答えなさい。

私は、若者言葉としての「やばい」を使うべきではないと考えています。少なくとも、自分自身の言葉としてこれを使ったことはありません。というのも、「やばい」を使うことにより、感情の質がいちじるしく傷つけられ損なわれるように思われるからです。

「やばい」は、大変に便利な言葉です。注意を向けるに値するような性質を具えた事柄はすべて、「やばい」と表現することが可能だからであり、「やばい」の使い方さえ身につければ何についても、適切な言葉の選択に頭を悩ませるつらい作業をすべて免れることができるからです。

とはいえ、一つひとつの事柄には、*ユニックな性質があり、このような性質を受け止めるときに私たちの心に現れる気持の一つひとつにもまた、他に替えることのできない個性が認められねばなりません。日本語の豊かな語彙は、このような個性の差異を正確に表現する努力の中で、ながい年月をかけて形作られてきたものです。

「やばい」の一語を使えば、事柄の性質や自分の気持に適合する言い回しを工夫する面倒な作業を省略することが可能になります、（　A　）、たとえば、100種類の表現を「やばい」によって置き換えることが許されるようになるとき、生き残るのは「やばい」であり、100種類の表現の方は、死語になることを避けられません。100種類の表現の使い方を記憶し、使い方をたえず工夫することは、脳に大きな負担を強いるからです。「やばい」という万能の代用品をただ一つ憶えている方がよほどラクであることは間違いないでしょう。

ただ、「やばい」が使われるかぎり、私たちの言語使用の能力がその分だけ損なわれることは確かです。「やばい」に慣れた者にとり、この言葉の使用をあえてみずからに禁じ、これを場面に応じて適切に言い換える作業は、途方もなくつらい作業になります。これは、滅多に使われることなく痩せ衰えた筋肉を無理やり動かす苦労に似たものとなるに違いありません。

（清水真木『感情とは何か 』ちくま新書）

＊ユニック：ユニーク。ほかに類のないさま。独特。

問1　（　A　）に入るものとして、最も適当なものはどれですか。　21

1. しかし
2. 一方
3. そこで
4. しかも

問2　この文章で筆者が最も言いたいことはどれですか。　22

1. 「やばい」はとても便利な言葉なので重宝した方がいい。
2. 「やばい」の一語を使えば、言葉選びの面倒さが省けていい。
3. 「やばい」という万能の言葉を覚えていさえすれば楽である。
4. 「やばい」は日本語の豊かな語彙を破壊するので使わない方がいい。

XII　次の文章を読んで後の問いに答えなさい。

思春期、青春期の人間は必死に「自分探し」をする。「自分は、どういう人間なのか」を知ろうとする。もちろん「あるがままの自分」などということではない。見つけたいのは、あくまで「価値ある人間としての自分」だ。前節で「東大に入りたい」について見てきた。「東大」も、自分探しの目標だ。「東大に入れるような優れた人間としての自分」であることを確認したいのだ。

だが、「東大」は、いわば長期的なテーマであって、今日の、今の、自分探しとは違う。今ここに生きている自分が価値ある自分なのかどうか、という自己確認をするための手段は、自分の周りの人たちの、自分に対する態度を鏡にすることであり、とりわけ自分が「欲しい」と思う相手を鏡にすることだ。つまり恋の相手である。ある人を「欲しい」と思うということは、あまたいる異性の中からその人を鏡として選んだということだ。そしてその自分が選んだ相手が、自分をどう評価してくれるのか。彼はその人を鏡にして、その鏡に映る自分の姿を見ようとする。自己確認のためにである。

（佐野山寛太『現代広告の読み方 』文藝春秋）

問1 下線部「鏡にすること」とは、ここではどのような意味に使われていますか。 23

1. 自分をほめてくれるサポーターであること
2. 自己を確かめるための道具であること
3. 自分の化粧を手伝ってくれる道具であること
4. 自分の内面に存在する多くのペルソナの一つであること

問2 筆者は思春期や青春期の「自分探し」とは、どのようなものだと述べていますか。 24

1. 今現在価値ある自分を認めてもらいたいこと
2. 将来社会的に立派に成功した自分を夢見ること
3. 多くいる異性の中からその人を鏡として選んだこと
4. 東大に入れるような優れた人間としての自分を確認したいこと

XIII　次の文章を読んで後の問いに答えなさい。

経済取引には常に二面性があります。人々が財やサービスを購入すれば、それと反対の方向に支払いとしての資金の流れがあります。株や不動産などの資産が売買される場合にも同じことが起こります。支払いの手段となっているのが貨幣です。貨幣を中心とした金融市場の役割を知ることも、経済を理解する上で非常に重要なことになります。

貨幣として通常用いられるのは、現金と預金です。現金が貨幣として使われるのは説明するまでもないでしょう。皆さんが日々、店などでモノやサービスを買うときには、現金を使って支払いをする場合が多いと思います。

現実の経済でより重要な貨幣としての役割を果たしているのが、預金です。預金そのものが貨幣になるというより、預金の引き落とし、預金を通じたクレジットカードの決済、あるいは預金を通じた振り込みなどが支払い手段になります。企業などによる金額の大きい資金決済は基本的に預金を通じて行われているので、現実の経済においても預金は貨幣として重要な役割を果たしています。

（伊藤元重『はじめての経済学（下）』日本経済新聞出版社）

問1 下線部「二面性」の意味として、最も適当なものはどれですか。 25

1. 現金さえあれば、財やサービスを同時に購入できること
2. 財やサービスへの購入と同時に資金の決済がなされること
3. 実物経済には現金と預金は切っても切れない関係であること
4. 支払いの方法が現金だけでなく、クレジットカードもできること

問2 筆者は、現実の経済で「預金」にはどのような役割があると述べていますか。 26

1. 株や不動産などが売買される際に、利用する役割
2. 市場などでものを買う際に、現金の代わりに用いる役割
3. 財やサービスを購入する際に、現金の代わりに用いる役割
4. 様々な経済活動をする際に、その根拠になる貨幣としての役割

XIV　次の文章を読んで後の問いに答えなさい。

誇大自己にしがみつくのは、情けない現実の自分、あまりに無力な自分に直面しないための自己防衛の心理メカニズムによるものである。そうした観点からすれば、相変わらず世の中に蔓延している「自己探し」というのも、現実逃避の心理メカニズムによるものといえる。

「こんなのは本当の自分じゃない」

と思うことで、（　A　）。思うように成果を出せない自分。*うだつの上がらない自分。つい怠け心に負けてしまう怠惰な自分。基本的な知識や教養が欠落している自分。何をやっても根気のない自分。そういった理想とはほど遠い自分は仮の姿なのだ。ほんとうの自分はこんなもんじゃない。やりたいこと、自分に合った仕事、進むべき道が見つかったら、自分はもっと積極的に動けるはず。そう思うことで、情けない自分を前にしての自己嫌悪の地獄から解放される。束の間の安らぎが得られる。

もし「ここが自分の居場所だ」と根を下ろしてしまったら、どんなに理想と違っていても、どんなに情けなく受け入れがたい自分であっても、「今、ここ」にいる現実の自分がほんとうの自分の姿なのだと認めざるを得なくなる。

逆に言えば、根を下ろさずに、自分探しを続けている間は、どんなに自分が残念な姿をしていても、「これは仮の姿。ほんとうの自分はこんなもんじゃない」といって現実を受け入れないで済む。これが、自分探しの旅人の心理メカニズムなのだ。

（榎本博明『「上から目線」の構造』日経プレミアシリーズ）

＊うだつの上がらない：出世ができない。身分がぱっとしない。

問1　（　A　）に入るものとして、最も適当なものはどれですか。　27

1. 現実の自分を棚上げできる
2. 現実の自分を認められる
3. 長い間の夢を実現できる
4. 現実の生活に満足できる

問2　下線部「自分探しの旅人の心理メカニズム」とは、どのようなものですか。　28

1. 成果を出せない自分を受け入れる心の状態
2. 惨めな自分の自画像に満足できない心の状態
3. 不幸な現実を直視して困難に曲げない心の状態
4. 真の自我を隠し、絶えずもう一人の自分を探す心の状態

XV　次の文章を読んで後の問いに答えなさい。

幸せな気分に浸っているときこそ要注意——オハイオ州立大学のラウント博士らが自身の研究から、そんな結論を導きました。心理状態がヒトの判断にどんな影響を与えるかを調べるために5種類の実験を行った結果、「嬉しい気分のときには、（　A　）傾向がある」ことがわかったのです。

たとえば、こんな実験です。参加者にテーマに沿った短い作文をさせて、楽しい雰囲気と、そうでない通常の雰囲気を作りだします。そして、顔写真を見せて、その人が信用できるか否か判断してもらうのです。写真はCGで作成したもので、ふくよか顔に丸い目をした柔和そうな人から、髭(ひげ)を生(は)やした*強面(こわもて)の人まで、さまざまなタイプを用意しました。

平常の気分の時には、表面的な印象に流されず慎重な判断をするのに対し、楽しい気分のときには、良さそうな人には信頼感をいだき、悪そうな人には不信感をいだくという、見た目のままの単純な判断をする傾向が強まることがわかりました。

（池谷裕二『脳には妙なクセがある』扶桑社新書）

＊強面(こわもて)：おそろしい顔つき。また相手に対してつよく出ること

問1　（　A　）の中に入るものとして、最も適当なものはどれですか。　29

1. 表層的な手がかりを頼りに、安易に状況を判断する
2. 嬉しい気持ちをさらに抑えて、慎重に構える態度を示す
3. 外見に惑わされず、内面的な心理に基づいて判断する
4. 深層的な根拠をもとにして、より柔軟な態度を示す

問2　この文章の内容と合っているものはどれでか。　30

1. 平常の気分の時にも、見た目のままの単純な判断をすることもありうる。
2. 顔写真を見て、その人が信用できるか否か判断するのは難しいことだ。
3. 良さそうな人には信頼感を、悪そうな人には不信感をもつのは当たり前だ。
4. 楽しい時には、気分が浮ついて判断を誤るおそれがあるので注意すべきだ。

정답 및 해설 별책 P.10~20

출제 예상문제 장문

I　次の文章を読んで後の問いに答えなさい。

「なぜ詩を作るのか」という問いに対して、ある詩人は「日常のことばの記号性を打破するために」と答えている。日常のことばでは、語形と語義の間に、慣習によって定められた結びつきが出来上がってしまっている。日常のことばを使っている限り、われわれはすでに多く惰性化(だせいか)した日常のことばの決まりの上に成り立つ日常の世界の中で、これまた惰性化した営みを繰り返すだけである。詩人の意図しているのは、この惰性に揺さぶりをかけるということである。既成の語形と語義の間の結びつきをずらしてみる。（例えば、「焔(ほのお)のつらら」のような比喩はその一つの場合である。）そして、その新鮮なことば遣いの創り出す意味を、日常の世界を超えるための踏み台とするわけである。

新しいことば遣いも、ある表現があることを意味している（あるいは、意味しているように解せる）という限りは、やはり「記号」であることには変わりはない。しかし、それは、すでに定まった内容を慣習に従って何かが表わしているというような「符号」ではない。(　A　)、新しい「記号」が生み出され、その「記号」によって捉えられた新しい内容がわれわれの世界に新たな知見として加えられる。それは一つの創造的な営み—神学的な意味とは別の意味での「言語創造」の営みである。

「言語創造」と言うと何か大変崇高なことに聞こえるが、実はこのような「言語創造」は、人間であれば誰もが絶えず行なっていることである。朝の小鳥のさえずりに楽しい一日の予告を読みとったり、一枚の葉の落ちていく様子に天下の秋を知ったりする時、そこでは「記号」が作り出されている。人間は、すでに慣習的に定められた「記号」をあやつるばかりでなく、新しい「記号」をせっせと創り出しているのである。

現代の記号論がとりわけ関心を寄せる「記号」とは、実はむしろこのような「記号」なのである。こういう「記号」には、習慣としてすでに出来上がっている「符号」のような固定性はない。それらはいわばもっとしなやかなものであって、「記号」という言葉の適用にためらいすら感じさせる。

（池上嘉彦『記号論への招待』岩波新書）

問1 下線部「この惰性にゆさぶりをかけるということ」が意味することとして、最も適当なものはどれですか。 1

1. 日常の言葉から大衆が好むような比喩表現を使うこと
2. 日常の言葉から大衆に慣れ親しんだ言葉を選び抜いて使うこと
3. 日常の言葉とは異なる、まったく新しい言葉を創り上げること
4. 日常の言葉から新たに意味づけされた言葉遣いを創り上げること

問2 （ A ）に入るものとして、最も適当なものはどれですか。 2

1. しかし
2. しかも
3. むしろ
4. さらに

問3 下線部「このような記号」とは、何の記号ですか。 3

1. 形と意味が一致する記号
2. 前もって習慣的に定められた記号
3. 新しい環境に柔軟に対応できる記号
4. すでに定まった内容を表している記号

Ⅱ　次の文章を読んで後の問いに答えなさい。

寿司や刺し身などで花形になる魚といえば、今やマグロということになるでしょう。ですが、そのマグロの中でも特に美味とされるクロマグロの数は減っており、絶滅の危険もあると言われています。

ならば、養殖をすればいいではないかと思われるかもしれません。少なくなってしまったのなら人工的に数を増やせばいいではないかと。それも、なかなか難しいのです。いや、そんなことはない、養殖マグロは昔からあり、自分も何度も食べたことがあると反論されるかもしれませんが、そこに注意が必要です。(1)昔からあるマグロの養殖ではマグロの数の問題は解決できないのです。

養殖といっても、蓄養と完全養殖があるのです。蓄養とは、自然の中にいる天然の魚を小さいうちに捕獲して、たくさん餌を与えて美味しく太らせることを言います。一方、完全養殖とは飼育することによって魚に産卵させ、その産卵させた卵を育てることです。完全養殖なら延々と魚を増やし続けることもできるのですが、何度も食べたことがあると言っている人が食べたことがあるのは蓄養の方です。

いや、(2)そんなことは知っている、最近、完全養殖も日本国内で成功したではないかとさらに反論するマグロについて詳しい人もいるでしょう。しかしながら、それも正確に理解する必要があります。

日本ではマグロの完全養殖が実現しています。しかし、卵から*稚魚になる可能性だけでも10%です。しかも、稚魚になったからといって安心はできません。稚魚が死んでしまう原因のいくつかには対処できるようになったのですが、現在でも十分に対処できていないことがあるのです。その一つが衝突死です。クロマグロは暗いところではあまり目が見えずガラスの壁にぶつかって死んでしまうことがあるのです。これ以外にも誤飲もあります。ようするに、プラスチックなどの食べ物ではないものを誤って食べてしまい死んでしまうケースもあるわけです。ですので、稚魚になったマグロが食用になるくらいまで大きくなる可能性も10%くらいです。ですから、結局、卵から考えると1%ほどしか生き残らないことになります。

もちろん、これから技術が向上していくことは期待されていますが、楽観視するのは危険です。

＊稚魚：魚の子ども

問1 下線部(1)「昔からあるマグロの養殖ではマグロの数の問題は解決できない」とありますが、それはなぜですか。 4

1. 昔の方法は完全養殖の一種だから
2. 昔の方法では消費する量を賄えないから
3. 昔の方法はマグロを大きくしているだけだから
4. 昔の方法でマグロを孵化させる成功率は極めて低いから

問2 下線部(2)「そんなこと」とはどのようなことですか。 5

1. 畜養はもちろん、完全養殖も日本国内ですでに成功したということ
2. 自分が食べたのは小さい時に捕獲して育てた天然の魚だということ
3. 天然の魚を幼いうちに捕獲して育てるのがどんなに大変なことだということ
4. 完全養殖が卵から育てるのに対し、畜養は天然の幼い魚を育てることだということ

問3 筆者は日本でのマグロの完全養殖に関してどのような問題点があると述べていますか。

6

1. 蓄養に比べ商業的な利益が小さい。
2. 天然のマグロを太らせているだけである。
3. 技術的に可能であるが実現の目処が立っていない。
4. 出荷できる段階まで生存する割合が少ない。

Ⅲ　次の文章を読んで後の問いに答えなさい。

渡り鳥は、飛び始める時期をどうやって知るのでしょうか？このことについては、ドイツにあるマックス・プランク研究所の鳥類学者を中心に、これまでにいくつもの実験がおこなわれてきました。

ヨーロッパにすんでいるキタヤナギムシクイを例に調べてみましょう。このムシクイをはじめとして多くの鳥たちは、夜間に渡りをします。渡りが始まる時期には、鳥たちはそわそわして落ち着きがなくなり、飛びたいという衝動がどんどん高まるようです。カゴに入れた鳥であっても、その時期が来るとカゴの中を頻繁に飛び回るようになります。

この行動を目安にして、カゴに入れた鳥がいつ渡りの衝動を見せるようになるかを、いろいろな条件で調べてみました。第一のグループは、季節の移り変わりに関する外的な情報がまったく入らない環境で、温度が一定、毎日12時間の人工的な照明のもとで暮らさせました。第二のグループは、アフリカのザイール（現コンゴ民主共和国）に運んでいって、そこでカゴの中で暮らさせました。ザイールは赤道の近くなので、1年を通じて日照時間の変化がほとんどありません。第三のグループは、ドイツでカゴに入れたものの、季節の移り変わりに関する情報は十分に入ってくるようにして暮らさせました。

そうしたところ、人工照明の部屋で暮らす鳥も、ザイールに運んでいった鳥も、ドイツで普通に暮らしている鳥も、みなまったく同じ時期に、同じように渡りの衝動を見せたのでした。1年のいつの時期に渡りを始め、どのくらいの期間飛び続けたらやめるかというスケジュールは、（　A　）ようです。

しかし、それだけですべてが決まるのではありません。1日12時間の人工照明というスケジュールで何年も飼い続けたところ、鳥たちのリズムは、1年周期ではなくて、およそ10ヵ月の周期になりました。つまり、もともと体内時計として持っているリズムは正確に1年周期ではなく、およそ10ヵ月ぐらいなのでしょう。それが、外的な環境変化の刺激で修正されて、1年のリズムになるようです。それを調整しているのは、1年を通じての日照時間の変化にあります。キタヤナギムシクイの繁殖地の一つは北緯40度ほどのところにありますが、その地方での1年間の日照時間の変化をまねてやると、どの鳥もみな、同じ1年間のスケジュールで渡りの衝動を見せたのでした。

（長谷川眞理子『生き物をめぐる4つのの「なぜ」』集英社新書）

問1 下線部「この行動」とは、どのような行動ですか。 7

1. 夜間に渡りをすることへの不安な行動
2. カゴの中に入れられ、窮屈さを感じる行動
3. 人間によって実験されることへの不安な行動
4. 渡りの時期が近付いた時に見せる不安定な行動

問2 渡り鳥が飛び始める時期を知る要因として、最も適当なものはどれですか。 8

1. 体内時計と環境変化
2. 体内時計と日照時間の変化
3. 人工照明と日照時間の変化
4. 環境変化と季節的気温の変化

問3 （ A ）に入るものとして、最も適当なものはどれですか。 9

1. 繁殖地によって決まっている
2. 日照時間によって決まっている
3. 体内時計によって決まっている
4. 環境変化によって決まっている

Ⅳ　次の文章を読んで後の問いに答えなさい。

写真は真実であると一般には考えられている。これは、いつの場合もカメラの前には、事実の対象があると信じられていることからの、通念ともいうべきものであろう。

しかし真実は、必ずしも、カメラという機械的手段だけでは再現できるものではない。そこには、対象に向かう作家の態度や、知覚、またそれを通じた才能などが集成されて初めて、真実の表現に近よるものといえる。

芸術作品がつくられる場合、個性による創造的なビジョンを「形」としておきかえるが、その過程を通じて表現のイメージが生れ、そのイメージを具体化することによって作品が生れる。そこでビジョンは、知覚と表現の相互の関係のなかで表象化されるといえるであろう。

写真にあっては、写真家が対象によってビジョンを刺激され、その結果知覚したものを具体的に展開させることが、露出という行為である。このビジョンを刺激することは知覚によって行われるもので、知覚できるということは、ただ目の前にあるものを見るということではなく、むしろ、みるようにあらかじめ用意された作家の態度があって初めてみることができるのである。毎日通る路傍のポストも、通常は無意識のうちに通りすごし、（　A　）。しかし、郵便を投函するという目的をもったときに初めて、その構造まで明らかにみえるものであろう。

これらは、作家の経験、あるいは環境、またその感覚によって知覚する態度がおのずから変化する事例といえる。カルティエ＝ブレッソンは、「空間は、われわれの目に対してある角度をもっている。そこでわれわれは、自分自身のなかに独自な世界を構成するのである」といっている。主観的な言葉であるが、物をみるということが、単に受動的な現象ではなく、知覚の作用であって、そこには創造的な精神を働かせる必要のあることを示しているものといえる。写真にあっては、対象が、知覚によって作家のビジョンにあらわれ、個性的な観察を通してそれを表現する結果、ここにリアリティーが生れてくるといえるのである。

（金丸重嶺『写真芸術』朝日新書146）

問1 下線部「真実は、必ずしも、カメラという機械的手段だけでは再現できるものではない」とありますが、筆者がそう思ったのはなぜですか。 10

1. 写真が普遍的な真実を表すとは限らないから
2. 作家が対象を自然な形でカメラに収められないから
3. 写真は見る側の受け止め方によって異なるから
4. 真実に歩み寄るために必要な作家の内面性が欠如しているから

問2 （ A ）に入るものとして、最も適当なものはどれですか。 11

1. その形さえもおぼろげに感じるものではない
2. その形さえも明らかでないものである
3. その形はともかくカラーは鮮明に記憶する
4. その形もカラーも明白に覚えている

問3 この文章で筆者が最も言いたいことはどれですか。 12

1. 写真は作家の客観的な考え方に基づいて再現されなければならない。
2. カメラの前には、事実の対象があると信じられていることが通念である。
3. 写真は作家の主観的な価値観を通して表現されたものが真実味を帯びる。
4. 作家の普遍的な知覚を通じて再現された作品こそが真の芸術作品といえる。

V　次の文章を読んで後の問いに答えなさい。

一日は24時間しかありません。これは全人類に与えられた共通の条件です。よく仕事に追われる人が、ため息まじりに『一日が48時間ならなぁ』などと口にしますが、時間が増えるわけがありません。そういう人は、本当に48時間に増えてもまた「時間が足りない」といい出すはずです。

でも私は哲学的思考で、一日を96時間にする術(すべ)を持っています。24時間の4倍です。

そんなことできっこない、と思われるかもしれません。でも可能なのです。どういうことかというと、私の場合、何か一つのことをする時、常に4つの意識を持っているのです。つまり、仕事、趣味、勉強、プライベート（家族）の4つです。

プライベートの時は仕事のことを忘れるとか、勉強の時は余計なことを一切考えない、という人もいますが、私はそんなふうには考えません。常に4つの自分を意識しているのです。仕事をしている時は、それは趣味でもあり、勉強でもあり、プライベートでもあります。プライベートの時は、仕事でもあり、趣味でもあり、勉強でもあるのです。たとえば家族と映画を観に行ったのであれば、それをプライベートとしての自分だけが消化するのではなく、仕事としての自分も消化し、趣味としての自分も消化し、勉強としての自分も消化して帰るのです。一つの体験を何にでも活かすというわけです。

人間というのは、結構いろんなことを考えながら行動しています。それを雑念と呼ぶことも可能ですが、私たちは修行僧とは違います。常に大量の情報が入ってくる日常の中で暮らしているのだから、いろんな思考が交錯するのは当たり前のことです。「気が散る」というマイナスのイメージになるものも、「（　A　）」とプラスに捉えれば、その人の一日は何倍にもなります。

ただ、この話を聞いて、「よし、自分もそうしよう」と思える人はなかなか少ないでしょう。実際、「想像するだけで疲れた」といわれたこともあります。でもこれも考え方次第です。やらなきゃいけないと思うと、疲れてしまうものです。大切なのは、ここでもやはり楽しむことです。

（小川仁志『覚えるだけの勉強をやめれば劇的に頭がよくなる』 PHP新書 ）

問1 下線部「一日を96時間にする術(すべ)」とは、どのようなものですか **13**

1. 一般に哲学的な思考で働けば、一日 24時間の４倍も働けるということ
2. ４通りの仕事を同時にこなせば、24時間の4倍に当たる仕事ができること
3. 人間は考え方次第で、1日を96時間という物理的な時間を作れるということ
4. 哲学者は常に哲学的に考えるため、時間さえ乗り越えられるということ

問2 （　A　)に入るものとして、最も適当なものはどれですか。 **14**

1. わき目も振らず物事を集中的に行う。
2. 一つ一つ順を追ってこなしていく。
3. いろんなことをばらばらにする。
4. いろんなことを同時に考えられる。

問3 この文章の内容と合っているものはどれですか。 **15**

1. 一日を96時間にすることは哲学者の優れた能力である。
2. 人間は楽しくやれば、一日にいろいろなことができるものだ。
3. 一日にいろいろなことをやると、すぐ疲れるからやめた方がいい。
4. 私たちも修行僧と同様に大量情報が入ってくるのを防ぐべきである。

› 정답 및 해설 별책 P.20~25

청독해

01, EJU 청독해의 비결

02, 기출문제 필수 패턴

03, 출제 예상문제

01 EJU 청독해의 비결

청독해의 포인트!

1. 음성이 시작되기 전에 도표를 보고 어떤 내용인지 어느 정도 파악 > 전반부 음성을 통해 도표 이해 > 후반부 음성으로 직접적으로 힌트 파악
2. 질문을 바꿔 표현한 말을 주의 깊게 들어라.
3. 접속사에 주의하라. > 「さて(그런데)」, 「では(그러면)」 등의 화제를 전환할 때 쓰는 접속사, 「しかし(그러나)」 등의 역접 접속사

일본유학시험(EJU) 일본어 청독해에서는 전체의 그림이나 도표의 대략적인 파악이 중요하다. 그리고 중반 이후부터 정답에 대한 힌트를 반드시 캐치해야 한다.

★ 패턴별 주의사항

1 문장정보형 문제

몇 가지 항목에 대한 간단한 설명과 그에 관한 간단한 설명 등이 제시된다.
중요 인물의 이야기와 일치된 항목을 선택한다.
*어느 부분을 설명하고 있는지 키 센텐스를 놓치지 않도록 주의하자.

2 시각정보형 문제

그림이 1개 또는 여러 개 제시되거나 선택지로 4개 제시된다.
모양, 크기, 위치 관계와 같은 표현을 정확하게 이해해야 한다.
복잡한 그림이 나왔을 때는 현재 이야기하고 있는 부분의 위치 파악이 중요하다.

3 도표 · 그래프형 문제

4분면 문제는 가로축과 세로축의 관계가 공통되는 부분을 찾아내야 한다.
꺾은 선 그래프는 시간에 따른 변화, 즉 증가 감소 등의 수치 변화를 예의 주시하자.
막대 그래프의 경우 A와 B를 비교하는 경우가 많으므로 특히 비교에 관한 표현에 주의하자.

4 청해형 문제

그림이 있긴 하지만 실제로는 음성 정보만으로 정답을 도출할 수 있는 유형이다.
도표가 복잡한 경우도 많지만 도표를 보고 당황하지 말고 도표보다 음성에 집중해야 한다.

5 대화형 문제

남녀의 대화 형식으로 그 이야기 내용과 일치하는 도표의 부분이나 항목을 선택해야 한다.
남자에 관한 질문이거나 여자에 관한 질문이라도 양쪽의 말을 주의하여 듣자.

청독해 주요 문말 표현

1 주장 · 분류 · 비교 · 전문

□ ～にあたりますか。	～에 해당됩니까?
□ ～にあてはまりますか。	～에 적합합니까?
□ ～に注目していますか。	～에 주목하고 있습니까?
□ ～と言っていますか。	～라고 말하고 있습니까?
□ ～どの項目についてですか。	～어느 항목에 대해서 입니까?
□ ～といいます。	～라고 합니다.
□ ～に分けられます。	～로 나누어 집니다.
□ ～と言えますか。	～라고 말할 수 있습니까?
□ 例を挙げてみましょう。	예를 들어 봅시다.
□ 比較してみましょう。	비교해 봅시다.
□ ～に分類されています。	～로 분류되어 있습니다.
□ ～を整理してみましょう。	～을 정리해 봅시다.
□ ～を並べてみましょう。	～을 나열해 봅시다.
□ どの部分に入りますか。	어느 부분에 들어갑니까?
□ ～が挙げられます。	～를 들 수 있습니다.
□ ～に絞ります。	～로 좁힙니다, ～로 한정합니다.
□ ～ということです。	～라는 것입니다, ～라고 합니다.
□ ～そうです。	～라고 합니다.

2 사실 · 확신 · 추측 · 강조

□ ～のです。	～인 것입니다.
□ ～わけです。	～한 것입니다. / ～하게 됩니다.
□ ～ものです。	～하는 법입니다.
□ ～のでしょうか。	～하는 걸까요?
□ ～のことです。	～라는 것입니다.
□ ～ようです。	～인 것 같습니다.
□ ～が大切です。	～가 중요합니다.
□ ～が肝心です。	～가 중요합니다.
□ ～と注目されています。	～라고 주목받고 있습니다.

02 기출문제 필수 패턴

패턴 1 문장정보형: 파워포인트형 문제

❶ 질문 형태

✔ 最後に質問する答えはどれですか。

✔ 重要だと言っているのはどれですか。

✔ このあと説明するのはどれについてですか。

❷ 경향 분석

✔ 12문제 중 2문제 정도가 출제된다.

✔ 선택지를 하나하나 설명한 후 마지막에 해답으로 연결해 주는 힌트가 나온다.
후반부를 특히 주의 깊게 듣자.

✔ 단, 선택지가 도표에 설명문 형식으로 출제될 경우에는 음성이 나오기 전에 도표의 문장을 먼저 이해하자.

❸ 포인트

✔ 접속사에 주의하자. ➤ 화제 전환 접속사 : さて 그런데 | では 그러면

✔ 질문을 바꿔 표현한 말에 주의하자. どの部分が一番重要だと言っていますか ➤ ～が最も大切～

2014年 2回 기출문제

MP3_01

1番

先生が、プライバシーの侵害について話しています。この先生が取り上げた例は、どのタイプに当たりますか。

プライバシーの侵害の四つのタイプ

1 — **1．個人の私的な事実を公開すること**
例：隠している過去を発表する

2 — **2．個人が一人でいることに干渉すること**
例：一人でいる人につきまとう

3 — **3．個人に対する誤った印象を流布すること**
例：撮った写真を間違った情報と共に公開する

4 — **4．利益のために、他人の名前や肖像を利用すること**
例：有名人の名前を使ってチャリティー活動をする

日本学生支援機構『平成26年度日本留学試験(第2回)試験問題』「日本語　問８」(凡人社)

스크립트 & 해석

先生が、プライバシーの侵害について話しています。この先生が取り上げた例は、どのタイプにあたりますか。

えー、プライバシーというのは、人の私生活に関する秘密が守られる権利のことです。この資料にある分類は、ある学者がプライバシーをそれがどのように侵害されたかによって分けたものです。１から４までをざっと読んでみてください。……いいですか。では、これから私が紹介する例は、どのタイプになるでしょうか。<u>ある著名な作家が、自分の大学生活をモデルとして書いた小説に、実際の友人を登場させました。もちろん名前は全く変えてあり写真も使われていませんが、設定から、その友人と親しかった人たちには、その人物がだれかはわかります。小説では、この友人があくどいやり方で経営していたことや、会社が潰れてこの作家のところにお金を借りに来たことなど、実際に起ったことが細かく書かれていました。</u>さて、これはどのタイプにあたりますか。

선생님이 프라이버시 침해에 대해 이야기하고 있습니다. 이 선생님이 든 예는 어떤 유형에 해당합니까?

음, 프라이버시라고 하는 것은 사람의 사생활에 관한 비밀이 지켜질 권리입니다. 이 자료에 있는 분류는 어떤 학자가 프라이버시가 어떻게 침해되었는가에 따라 분류한 것입니다. 1부터 4를 훑어 보세요. ……보셨나요? 그럼, 지금부터 제가 소개하는 예는 어떤 유형일까요? <u>어떤 유명한 작가가 자신의 대학생활을 모델로 하여 쓴 소설에 실제 친구를 등장시켰습니다. 물론 이름은 완전히 바꿨고 사진도 쓰지 않았지만 설정을 통해 그 친구와 친한 사람들에게는 그 인물이 누구인지 알 수 있습니다. 소설에서는 그 친구가 악랄한 방법으로 회사를 경영하고 있었으며 회사가 망해서 그 작가에게 돈을 빌리려 온 일 등 실제로 있었던 일이 자세히 적혀 있었습니다.</u> 자, 이것은 어느 유형에 해당하나요?

어휘

プライバシー 프라이버시 | 侵害(しんがい) 침해 | 取(と)り上(あ)げる 들다 | タイプ 타입 | 私生活(しせいかつ) 사생활 | 秘密(ひみつ) 비밀 | 守(まも)られる 지켜지다 | 権利(けんり) 권리 | 資料(しりょう) 자료 | 分類(ぶんるい) 분류 | 学者(がくしゃ) 학자 | ざっと読(よ)む 훑어보다 | 著名(ちょめい)な作家(さっか) 저명한 작가 | 大学生活(だいがくせいかつ) 대학생활 | 小説(しょうせつ) 소설 | 実際(じっさい) 실제 | 友人(ゆうじん) 친구 | 登場(とうじょう) 등장 | 設定(せってい) 설정 | 親(した)しい 친한 | 経営(けいえい) 경영 | あくどい 악랄한 | 潰(つぶ)れる 망하다 | お金(かね)を借(か)りる 돈을 빌리다 | 細(こま)かく 자세히

✓정답 1

해설

선생님이 이야기한 예가 어떤 유형에 해당하는지 고르는 문제. '名前は全く変えてあり(이름은 완전히 바꿨고)', '実際に起ったこと(실제로 있었던 일)'이므로 4나 3은 아니며 2에 관한 내용은 아니므로 해당하는 부분의 내용은 1번 밖에 없다는 것을 알 수 있다. 따라서 <u>정답은 1번</u>이다.

패턴 2 시각정보형: 일러스트가 중심이 되는 문제

❶ 질문 형태
- ✔最後にする質問の答えはどれですか。
- ✔図で表すとどのようになりますか。
- ✔表している図を答えてください。

❷ 경향 분석
- ✔12문제 중 2문제 정도가 출제된다.
- ✔청독해 문제는 마지막 부분에서 해답과 직접적으로 관련된 힌트를 제시하지만, 시각정보형 문제의 경우 스크립트 전체가 해답의 힌트가 되는 경우가 많다.

❸ 포인트
- ✔「最後にする質問の答えはどれですか。」와 같은 유형의 문제에서는 「では(그러면)」, 「さて(그런데)」 등의 화제 전환 접속사나 「例えば(예를 들면)」와 같은 사례를 나타낸 접속사에 특히 주의하라.
- ✔그 외 형식의 문제는 내용 전체를 이해하지 않으면 해답을 도출할 수 없는 경우가 많으므로 전체 내용을 잘 들어야 한다.

2014年 1回 기출문제

MP3_02

2番

先生が、ハエトリグサという植物について話しています。この先生の話によると、ハエトリグサは図のどの部分で、えさとなる昆虫の大きさを識別していますか。

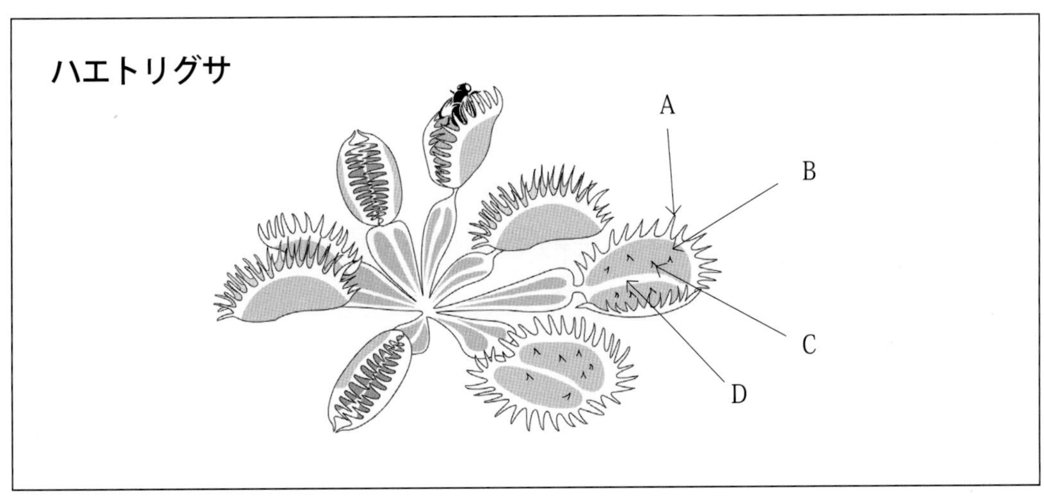

(ダニエル・チャモヴィッツ著　矢野真千子駅『植物はそこまで知っている』河出書房新社を参考)

1. A　　2. B　　3. C　　4. D

日本学生支援機構『平成26年度日本留学試験(第1回)試験問題』「日本語　問１」(凡人社)

스크립트 & 해석

先生が、ハエトリグサという植物について話しています。この先生の話によると、ハエトリグサは図のどの部分で、えさとなる昆虫の大きさを識別していますか。

선생님이 파리지옥이라는 식물에 대해 이야기하고 있습니다. 이 선생님의 이야기에 따르면 끈끈이귀개는 그림의 어느 부분으로 먹이인 곤충의 크기를 식별하나요?

ハエトリグサは、夜になると虫を捕らえて食べる植物、いわゆる食虫植物になります。図を見てください。Dの部分がちょうつがいになっていて、ここを中心軸として両側の２枚の葉が開いたり閉じたりします。葉のふちにはAのような長いとげがあります。葉の内側、Bの部分はピンク色をしており、蜜を分泌しています。その表面にはCのような毛が数本生えています。そして、蜜にひかれてやってきた昆虫が毛に触れると、一瞬で葉を閉じます。そうして昆虫をはさみ、ふちのとげでふたをして閉じ込めるのですが、１本の毛に触れただけでは葉は閉じません。20秒ぐらいの間に２本以上の毛が触れると、獲物が適切な大きさだと判断して、葉を閉じるのです。昆虫が小さすぎると、葉を閉じても、とげのすきまから逃げてしまいますからね。

파리지옥은 밤이 되면 벌레를 잡아먹는 식물, 즉 식충식물이 됩니다. 그림을 보세요. D 부분이 경첩으로 되어 있어 이 부분을 중심축으로 양쪽 두 장의 잎이 열리고 닫힙니다. 잎 가장자리에는 A와 같은 긴 가시가 있습니다. 잎의 안쪽 B 부분은 핑크색이며 꿀을 분비합니다. 그 표면에는 C와 같은 털이 몇 가닥 나있습니다. 그리고 꿀에 이끌려 찾아온 곤충이 털을 건드리면 순식간에 잎을 닫습니다. 그리고 곤충을 사이에 두고 가장자리의 가시를 뚜껑 삼아 가두는데 털을 한 가닥 건드리는 것만으로는 잎을 닫지 않습니다. 20초 정도 사이에 2가닥 이상의 털을 건드리면 사냥감이 적절한 크기라고 판단하여 잎을 닫는 것입니다. 곤충이 너무 작으면 잎을 닫아도 가시 사이로 도망가 버리니까요.

어휘

ハエトリグサ 파리지옥 | 捕(つか)まえる 잡다 | 食虫植物(しょくちゅうしょくぶつ) 식충식물 | ちょうつがい 경첩 | 中心軸(ちゅうしんじく) 중심축 | 両側(りょうがわ) 양쪽 | 葉(は) 잎 | ふち 가장자리 | とげ 가시 | 蜜(みつ) 꿀 | 分泌(ぶんぴつ) 분비 | 触(ふ)れる 건드리다 | 閉(と)じ込(こ)める 가두다 | 適切(てきせつ) 적절 | 判断(はんだん)する 판단하다 | すきま 틈 | 逃(に)げる 도망 가다

✔정답 3

해설

파리지옥이 곤충의 크기를 판단하는 부분을 고르는 문제이며, D, A, B를 간단히 설명하고 그 후 계속 C를 설명하고 있다. 그 내용 중에서 '20秒ぐらいの間に２本以上の毛が触れると、獲物が適切な大きさだと判断して、葉を閉じるのです(20초 정도 사이에 2가닥 이상의 털을 건드리면 사냥감이 적절한 크기라고 판단하여 잎을 닫는 것입니다)'라는 내용이 있으므로 정답은 3번 C이다.

패턴 3 도표·그래프형: 꺾은선그래프·막대그래프·좌표평면·도표 등의 문제

❶ 질문 형태

- 最後にする質問の答えはどれですか。
- グラフに表すとどうなりますか。
- 図のどの部分に当てはまりますか。
- どの部分が一番重要だと言っていますか。
- 問題だと言っているのはどの部分ですか。

❷ 경향 분석

- 12문제 중 4문제 정도가 출제된다.
- 그래프 : 시간적 변화(꺾은선 그래프)나 각 항목의 차이(막대 그래프)에 관해 설명하고 이를 표현한 그래프 혹은 그래프 일부를 묻는 문제가 많다.
- 좌표 평면 : 가로축과 세로축을 설명하고 마지막 질문이 표의 어느 부분에 해당하는지 묻는 문제가 많다.
- 도표 : 각 항목에 대해 설명하고 도표 일부를 선택하게 하는 문제가 많다.

❸ 포인트

- 그래프 문제는 비교 표현「よりも(보다도)」,「ほうが(~쪽이)」와 수치 상의 변화를 나타내는 표현「増加(증가)」,「減少(감소)」 등에 특히 주의하라.
- 4분면 문제에서「最後にする質問の答えはどれですか。」와 같은 형식의 질문에 주의하자.
- 도표가 나올 경우 현재 어느 항목에 대해 말하고 있는지를 주의 깊게 들어라.

2017年 1回 기출문제

MP3_03

3番

先生が、教材開発について話しています。この先生が最後に挙げる教材の例は、作成時と作成後でそれぞれ図のどの部分に当てはまりますか。

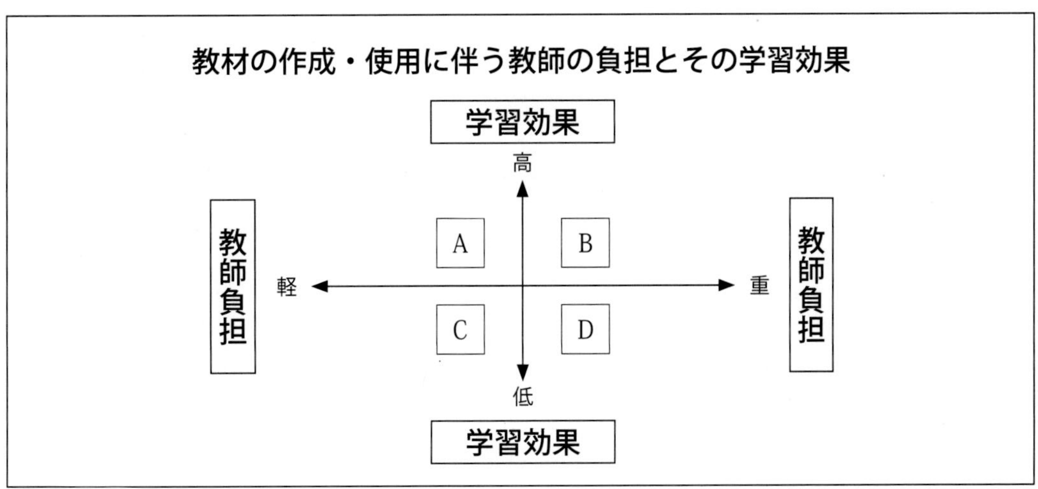

(山田智久『日本語教師のためのTIPS77　第２巻　ICTの活用』くろしお出版を参考に作成)

日本学生支援機構『平成29年度日本留学試験(第1回)試験問題』「日本語　問９」(凡人社)

1. 作成時はA、作成後はC　　2. 作成時はB、作成後はA

3. 作成時はC、作成後はD　　4. 作成時はD、作成後はB

스크립트 & 해석

先生が教材開発について話しています。この先生が最後に挙げる教材の例は、作成時と作成後でそれぞれ図のどの部分に当てはまりますか。

선생님이 교재 개발에 대해 이야기하고 있습니다. 이 선생님이 마지막에 든 교재의 예시는 작성 시와 작성 후 각각 그림의 어느 부분에 해당하나요?

この図は学習教材を先生が作成して授業で使用する場合の、教師の負担と学習者の学習効果の関係を表したものです。

이 그림은 학습 교재를 교사가 작성하여 수업에서 사용할 경우 교사의 부담과 학습자의 학습 효과의 관계를 나타낸 것입니다.

もちろん、この中で一番よいのは、教師の負担が軽く、かつ学習効果が高い教材です。一方、教師の負担が軽くても学習効果が低い教材は、単なる教師の「手抜き」と言ってよく、実際に使う段階で修正が必要になり、結果として負担が大きくなることもあります。

물론 이 중에서 가장 좋은 것은 교사의 부담이 적고, 동시에 학습 효과가 높은 교재입니다. 한편 교사의 부담이 가벼워도 학습 효과가 낮은 교재는 단순히 교사가 대충 만든 것으로 실제로 사용할 때는 수정이 필요하므로 결과적으로 부담이 커지는 경우도 있습니다.

さて、ここにある教師がコンピュータで作った漢字学習の教材があります。漢字の成り立ちや形、筆順などがわかりやすい動画で示してあり、学習者にとって、非常に覚えやすく能率的に学べます。これを作る際には、かなり時間と手間がかかっていますが、一度作ってしまえば、繰り返し利用でき、今後の教師の負担が軽減されるでしょう。

자, 그러면 여기에 어떤 교사가 컴퓨터로 만든 한자 학습 교재가 있습니다. 한자의 형성 과정이나 모양, 필순 등을 알기 쉽게 영상으로 볼 수 있으며 학습자는 매우 외우기 쉽고 능률적으로 배울 수 있습니다. 이를 만들 때는 꽤 시간과 수고가 들지만 한 번 만들어 두면 반복해서 이용할 수 있어 앞으로 교사의 부담이 경감되겠지요.

어휘

教材開発 교재 개발 | 挙げる 들다 | 当てはまる 해당하다 | 負担 부담 | 学習効果 학습 효과 | 表す 나타내다 | 軽い 가볍다 | 単なる 단순한 | 手抜き 부실, 대충 만든 | 段階 단계 | 修正 수정 | 漢字 한자 | 成り立ち 형성 과정 | 筆順 필순 | 非常に 매우 | 覚えやすい 외우기 쉽다 | 能率的 능률적 | 学べる 배울 수 있다 | 手間がかかる 수고가 들다 | 繰り返し 반복 | 軽減 경감

✓정답 2

해설

학습자는 매우 외우기 쉽고 능률적으로 배울 수 있다고 쓰여 있으므로 학습 효과는 높다. 또한 영상을 만들 때는 꽤 시간과 수고가 들지만 한 번 만들어 두면 반복해서 이용할 수 있어 앞으로 교사의 부담이 경감된다고 서술하고 있으므로 작성 시에는 부담이 크지만 그 후에는 부담이 적다. 따라서 정답은 2번이다.

2014年 2回 기출문제

MP3_04

4番

先生が、大正時代の都市の人口について話しています。この先生の話によると、大正14年の人口はどのようになりますか。

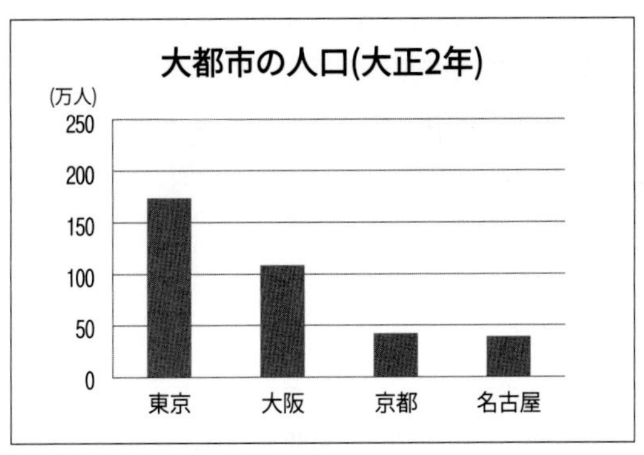

（速水融、小嶋美代子 『大正デモグラフィ』文藝春秋）

1.

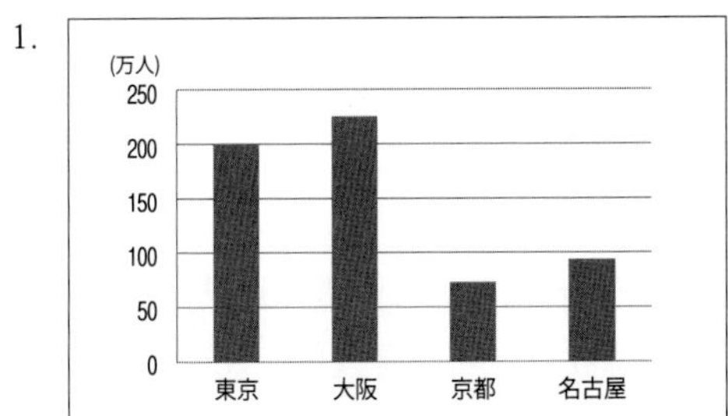

2.

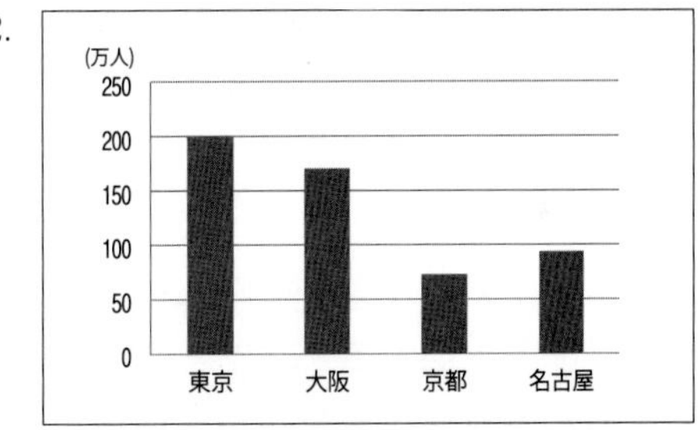

3.

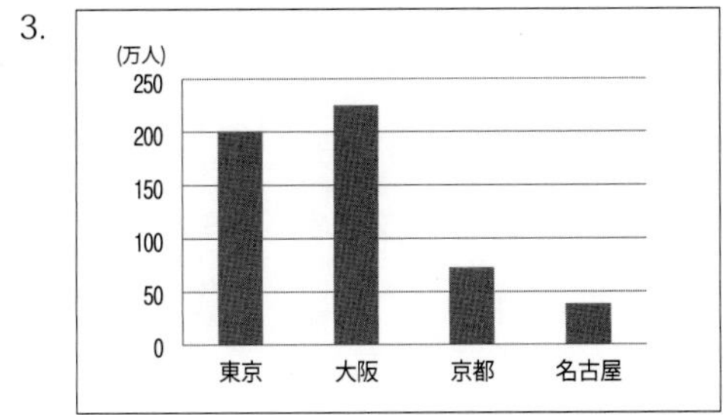

4.

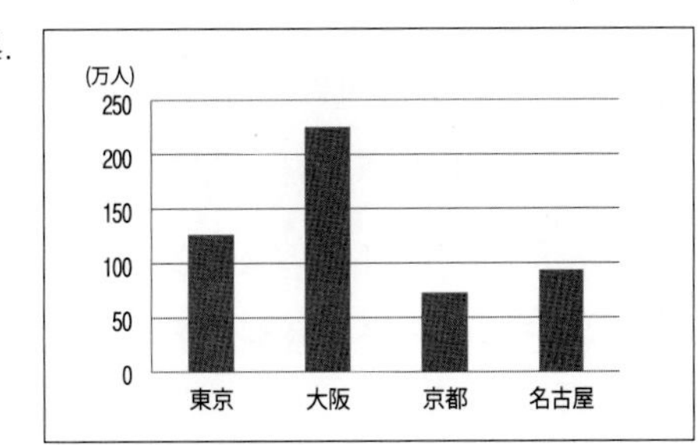

日本学生支援機構『平成26年度日本留学試験(第2回)試験問題』「日本語　問7」(凡人社)

스크립트 & 해석

先生が大正時代の都市の人口について話しています。この先生の話によると、大正14年の人口はどうなりましたか。

大正時代、日本は都市化が進み、都市における生活はより快適で安全なものになりました。このグラフは、大正２年の代表的な都市の人口を表したものです。当時、東京市は全国で一番人口が多く、次に多いのが大阪市でした。しかし、大正14年になると、その順位には変化が見られます。第一だった東京市は、その座を大阪市に譲っています。これは、人口が急増したこともありますが、近隣町村との合併で大阪市自体が大きくなったためで、多くの人々が新たに大阪市民になりました。名古屋市の人口も同様の理由で増え、京都市を抜きました。一方、東京市の人口は、増えてはいるものの、災害があったため大きな増加は見られませんでした。

선생님이 다이쇼 시대의 도시 인구에 대해 이야기하고 있습니다. 이 선생님의 이야기에 따르면 다이쇼 14년 인구는 어떻게 되었나요?

다이쇼 시대 일본은 도시화가 진행되어 도시에서의 생활은 보다 쾌적하고 안전해졌습니다. 이 그래프는 다이쇼 2년의 대표적인 도시 인구를 나타낸 것입니다. 당시 도쿄 시는 전국에서 가장 인구가 많고, 다음으로 많은 것이 오사카 시였습니다. 그러나 다이쇼 14년이 되면 그 순위에는 변화가 보입니다. 제 1 위였던 도쿄 시는 그 자리를 오사카 시에게 양보합니다. 이는 인구가 급증한 것도 있지만 근린 기초자치단체와 합병하여 오사카 시 자체가 커졌기 때문으로, 많은 사람이 새롭게 오사카 시민이 되었습니다. 나고야 시 인구도 같은 이유로 늘어나 교토 시를 앞질렀습니다. 한편 도쿄 시 인구는 늘긴 했지만 재해가 발생해 크게 증가하지는 않았습니다.

어휘

大正時代(たいしょうじだい) 다이쇼 시대 | 都市化(としか) 도시화 | 進(すす)む 진행되다 | 快適(かいてき) 쾌적 | 順位(じゅんい) 순위 | 座(ざ)を譲(ゆず)る 자리를 양보하다 | 急増(きゅうぞう)する 급증하다 | 近隣(きんりん) 근린 | 町村(ちょうそん) 초손(일본의 기초 자치 단체) | 抜(ぬ)く 제치다, 앞지르다 | 災害(さいがい) 재해

✓정답 1

해설

다이쇼 시대 인구 변화에 대해 답하는 문제. 해당 부분의 스크립트를 보면 인구가 오사카>도쿄, 나고야>교토라는 것을 알 수 있다. 또 도쿄 인구가 줄었다는 서술은 없으므로 정답은 1번이 된다.

2016年 2回 기출문제

MP3_05

5番

先生が、騒音についての調査結果を見ながら話しています。この先生が問題の解決が難しいと話しているのは、表のどの部分ですか。

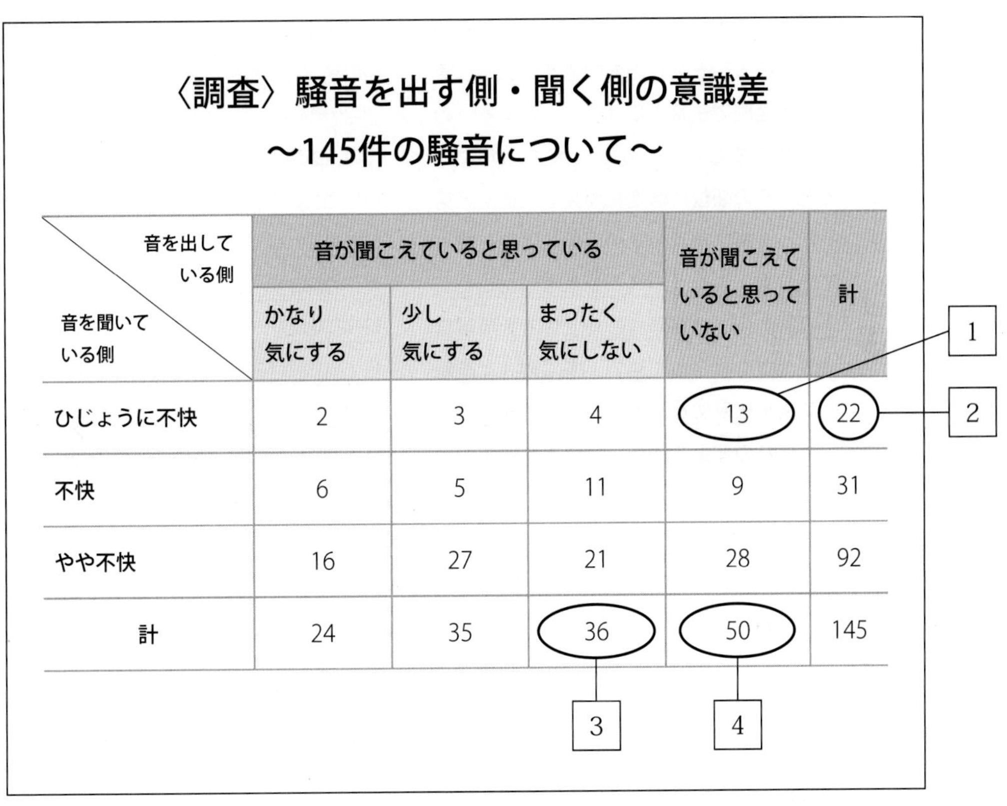

〈調査〉騒音を出す側・聞く側の意識差
～145件の騒音について～

音を出している側 / 音を聞いている側	音が聞こえていると思っている			音が聞こえていると思っていない	計
	かなり気にする	少し気にする	まったく気にしない		
ひじょうに不快	2	3	4	13	22
不快	6	5	11	9	31
やや不快	16	27	21	28	92
計	24	35	36	50	145

（久田満・山本和郎「近隣騒音の問題」山本和郎編『講座　生活ストレスを考える　第2巻　生活環境とストレス』垣根出版　を参考に作成）

日本学生支援機構『平成28年度日本留学試験(第2回)試験問題』「日本語　問７」(凡人社)

스크립트 & 해석

先生が、騒音についての調査結果を見ながら話しています。この先生が問題の解決が難しいと話しているのは、表のどの部分ですか。

선생님이 소음에 관한 조사결과를 보면서 이야기하고 있습니다. 이 선생님이 문제 해결이 어렵다고 말하고 있는 것은 표의 어느 부분입니까?

最近増えている近隣との騒音問題について、ある意識調査が行われました。まず、階段を歩く音や楽器の音など、隣近所から

최근 늘어나고 있는 근린과의 소음 문제에 관해 어떤 의식조사가 실시되었습니다. 우선 계단을 걷는 소리나 악기 소리 등 이웃에서 들려오는

스크립트 & 해석

聞こえてくる音のうち、不快に感じるという回答があった145件の騒音について、聞いている側はどの程度、不快に感じているのか、また、その音を出している側は、その音が隣近所に聞こえていると思っているかどうか、さらに、聞こえてくると思っている場合はそれをどのくらい気にしているのかを調べました。この表を見ると、聞いている側にとっては騒音でも、その音を出している側が、音が聞こえているとさえ思っていない場合が合計で145件中50件もあります。

　さらに、その50件の音について、聞いている側がどの程度不快に感じているかという内訳を見てみると、13件の音が「非常に不快だ」と感じられていることがわかります。このような、音に対する感じ方のズレは問題に発展する可能性をはらんでいます。なかでも解決が難しいのは、音を出している側が、音が聞こえていると思っていても、そのことをまったく気にしていない場合です。このような場合、音を出している側は、その音が不快に感じらているとは思っておらず、聞いている側がさりげなく苦情を言っても、音を出している側には苦情だと受け取られないのです。

소리 중 불쾌하게 느껴진다는 답변이 있었던 145건의 소음에 관해 듣는 사람은 얼마나 불쾌하게 느끼고 있는지, 소음을 내는 사람은 그 소리가 이웃에게 들릴 것이라고 생각하는지, 또 들릴 것이라고 생각하는 경우 그것을 얼마나 신경 쓰고 있는지 조사했습니다. 이 표를 보면 듣는 사람 입장에서는 소음이어도 그 소리를 내는 사람이 소리가 들릴 것이라는 생각조차 하지 않는 경우가 총 145건 중 50건에 달했습니다.

　또 이 50건의 소리 중 듣는 사람이 어느 정도 불쾌하게 느끼고 있는지 그 내역을 보면 13건의 소리를 '매우 불쾌하다'고 느끼고 있는 것으로 나타났습니다. 이러한 소리를 느끼는 정도의 차이는 문제로 발전할 가능성을 품고 있습니다. 그 중에서도 해결하기 어려운 것은 소리를 내는 사람이 소리가 난다고 생각하면서도 그것을 전혀 신경 쓰지 않는 경우입니다. 이러한 경우 소리를 내는 사람은 그 소리가 불쾌하게 느껴질 것이라고 생각하지 않기 때문에 듣는 사람이 은근히 불만을 토로해도 그것을 불만이라고 받아들이지 않는 것입니다.

어휘

近隣(きんりん) 근린 | 騒音(そうおん) 소음 | 楽器(がっき) 악기 | 不快(ふかい) 불쾌 | 隣近所(となりきんじょ) 이웃 | どの程度(ていど) 어느 정도 | 合計(ごうけい) 합계 | 内訳(うちわけ) 내역 | ズレ 차이 | 発展(はってん)する 발전하다 | はらむ 품다 | さりげなく 은근히 | 苦情(くじょう) 불만

✓정답 3

해설

선생님이 어렵다고 말하고 있는 부분을 표에서 고르는 문제. 직접적으로 '어려운 것은 소리를 내는 사람이 소리가 난다고 생각하면서도 그것을 전혀 신경 쓰지 않는 경우입니다' 라고 말하고 있으므로 이 부분을 근거로 삼으면 된다. 그렇다면 표의 소리를 내고 있는 사람의 항목에서 '音が聞こえていると思っている(소리가 난다고 생각한다)' 항목 내에 'まったく気にしない(전혀 신경 쓰지 않는다)'가 있으므로 이를 선택하면 된다. 정답은 표의 3번이다.

패턴 4 청해형 문제

❶ 질문 형태

✔ ~なのはどうしてですか。

❷ 경향 분석

✔ 12문제 중 1문제 정도 출제된다.

✔ 사실상 청해에 가까운 문제이며, 선택지가 문장으로 되어 있어 그림을 보지 않아도 음성만으로 해답을 찾을 수 있다.

❸ 포인트

✔ 도표는 복잡하지만 음성만으로 해답을 찾을 수 있는 형식의 문제이므로 도표에 현혹되지 않고 답을 찾는 것이 중요하다.

2015年 1回 기출문제

MP3_06

6番

先生が授業で、ダンゴムシを使った実験について話しています。この先生がダンゴムシが道具を使えるようになったと考えたのは、どうしてですか。

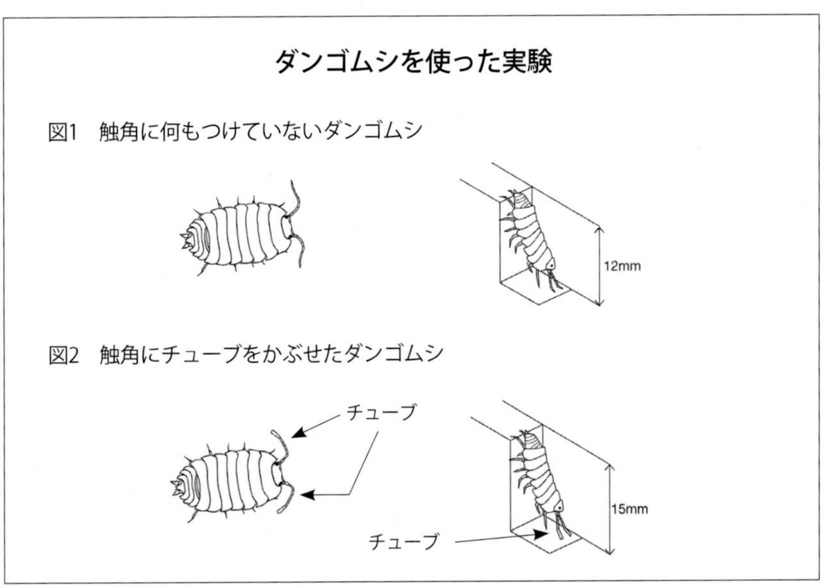

（森山徹『ダンゴムシに心はあるのか』PHP研究所　を参考に作成）

1. チューブの先が届くので、段を下りたから
2. チューブの先が届くのに、段を下りなかったから
3. チューブの先が届かないのに、段を下りたから
4. チューブの先が届かないので、段を下りなかったから

日本学生支援機構『平成27年度日本留学試験(第1回)試験問題』「日本語　問10」(凡人社)

스크립트 & 해석

先生が授業でダンゴムシを使った実験について話しています。この先生が、ダンゴムシが道具を使えるようになったと考えたのはどうしてですか。

선생님이 수업에서 공벌레를 이용한 실험에 대해 이야기하고 있습니다. 이 선생님이 공벌레가 도구를 사용할 수 있게 되었다고 생각한 이유는 왜일까요?

ダンゴムシは目が見えないので、段差を下りるときは触覚で下の段を探りながら下ります。図１を見てください。体長11ミリのダンゴムシなら降りられる段差は、通常12ミリまでです。そのため、触覚の先が届かない15ミリの段差は下りません。そこで、図２のようにチューブをかぶせて触覚の長さを伸ばしてみたところ、チューブの先が届く15ミリの段差を下りました。次に、チューブをかぶせたダンゴムシを囲いの中に入れ、自由に歩かせてチューブに慣れさせました。それから、15ミリの段差を降りるかどうかもう一度調べてみると、チューブに慣れたダンゴムシは、触覚につけたチューブが届くにもかかわらず、15ミリの段差を降りなくなったのです。最初はチューブを触覚だと思っていたのが、チューブに慣れると、今度は、チューブを触覚の届かない距離も測れる「道具」として使って、安全かどうかを判断するようになったと考えられます。

공벌레는 눈이 보이지 않아 단차가 있는 곳을 내려갈 때는 더듬이로 아랫단을 더듬으며 내려갑니다. 그림 1을 보세요. 몸 길이 11mm의 공벌레가 내려갈 수 있는 단차는 보통 12mm까지입니다. 그래서 더듬이 끝이 닿지 않는 15mm 단차는 내려갈 수 없습니다. 그래서 그림 2처럼 튜브를 씌워 더듬이 길이를 늘려보았더니 튜브 끝이 닿는 15mm 단차를 내려갔습니다. 다음으로 튜브를 씌운 공벌레를 울타리 안에 넣어 자유롭게 걷게 하여 튜브에 익숙해지도록 했습니다. 그 후 15mm의 단차를 내려갈 수 있는지 다시 한번 조사해보니 튜브에 익숙해진 공벌레는 더듬이에 씌워진 튜브가 닿는데도 불구하고 15mm의 단차를 내려가지 않았습니다. 처음에는 튜브를 더듬이라고 생각했지만 튜브에 익숙해지자 이제는 튜브를 더듬이가 닿지 않는 거리를 잴 수 있는 '도구'로 사용하여 안전한지 아닌지 판단하게 된 것으로 보입니다.

어휘

ダンゴムシ 공벌레, 쥐며느릿과의 갑각류 | 実験(じっけん) 실험 | 段差(だんさ) 단차 | 触覚(しょっかく) 촉각, 더듬이 | 下(した)の段(だん) 아랫단 | 探(さぐ)る 더듬다 | チューブ 튜브 | ~の先(さき) ~의 끝 | 伸(の)ばす 늘리다 | 届(とど)く 닿다 | かぶせる 씌우다 | 囲(かこ)い 울타리 | 慣(な)れる 익숙해지다 | 測(はか)る 재다

✓정답 2

해설

음성에서는 그림 1 과 그림 2 를 제시하며 공벌레 실험에 대해 설명하고 있다. 단 그림 자체는 이해를 도울 뿐 해답의 근거가 되지는 않는다. 음성을 잘 들어보면 후반 스크립트에서 '더듬이에 씌워진 튜브가 닿는데도 불구하고 15mm의 단차를 내려가지 않았습니다', '튜브를 더듬이가 닿지 않는 거리를 잴 수 있는 '도구'로 사용하여'라고 하고 있으므로 튜브가 닿고, 단차를 내려가지 않는 2번이 정답이다.

패턴 5 대화형

❶ 질문 형태

✔ ～は～と言っていますか。

❷ 경향 분석

✔ 12문제 중 2문제 정도 출제된다.

✔ 남학생과 여학생이 서로 대화하는 형식이다.

✔ 각 항목에 대해 설명하고 답이 되는 항목을 선택하게 하는 패턴이 많다.

❸ 포인트

✔ 질문을 바꿔 표현한 말에 주의하자.

男子学生が<u>意外だと言っている</u>のはグラフのどの項目ですか ➤ ～<u>これは意外だな</u>

2015年 1回 기출문제

MP3_07

7番

男子学生と女子学生が、健康診断について話しています。この男子学生は、いつ健康診断を受けると言っていますか。

健康診断日程

対象：学部生・大学院生

	健康診断			特急事項 （希望者は受付に申し出てください）
	日	午前 9:00～12:00	午後 13:00～16:00	
1	4月19日（火）	男子	男子	栄養相談（午後：男子のみ）
	4月20日（水）	女子	女子	栄養相談（午後：女子のみ）
2	4月21日（木）	女子	男子	カウンセリング（午後：男子のみ）
3	4月22日（金）	男子	女子	カウンセリング（午後：女子のみ）
4	4月25日（土）	男子	女子	

＊栄養相談およびカウンセリングは、終了の30分前までに受付を済ませてください。

日本学生支援機構『平成27年度日本留学試験(第1回)試験問題』「日本語　問4」(凡人社)

스크립트 & 해석

男子学生と女子学生が健康診断について話しています。この男子学生はいつ健康診断を受けると言っていますか。

남학생과 여학생이 건강진단에 대해 이야기하고 있습니다. 이 남학생은 언제 건강진단을 받을 것이라고 말하고 있나요?

男子学生：ねえ、健康診断の日程、見た？（紙の音）いつ行く？	남학생: 저기, 건강진단 일정 봤어? (종이 소리) 언제 갈거야?
女子学生：まだ決めてないけど……。今月中に健康診断書が必要だから、早めに行かないと。	여학생: 아직 안 정했는데……. 이번 달 안에 건강진단서가 필요하니까 일찍 가야지.
男子学生：え、健康診断書って、すぐに作ってもらえないの？	남학생: 앗, 건강진단서 빨리 안 나와?
女子学生：うん、受けてから１週間かかるって。	여학생: 응. 받고 나서 1주일 걸린대.
男子学生：そうなんだ。僕も、今月中に必要だから、じゃあ初日に行こうかな。	남학생: 그렇구나. 나도 이번 달 안에 필요하니까 그럼 첫날에 갈까?
女子学生：そういえば、前にカウンセリングを受けたいって言ってなかったっけ。この健康診断の期間中に専門のカウンセラーも来るんだよ。	여학생: 그러고보니 전에 카운셀링 받고 싶다고 하지 않았어? 이 건강진단 기간 중에 전문 카운셀러도 와.
男子学生：あ、本当だ。木曜日か……。ちょっと厳しいな。	남학생: 아, 정말이네. 목요일…… 좀 힘들 것 같은데.
女子学生：そう、じゃあ、栄養相談は？	여학생: 그래? 그럼 영양 상담은?
男子学生：それは別に。まあ、カウンセリングは今回じゃなくてもいいから、とりあえず早めに行くことにするよ。	남학생: 그건 별로. 뭐 카운셀링은 이번이 아니라도 되니까 일단 빨리 가야겠어.

어휘

健康診断(けんこうしんだん) 건강진단 | 決(き)める 결정하다 | 初日(しょにち) 첫날 | カウンセリング 카운셀링 | カウンセラー 카운셀러 | 厳(きび)しい 힘들다 | 栄養相談(えいようそうだん) 영양상담 | とりあえず 일단

✓정답 1

해설

남학생이 언제 건강진단을 받으러 갈 것인지 답하는 문제. 중반에 '僕も、今月中に必要だから、じゃあ初日に行こうかな(나도 이번 달 안에 필요하니까 그럼 첫날에 갈까)。'라는 내용이 나오고 그 후에 결국 그것을 부정하지 않으므로 정답은 1번이다.

memo

청독해

03 출제 예상문제

문장정보형

시각정보형

도표 · 그래프형

청해형

대화형

MP3_08

출제 예상문제 문장정보형

1番

先生が日本語学校と日本語教室の役割について話しています。この先生の話によると、日本語教室の役割として特に重要なのはどれですか。 1

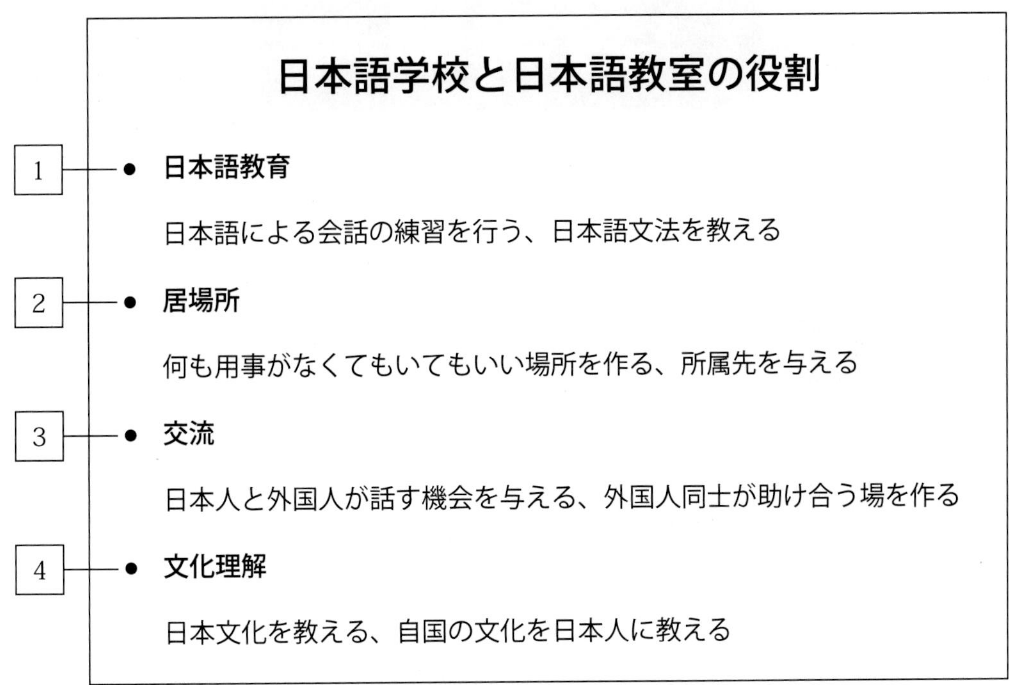

日本語学校と日本語教室の役割
1
日本語教育
日本語による会話の練習を行う、日本語文法を教える
2
居場所
何も用事がなくてもいてもいい場所を作る、所属先を与える
3
交流
日本人と外国人が話す機会を与える、外国人同士が助け合う場を作る
4
文化理解
日本文化を教える、自国の文化を日本人に教える

2番

先生が、社員がすぐにやめてしまう会社の特徴について話しています。この先生が最後に挙げる会社の例で、会社の問題点となっているのは、どの特徴の組み合わせですか。

2

A）むやみにペナルティを課す。

B）安易に労働者を評価する。

C）目標を達成するために無理をする。

1. AとB
2. BとC
3. AとC
4. AとBとC

3番

先生が情報技術が可能にした新しいサービスについて話しています。この先生がこのあと具体的に説明するのはどの対策についてですか。 3

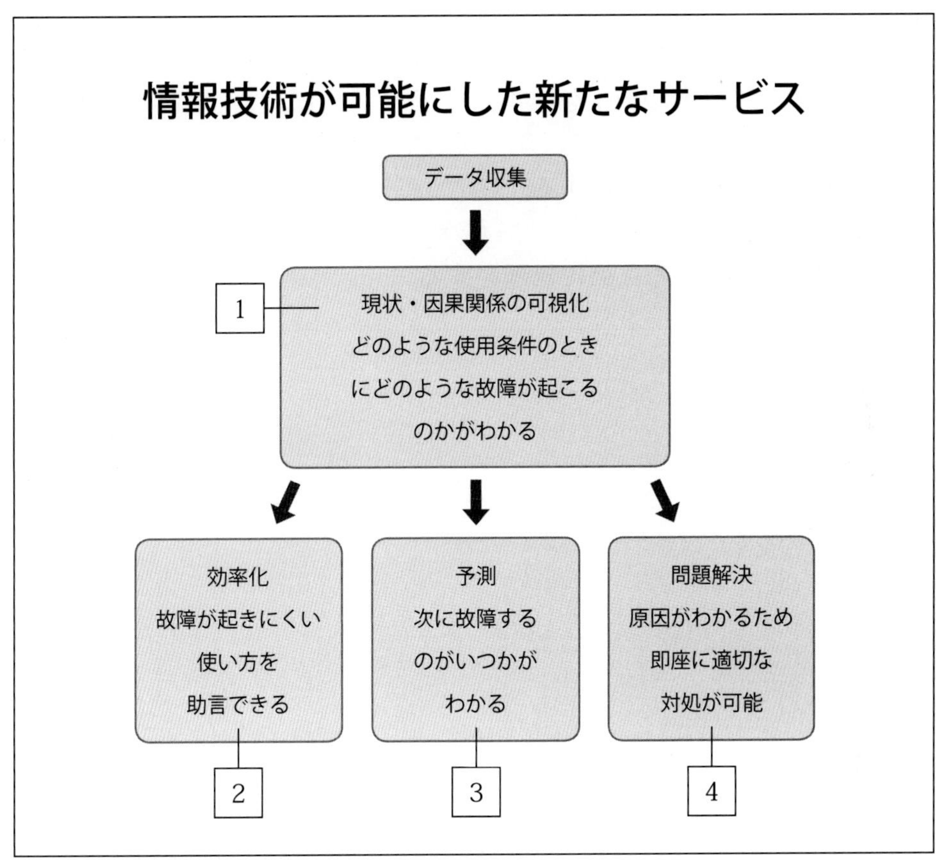

스크립트 및 해석 P.26~28

출제 예상문제 시각정보형

MP3_09

4番

先生が海の危険について話しています。この先生によると、海流に関する危険があるのは図でいうとどこの部分ですか。 4

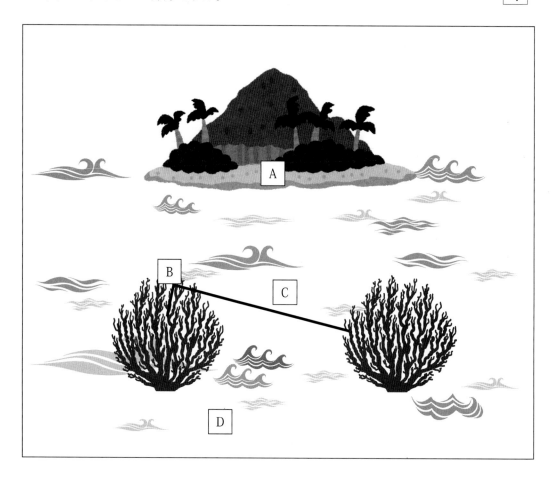

A

B

C

D

1. A
2. B
3. C
4. D

5番

先生が環境学の授業で、風力発電による騒音について話しています。この先生が最後にする質問の答えは、図のどの部分ですか。 **5**

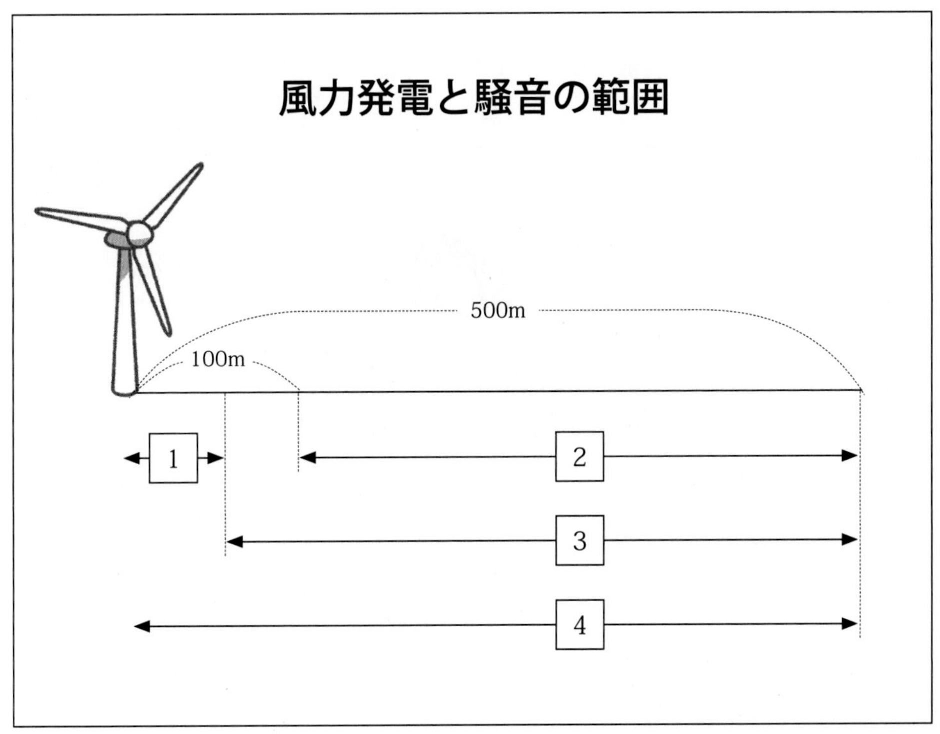

6番

先生が生物学の授業でネズミの実験について話しています。この先生が最後にする質問の答えはどれですか。 6

1.

2.

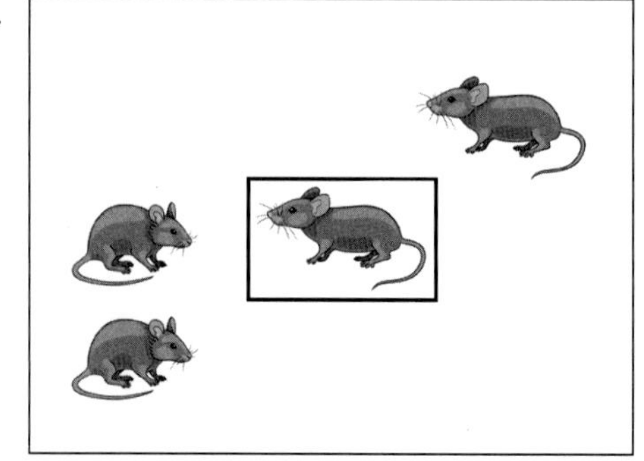

3.

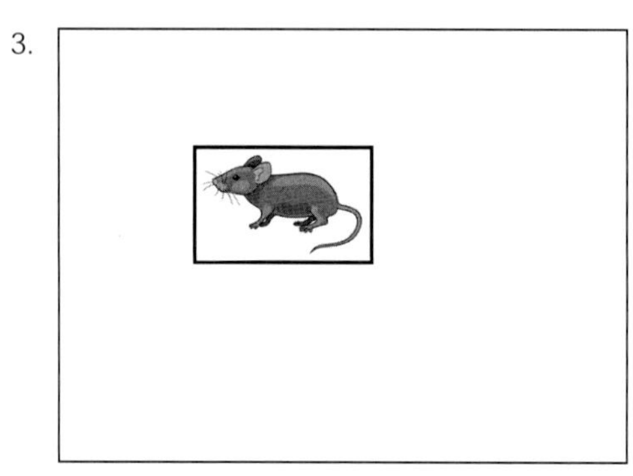

4.

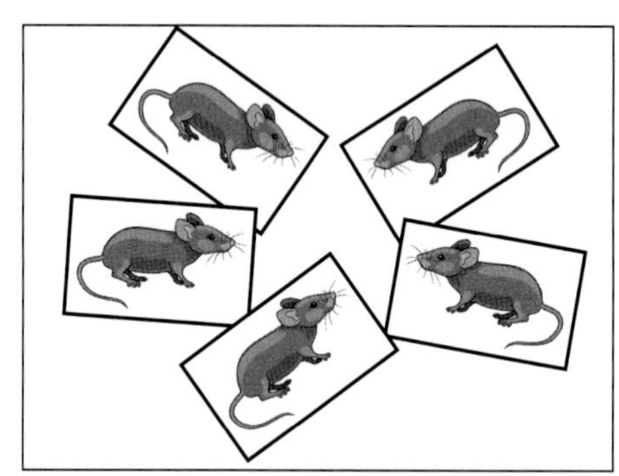

› 스크립트 및 해석 P.29~31

MP3_10

출제 예상문제 도표·그래프형

7番

専門家が授業で日本企業が採用する際に重視することについて話しています。この先生が最後にする質問の答えはどれですか。 **7**

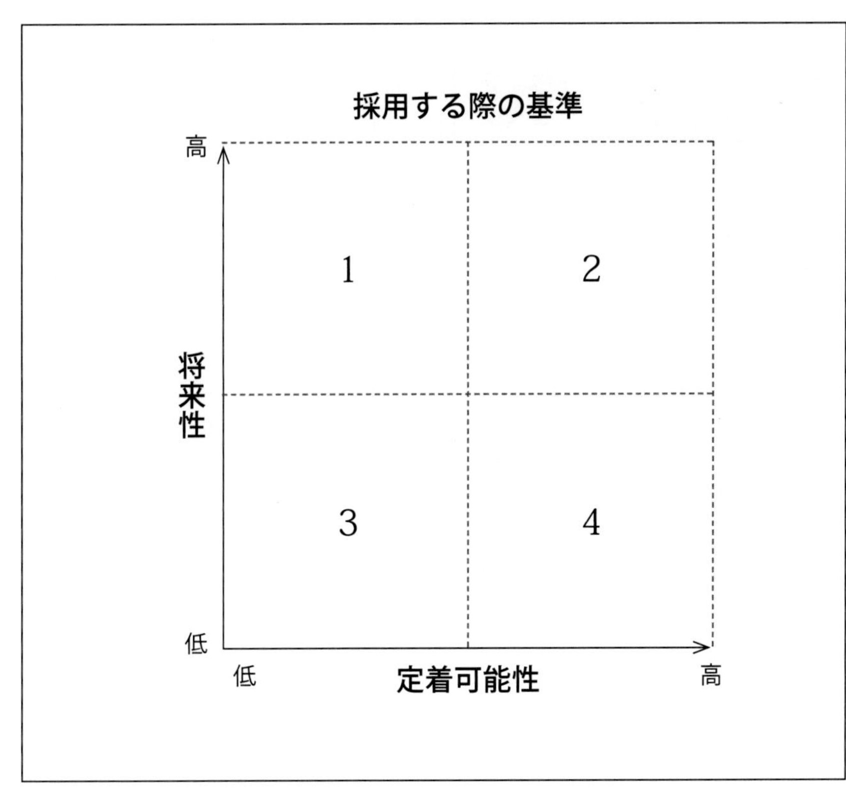

8番

先生が、授業で話しています。この先生の話によると、今の政策でどのタイプの企業が増加して、どのタイプの企業が減少しますか。 8

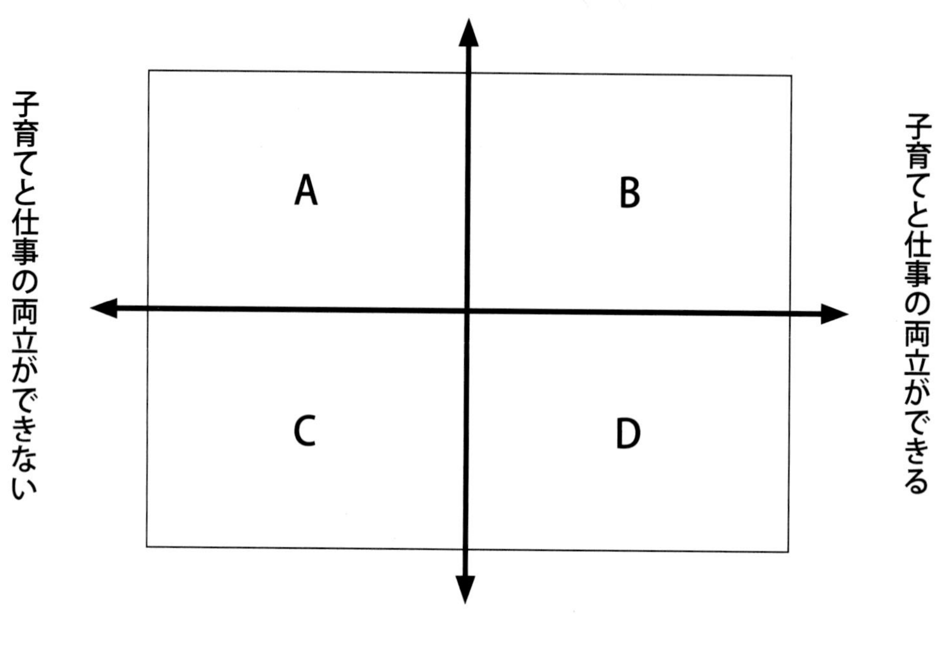

1. Bは増加、Cは減少
2. Dは増加、Aは減少
3. Bは増加、Dは減少
4. Dは増加、Cは減少

9番

先生が介護に関連する仕事について説明しています。この先生が最後にする質問の答えはどれですか。 **9**

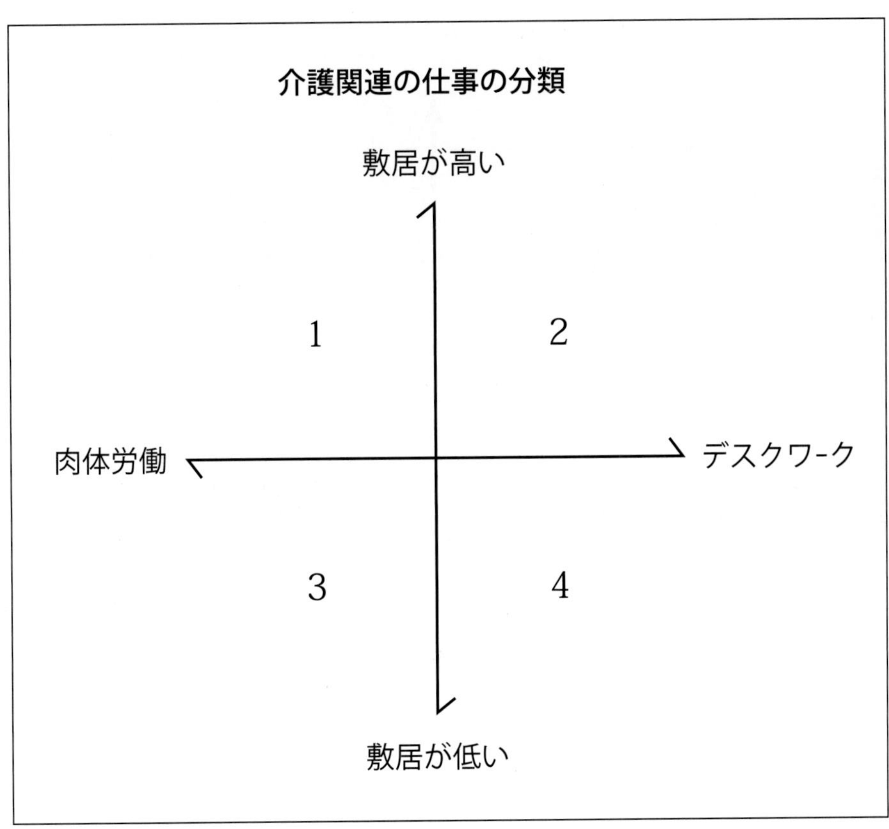

10番

食文化の専門家が米やパンに対する支出額の変化について話しています。この専門家によれば、2000年代の米やパンに対する支出額はどのように変化しましたか。 **10**

1.

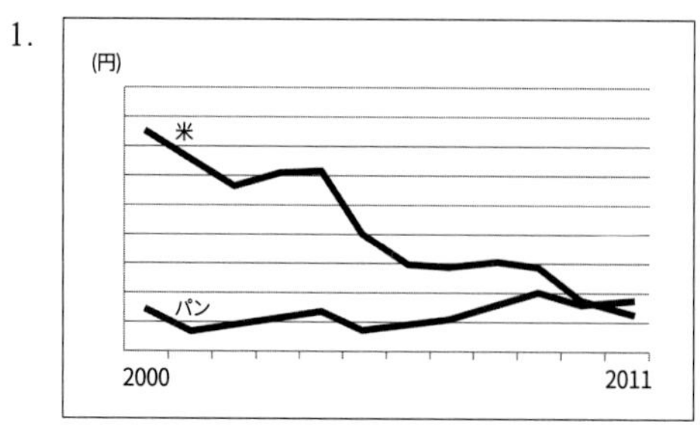

2.

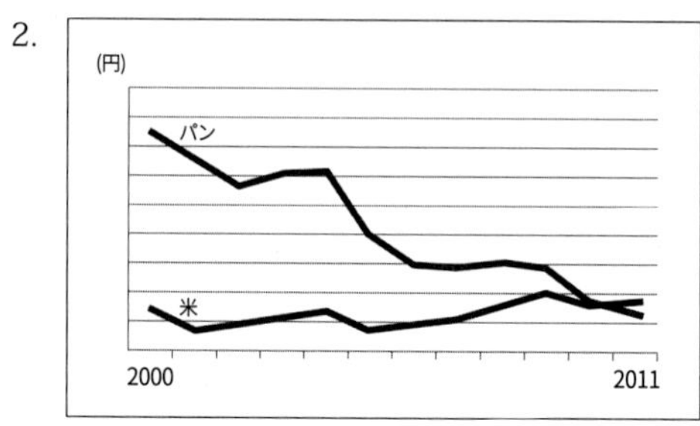

3.

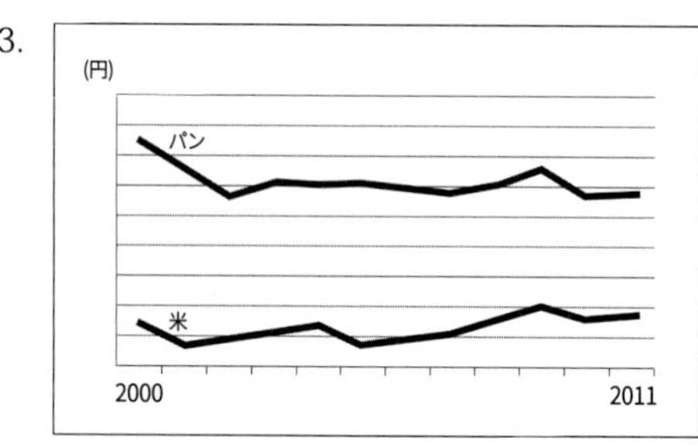

4.

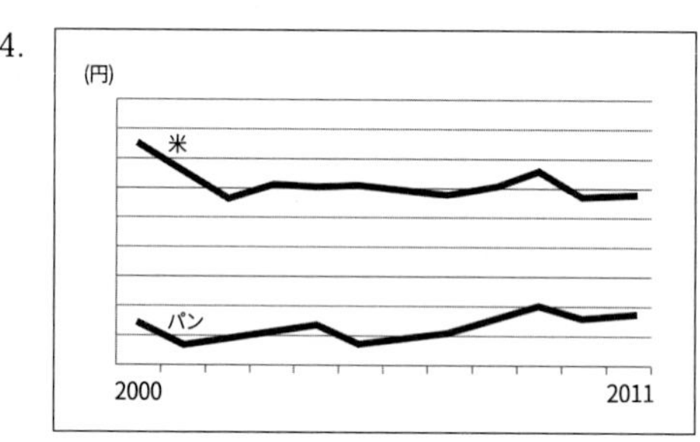

11番

先生が納豆の中の納豆菌の数とねばり成分の量について話しています。先生が次の実験で調査すると言っているのはどの部分ですか。 11

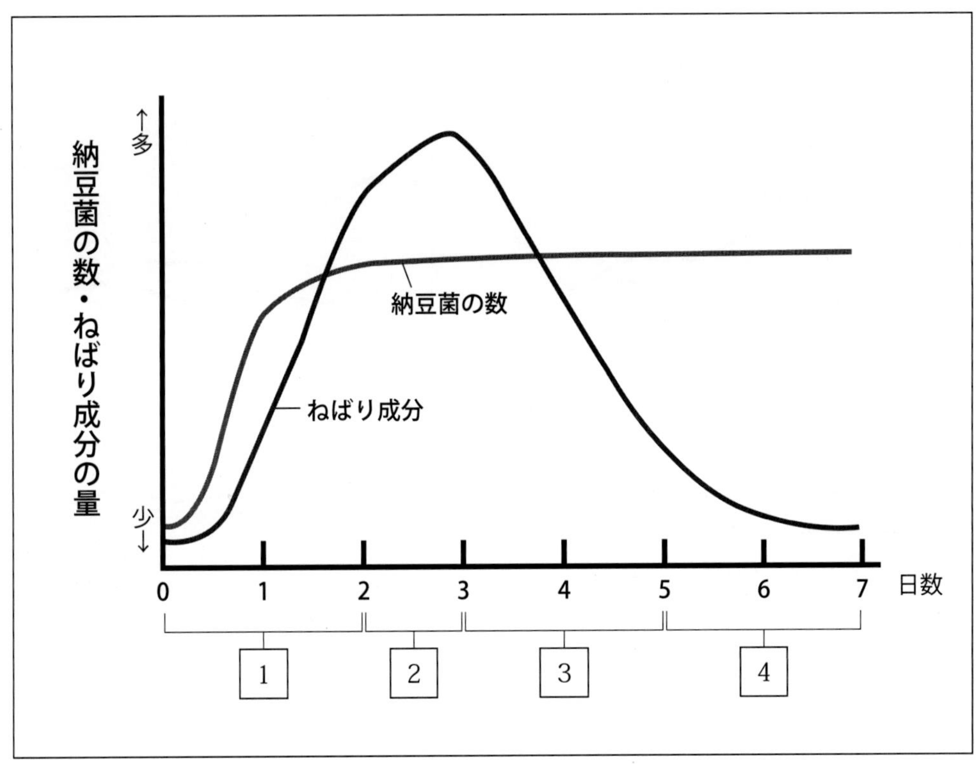

12番

先生が化粧をすることによる印象について話しています。先生の話をグラフに表すとどのようになりますか。 **12**

1.

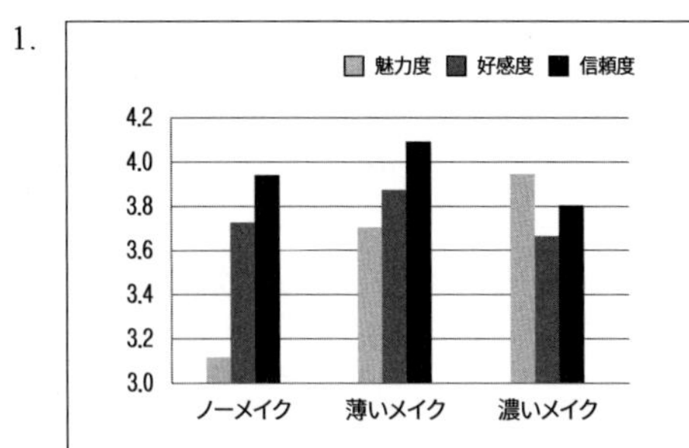

2.

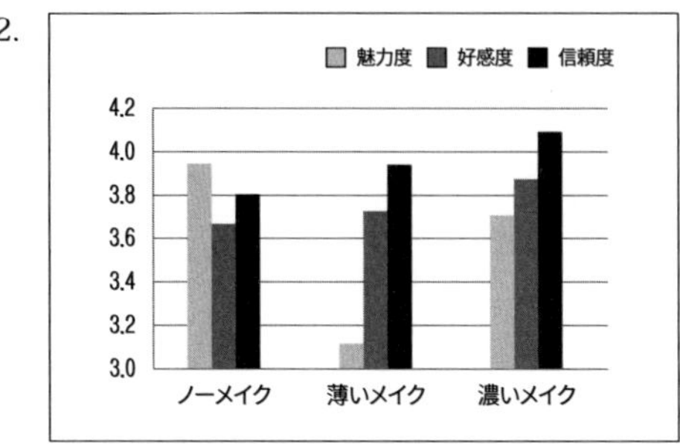

3.

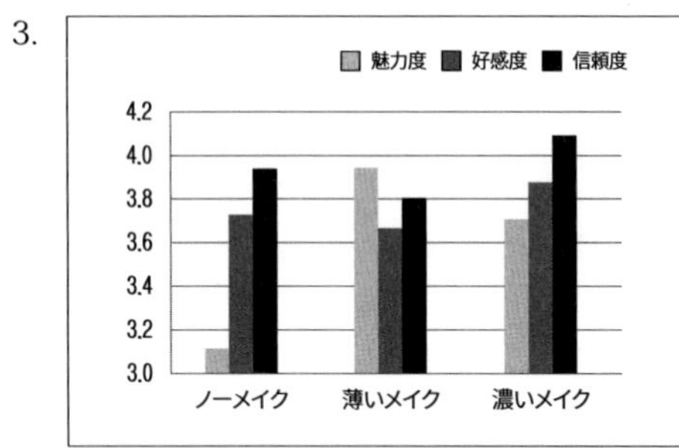

4.

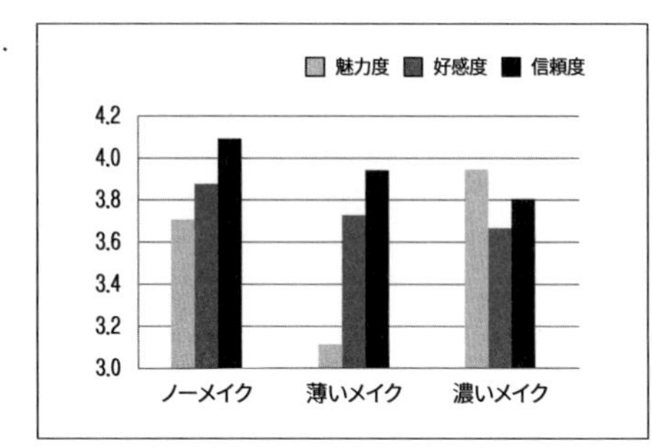

13番

先生が自動車会社の技術開発とその評価について話しています。先生が注目したほうがいいと言っているのはどれですか。 **13**

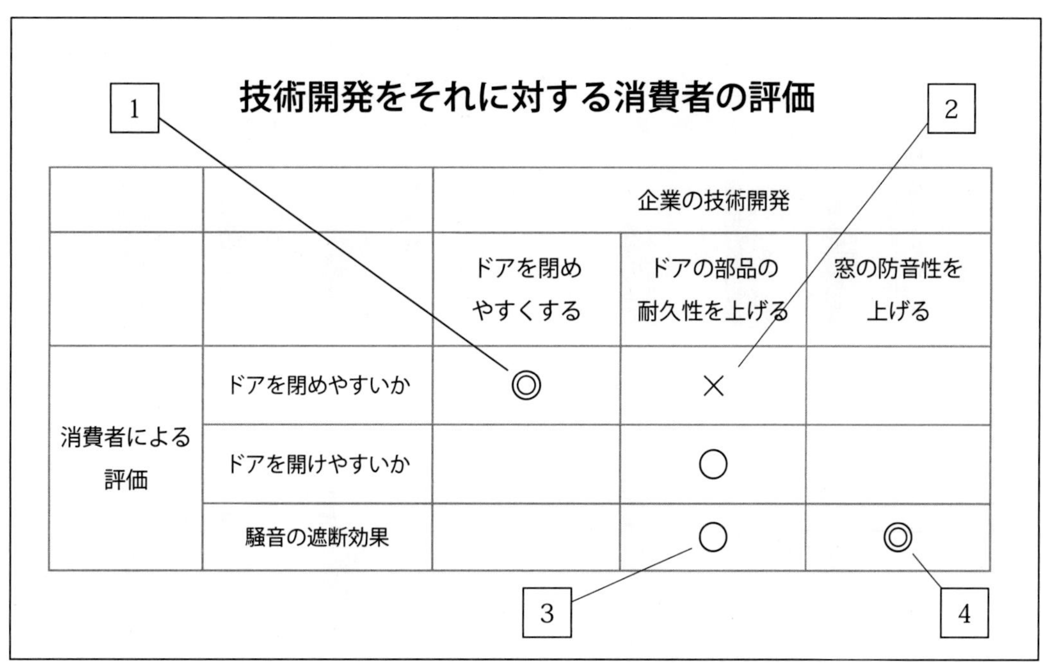

技術開発をそれに対する消費者の評価

		企業の技術開発		
		ドアを閉めやすくする	ドアの部品の耐久性を上げる	窓の防音性を上げる
消費者による評価	ドアを閉めやすいか	◎	×	
	ドアを開けやすいか		○	
	騒音の遮断効果		○	◎

14番

先生が歴史区分について話しています。先生の話している歴史区分を表にするとどのようになりますか。 14

西洋史の歴史区分

	宗教	政治体制
古代		都市国家
中世	宗教の普及（キリスト教）	封建社会
近世	宗教改革	絶対王政
近代		国民国家

1.

	宗教
古代	宗教の普及、宗教改革
中世	
近世	
近代	

2.

	宗教
古代	
中世	宗教の普及
近世	宗教改革
近代	

3.

	宗教
古代	宗教の普及
中世	
近世	宗教改革
近代	

4.

	宗教
古代	宗教の普及
中世	宗教改革
近世	
近代	

스크립트 및 해석 P.32~39

MP3_11

출제 예상문제 청해형

15番

先生がホンソメワケベラという魚の実験について話しています。先生によれば、ホンソメワケベラが鏡を見た後にノドをこすりつける行動をするのはどうしてですか。 15

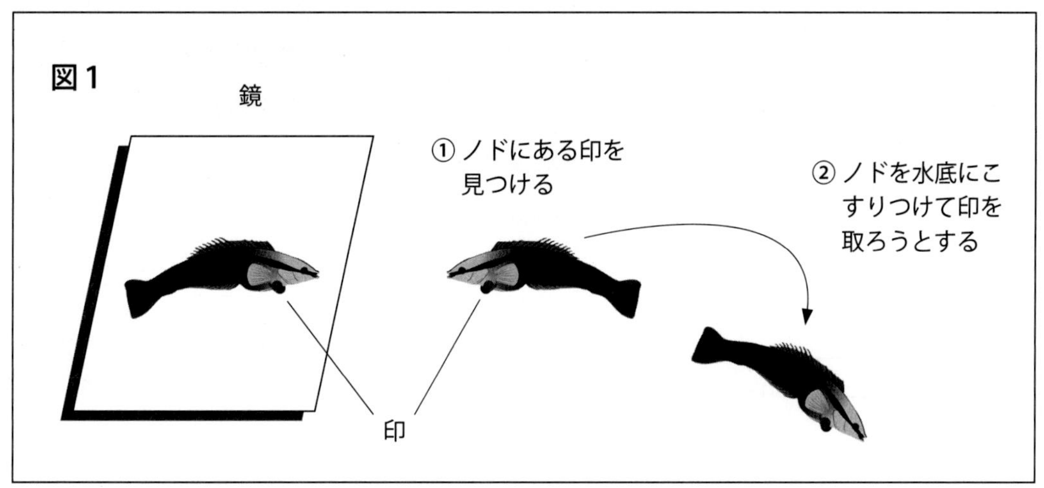
図1
鏡
① ノドにある印を
見つける
② ノドを水底にこ
すりつけて印を
取ろうとする
印

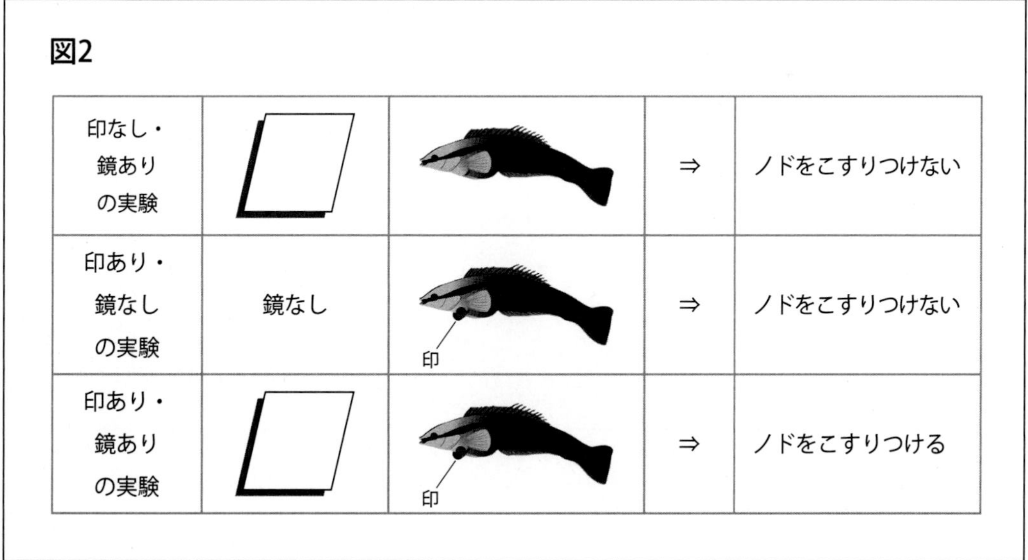
図2

印なし・鏡ありの実験			⇒	ノドをこすりつけない
印あり・鏡なしの実験	鏡なし	印	⇒	ノドをこすりつけない
印あり・鏡ありの実験		印	⇒	ノドをこすりつける

1. 鏡に写った自分の姿に対して威嚇しようとしたから
2. 鏡に写っている魚に対して求愛行動を取ったから
3. 鏡に写っている魚が自分だと分かっているから
4. 鏡が何であるのか認識できず混乱してしまったから

16番

先生が人間の心理に関する実験について説明しています。この先生によれば、この実験の成果はビジネスで例えばどのように応用されていますか。 16

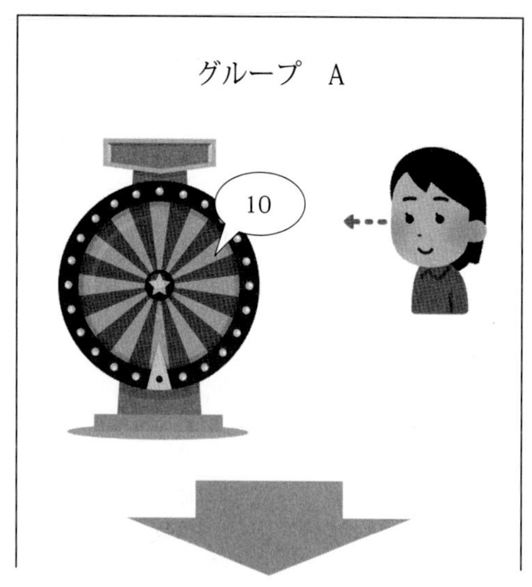

質問：国際連合に所属するすべての国の中で、アフリカ大陸にある国は何%ですか？

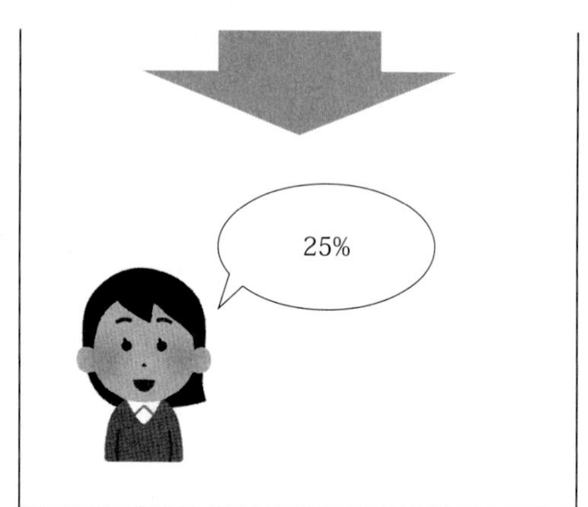

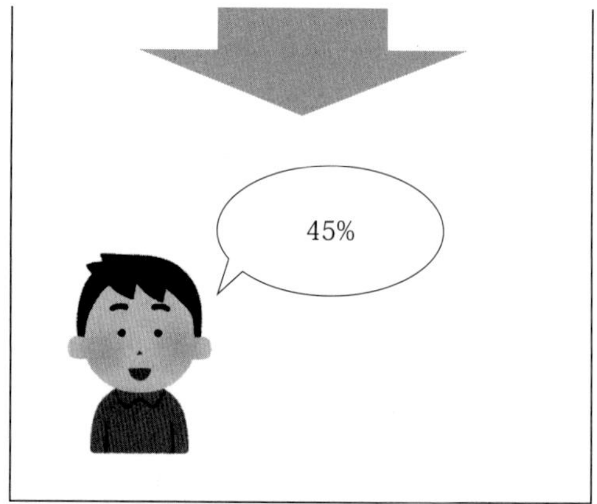

1. 高い商品の価格が先に目に入るようにする。
2. メニューに関して消費者に様々な質問をする。
3. 価格が安いということを最初にアピールする。
4. ルーレットというゲーム要素をビジネスに取り入れる。

스크립트 및 해석 P.40~41

MP3_12

출제 예상문제 대화형

17番

男子学生と女子学生が話しています。この男子学生は、いつボランティアに行くと言っていますか。 17

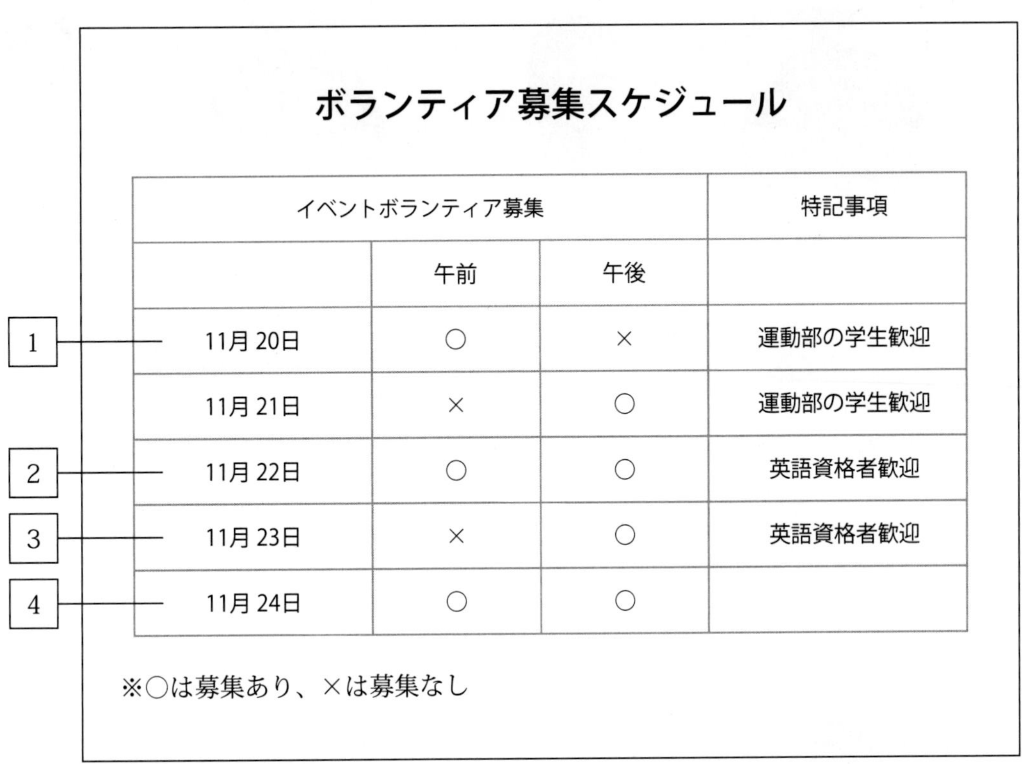

ボランティア募集スケジュール

	イベントボランティア募集			特記事項
		午前	午後	
1	11月 20日	○	×	運動部の学生歓迎
	11月 21日	×	○	運動部の学生歓迎
2	11月 22日	○	○	英語資格者歓迎
3	11月 23日	×	○	英語資格者歓迎
4	11月 24日	○	○	

※○は募集あり、×は募集なし

18番

女子学生と男子学生が論文集の製本方法について話しています。この二人は、どの製本の仕方を候補として考えていますか。 18

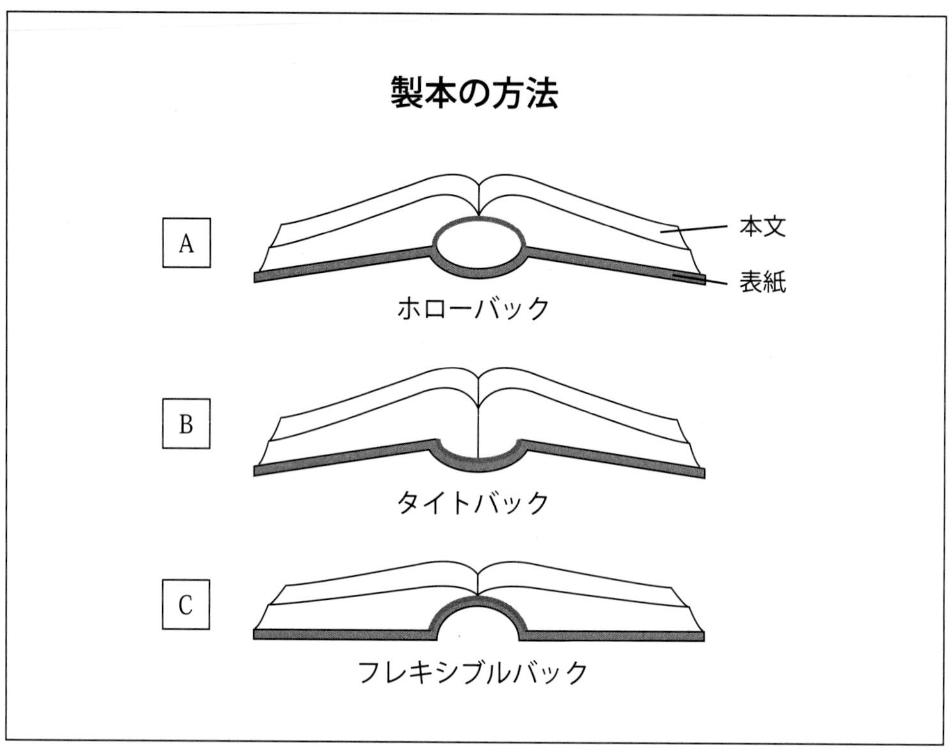

1. A
2. AとC
3. BとC
4. C

19番

男子学生と女子学生がアメリカの採用経路について話しています。女子学生が面白いと言っているのはどれですか。 19

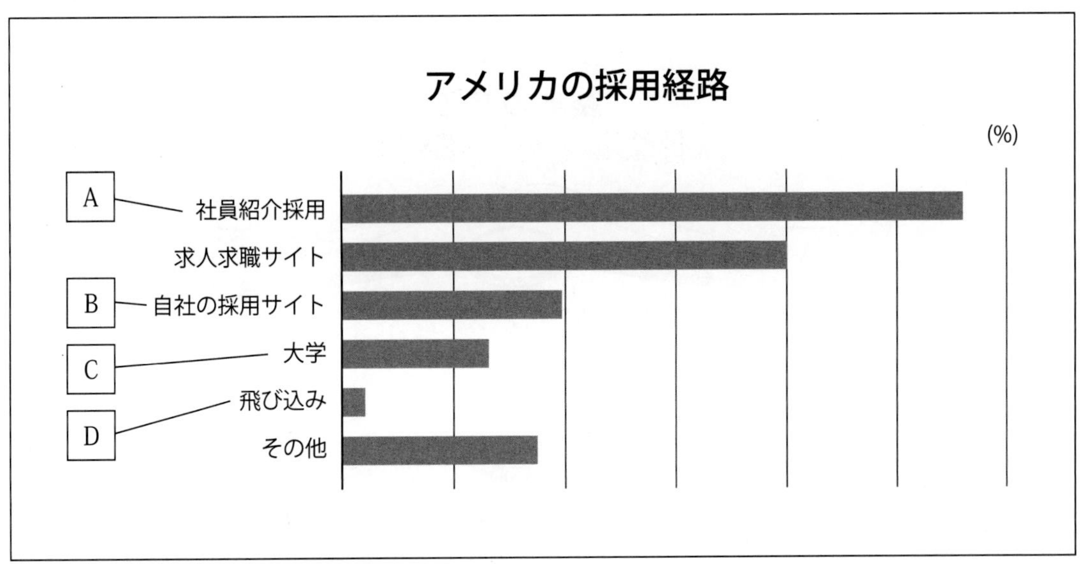

1. AとB
2. AとD
3. BとC
4. CとD

20番

男子学生と女子学生が仕事にかかる時間について話しています。男子学生と女子学生の話しによれば大学でレポートを書くときに計算に含めなくてもいい時間はどれですか。

20

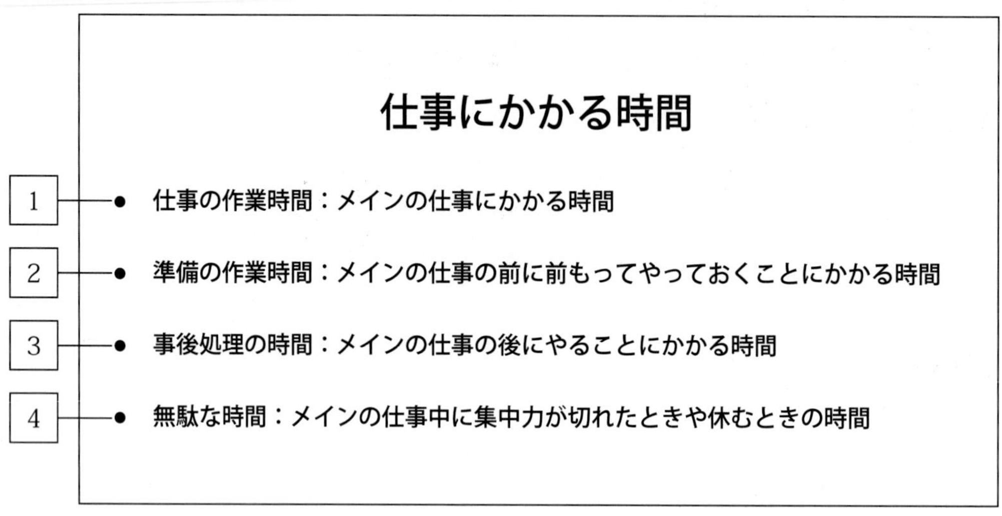

仕事にかかる時間
1
仕事の作業時間：メインの仕事にかかる時間
2
準備の作業時間：メインの仕事の前に前もってやっておくことにかかる時間
3
事後処理の時間：メインの仕事の後にやることにかかる時間
4
無駄な時間：メインの仕事中に集中力が切れたときや休むときの時間

스크립트 및 해석 P.42~45

청해

01, EJU 청해의 비결

02, 기출문제 필수 패턴

03, 출제 예상문제

EJU 청해의 비결

청해의 포인트!

❶ 전반부에서 주제를 파악 ➤ 후반부에서 해답의 직접적인 힌트를 찾자.

❷ 질문을 바꿔 표현한 말을 주의 깊게 듣자.

❸ 접속사에 주의하자. ➤ 화제 전환 접속사 : さて 그런데 | では 그러면
역접 접속사 : しかし 그러나

일본유학시험(EJU) 일본어 청해는 대부분 3분의 2부분에서 역접의 접속사와 함께 정답에 해당되는 내용이 나온다. 해당되는 내용이 선택지에 동음이의어나 한자의 어휘로 바뀌어서 나올 때는 특히 주의해서 답을 선택하자.

★ 패턴별 주의사항

1 WHAT형

「Aは何ですか」와 같은 문제의 경우 A를 다르게 표현한 부분의 주변에 정답의 힌트가 있으므로 그 부분을 주의 깊게 들을 필요가 있다.

2 WHY형

WHY형은 이유를 묻는 문제이기 때문에 「~からである(~이기 때문이다)」, 「理由は~(이유는~)」 등의 표현에 유의하며 들어야 한다.

3 HOW형

HOW형과 비슷한 유형의 문제는 HOW형과 같은 부분에 주의해야 한다. 단, 「~どうすればいいですか(어떻게 하면 됩니까?)」와 같은 대처방법에 관한 문제는 「~した方がいい(~하는 편이 좋다)」, 「~すればよい(~하면 된다)」 등 조언을 할 때 사용하는 표현을 특히 주의하여 들어야 한다.

4 대화형

인터뷰 방식의 대화(전문가와 기자), 학생과 선생님의 대화, 남학생과 여학생의 대화 등이 있다. 학생끼리 하는 대화는 「~じゃないかな(~은 아닐까)」, 「~なくっちゃ(~해야 해)」, 「~しね(~잖아)」, 「~だって(~래)」 등의 구어체가 많이 쓰이므로 이러한 표현에 익숙하지 않은 사람은 잘 공부해 두는 것이 좋다.

5 마지막 질문형

이 문제는 어떤 부분이 출제되어도 풀 수 있도록 꼼꼼하게 메모를 해야 한다. 문제에서는 처음 듣는 용어에 관한 설명이 나온다. 난이도는 그렇게 높지 않은 편이나 처음 듣는 용어에 당황하지 않도록 하자.

청해 주요 문말 표현

1 주장 · 진행 · 확신 · 경향 · 추측 · 전문

☐ ～のです。	～인 것입니다.
☐ ～わけです。	～한 것입니다. / ～하게 됩니다.
☐ ～はずです。	당연히 ～인 것입니다.
☐ ～てほしいです。	～해 주셨으면 합니다.
☐ ～わけではない。	～인 것은 아니다.
☐ ～ものです。	～하는 법입니다.
☐ ～つつあるのです。	～하는 중입니다.
☐ ～がちです。	～하기 쉽습니다.
☐ ～ようです。	～하는 것 같습니다.
☐ ～でしょう。	～하잖아요.
☐ ～でしょうが…	～하겠지만…
☐ ～なくてはいけません。	～하지 않아서는 안 됩니다. / ～해야 합니다.
☐ ～とは限(かぎ)らないのです。	꼭 ～라고는 할 수 없습니다.
☐ ～かもしれないです。	～할지도 모릅니다.
☐ ～そうです。	～한다고 합니다.
☐ ～というわけです。	～라는 것입니다.
☐ ～にほかならないです。	～임에 틀림없습니다.
☐ ～ではないでしょうか。	～이 아닐까요?

2 회화적 표현

☐ ～じゃないか。	～은 아닐까?
☐ ～なくっちゃ。	～해야지.
☐ ～しね。	～하잖아.
☐ ～だって。	～래.
☐ ～ってこと？	～라는 거야?
☐ ～なきゃ。	～해야지.
☐ ～てことだ。	～라는 것이다.
☐ ～んじゃないでしょうか。	～은 아닐까요?
☐ ～ちゃう。	～해 버리겠어.

02 기출문제 필수 패턴

패턴 1 WHAT형 : 何が

❶ 질문 형태

- ✔何を重視すべきと言っていますか。
- ✔特徴はなんですか。
- ✔最も言いたいことは何ですか。

❷ 경향 분석

- ✔15문제 중 3문제 정도가 출제된다.
- ✔전반부에서 주제에 대해 설명하고 후반부에 해답의 직접적 힌트가 나오는 경우가 많다.

❸ 포인트

- ✔질문을 바꿔 표현한 말 전후에 해답이 나오는 경우가 많다.
  何を重視すべきと言っていますか ➤ ～こういった点に十分に注意を払うべきでしょう
- ✔음성에 있지만 해답과 관련 없는 내용을 선택지로 만든 경우가 있으니 주의하자.

2014年 1回 기출문제

MP3_13

1番

-メモ-

日本学生支援機構『平成26年度日本留学試験(第1回)試験問題』「日本語　問21」(凡人社)

스크립트 & 해석

先生が、ある会社が製造、販売したパソコンについて話しています。この先生はこの会社のパソコンの特徴は何だと言っていますか。

선생님이 한 회사가 제조, 판매한 컴퓨터에 관해 이야기하고 있습니다. 이 선생님은 이 회사 컴퓨터의 특징은 무엇이라고 말하고 있나요?

스크립트 & 해석

現在、ある会社のパソコンが日本やアメリカなどの先進国で売り上げを伸ばしています。しかし、実は、このパソコンは元々そのような国での販売を目的としたものではなかったのです。

현재 한 회사의 컴퓨터가 일본이나 미국 등 선진국에서 매출이 늘어나고 있습니다. 하지만 사실 이 컴퓨터는 원래 그런 국가에서의 판매를 목적으로 한 것은 아니었습니다.

この会社がパソコンの製造、販売を始めた当初、先進国のパソコン市場では、すでに高度な機能が備わった様々なパソコンが販売されており、この会社が市場に入る余地はほとんどありませんでした。そこで、発展途上国の市場に向けて製品を販売することにしたのですが、それにあたって、高度な機能を省き、古い型の部品を使うことで、従来のものに比べて低価格のパソコンを製造し、販売しました。このパソコンが、結果的に「気軽に使える二台目のパソコンがほしい」という消費者の多い先進国から大きな需要を得ることになったのです。

이 회사가 컴퓨터 제조, 판매를 시작한 당시, 선진국 컴퓨터 시장에는 이미 고도의 기능이 탑재된 다양한 컴퓨터가 이미 판매되고 있었고 이 회사가 시장에 진입할 여지는 거의 없었습니다. 그래서 개발도상국 시장용으로 제품을 판매하기로 했는데 이를 위해 고도의 기능을 생략하고 구형 부품을 사용하여 기존 제품에 비해 낮은 가격의 컴퓨터를 제조하여 판매했습니다. 이 컴퓨터가 결과적으로 '부담없이 쓸 수 있는 서브 컴퓨터를 원하는' 소비자들이 많은 선진국에서 많은 수요를 얻게 된 것입니다.

この先生はこの会社のパソコンの特徴は何だと言っていますか。

1. 最新の部品や機能を備えている。
2. 機能を限定し、価格を抑えている。
3. 発展途上国だけで販売されている。
4. 他の会社と共同で製造されている。

이 선생님은 이 회사 컴퓨터의 특징이 무엇이라고 말하고 있습니까?

1. 최신 부품 및 기능을 탑재하고 있다.
2. 기능을 한정하여 가격을 낮췄다.
3. 개발도상국에서만 판매되고 있다.
4. 다른 회사와 공동으로 제조하고 있다.

어휘

パソコン 컴퓨터 | 製造 제조 | 販売 판매 | 特徴 특징 | 売り上げ 매출 | 伸ばす 늘이다 | 目的 목적 | 当初 당초 | 機能 기능 | 備わった 탑재한 | 市場に入る 시장에 진입하다 | 余地 여지 | ほとんどない 거의 없다 | 発展途上国 개발도상국 | 省く 생략하다 | 古い型 구형 | 気軽に 부담 없이 | 需要 수요 | 消費者 소비자 | 先進国 선진국

✓정답 2

해설

이야기에서 언급하고 있는 컴퓨터의 특징을 답하는 문제. 문장 중에 '高度な機能を省き…低価格の(고도의 기능을 생략하고… 낮은 가격의)'라는 내용이 나오며 이것이 '機能を限定し、価格を抑えている(기능을 한정하여 가격을 낮췄다)'에 해당하므로 정답은 2번이다.

패턴 2 WHY형 : どうして、なぜ

❶ 질문 형태

- どうしてですか。
- なぜですか。

❷ 경향 분석

- 15문제 중 2문제 정도가 출제된다.
- 전반부에서 주제에 대해 설명하고 후반부에 직접적인 해답의 힌트가 나오는 경우가 많다.
- 선택지에는 상식적으로 옳은 내용, 대사에 있는 내용이지만 해답과는 관계없는 것 등이 섞여있어 난이도가 높다.

❸ 포인트

- 이유 등을 묻는 문제이므로 이유를 나타내는 표현에 주의하자.
  だから 때문에 | したがって 따라서 | から·ので·ため 때문에 | んです ~인 것입니다.
- 단, 이유 표현이 직접적으로 나오지 않는 문제도 많으므로 그러한 표현에 집착하지 말자.

2014年 1回 기출문제

MP3_14

2番

-メモ-

日本学生支援機構『平成26年度日本留学試験(第1回)試験問題』「日本語　問18」(凡人社)

스크립트 & 해석

先生が、生物学の授業で、魚が自分の身を守る方法について話しています。この先生は、魚が敵に見つかりにくいのはどうしてだと言っていますか。

선생님이 생물학 수업에서 물고기가 자신의 몸을 지키는 방법에 관해 이야기하고 있습니다. 이 선생님은 물고기가 적에게 발견되기 어려운 이유를 뭐라고 설명하고 있습니까?

스크립트 & 해석

海にいる小さな魚は、大きな他の生き物に食べられます。ですから、小さな魚にはそれを逃れる工夫がいろいろ見られます。

例えば、海の中でも比較的浅いところを泳ぐ魚の場合、お腹が白っぽくなっています。これは、深いところにいる魚が、海の中から上を見たとき、水面がキラキラ白く輝いて見えるのに合わせているのです。また、空から見た場合にも、目立たないように、背中が海の色に合わせて青っぽくなっています。魚の敵は水中だけにいるとは限らないので、空から魚をねらう鳥に見つかりにくくしているのです。

바다에 있는 작은 물고기는 다른 큰 생물에게 잡아 먹힙니다. 그러므로 작은 물고기에게는 그것을 피하기 위한 노력을 다양하게 엿볼 수 있습니다.

예를 들어 바닷속에서도 비교적 얕은 곳을 헤엄치는 물고기의 경우 배가 하얗습니다. 이는 깊은 곳에 있는 물고기가 바닷속에서 위를 올려다 봤을 때 수면이 반짝반짝 하얗게 빛나기 때문에 여기에 맞춘 것입니다. 또 하늘에서 봤을 때도 눈에 띄지 않도록 등이 바다색에 맞춰 푸른색입니다. 물고기의 적은 물속에만 있는 것은 아니므로 하늘에서 물고기를 노리는 새에게 발견되기 어렵도록 하는 것입니다.

この先生は、魚が敵に見つかりにくいのはどうしてだと言っていますか。

1. 海の浅いところを泳いでいるから
2. 敵によって見せる体の向きを変えているから
3. 敵が近づくと体の色が変わるから
4. 体の色が周りの色と同じように見えるから

이 선생님은 물고기가 적에게 발견되기 어려운 이유를 뭐라고 설명하고 있습니까?

1. 바다의 얕은 곳을 헤엄치므로
2. 적에 따라 보이는 몸의 방향을 바꾸고 있으므로
3. 적에게 발견되면 몸 색깔을 바꾸므로
4. 몸 색깔이 주변 색과 같아 보이므로

어휘

生物学(せいぶつがく) 생물학 | 授業(じゅぎょう) 수업 | 身(み)を守(まも)る 몸을 지키다 | 見(み)つかりにくい 발견되기 어렵다 | 海(うみ) 바다 | 小(ちい)さな 작은 | 魚(さかな) 물고기 | 生(い)き物(もの) 생물 | 逃(のが)れる 피하다 | 工夫(くふう) 노력, 궁리함 | 浅(あさ)い 얕은 | 泳(およ)ぐ 헤엄치다 | お腹(なか) 배 | 深(ふか)い 깊은 | キラキラ 반짝반짝 | 輝(かがや)く 빛나다 | 背中(せなか) 등 | 敵(てき) 적 | 水中(すいちゅう) 물속 | ねらう 노리다 | 鳥(とり) 새

✔ 정답 4

해설

물고기가 발견되기 어려운 이유를 답하는 문제. 'これは~水面が~白く輝いているのにわせている(이는~수면이~하얗게 빛나기 때문에 여기에 맞춘 것)' '目立たないように、背中が海の色に合わせて青っぽくなっています(눈에 띄지 않도록 등이 바다색에 맞춰 푸른색입니다)' 등의 서술을 통해 몸의 색깔을 주변과 비슷한 색으로 맞추고 있다는 것을 알 수 있으므로 이에 해당하는 4번이 정답이다.

패턴3 HOW형：どう、どのように

❶ 질문 형태

✔ どうすればいいと言っていますか。

✔ 重要なのはどのようなことだと言っていますか。

✔ どんな特徴があると言っていますか。

❷ 경향 분석

✔ 15문제 중 5문제 정도가 출제된다.

✔ 전반부에서는 주제에 대해 설명하고 후반부에서 직접적 힌트가 나오는 경우가 많다.

✔ 선택지는 상식적으로 옳은 내용이나 본문에 있는 내용이지만, 정답과는 관계없는 것이 섞여있어 난이도가 높다.

❸ 포인트

✔ 질문을 바꿔 말한 표현 앞뒤에 해답이 나오는 경우가 많다.
どうすれば<u>運動しやすくなる</u>と言っていますか ▶ ～ほうが<u>継続しやすくなる</u>ものなのです
都会に多い<u>カラス</u> ▶ 都会に多い<u>ハシブトガラス</u>

✔ 음성에 있지만 해답과 관련 없는 내용을 선택지로 만든 경우가 있으니 주의하자.

2014年 1回 기출문제

MP3_15

3番

-メモ-

日本学生支援機構『平成26年度日本留学試験(第1回)試験問題』「日本語　問14」(凡人社)

스크립트 & 해석

先生が、生物の授業で都会の公園について話しています。この先生は、都会の公園をどのようにしたほうがいいと言っていますか。

선생님이 생물학 수업에서 도시의 공원에 대해 이야기하고 있습니다. 이 선생님은 도시의 공원을 어떻게 하는 것이 좋다고 말하고 있습니까?

스크립트 & 해석

緑の少ない都会において公園は私たち人間にとって心地よい空間ですが、同時に昆虫など小さな生き物のすみかとしても大切な場所です。きれいに手入れされた木と芝生のある公園もいいかもしれませんが、そこをすみかとする生き物は種類が限られます。そこで私は、公園の一部だけでもいいので、枯れ木や枯れ枝、落ち葉などをそのまま放置しておけないかと考えています。都会の公園では元気な木だけを残して、枯れ木や落ち葉を危険だとか汚いという理由で片付けてしまうことが多いですね。しかし、人間にとって汚く見える枯れ木や落ち葉も、そこをすみかとする生物にとっては大切な環境なのです。そのような環境があれば、より多くの虫やそれをえさとする小動物が増えるでしょう。

초록이 적은 도시에서 공원은 우리 인간에게 아늑한 공간이지만 동시에 곤충 등 작은 생물들의 서식처로서도 중요한 장소입니다. 깨끗하게 손질된 나무와 잔디가 있는 공원도 좋지만 그곳에 살고 있는 생물은 종류가 한정됩니다. 그래서 저는 공원의 일부라도 좋으니 시든 나무나 가지, 낙엽 등도 그대로 방치해둘 수는 없을지 생각하고 있습니다. 도시의 공원에서는 건강한 나무만 남겨두고 시든 나무나 낙엽은 위험하다거나 지저분하다는 이유로 정리해버리는 일이 많습니다. 하지만 인간에게는 지저분해 보이는 시든 나무나 낙엽도 그곳에 사는 생물에게는 소중한 환경입니다. 그러한 환경이 있다면 보다 많은 종류의 곤충과 이를 먹이로 삼는 작은 동물들이 늘어날 것입니다.

この先生は、都会の公園をどのようにしたほうがいいと言っていますか。

1. たくさんの種類の木を植える。
2. 芝生の手入れをきちんとする。
3. 都会でも育つ元気な木を植える。
4. 枯れ木などを少し残しておく。

이 선생님은 도시의 공원을 어떻게 하는 것이 좋다고 말하고 있습니까?

1. 많은 종류의 나무를 심는다.
2. 잔디를 잘 손질한다.
3. 도시에서도 잘 자라는 건강한 나무를 심는다.
4. 시든 나무 등도 조금 남겨둔다.

어휘

緑(みどり) 초록, 자연 | 都会(とかい) 도시 | 公園(こうえん) 공원 | 心地(ここち)よい 아늑한 | 昆虫(こんちゅう) 곤충 | すみか 서식처 | 手入(てい)れ 손질 | 芝生(しばふ) 잔디 | 枯(か)れ木(き) 시든 나무 | 枯(か)れ枝(えだ) 시든 가지 | 落(お)ち葉(ば) 낙엽 | 危険(きけん) 위험 | 汚(きたな)い 지저분하다 | 片付(かたづ)ける 정리하다 | 環境(かんきょう) 환경 | 育(そだ)つ 자라다 | 植(う)える 심다 | 残(のこ)す 남기다

✓정답 4

해설

도시 공원의 관리에 대한 대처방법을 논하는 문제. 'そこで'라는 표현에 주목하여 그 후의 내용을 들어보면 '木や枯れ枝、落ち葉などを放置しておけないか(시든 나무나 가지, 낙엽 등도 그대로 방치해둘 수는 없을지)'라는 내용이 이어지므로 이에 해당하는 4번이 정답이다.

패턴 4 대화형

❶ 질문 형태

✔女子学生と男子学生が～について話しています。✔この女子学生は～と言っていますか。

❷ 경향 분석

✔15문제 중 5문제 정도가 출제된다.

✔남학생과 여학생, 학생과 선생님의 대화 형식이 많지만, 여학생과 경찰, 라디오 사회자와 여성 등 대화의 주제에는 다양한 패턴이 있다.

✔남학생과 여학생이 대화하는 주제는 대학교 생활에 관한 것이 많다.

✔선택지에는 상식적으로 옳은 내용이나 대화에 등장하는 내용이지만 정답과는 관계없는 것 등이 섞여있어 난이도가 높다.

❸ 포인트

✔해답의 근거가 되는 화자의 말을 특히 주의 깊게 들어라.
この女子学生は～どうしてだと言っていますか ➤ 여학생의 대사를 주의 깊게 듣자.

✔음성에 있지만 해답과 관련 없는 내용을 선택지로 만든 경우가 있으니 주의하자.

2014年 1回 기출문제

MP3_16

4番

-メモ-

日本学生支援機構『平成26年度日本留学試験(第1回)試験問題』「日本語　問13」(凡人社)

스크립트 & 해석

男子学生と女子学生が本の読み方について話しています。この女子学生は、これからどのように本を読みますか。

남학생과 여학생이 독서 방법에 대해 이야기하고 있습니다. 이 여학생은 앞으로 어떻게 독서를 할까요?

男子学生：ずいぶん分厚い本を読んでるね。
女子学生：あ、先輩、先生から読んでおくようにって紹介された本なんです。
男子学生：へえ、大変そうだなあ。

남학생: 꽤 두꺼운 책을 읽고 있네.
여학생: 아, 선배. 선생님이 읽어두라고 소개해주신 책이에요.
남학생: 와, 다 읽으려면 힘들겠는데?

스크립트 & 해석

女子学生：ええ、一日にたくさんは読めないから、読む時間を決めて毎日少しずつ読むようにしているんですけど、途中で挫折しちゃいそうで……	여학생: 네, 하루에 많이 읽진 못하니까 읽는 시간을 정해 두고 매일 조심씩 읽고 있긴 한데 중간에 포기할 것 같아요…….
男子学生：ああ、最後まで読めないってこと、あるよね。	남학생: 아, 마지막까지 못 읽기도 하지.
女子学生：はい、でも、後ろのほうにまとめとか大事なことが書いてあるかもしれないし。	여학생: 네, 하지만 뒤에 내용 정리나 중요한 부분이 있을지도 몰라서요.
男子学生：そうだね。だから僕は、まずはじめに全体をざっと見て大切だと思うところから先に読むようにしているよ。	남학생: 그러게. 그래서 난 우선 처음에 전체를 한 번 훑어보고 중요한 부분부터 먼저 읽어.
女子学生：へえ、本は最初から読み進めなくちゃいけないと思っていたから、そういう読み方って考えたことがなかったです。	여학생: 오. 책은 처음부터 읽어야 한다고 생각해서 그런 독서 방법은 생각해본 적이 없었어요.
男子学生：どこが大切なのか優先順位をつけるのも、意外に勉強になるよ。	남학생: 어디가 중요한지 우선순위를 매기는 것도 의외로 공부가 되거든.
女子学生：じゃ、私もこれからその方法で読んでみます。	여학생: 그럼 저도 앞으로는 그 방법으로 읽어볼게요.

この女子学生は、これからどのように本を読みますか。

1. 毎日少しずつ読み進める。
2. 一日に読む量を増やす。
3. 後ろから読み始める。
4. 重要なところから読む。

이 여학생은 앞으로 어떻게 독서를 할까요?

1. 매일 조금씩 읽어나간다.
2. 하루에 읽는 양을 늘린다.
3. 뒤에서부터 읽는다.
4. 중요한 부분부터 읽는다.

어휘 ずいぶん 꽤 | 分厚い 두꺼운 | 紹介 소개 | 大変だ 힘들다 | 途中 도중 | 挫折する 좌절하다 | 最後 마지막 | 後ろ 뒤 | まとめ 정리 | 優先順位をつける 우선순위를 매기다 | 意外に 의외로

✓정답 4

해설

독서 방법에 대해 남학생과 여학생이 대화하고 있으며 여학생이 앞으로 책을 어떻게 읽을 것인지 답하는 문제. 남학생이 우선 처음에 전체를 한 번 훑어보고 중요한 부분부터 먼저 읽으라고 말하자 여학생이 그럼 저도 앞으로는 그 방법으로 읽어 본다고 대답하고 있다. '大切だと思うところから、先に読む(중요한 부분부터 먼저 읽는다)'를 다르게 표현한 말이 '重要なところから読む(중요한 부분부터 읽는다)'이므로 정답은 4번이다.

패턴 5 마지막 질문형 : 先生の最後の質問に答える、例を挙げる、専門用語問題

❶ 질문 형태
- ✔最後にする質問の答えは何ですか。
- ✔例えばどのようなものだと言えますか。
- ✔「○○○」とはどのようなものですか。

❷ 경향 분석
- ✔15문제 중 1문제 정도 출제된다.
- ✔질문을 마지막까지 알 수 없으므로 음성 내용을 모두 이해하고 메모해 둘 필요가 있다.
- ✔음성 내용의 요지, 화자의 주장이나 전문 용어가 의미하는 내용을 잘 파악하여 선택지에 적용한다.

❸ 포인트
- ✔어느 부분이 문제에 나올지 알 수 없으므로 자세하게 메모하자.

2017年 1回 기출문제

MP3_17

5番

-メモ-

日本学生支援機構『平成29年度日本留学試験(第1回)試験問題』「日本語　問26」(凡人社)

스크립트 & 해석

先生がバッタという昆虫の衝突を避ける行動について話しています。この先生が最後にする質問に対する答えは何ですか。

선생님이 메뚜기라는 곤충이 충돌을 피하는 행동에 관해 설명하고 있습니다. 선생님의 마지막 질문에 대한 답은 무엇일까요?

バッタという昆虫を床に置いて、少し離れたところから、バッタに向かって小さなボールを転がすと、バッタはボールがある距離に近づいたところで、ジャンプして逃げます。実はバッタは、近づいてくる物体と自分の距離を測っているのではなく、バッタから見て向かってくるボールの大きさがだんだん大きくなって、それが一定の大きさに達したら行動するという方法をとっているのです。そのため、より大きなボールをバッタに向かって転がすと、バッタは早めに回避行動をとるようになります。ということはつまり、大きいボールの場合には、小さなボールの場合と比べて、バッタはどのような行動をとると予想されますか。

메뚜기라는 곤충을 바닥에 두고 조금 떨어진 거리에서 메뚜기를 향해 작은 공을 굴리면 메뚜기는 공이 어느 정도 가까워졌을 때 점프를 해서 도망갑니다. 사실 메뚜기는 다가오는 물체와 자신의 거리를 재는 것이 아니라 다가오는 공의 크기가 점점 커져 그것이 일정한 크기에 도달했을 때 행동하는 방식을 취하고 있습니다. 때문에 더 큰 공을 메뚜기를 향해 굴리면 메뚜기는 더 일찍 회피 행동을 취합니다. 그렇다면 메뚜기는 큰 공을 굴렸을 때 작은 공에 비해 어떤 행동을 취할 것으로 예상되나요?

この先生の質問に対する答えは何ですか。

1. ボールが遠くても逃げる。
2. ボールが同じ位置のときに逃げる。
3. ボールが近くならないと逃げない。
4. 逃げようとしない。

이 선생님의 질문에 대한 답은 무엇일까요?

1. 공이 멀리 있어도 도망간다.
2. 공이 같은 위치에 있을 때 도망간다.
3. 공이 가까워지지 않으면 도망가지 않는다.
4. 도망가려 하지 않는다.

어휘

バッタ 메뚜기 | 昆虫(こんちゅう) 곤충 | 衝突(しょうとつ) 충돌 | 床(ゆか) 바닥 | 転(ころ)がす 굴리다 | 物体(ぶったい) 물체 | 距離(きょり) 거리 | 回避行動(かいひこうどう) 회피 행동

✓정답 1

해설

선생님이 마지막에 한 질문에 답하는 유형의 문제로 질문은 '大きいボールの場合には、小さなボールの場合と比べて、バッタはどのような行動をとよそうされますか(큰 공을 굴렸을 때 작은 공에 비해 어떤 행동을 취할 것으로 예상되나요)'이다. 바로 앞에 'より大きなボールをバッタに向かって転がすと、バッタは早めに回避行動を取るようになります(더 큰 공을 메뚜기를 향해 굴리면 메뚜기는 더 일찍 회피 행동을 취합니다)'라는 서술이 있으므로 일찍 점프한다는 것을 알 수 있으며 이에 해당하는 정답은 1번이다.

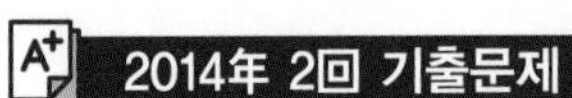

MP3_18

6番

-メモ-

日本学生支援機構『平成26年度日本留学試験(第2回)試験問題』「日本語　問27」(凡人社)

스크립트 & 해석

先生が観光について話しています。この先生が考える観光とは、例えばどのようなものだと言えますか。

観光とは、「普段の生活の場を離れ、訪問先の土地で有名なものを少しずつ楽しむことだ」と私は考えています。観光という行為には、例えば、歴史的な建物を見て、芸能の一幕だけを見て、地元の名物を食べ、みやげ物を買うといった、多くの活動が詰め込まれています。一つのことに時間をかけて楽しむのではなく、短い時間で、様々なことを少しずつ楽しむというのが本質的な特徴です。ですから、何かの研究や仕事の調査のための旅行、宗教的な巡礼や参拝のための旅行などは観光とは呼べないと思います。そこに、多少の観光的な要素があったとしても、主要な目的が、観光とは違っているからです。

선생님이 관광에 대해 이야기하고 있습니다. 이 선생님이 생각하는 관광이란 예를 들어 어떤 것인가요?

관광이란 '평소 생활하는 장소에서 벗어나 방문 지역의 유명한 것을 조금씩 즐기는 것'이라고 저는 생각합니다. 관광이라는 행위에는 예를 들어 역사적 건물을 보고 예능의 1막만을 보고 지역 명물을 먹고 기념품을 사는 등의 많은 활동이 가득 담겨 있습니다. 한 가지에 시간을 들여 즐기는 것이 아니라 짧은 시간에 다양한 것을 조금씩 즐기는 것이 본질적인 특징입니다. 그러므로 어떤 연구나 업무 조사를 위한 여행, 종교적 순례나 참배를 위한 여행 등은 관광이라고 부를 수 없다고 생각합니다. 거기에 다소 관광적인 요소가 있다고 해도 주요 목적이 관광과는 다르기 때문입니다.

스크립트 & 해석

この先生が考える観光とは、例えばどのようなものだと言えますか。

1. 宿で地元の料理を食べ、その近辺の名所を見学する。
2. 社員旅行で旅館に泊まり、親睦を深める。
3. 京都の寺に長期滞在し、仏教について学ぶ。
4. 田舎の農業体験に１週間参加する。

이 선생님이 생각하는 관광이란 예를 들어 어떤 것인가요?

1. 숙소에서 지역 요리를 먹고 그 주변의 명소를 견학한다.
2. 사원여행으로 여관에 묵으며 친목을 도모한다.
3. 교토의 절에서 장기 체재하며 불교를 공부한다.
4. 시골의 농사 체험에 1주일간 참여한다.

어휘

観光(かんこう) 관광 | 訪問先(ほうもんさき) 방문 장소 | 楽(たの)しむ 즐기다 | 行為(こうい) 행위 | 歴史的(れきしてき) 역사적 | 建物(たてもの) 건물 | 芸能(げいのう) 예능 | 一幕(いちまく) 1막 | 地元(じもと) 지방 | 名物(めいぶつ) 명물 | みやげ物(もの) 기념품 | 時間(じかん)をかける 시간을 들이다 | 本質的(ほんしつてき) 본질적 | 特徴(とくちょう) 특징 | 研究(けんきゅう) 연구 | 調査(ちょうさ) 조사 | 旅行(りょこう) 여행 | 宗教的(しゅうきょうてき) 종교적 | 巡礼(じゅんれい) 순례 | 参拝(さんぱい) 참배 | 親睦(しんぼく) 친목 | 旅館(りょかん) 료칸 | 長期滞在(ちょうきたいざい) 장기체재 | 仏教(ぶっきょう) 불교 | 田舎(いなか) 시골 | 農業体験(のうぎょうたいけん) 농사체험

✓정답 1

해설

'観光とは、『普段の生活の場を離れ、訪問先の土地で有名なものを少しずつ楽しむことだ』と私は考えています(관광이란? 평소 생활하는 장소에서 벗어나 방문 지역의 유명한 것을 조금씩 즐기는 것이라고 저는 생각합니다)'라는 내용과 일치하는 예를 찾아야 한다. 지역 요리나 그 주변 명소를 견학하는 것이 방문 장소의 유명한 것을 조금씩 즐긴다는 내용과 일치하므로 정답은 1번이다.

2016年 1回 기출문제

MP3_19

7番

-メモ-

日本学生支援機構『平成28年度日本留学試験(第1回)試験問題』「日本語　問26」(凡人社)

스크립트 & 해석

先生がサルという動物について話しています。この先生が説明している「サル時間」とはどのような時間ですか。

선생님이 원숭이라는 동물에 대해 이야기하고 있습니다. 이 선생님이 설명하고 있는 '원숭이 시간'이란 어떤 시간을 말하나요?

畑の野菜が野生のサルに食べられるという被害が、年々増えています。そこで、サルが畑に入れないように柵を作って被害を防ごうとするのですが、被害を防ぐことができる畑と、やはり被害にあってしまう畑があります。同じような柵なのに、結果に差が出るのにはどうやら「サル時間」が関係しているようです。この「サル時間」とは、サルが柵という新しいものに慣れて、その柵を越える方法を学習するまでの時間です。人気がない場所にある畑では、サルが柵をゆっくり観察したり、柵に触ったりしていろいろ試してみることができますが、常に人の気配がある畑では、そのような時間を持つことはできませんね。つまり、サルの被害を防ぐには「サル時間」を与えないようにすることが大切なのです。

야생 원숭이가 밭의 채소를 먹어버리는 피해가 해마다 늘고 있습니다. 그래서 원숭이가 밭에 들어가지 못하도록 울타리를 만들어 피해를 막으려고 하는데 피해를 막을 수 있는 밭과 역시 피해를 입는 밭이 있습니다. 같은 울타리인데 결과에 차이가 있는 데는 아무래도 '원숭이 시간'이 관련되어 있다고 합니다. 이 '원숭이 시간'이란 원숭이가 울타리라는 새로운 것에 적응하여 이 울타리를 넘는 방법을 학습하기까지의 시간입니다. 인기척이 없는 곳에 있는 밭에서는 원숭이가 울타리를 천천히 관찰하거나 만져보면서 여러 가지 시도를 할 수 있지만 항상 사람의 기척이 있는 밭에서는 그러한 시간을 가질 수 없습니다. 즉, 원숭이 피해를 막기 위해서는 '원숭이 시간'을 주지 않도록 하는 것이 중요한 거죠.

스크립트 & 해석

この先生が説明している「サル時間」とはどのような時間ですか。

1. サルが畑に入る方法を見つけ出すのに必要な時間
2. サルが畑の野菜を荒らしに来る時間
3. 人がサルの行動を観察する時間
4. 人がサルの被害を防ぐために使う時間。

이 선생님이 설명하고 있는 '원숭이 시간'이란 어떤 시간을 말하나요?

1. 원숭이가 밭에 들어갈 방법을 찾기까지 필요한 시간
2. 원숭이가 밭의 채소를 서리하러 오는 시간
3. 사람이 원숭이의 행동을 관찰하는 시간
4. 사람이 원숭이 피해를 막기 위해 쓰는 시간

어휘

サル 원숭이 | 畑(はたけ) 밭 | 野菜(やさい) 채소 | 被害(ひがい) 피해 | 年々(ねんねん) 해마다 | 防(ふせ)ぐ 막다 | 差(さ)が出(で)る 차이가 나다 | 柵(さく) 울타리 | 慣(な)れる 익숙해지다 | 超(こ)える 넘다 | 人気(ひとけ) 인기척 | 観察(かんさつ) 관찰 | 人(ひと)の気配(けはい) 사람의 기척

✓정답 1

해설

'サル時間(원숭이 시간)'이 어떤 것인지에 대해 답하는 문제. 'サル時間とは、サルが柵というものに慣れて、その柵を越える方法を学習するまでの時間です(원숭이 시간이란 원숭이가 울타리라는 새로운 것에 적응하여 이 울타리를 넘는 방법을 학습하기까지의 시간입니다.)'라는 서술이 있으므로 내용과 일치하는 것을 고르면 정답은 1번이다.

memo

청해

03 출제 예상문제

HOW형

WHAT형

WHY형

대화형

질문형

MP3_20

출제 예상문제 HOW형

1番 ✔정답마킹 ① ② ③ ④

-メモ-

2番 ✔정답마킹 ① ② ③ ④

-メモ-

3番 ✔정답마킹 ① ② ③ ④

-メモ-

4番

✔정답마킹 ① ② ③ ④

-メモ-

5番

✔정답마킹 ① ② ③ ④

-メモ-

6番

✔정답마킹 ① ② ③ ④

-メモ-

스크립트 및 해석 P.46~50

MP3_21

출제 예상문제 WHAT형

7番

✔정답마킹 ① ② ③ ④

-メモ-

8番

✔정답마킹 ① ② ③ ④

-メモ-

9番

✔정답마킹 ① ② ③ ④

-メモ-

스크립트 및 해석 P.50~52

출제 예상문제 WHY형

MP3_22

10番

✔정답마킹 ① ② ③ ④

-メモ-

11番

✔정답마킹 ① ② ③ ④

-メモ-

12番

✔정답마킹 ① ② ③ ④

-メモ-

13番

✔정답마킹 ① ② ③ ④

-メモ-

14番

✔정답마킹 ① ② ③ ④

-メモ-

15番

✔정답마킹 ① ② ③ ④

-メモ-

› 스크립트 및 해석 P.52~56

출제 예상문제 대화형

MP3_23

16番

✔정답마킹 ① ② ③ ④

-メモ-

17番

✔정답마킹 ① ② ③ ④

-メモ-

18番

✔정답마킹 ① ② ③ ④

-メモ-

19番

✔정답마킹 ① ② ③ ④

-メモ-

20番

✔정답마킹 ① ② ③ ④

-メモ-

21番

✔정답마킹 ① ② ③ ④

-メモ-

22番

✔정답마킹 ① ② ③ ④

-メモ-

23番

✔정답마킹 ① ② ③ ④

-メモ-

24番

✔정답마킹 ① ② ③ ④

-メモ-

스크립트 및 해석 P.57~63

MP3_24

출제 예상문제 마지막 질문형

25番 ✔정답마킹 ① ② ③ ④

-メモ-

26番 ✔정답마킹 ① ② ③ ④

-メモ-

27番 ✔정답마킹 ① ② ③ ④

-メモ-

스크립트 및 해석 P.63~65

memo

기술

01, EJU 기술의 비결

02, 기출문제 필수 패턴

03, 출제 예상문제

01 EJU 기술의 비결

기술의 포인트!

1. 400자를 넘기자!
   정해진 글자 수를 넘기면 틀린 부분이 많아도 일정 점수 이상 획득 가능하다.
2. 질문에 맞는 내용을 기술하자!
   예를 들어 문제해결 유형의 문제에 찬반 유형의 내용을 기술해서는 안 된다.
3. 질문에서 지시한 내용을 잊지 말자!
   예를 들어 '장점과 단점을 서술하시오'라고 쓰여있는데 장점만 쓰고 단점을 빼먹으면 안 된다.

일본유학시험(EJU)일본어 기술에서는 찬성 · 반대형인지 문제해결형인지 예상형인지 어떤 유형으로 묻고 기술해야는지 패턴별로 나만의 공식을 만들어 놓는 것이 중요하다. 패턴별로 서론 · 본론 · 결론을 어떻게 기술할 것인지 생각해 보고 관련 표현들도 꼭 익혀 두자.

★ 패턴별 작성법

1 찬성 · 반대형

자기 의견 ❯ 이유 반대의견(or 장점과 단점) ❯ 자기 의견 주장 ❯ 결론

* 양쪽의 좋은 점과 좋지 않은 점을 비교하고, 어느 쪽이 좋다고 생각하는지 서술하면 된다.

2 문제해결형

문제 제기 ❯ 문제에 대한 설명 및 예시 ❯ 해결 방안 ❯ 결론

* 문제에 대한 설명과 대처 방안 양쪽을 잊지 말고 기술하자!

3 예상형

현재 상황 ❯ 구체적 상황 언급, 자신의 생각과 예상 ❯ 결론

* 상황과 자신의 예상을 제대로 어필할 필요가 있다.

★ 원고지 작성의 주의점

1 단락 처음에는 꼭 한 칸을 띄어 주세요.

	最	近	～														

2 마침표 등의 문장 부호는 제일 첫 칸에는 쓰지 않아요.

							～	べ	き	で	あ	る	と	私	は	思	う。

3 낫표(「 」) 사용법에 주의합시다.

	「	そ	の	地	域	の	文	化	や	言	語	を	学	ぶ	。」		

기술의 주요 표현

1 서론에서 사용하면 좋은 표현

▢ ～という意見がある。	～라는 의견이 있다.
▢ ～には賛否両論がある。	～에는 찬반양론이 있다.
▢ ～非常に深刻な問題である。	매우 심각한 문제이다.
▢ ～には賛成である。	～에는 찬성이다.
▢ ～には反対である。	～에는 반대이다.
▢ ～を解決するためにはどうすればいいのだろうか。	～을 해결하기 위해서는 어떻게 하면 될까?

2 본론에서 사용하면 좋은 표현

▢ このような問題の原因は～	이와 같은 문제의 원인은～
▢ 背景には～	배경에는～
▢ 私が～に賛成 / 反対する最も大きな理由は～からである。	내가 ～에 찬성/반대하는 가장 큰 이유는 ～때문이다.
▢ このような問題を解決するためには、～べきだ。	이와 같은 문제를 해결하기 위해서는 ～해야 한다.
▢ このような問題を解決するためには、～必要がある。	이와 같은 문제를 해결하기 위해서는 ～할 필요가 있다.
▢ ～長所は～という点である。	～장점은 ～라는 점이다.
▢ ～短所は～という点である。	～단점은 ～라는 점이다.
▢ たしかに～だ。しかし～	분명～이다. 그러나～

3 결론에서 사용하면 좋은 표현

▢ 以上のことから	위와 같은 점에서
▢ 以上のように	위와 같이
▢ 以上をまとめると	앞서 서술한 내용을 정리하면
▢ したがって	따라서

4 주장・단정・강조・경향・비교

▢ ～にほかならない。	～임에 틀림없다.
▢ ～にきまっている。	반드시～하게 마련이다.
▢ ～にすぎない。	～에 지나지 않다.
▢ ～てならない。	～해서 견딜 수 없다, 몹시 ～하다
▢ ～てやまない。	～하여 마지 않다.
▢ ～きらいがある。	～하는 경향이 있다.
▢ ～ほど～はない。	～만큼 ～한 것은 없다.
▢ ～くらい～はない。	～만큼 ～한 것은 없다.
▢ ～に限る。	～이 제일이다.

02 기출문제 필수 패턴

패턴 1 찬성·반대형

❶ 경향 분석 & 포인트

- ✔ 특정 의견에 대한 자신의 입장(찬성이나 반대)에 관해서 쓰는 문제이다.
- ✔ 두 개의 의견을 제시하고 그 양쪽을 언급하면서 논하는 문제와 어떠한 의견에 대해 장점과 단점을 언급하면서 논하는 문제가 많다.
- ✔ 문제에 「両方の意見に触れながら(양쪽 의견을 언급하면서)」 등의 지시가 있는 경우에는 그것을 잊지 말고 써야한다.
- ✔ 찬반을 논할 때에는 제대로 그 이유에 대해서도 써야 한다.
- ✔ 가장 많은 유형이다.

2013年 1回 기출문제

I　以下の二つのテーマのうち、どちら一方を選んで400字から500字で書いてください（句読点を含む）。

1.

現在では、住み慣れた場所を離れて、文化や言語の異なる国や地域に移り住む人が増えています。このような場合、移り住む人は、「その地域の文化や言語を学ぶ」、「自分の文化や言語を相手に伝える」などして、その地域の人々とよい関係を築こうとします。

あなたなら、その地域の人々とよい関係を築くためにどうしますか。上の二つの例に触れながら、あなたの意見とともに述べてください。

2.

自分を成長させたり向上させたりするためには、「得意なものに集中して、より高いレベルを目指す」という方法や、「苦手なものに集中して、苦手なもののレベルを上げる」という方法があります。

あなたなら、自分の成長や向上のためにどのようなことをしますか。上の二つの方法に触れながら、あなたの意見を理由とともに述べてください。

日本学生支援機構『平成25年度日本留学試験(第1回)試験問題』「日本語　記述問題」(凡人社)

문제 1 모범 답안

私が異なる国で住む場合、その国の人々とよい関係を築くために、その国の文化や言語を学ぶ努力すると思う。もちろん、自分の文化や言語を伝えることも大事だが、それは自分が移り住んだ国のことを十分に学んだあとで行うべきことである。

「郷に入っては郷に従え」という諺がある。「その地域に行けばその国のルールに従わなくてはいけない」という意味だ。私はこの諺は正しいと思う。その国のことを知らず、自分の国の文化や言葉を押し付けてくる外国人がどうしてその国の人々と良い関係が作れるだろうか。まずは、相手のことをよく知ることが大事なのである。

自分の国の文化や言葉を伝えたいという気持ちは、他の国に住んでいれば、当然生まれてくる感情だと思う。しかし、そのような思いも、まずは自分自身が相手の文化や言葉を知り、その国で良い関係を作れるようになってからでないと、実現しない。

以上のように、まずは、現地の文化や言葉を学ぶことが重要だと思う。

문제 2 모범 답안

私なら、得意なものに集中してより高いレベルを目指す。その方が、将来的に自分の価値を高めることになるはずだからだ。

現在求められている人材は、強い個性を持った人間だと思う。平均的な人材はどこにでもおりいくらでも取り替えがきく。ビルゲイツであれ、スティーブジョブズであれ、彼らは人よりも短所が少なかったから成功したわけではない。人よりも突出した能力が一つでもあったから成功したのではないだろうか。

たしかに、自分の苦手なものは気になるものだ。運動ができない、料理ができない、英語ができない、などといったことはコンプレックスになりやすい。苦手なもののために時間を使いたい気持ちはわかる。しかし、自分のコンプレックスのために時間を浪費するのは懸命な生き方ではないと思う。それよりも、自分の得意なものを追究する生き方の方が、より人生を豊かにすると思う。

以上のように、得意なものを極めた方が将来的には自分のためになると思う。

패턴 2 문제해결형

❶ 경향 분석 & 포인트
- ✔ 어떤 문제에 관한 해결책이나 대처 방안을 논하는 문제이다.
- ✔ 처음에 그 주제에 대해 자신이 알고 있는 것을 쓴 후, 해결 방안을 기술하는 타입의 문제가 많다.
- ✔ 문제에 대한 설명과 대처 방안 양쪽을 잊지 말고 기술하자!

2012年 2回 기출문제

II 以下の二つのテーマのうち、どちら一方を選んで400字から500字で書いてください（句読点を含む）。

1．

世界の中には、生活に必要な水を得ることが難しい地域や、飲み水の安全性に問題がある地域があります。

このような水に関する問題について、あなたの知っている国や地域の状況を説明してください。

そして、その水に関する問題にどのように対応すればよいと思うか、あなたの考えを書いてください。

2．

ストレスと健康は深い関係にあると言われています。

現代社会における、ストレスと健康の関係について説明してください。

そして、健康に暮らすためにはどうすればよいと思うか、ストレスと関連づけながら、あなたの考えを書いてください。

日本学生支援機構『平成24年度日本留学試験(第2回)試験問題』「日本語　記述問題」(凡人社)

문제 1 모범 답안

人口は増え続けているのにもかかわらず、一人当たりの水の消費量は減っておらず、むしろ増えているところさえある。こうした中、世界中で水問題が噴出している。中でも最近注目されているのが、中国の水不足である。

中国では、人口増加に伴い、水不足が問題になっている。人口増加は、一人あたりが使える水量の減少を引き起こす。加えて、人口を維持するための食料生産にも農業用水として、大量の水を必要とする。こうして、水不足が深刻化しているのである。特に、人口が密集している都市部ではこの問題が深刻である。

この問題に対処するには、水資源の有効活用が不可欠だ。水の無駄遣いをやめ、再利用が可能な場合は再利用をする。こうした一人一人の努力が当たり前にならなくてはならない。水資源は有限であり、それを劇的に増加させることはおそらく不可能だろう。であるなら、こうした有効活用がなによりも重要になると私は考える。

以上のように、中国では水不足が深刻化している。このような問題に対しては水資源の無駄をなくすことがなにより重要なのである。

문제 2 모범 답안

学校でのストレスや職場でのストレスなど現代人は様々なストレスを抱えて生きている。だが、こうしたストレスは人々の健康に悪影響を及ぼす。ストレスの悪影響を回避しながら健康に暮らすためにはどうしたらよいのだろうか。

過度のストレスと健康には密接な関係がある。過度のストレスは、人間の免疫力を低下させ、病気にかかりやすくする。そのため、過度のストレス状態にあると風邪などの病気にかかりやすくなる。また、それだけではなく、ストレスは病気の直接的な原因にもなる。ストレス性の胃炎や自律神経失調症などがそれである。過度のストレスの下では、健康的な生活は送れないのである。

したがって、健康に暮らすためにはストレスをうまく発散する必要がある。仕事や勉強ばかりするのではなく、自分の趣味に時間を使ったり、友人と遊ぶことに時間を使ったりすることが大切だ。自分のやりたいことに時間を割くこと、それが健康の秘訣なのである。

以上のように、ストレスは病気の原因になる。健康に暮らすためにはストレスをうまく発散しながら生活する必要がある。

패턴 3 예상형

❶ 경향 분석 & 포인트

- ✔ 무언가에 대한 예상을 쓰는 문제이다.
- ✔ 앞으로 어떻게 될지 미래의 예상 등을 기술하는 문제가 많다.
- ✔ 이 타입은 우선 현재 상황에 대해 설명한 후에 자신의 예상을 기술하는 문제이다. 현재 상황과 자신의 예상을 제대로 어필할 필요가 있다.
- ✔ 단, 출제 빈도는 그렇게 높지 않다.

2010年 2回 기출문제

Ⅲ　以下の二つのテーマのうち、どちら一方を選んで400字から500字で書いてください（句読点を含む）。

1.

現在、日本では、調理済み食品を買う人や、ひとりで食事をする人が増えるなど、食生活が変化しています。

食生活の変化について、あなたの国や知っている地域の状況を説明してください。

そして、その状況はこれからどうなっていくと思うか、あなたの考えを、理由を挙げて書いてください。

2.

現在、日本では、都市部に人が集中することで、様々な方面に影響が出ています。都市部への人の集中による影響について、あなたの国や知っている地域の状況を説明してください。

そして、その状況はこれからどうなっていくと思うか、あなたの考えを、理由を挙げて書いてください。

日本学生支援機構『平成22年度日本留学試験(第2回)試験問題』「日本語　記述問題」(凡人社)

문제 1 모범 답안

日本では近年食生活の欧米化が著しい。そして、こうした状態はこれからも続くと考えられる。

現在、日本人は伝統的な食生活とは異なる食生活を送っている。日本人は、もともと米を主食とし、魚や野菜などの健康的なおかずと一緒に食べていた。しかし、現在では、欧米的な肉食文化が入り込み高カロリーの不健康な食生活に変わってしまっている。

私個人の意見としては、日本人は伝統的な食を見直し健康な食生活に戻るべきであると思う。しかし、日本人は伝統的な食生活に戻れるだろうか。戻れないと思う。トンカツ、すき焼き、唐揚といった料理はもはや日本の食文化として定着してしまっている。マクドナルドのような欧米型のファーストフード店ももうすでに生活の一部である。定着し生活の一部になってしまったものを今更やめることはほぼ不可能に近いだろう。

以上のように、日本の食生活は欧米化しており、もはやそれは完全に定着してしまっている。したがって、これからも日本の欧米化した食生活は変わらないと考えられる。

문제 2 모범 답안

都市部への人口集中によって、韓国では都市部での交通渋滞が深刻化している。私はこれからもこうした状況はあまり変わらないと思う。

韓国にもいくつか都市があるが、政治・経済の機能はソウル市に集中しており、ソウル市の人口密度は非常に高い。しかも、韓国は世界的に見て、自家用車を移動手段として使う人が多いため、ソウルでの渋滞が深刻化している。渋滞は、円滑な人の移動、迅速な物資の流通を妨げる深刻な問題である。

ソウル市を中心とした渋滞問題はこれからもかわらないと思う。ソウルは、公共交通機関が整っていない場所ではない。つまり、公共交通機関がないから、自動車を使っているわけではないのだ。また、ソウルの車道は車線も多く、道の狭さから渋滞が発生しているわけではない。単純に、自動車が多すぎるのである。そして、その自動車の数が減少していくような兆候は見られない。したがって、交通渋滞は変わらないものと思われる。

以上のように、韓国では都市での人口過密によって、渋滞が引き起こされている。そして、こうした状況はおそらく、これからも変わらないだろう。

memo

기술

03 출제 예상문제

찬성 · 반대형

문제해결형

예상형

출제 예상문제 찬성·반대형

記述問題 Ⅰ

以下の二つのテーマのうち、どちらか一方を選んで400字から500字で書いてください（句読点を含む）。

1.

幸せな人生を送るために必要なのは、自分の内面を磨くことである」という人もいれば、「幸せな人生を送るために必要なのは、自分の見た目を磨くことである」と考える人もいます。

あなたはこうした意見に対してどう思いますか。両方の意見に触れながら、自分の考えを述べてください。

2.

「これからの社会に必要なのは外国語能力である」という人もいれば、「これからの社会に必要なのは、国語力である」という人もいます。

あなたはこうした意見に対してどう思いますか。両方の意見に触れながら、自分の考えを述べてください。

출제 예상문제 해답 용지

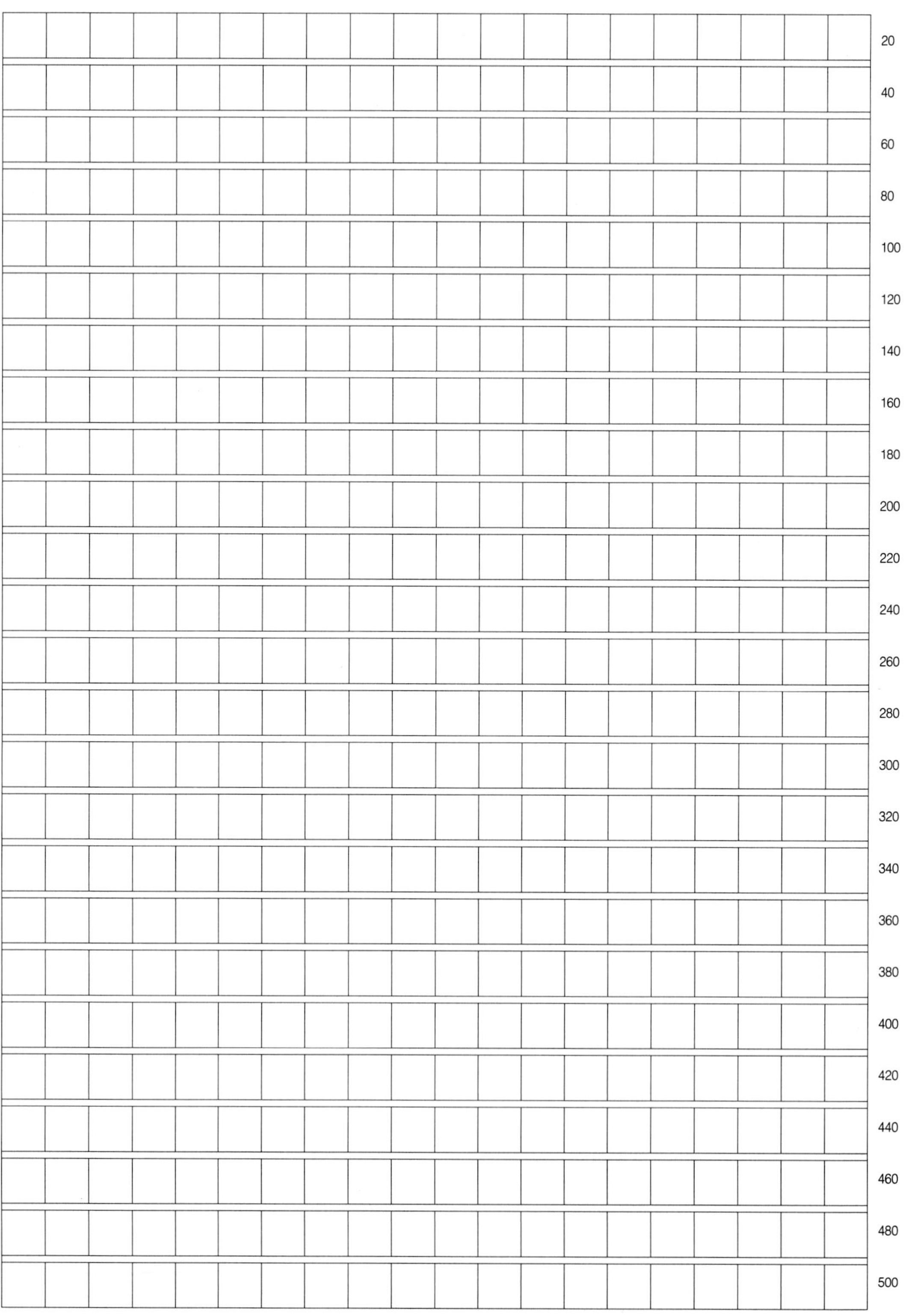
20
40
60
80
100
120
140
160
180
200
220
240
260
280
300
320
340
360
380
400
420
440
460
480
500

記述問題　II

以下の二つのテーマのうち、どちら一方を選んで400字から500字で書いてください（句読点を含む）。

1.

他人の言うことをあまり疑わずに簡単に信じてしまう人がいます。このような性格はいい面もあれば悪い面もあります。その両面について説明し、こうした性格に関するあなたの考えを書いてください。

2.

何でも中途半端ではなく完璧にしないと気がすまない人がいます。このような性格はいい面もあれば悪い面もあります。その両面について説明し、こうした性格に関するあなたの考えを書いてください。

출제 예상문제 해답 용지

모범답안 P.66~69

출제 예상문제 문제해결형

記述問題　III

以下の二つのテーマのうち、どちら一方を選んで400字から500字で書いてください（句読点を含む）。

1.

世界にはいろいろな宗教があり宗教の違いが原因で問題が起こることもあります。そこで、信仰の違いが原因となって発生するトラブルについて、説明してください。そして、そうしたトラブルができるだけ起こらないようにするためにはどうすればいいか、自分の意見を述べてください。

2.

社会に出て仕事を始めると、職場でいろいろと問題を抱えることがあります。そこで、あなたが知っている職場で発生する問題について説明してください。そして、そうした問題に対処するためにはどうしたらいいのか、あなたの意見を述べてください。

출제 예상문제 해답 용지

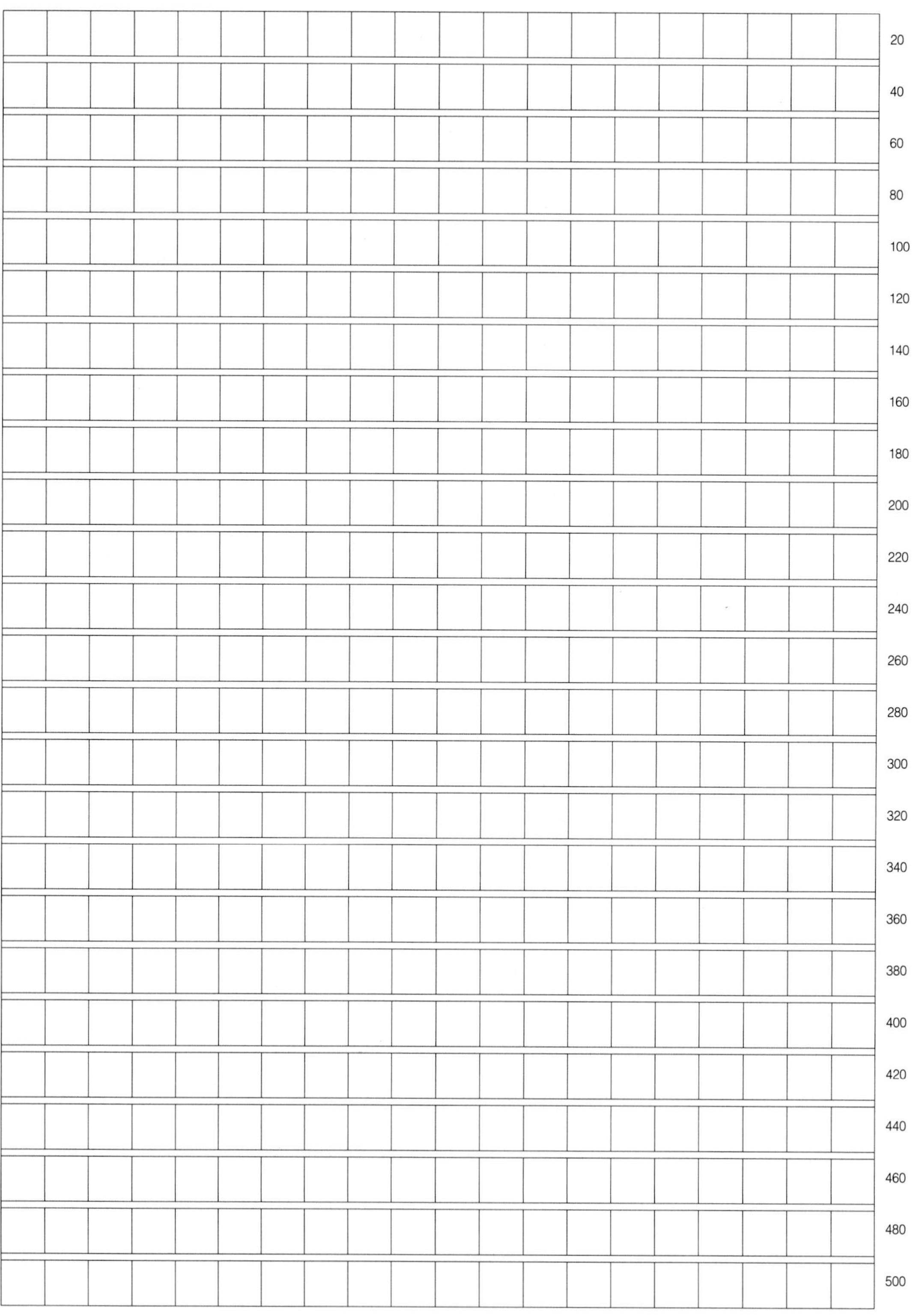

記述問題　Ⅳ

以下の二つのテーマのうち、どちら一方を選んで400字から500字で書いてください（句読点を含む）。

1.

世界には様々な不平等が存在します。あなたが知っている不平等に関する問題について説明してください。そして、その問題を解決するためにはどうしたらいいか書いてください。

2.

世界のいたるところで、人種・性差、身分など様々な差別が問題になっています。あなたが知っている差別問題について説明してください。そして、それを解決するためにはどうしたらいいかあなたの意見を述べてください。

출제 예상문제 해답 용지

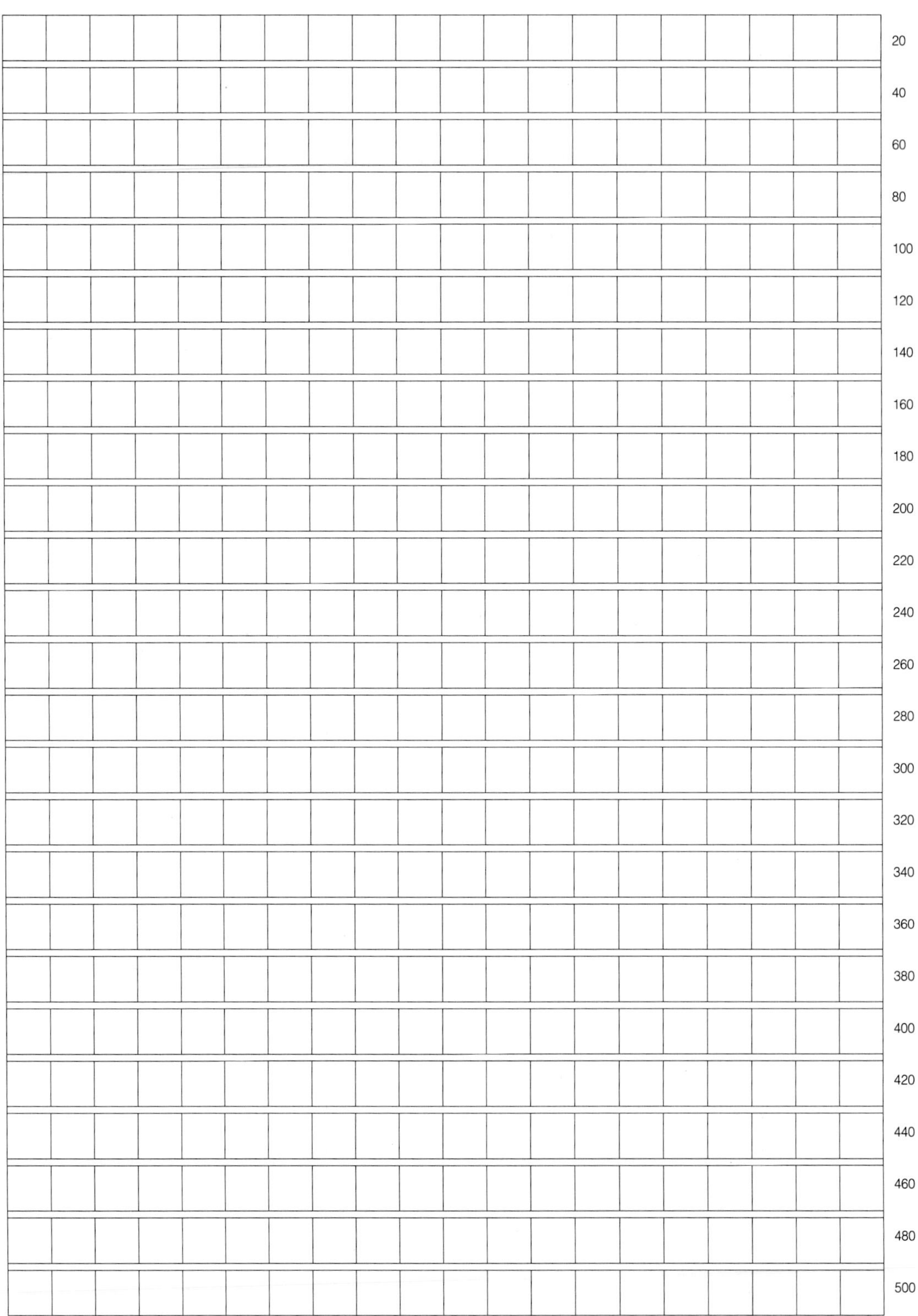

▶ 모범답안 P.70~73

출제 예상문제 예상형

記述問題　V

以下の二つのテーマのうち、どちら一方を選んで400字から500字で書いてください（句読点を含む）。

1.

日本では最近、喫煙者が徐々に減っています。あなたの国あるいはあなたの知っている地域はどうでしょうか。減っているのでしょうか。増えているのでしょか。

あなたの国または知っている地域の喫煙者の変化について説明してください。

そして、そうした変化の背景にはどのようなことがあるか、あなたの考えを述べてください。

2.

世界中でインターネットが使われるようになり、フェイスブック(facebook)やツイッター（Twitter）などのSNSも一般的に使われるようになりました。日本でも、SNSの利用者は増え、様々な社会的な影響を与えています。

あなたの国や知っている地域でのSNSの使用状況について教えてください。そして、SNSが社会に与えている影響にはどのようなものがあるか、あなたの考えを述べてください。

출제 예상문제 해답 용지

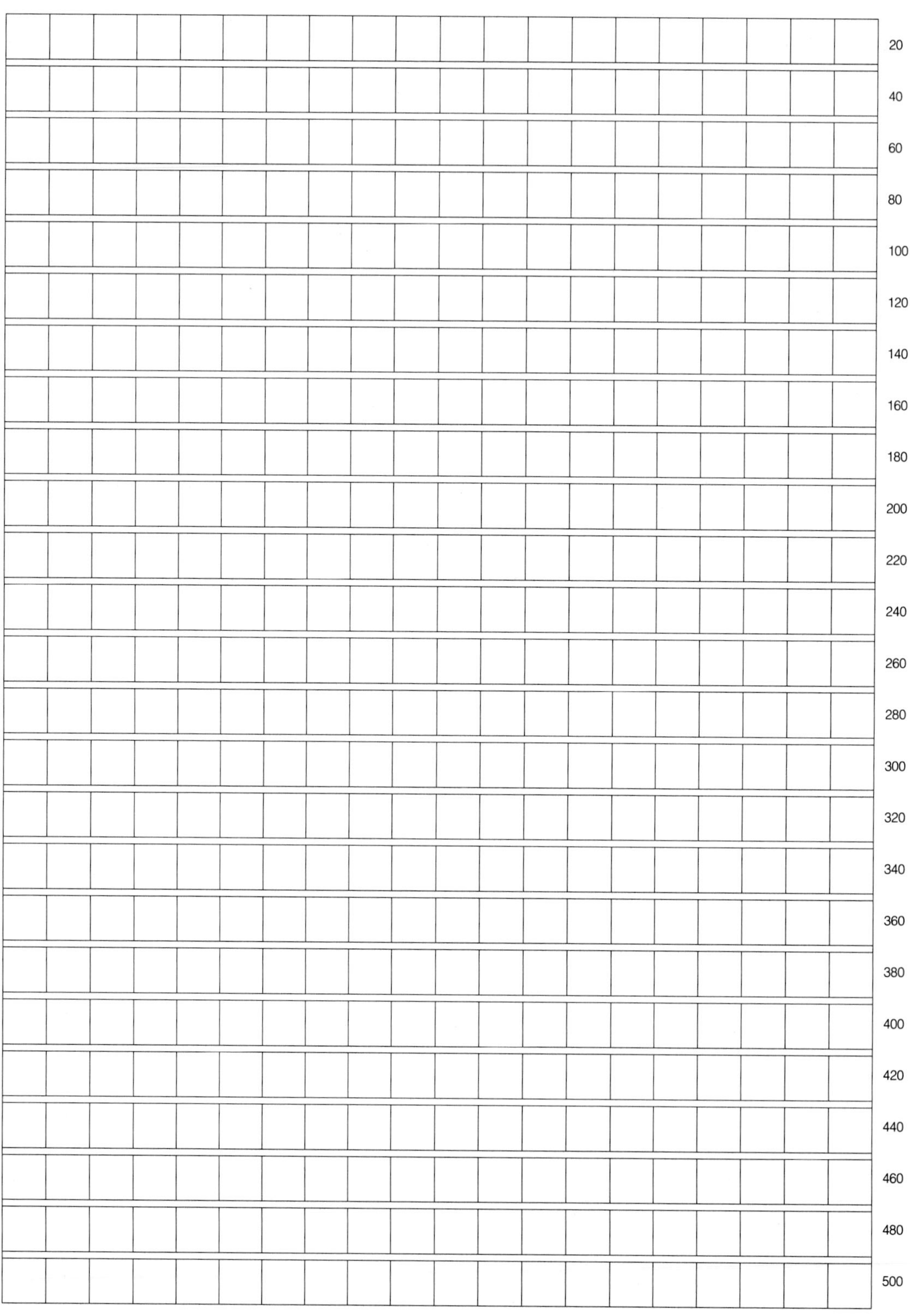

記述問題　VI

以下の二つのテーマのうち、どちら一方を選んで400字から500字で書いてください（句読点を含む）。

1.

近年、農村部の人口が減少したり、地方の商店街の活気が失われたりと地域社会の変化が問題になっています。あなたの知っている地域の社会的な変化について説明してください。

そして、それがこれからどうなっていくと思うのかあなたの意見を述べてください。

2.

近年、日本では、休日一人で過ごす人が増えたりと人間関係の希薄化が問題になっています。あなたが知っている国・地域の人間関係の変化について説明してください。

そして、それがこれからどうなっていくと考えられるのかを述べてください。

출제 예상문제 해답 용지

모범답안 P.74~77

시사 EJU 플랜

일본 유학 시험

EJU 일본어

출제 예상문제

정답 및 해석

시사일본어사

시사 EJU 플랜 EJU 일본어

출제 예상문제

정답 및 해석

시사일본어사

목 차

본책

출제 예상문제 정답 및 해석

부록

출제 예상문제

정답 및 해석

01 EJU 일본어 독해

02 EJU 일본어 청독해

03 EJU 일본어 청해

04 EJU 일본어 기술

EJU 일본어 독해 출제 예상문제 정답 및 해석

독해 단문 정답

p.38~53

문제	번호	정답	문제	번호	정답
I	1	3	IX	9	1
II	2	4	X	10	3
III	3	4	XI	11	3
IV	4	2	XII	12	3
V	5	4	XIII	13	1
VI	6	3	XIV	14	4
VII	7	1	XV	15	4
VIII	8	3	XVI	16	3

독해 단문 해석

단문 I 다음 통지의 내용과 맞는 것은 어느 것입니까? 1

SISA외국어대학 국제학생 기숙사 등에 대해서
(외국인유학생 전용)

SISA외국어대학에서는 유학생용 기숙사로서 「국제학생숙사(신주쿠 캠퍼스내)」, 「국제교류회관(이케부쿠로 캠퍼스내)」을 제공하고 있습니다. 이들 기숙사에서는 일본인 학생과 외국인이 함께 생활을 하고 있습니다.

입거자 모집 요강은 매년 12월에 경신되고 ONLINE으로 입거 신청을 접수합니다.

SISA외국어대학 웹사이트(http://international.sisagaidai.ac.jp/jp/curr/accom/apply.html)를 확인해 주세요.

기숙사 입거 신청 스케줄 :

1) 12월 중순 : 모집 요강 발표
2) 1월 중순~2월 초순 : ONLINE 신청 접수
3) 2월 중순 : 추첨 · 당선자 발표

※수험하는 시험에 따라서는 입학 시험일이나 합격 발표일보다도 전에 입거 신청을 할 필요가 있습니다. 기숙사의 추첨에 통과해도 입학 시험에 합격하여 소정의 기간 내에 입학 수속을 완료하지 않으면 입거 자격을 잃습니다. 주의하십시오.

입거허가기간 :

1) 학사과정 및 석사과정 학생: 2년간
2) 박사후기과정 학생: 3년간

【문의처】
SISA외국어대학 학무부 국제과 학생교류계　기숙사담당
042-589-7510
e-mail:int-dorml1234@dm.sisagaidai.ac.jp
http://international.sisagaidai.ac.jp/jp/curr/accom/apply.html

1. 유학생용 기숙사는 일본인학생은 입거할 수 없다.
2. 어떤 학생이라도 기숙사를 이용할 수 기간은 동등하다.
3. 희망자가 추천으로 뽑혀도 입거할 수 없는 경우도 있다.
4. 입거 신청은 인터넷이나 국제와의 창구에서 신청할 수 있다.

어휘

宿舎(しゅくしゃ) 숙사, 기숙사 | 要項(ようこう) 요강, 요항 | 更新(こうしん) 경신, 갱신 | 入居(にゅうきょ) 입주, 입거 | 抽選(ちゅうせん) 추첨 | 学士課程(がくしかてい) 학사과정 | 修士課程(しゅうしかてい) 석사과정 | 博士課程(はくしかてい) 박사과정

단문 II 다음의 알림의 내용과 맞는 것은 어느 것입니까? 2

SISA외국어대학학부 1학년 유학생 여러분에게
일본어 오리엔테이션 · 배치고사(인터뷰/테스트)를
반드시 응시하세요 !

입학 축하드립니다. 학부 1학년인 유학생 여러분은 하기대로 국제교육센터에서 일본어 오리엔테이션 및 배치고사(인터뷰/테스트)를 응시해 주세요. 이 배치고사 결과에 따라서 1학년 때에 수강할 일본어 과목이 다릅니다.

또한 당일은 일본어능력시험, 일본유학시험의 결과를 기입하게 하기 때문에 사전에 자신의 점수를 확인해 두시기 바랍니다. (결과를 확인했다면 증명서 그 자체를 지참할 필요는 없습니다.)

〈일시 · 장소〉

학부 · 학과	시간	집합 장소
언어 문화학부	4월 1일(월) 10시 30분 집합~12시 00분	국제 교육센터 306교실
국제 사회학부	4月 1日(月) 14시 50분 집합~16시 20분	
국제 일본학부	4월 4일(목) 16시 15분 집합~17시 45분	
정보커뮤니케이션학부	4月 1日(月) 10시 30분 집합~12시 00분	

〈문의처〉
일본어교육부　사츠모토 타쿠마
Eメール : satumoto77@sisagaidai.ac.jp
Tel: 03-568-7510

1. 집합 시간은 똑같아도 집합 장소가 다른 학부도 있다.
2. 배치고사는 회화 형식의 테스트는 실시되지 않는다.
3. 일본어과목은 배치고사의 결과와 상관없이 수강할 수 있다.
4. 일본어 시험의 결과를 파악할 수 있다면 증명서는 내지 않아도 좋다.

어휘

プレイスメントテスト 배치고사 | 履修(りしゅう) 수강, 이수 | 事前(じぜん)に 사전에 | 確認(かくにん) 확인 | 証明書(しょうめいしょ) 증명서 | 無関係(むかんけい)に 관계없이 | 把握(はあく) 파악

단문 III 다음 문장의 내용과 맞는 것은 어느 것입니까? 3

공작새의 꽁지는 단순한 자연도태의 진화론으로부터 보면 어떻게 생각해도 거추장스럽게 생각된다. 천적으로부터 몸을 피하기 위해서 사용할 수 있는 것도 아니고 투쟁할 때 무기가 되는 것도 아니다. 단 실은 하나 장점이 있다. 그 꽁지를 보고 동종의 「암컷이 좋아한다」라는 점이다. 즉 「암컷에게 인기가 있기」위해서만 쓸데없이 거대하고, 과하게 웅장하고 아름다운 옷차림을 몸에 걸치게 된 것이다.

그러나 공작새의 입장에서 보면 아름다운 꽁지는 사활 문제 이외의 그 무엇도 아니다. 그 아름다움과 번식의 가능성은 비례하고 있기 때문이다. 똑같은 공작새의 종류라도, 재미있게도 대칭적으로 가지런히 나고 선명하며 크고 우아한 꽁지를 갖는 수컷일수록 번식에 유리하다. 즉 아름다울수록 인기가 있다는 것이다.

이렇게 해서 공작새의 꽁지는 지금과 같은 형상으로 진화해 왔다. 보다 화려하고, 보다 크며, 보다 형태가 갖춰진 수컷이 암컷에게 선택되고 생식하여 종자를 남긴다. 그 자손을 아름다운 꽁지를 갖는 수컷이 암컷에게 선택되어 생식하고 종을 남긴다. 이것을 되풀이 해 가면 보다 길고 보다 아름다운 꽁지를 갖는 유전자가 암컷의 선호에 의해서 남겨지기 때문에 꽁지의 특징은 더욱 더 강화되어 간다.

1. 공작새의 꽁지는 자손을 남기는 데는 아무런 도움도 안 되는 것이다.
2. 공작새의 꽁지는 동종의 암컷에게도 타종의 암컷에게도 눈을 끄는 것이다.
3. 공작새의 꽁지는 원래 천적으로부터 몸을 숨기기 위해서 진화한 것이다.
4. 공작새의 꽁지가 아름다운 것은 번식을 위해서 이점이 있기 때문이다.

어휘

クジャク 공작새 | 尾羽(おばね) 꽁지 | 淘汰(とうた) 도태 | 進化(しんか) 진화 | 天敵(てんてき) 천적 | 闘争(とうそう) 투쟁 | 武器(ぶき) 무기 | 雌(めす) 암컷 | 過剰(かじょう) 과잉 | 壮麗(そうれい) 웅장하고 아름다움 | 装束(しょうぞく) 옷차림 | 身(み)に纏(まと)う 몸에 걸치다 | 死活問題(しかつもんだい) 사활 문제 | 繁殖(はんしょく) 번식 | 生(は)え揃(そろ)う 가지런히 나다 | 優雅(ゆうが) 우아 | 雄(おす) 수컷 | 有利(ゆうり) 유리 | 形状(けいじょう) 형상 | 華麗(かれい) 화려 | 子孫(しそん) 자손 | 選好(せんこう) 선호 | 特徴(とくちょう) 특징 | 強化(きょうか) 강화

단문 IV 다음 문장의 내용과 맞는 것은 어느 것인가? 4

「감」은 숙달자의 진수라고 해도 좋다. 장기, 바둑의 숙달자의 직관은 그 발전형이라고 말할 수 있다. 한 수 한 수 최선의 수를 생각하고 그것을 축적해 간다. 다음의 한 수에 대해서도 승부를 결정하는 최종적인 형태에 대해서도 정답은 없다. 그러나 프로 기사는 지금부터 맞서려고 하는 형태에 대해서 볼 수 있고 다음의 한 수도 직관에 의해서 무수한 선택지로부터 후보를 좁힐 수 있다고 한다.

장기나 바둑에서는 숙달자의 「직관」의 작용 방식은 두 종류 있다. 전체의 종착점에 대한 직관과 다음 수에 대한 직관이다. 많은 타이틀을 갖는 프로 기사인 하부요시하루씨는 저서 『대국관』에서 전자를 「번뜩임」, 후자를 「직관」이라고 구분하여 부르고 있다. 이것은 몹시 시사하는 바가 큰 통찰이다.

1. 프로 기사는 냉정한 판단력을 쌓아가야 한다.
2. 프로 기사는 직관에 의해서 다음 수를 놓는 법을 좁힐 수 있다.
3. 번뜩임이란 다음에 놓을 수를 알 수 있는 것을 의미한다.
4. 결과에의 전체적인 과정을 파악하는 것이 직관이다.

어휘

熟達者(じゅくたつしゃ) 숙달자 | 真髄(しんずい) 진수 | 将棋(しょうぎ) 장기 | 囲碁(いご) 바둑 | 直観(ちょっかん) 직관 | 一手(いって) (바둑, 장기의) 한 수 | 積(つ)み重(かさ)ねる 축적하다, 겹쳐 쌓다 | 選択肢(せんたくし) 선택지 | 候補(こうほ) 후보 | 絞(しぼ)り込(こ)む 좁히다, 한정하다 | 終着点(しゅうちゃくてん) 종착점 | 棋士(きし) (바둑, 장기) 기사 | 大局(たいきょく) (바둑, 장기의) 전체적인 형세 | 前者(ぜんしゃ) 전자 | 後者(こうしゃ) 후자 | 示唆(しさ)に富(と)む 시사하는 바가 크다 | 洞察(どうさつ) 통찰

단문 V 다음 문장에서 필자가 가장 말하고 싶은 것은 어느 것입니까? 5

인간의 평가 등을 신경 쓴다는 것은 어리석은 일인 것입니다.

프랑스의 구국의 성녀 잔다르크는 마녀 재판으로 화형에 처해져 최후를 맞이하고 사후 약 500년 지나고 나서 성인으로 인정받았습니다. 다름 아닌 셰익스피어도 자신의 저서 가운데서 잔다르크에 관한 것을 매도하고 있습니다. 그 밖에도 잔다르크에 관한 것을 부정하는 언설은 수없이 존재합니다. 이것은 영국이 프랑스의 적대국이었던 것에 발단합니다.

반대로 나치 독일의 아돌프 히틀러는 제2차 세계대전이 시작되기 전에는 「역대 최고의 정치가」였습니다. 600만명 있었던 실업자를 극적으로 줄이고 독일을 세계 제2의 경제대국으로 까지 성장시키는 등의 천재적인 정치적 수완을 발휘하고 있었기 때문입니다. 그러나 지금에서는 히틀러의 이름은 악명 높게 세계로 퍼져 있습니다.

이처럼 인간의 평가라고 하는 것은 시대나 평가하는 사람에 따라서 변해 버리는 것입니다.

1. 사람의 평가는 시대나 평가하는 사람에 관계없이 보편적이다.
2. 잔다르크의 평가는 영국에서는 낮게 평가 되어 왔다.
3. 아돌프 히틀러가 정치적 수완을 보인 것은 인정 받아야한다.
4. 사람의 평가는 시대나 평가하는 사람에 따라서 다르기 때문에 신경쓰지 않아도 좋다.

어휘

評価(ひょうか) 평가 | 愚(おろ)かな 어리석은 | 救国(きゅうこく) 구국 | 聖女(せいじょ) 성녀 | 魔女(まじょ) 마녀 | 火刑(かけい) 화형 | ～に処(しょ)される ～에 처해지다 | 最期(さいご)を迎(むか)える 최후를 맞이하다 | 聖人(せいじん) 성인 | 罵倒(ばとう) 매도, 심하게 욕함 | 否定(ひてい) 부정 | 言説(げんせつ) 언설 | 数多(かずおお)く 수없이 많이 | 存在(そんざい) 존재 | 敵対国(てきたいこく) 적대국 | 端(たん)を発(はっ)する 발단되다 | 逆(ぎゃく)に 반대로 | 世界大戦(せかいたいせん) 세계대전 | 歴代(れきだい) 역대 | 失業者(しつぎょうしゃ) 실업자 | 天才的(てんさいてき) 천재적 | 手腕(しゅわん) 수완 | 発揮(はっき) 발휘 | 悪名高(あくめいたか)い 악명 높은 | 広(ひろ)まる 널리 퍼지다, 보급되다

단문 VI 다음 문장에서 필자가 가장 말하고 싶은 것은 어느 것 입니까? 6

여러분의 집에서는 신문을 받아 보고 있습니까? 받아 보지 않는 가정이 많다고 생각합니다. 지금은 인터넷이 보급되어 있기 때문에 일부러 신문을 받아 보지 않아도 인터넷으로 무료의 정보를 좋아하 만큼 검색할 수 있게 되었습니다.

「신문 따위 필요 해?」 그런 소리도 들려올 것 같네요. 하지만 신문은 역시 필요하다고 나는 생각합니다. 인터넷에 이점이 있듯이 신문에도 이점이 있습니다.

그 이점은 무엇인가 하면 첫 번째는 인터넷의 화면에서 보는 것보다 종이에 인쇄된 문자로 읽는 편이 기억이 정착되는 것입니다.

인터넷 정보는 아무리 해도 화면을 휙 하고 흘려 버리기 쉽습니다. 감각적으로 문자가 머리에 걸리지 않기 때문에 기억에 그다지 남지 않는다. 휙 하고 읽어 버릴 수 있는 것이 인터넷의 좋은 점이기도 하겠지만, 기억에 정착하는가 라는 점에서 보면 종이에 인쇄된 것이 압도적으로 유효한 것은 아닐까요?

왜냐하면 종이에 인쇄된 것은 문장이 쓰여져 있는 장소나 형태를 기억에 남기기 쉽기 때문입니다.

1. 신문은 종이보다 인터넷 화면 쪽이 정보를 빨리 이해할 수 있어서 편리하다.
2. 지금은 인터넷이 보급되어 있기 때문에 신문을 일부러 받아 볼 필요는 없다.
3. 종이에 인쇄된 신문은 그 내용이 문자의 위치나 형태에 따라서 기억이 오래 남는다.
4. 신문은 진부한 내용이 실려 있기 때문에 감각적으로 문자가 기억에 그다지 남지 않는다.

어휘

家庭(かてい) 가정 | 普及(ふきゅう) 보급 | わざわざ 일부러 | 検索(けんさく) 검색 | 画面(がめん) 화면 | 印刷(いんさつ) 인쇄 | 記憶(きおく) 기억 | 定着(ていちゃく) 정착 | ～にひっかかる ～에 걸리다 | 圧倒的(あっとうてき)に 압도적으로 | 有効(ゆうこう) 유효 | 読(よ)み取(と)る 이해하다, 알아차리다

단문 VII 밑줄 「변덕과 금방 싫증을 내는 것은 고양이의 성격의 대명사」의 이유로서 가장 적당한 것은 어느 것입니까? 7

<u>변덕과 금방 싫증을 내는 것은 고양이의 성격의 대명사</u>입니다. 「그 점이 또한 참을 수 없는 고양이의 매력」이라고 생각하는 분도 계시고 한편으로는 「그러니까 고양이는 좋아할 수 없어」라고 생각하는 분도 계시겠지요. 고양이의 변덕과 싫증을 잘 내는 것은 「개」의 충실함과 참을성이 많은 것과 완전히 대조적입니다. 항간에서의 「고양이파」 대 「개파」의 이원론도 반드시 잘못은 아니라고 하기 보다도, 오히려 상반되는 양자의 매력의 차이를 잘 알아맞히고 있다고 나는 생각합니다.

「고양이」도 「개」도 그 성격의 차이는 애초의 야생의 고양이과 동물과 개과 동물의 생활 차이 특히 사냥 방법의 차이가 여실히 반영되고 있습니다. 고양이과 동물은 사자 등의 예외는 있지만 기본적으로 단독으로 생활하고 사냥도 단독으로 합니다. 따라서 자신에게 필요한 것은 모두 스스로 결정하고 단독으로 행동하지 않으면 안 됩니다. 고양이에게는 상대의 표정을 살펴서 행동할 필요 따위 없습니다. 이것이 인간의 눈에는 변덕이고 제멋대로이고 마이 페이스라는 듯이 비쳐 버립니다. 그러나 그렇지 않으면 야생의 혹독한 환경에서는 고양이는 살아 남아 갈 수는 없습니다.

1. 스스로 결정하고 단독으로 행동하는 고양이의 습성이 사람의 눈에는 그렇게 느끼게 하기 때문에
2. 실제로 고양이는 기르는 주인의 말에 싫증을 내기도 하고 토라지기도 하는 행동을 보이기 때문에
3. 개와 고양이와 양쪽을 기를 때에 특히 고양이에게 그와 같은 특징이 두드러지기 때문에
4. 야생이 아니라 도시의 혹독한 환경에서 살아가며 살아 남기 위해서 필요했기 때문에

어휘

きまぐれ 변덕스러움 | あきっぽさ 싫증을 잘냄 | 性格(せいかく) 성격 | 代名詞(だいめいし) 대명사 | 魅力(みりょく) 매력 | 忠実(ちゅうじつ) 충실 | 我慢強(がまんづよ)さ 인내심이 강함 | 対照的(たいしょうてき) 대조적 | 巷(ちまた) 항간, 거리 | 二元論(にげんろん) 이원론 | 相反(あいはん)する 상반되다 | 如実(にょじつ)に 여실히, 사실대로 | 反映(はんえい) 반영 | 言(い)い当(あ)てる 알아맞히다 | 例外(れいがい) 예외 | 単独(たんどく) 단독 | 狩(か)り 사냥 | 顔色(かおいろ)をうかがう 안색을 살피다

| 野生(やせい) 야생 | 厳(きび)しい 혹독한 | 環境(かんきょう) 환경 | 生(い)き残(のこ)る 살아 남다

단문Ⅷ 다음 문장의 (A)에 들어 갈 것으로서 가장 적당한 것은 어느 것입니까? 8

> 홍법대사는 붓을 고르지 않는다고 한다. 정말로 잘 하는 사람은 변변치 못한 도구라도 능란하게 잘 다룬다고 하는 의미이다. 그러나 실제로는 (A).
>
> 사진을 잘 찍으려고 하면 어느 정도의 수준의 일안 리플렉스 카메라를 사는 편이 좋다. 일안 리플렉스 카메라를 사용해서 일단 여러가지 테크닉을 몸에 익힌 사람이라면 자동 초점 카메라를 이용해서 상당히 좋은 사진을 찍을 수 있다고 하는 것은 있을지 모른다. 그러나 자동 초점 카메라밖에 사용하지 않는 사람의 기량이 그다지 위에까지 나아갈 거라는 것은 생각하기 어렵다.
>
> 테니스 라켓이나 골프 클럽에서도 똑같은 말을 할 수 있다.

1. 숙달은 도구의 질과는 전혀 관계가 없다.
2. 숙달은 기본적으로 노력 나름이다.
3. 숙달이 도구에 좌우되는 경우가 있다.
4. 숙달이 도구 나름이라고 말 할 수 없다.

어휘

弘法(こうぼう) 홍법대사(일본 헤이안 시대의 불교 승려) | 粗末(そまつ)な 변변치 못한 | 道具(どうぐ) 도구 | 使(つか)いこなす 자유자재로 사용하다 | 上達(じょうたつ) 숙달 | ～に左右(さゆう)される ～에 좌우되다 | ある程度(ていど) 어느 정도 | 一眼(いちがん)レフ 일안 리플렉스 카메라 | 身(み)につける 습득하다, 익히다 | オートフォーカスカメラ 자동 카메라 | 技量(ぎりょう) 기량

단문Ⅸ 밑줄 「자명성의 함정으로부터의 해방」의 의미로서 가장 적당한 것은 어느 것입니까? 9

> 자기 자신을 알려고 할 때 인간은 거울 앞에 섭니다. 전체적으로 이상하지 않을지 보려고 할 때는 상당히 떨어진 곳에서 보지 않으면 전체는 볼 수가 없다. 자신이 살고 있는 사회를 볼 때도 마찬가지입니다. 일단은 떨어진 세계에 서 본다. 밖으로 나가 본다. 멀리 나가 본다. 그럼으로써 우리들은 공기처럼 자명(당연)하다고 생각해 온 여러가지의 것이 〈당연하지는 않은 것〉으로서 보이게 된다. 연극을 좋아하는 사람은 「이화 효과」라고 하는 부레히트의 말을 떠올릴 것이다. 사회학, 특히 비교사회학의 의미는 우리들이 살아가는데 있어서 「당연하다」고 믿고 있는 여러가지 것을 〈당연하지는 않은 것〉으로서 신선한 것, 이상한 것, 놀라움에 가득찬 것으로서 보여준다고 하는 것입니다. 사회학의 키워드로 말하면 〈자명성의 함정으로부터의 해방〉이라는 것입니다.

1. 평소 우리들이 당연하다고 믿고 있는 것을 다른 시각에서 보는 것
2. 인간이 자기자신을 이해하기 위해서는 너무 가깝지도 않고 너무 멀지도 않은 위치가 좋은 것
3. 연극을 좋아하는 사람이 극의 당연한 전개를 함정이라고 생각해서 회피하는 것
4. 인간은 명확한 것에 대해서 함정에 빠지는 경향이 있는 존재라고 하는 것

어휘

鏡(かがみ) 거울 | 全体(ぜんたい) 전체 | 離(はな)れる 떨어지다, 멀어지다 | 空気(くうき) 공기 | 自明(じめい) 자명 | 演劇(えんげき) 연극 | 異化効果(いかこうか) 이화효과 | 比較(ひかく) 비교 | 思(おも)い込(こ)む 믿어 버리다, 굳게 결심하다 | 新鮮(しんせん)な 신선한 | 異様(いよう)な 이상한, 괴상한 | 充(み)ちる 충만하다, 가득차다 | 解放(かいほう) 해방

단문Ⅹ 밑줄 「패러다임 · 체인지」의 구체적인 예로서 가장 적당하지 않은 것은 어느 것입니까? 10

> 패러다임이라고 하는 말을 알고 있을까? 이것은 쿤이라고 하는 미국의 과학 철학자가 처음으로 말한 개념으로 「사고의 틀」이라고 이해해도 좋다. 그것이 시대에 따라서 바뀌어 가는 것이 패러다임 · 체인지이고 극단적으로 말하면 어느 시대에 「옳다고」 여겨지던 것이 「패러다임=사고의 틀」이 바뀌면 「잘못된」 것이 되어버리는 경우가 있는다는 것이다. ……생략……
>
> …생략… 「천동설」에서 「지동설」로 우주관이 바뀐 것은 패러다임 · 체인지의 가장 알기 쉬운 예의 하나이다. 즉 어느 시대에 「논리적」이었던 것이 다른 시대에는 「비논리적」이 되어버리는 경우가 있다고 하는 것이다. 쿤은 그러한 사태를 패러다임 · 체인지라고 하는 말로 이야기 했던 것이다.

1. 천동설에서 지동설로 사람들의 우주관이 바뀐 것
2. 옛날에는 개발이 좋은 일이었는데 지금은 환경오염 때문에 나쁜 것
3. 옛날에는 주로 쌀을 먹었는데, 지금은 빵도 많이 먹게 된 것
4. 지구가 평평한 원반이 아니라 둥근 구체라고 인식이 바뀐 것

어휘

パラダイム 패러다임(어느 한 시대의 지배적인 견해) | 哲学者(てつがくしゃ) 철학자 | 概念(がいねん) 개념 | 枠組(わくぐみ) 뼈대, 틀 | 極端(きょくたん) 극단 | 天動説(てんどうせつ) 천동설 | 地動説(ちどうせつ) 지동설 | 宇宙観(うちゅうかん) 우주관 | 論理的(ろんりてき) 논리적 | 事態(じたい) 사태 | 環境汚染(かんきょうおせん) 환경 오염 | 円盤(えんばん) 원반

단문XI 밑줄「그러한 내용」의 의미로서 더 적당한 것은 어느 것입니까? 11

> 고전은 첫째로 한 번 읽어서 명쾌하지 않다. 두 번 읽으면 바뀐다. 오히려 일 년 후에 읽고 그 때는 이렇게 읽었는데 생각이 얕았다, 사실은 이렇게 쓰여져 있었어라는 식으로 이해되는 내용을 가지고 있지 않으면 고전이라고 말할 수 없겠지요.「사실은 이랬었지」라고 이해되는 점에 고전 본래의 맛이 있고 의미가 있다. 한 번 읽어서 명쾌하지 않은 것은 고전의 운명이 아니라 목적 그 자체이다.
>
> 문장은 똑같아요. A씨의 책 몇 페이지라는 것은 완전히 똑같고 그 똑같은 것을 읽는 것이 바뀐다. 독자 자신의 성장과 함께 달라진다. 고전의 이름에 걸맞은 고전일수록 그 차이는 크지요. 고전이 그렇다고 하기 보다도 오히려 그런 것이 고전이라고 바꾸어 말하겠습니다. 그 쪽이 정확하니까. 현재 고전으로서 일반적으로 인정받고 있을지 어떨지는 제쳐 놓고 그러한 내용을 갖는 것은 또는 갖는 것이야 말로 즉 고전이다. 이 인식은 중요하기 때문에 기억하시기를 바랍니다.

1. 현재 일반사회에서 널리 인정되고 있는 내용
2. 처음으로 읽었던 독자에게는 전혀 이해할 수 없는 내용
3. 자신의 정신적 성장과 더불어 읽는 것이 바뀌는 내용
4. 자신에게 감동을 주면서 인생을 이끌어 주는 내용

어휘

古典(こてん) 고전 | 一読(いちどく) 일독, 한 번 읽음 | 明快(めいかい) 명쾌 | 浅(あさ)はか 천박함, 생각이 얕음 | 本来(ほんらい) 본래 | 運命(うんめい) 운명 | 読(よ)み手(て) 글을 읽는 사람, 독자 | ～に値(あたい)する ～할 만하다 | 正確(せいかく) 정확 | 認識(にんしき) 인식 | 記憶(きおく) 기억

단문XII 다음 문장에서 필자는 독서회에 대해서 어떻게 진술하고 있습니까? 12

> 독서회라고 하는 것은 연구회 형식이라 할까 모두 모여서 지속적으로 책을 읽는 그러한 모임인 것이죠. 거기에 문제는 두가지 있다. 하나는 책을 어떻게 읽는가 하는 것. 또 하나는 독서회라고 하면 연구를 포함한 모임을 어떻게 하면 결실이 있는 지속적이고 즐거운 장으로 만들 수 있을까 라는 것. 즉 책을 읽는 법과 모임을 유지 하는 것. 이 두 가지는 별개의 문제여서 상호적으로 관계가 없는 듯이 보이지만 그 두 문제를「읽는다」라고 하는 한 가지 일이 갖는 여러가지 모습으로 결부시켜서 생각해 보고 싶다. 이 모임에서는 여러가지 종류의 고전적인 책을 잇달아서 읽어 나갈 예정인 것 같은데 그「고전」은 어떻게 읽으면 고전으로서의 깊은 내용을 읽는 사람 한 사람 한 사람에게 나타내 보여주는 나의 고전이 될지를 생각하고 그것을 축으로 해서 독서회의 본연의 모습을 생각한다. 또는 모임의 본연의 모습, 유지하는 모습을 동시에 여러모로 생각하면서 책을 읽는다고 하는 진부하고 무성의해지기 쉬운 일이 포함하는 문제성에 대해서 다시 한번 생각해 보고 싶다고 생각합니다.

1. 독서회는 연구회와 같은 형식을 취하는 것은 좋지 않은 법이다.
2. 독서회는 독서의 본연의 모습보다 모임의 유지법 쪽에 중점을 두어야 한다.
3. 독서회는 독서의 본연의 모습과 회의 유지법과의 관련성을 고려해야 한다.
4. 독서회는 고전을 깊게 이해하기 위해서는 오로지 독서에 힘을 쏟아야 한다.

어휘

読書会(どくしょかい) 독서회 | 研究会(けんきゅうかい) 연구회 | 持続的(じぞくてき)に 지속적으로 | 実(みの)りがある 결실 있는 | 本(ほん)の読(よ)み方(かた) 책 읽는 법 | 会(かい)の持(も)ち方(かた) 모임을 유지하는 법 | 別個(べっこ) 별개 | 相互(そうご)に 서로 | 関係(かんけい) 관계 | 一事(いちじ) 한가지 일 | 諸相(しょそう) 여러가지 양상(모습) | ～に結(むす)びつける ～와 결부시키다 | 種類(しゅるい) 종류 | 古典的(こてんてき)な 고전적인 | 次々(つぎつぎ)に 잇달아서 | 中身(なかみ) 내용, 알맹이 | 顕示(けんじ) 현시, 나타내어 보임 | 軸(じく) 축 | 考(かんが)え合(あ)わせる 여러모로 생각해 보다 | あり来(き)たりの 흔히 있는, 진부한 | お座(ざ)なりになる 무성의해지다, 건성이 되다 | 関連性(かんれんせい) 관련성 | 考慮(こうりょ) 고려

단문XIII 다음 문장의 표제로서 가장 적당한 것은 어느 것입니까? 13

> 소셜 워커라고 하는 직업은 19세기에 영국을 중심으로 하는 유럽에서 생겨나 미국에 건너가서 미국과 유럽의 쌍방의 지역에서 실천도 이론도 갈고 닦아져 성숙해 졌습니다.
>
> 18세기부터 19세기 당시의 유럽이나 미국은 산업혁명이 한창 진전되고 있었습니다. 눈부신 생산기술혁신, 유통 시스템의 진전 속에서 비약적으로 생산 규모가 확대되고 거대한 부를 만들어 내는 사회로 변모를 이루고 있었습니다. 그러나 공업화라고 하는 생활 활동의 기본 구조의 변화는 사회 계층으로서의 방대한 노동자층을 만들어 냄과 동시에 노동자 가운데 지극히 가난한 노동자군도 만들어 냈습니다. 이들 가난한 노동자는 도시에 집중하고 그들이 사는 지역은 슬럼이라고 불려졌습니다.
>
> 소셜 워커의 일은 이들 도시에 모여 있는 가난한 사람들을 구제하는 자선 사업의 활동으로부터 생겨 나게 되었던 역사가 있습니다.

1. 소셜 워커의 기원
2. 소셜 워커의 변천

3. 소셜 워커의 공적
4. 소셜 워커의 가치관

어휘

職業(しょくぎょう) 직업 | 双方(そうほう) 쌍방 | 実践(じっせん) 실천 | 理論(りろん) 이론 | 磨(みが)く 닦다, 수련하다 | 成熟(せいじゅく) 성숙 | 当時(とうじ) 당시 | 産業革命(さんぎょうかくめい) 산업혁명 | 進展(しんてん) 진전 | 最中(さいちゅう) 한참 진행되는 도중 | 目覚(めざ)ましい 눈부신 | 生産技術革新(せいさんぎじゅつかくしん) 생산기술혁신 | 流通(りゅうつう) 유통 | 飛躍的(ひやくてき) 비약적 | 規模(きぼ) 규모 | 拡大(かくだい) 확대 | 富(とみ) 부 | 変貌(へんぼう) 변모 | 遂(と)げる 이루다 | 工業化(こうぎょうか) 공업화 | 構造(こうぞう) 구조 | 階層(かいそう) 계층 | 膨大(ぼうだい)な 방대한 | 労働者群(ろうどうしゃぐん) 노동자군 | 慈善事業(じぜんじぎょう) 자선사업 | 起源(きげん) 기원 | 変遷(へんせん) 변천 | 功績(こうせき) 공적 | 価値観(かちかん) 가치관

단문XIV 다음 문장에서 필자는 스페셜리스트의 문제에 대해서 어떻게 진술하고 있습니까? 14

「손에 기술이 있다」라는 표현을 들은 적이 있지요? 「손에 기술이 있으면 유리하다」고 여겨지고 있다. 이것은 스페셜한 지식이나 기술을 가지고 있다고 하는 의미이지만 동시에 「마이너」라고 해도 좋다. 메이저이고 스페셜한 것은 없다. 메이저로는 스페셜해지지 않기 때문이다. 예를 들면 운전면허 등을 가지고 있어도 일본에서는 전혀 스페셜리스트는 아니다. ……생략……

스페셜리스트는 그 부서에 있어서 없어서는 안 되는 인재이니까 그 일이 있는 한 정리 해고될 걱정은 없다. 문제는 그 사람의 후계자를 육성하지 않으면 안 되는 것으로 기업에 있어서는 이것이 머리가 아픈 문제가 된다. 그러기 때문에 누구나 할 수 있도록 매뉴얼화 하려고 해서 컴퓨터를 사용해서 디지털화한다.

1. 문제는 스페셜한 지식이나 기술을 어떻게 매뉴얼화 하는가에 있다.
2. 운전면허를 가지고 있어도 일본에서는 전혀 스페셜리스트는 될 수 없다.
3. 옛날에는 손에 기술이 있으면 유리하다고 여겨졌지만 지금은 머리를 쓰지 않으면 안 된다.
4. 스페셜리스트는 해고는 되지 않지만 후계자를 기르는 것이 곤란하다.

어휘

職(しょく) 기술, 직업 | 有利(ゆうり) 유리 | 知識(ちしき) 지식 | 技術(ぎじゅつ) 기술 | 運転免許(うんてんめんきょ) 운전면허 | 全然(ぜんぜん) 전연, 전혀 | 部署(ぶしょ) 부서 | 人材(じんざい) 인재 | 跡継(あとつ)ぎ 후계자, 상속자 | 育成(いくせい) 육성 | 頭(あたま)が痛(いた)い 머리가 아프다, 골치 아프다 | マニュアル化(か) 메뉴얼화 | 首(くび)になる 해고되다 | 後継者(こうけいしゃ) 후계자 | 困難(こんなん) 곤란

단문XV 필자는 「지저귐」과 「울음소리」에 대해서 어떻게 진술하고 있습니까? 15

도시의 쓰레기를 뒤지고 다니는 까마귀는 어디에서나 평판이 좋지 않습니다. 잘 듣고 있으면 까마귀도 여러가지로 다른 울음소리를 냅니다. 간혹 「딱, 딱」이라는 재미있는 음성을 내고 있는 개체도 있습니다. 그러나 까마귀의 「까악, 까악」이라는 큰 소리는 분명히 귀에 거슬리고 아무도 이것을 「지저귐」이라고 부르지 않겠지요. 한편 휘파람새 「호-호케쿄」라는 소리나 카나리아나 십자매의 아름다운 울음소리는 우리들의 귀에도 기분 좋고 이쪽은 「지저귐」이라고 불립니다.

지저귐과 울음소리는 어디가 다른 걸까요? 지저귐이란 상당히 길게 계속되는 복잡한 음성으로, 주로 수컷이 번식기에 내는 것을 가리킵니다. 그것에 대해서 울음소리란 짧고 단순한 음성으로 수컷도 암컷도 내고 특히 계절이 한정되어 있지는 않는 것을 가리킵니다. 이 구별은 그다지 엄밀한 것은 아니지만 전통적으로 사용되고 있고 기능의 차이를 잘 반영하고 있다고 말할 수 있습니다.

1. 지저귐은 기분 좋게 들리지만 울음소리는 기분 나쁘게 들린다.
2. 지저귐과 울음소리는 기능의 차이가 아니라 인간의 느끼는 법의 차이다.
3. 지저귐은 짧고 단순한 음성이고 울음소리는 길게 계속되는 복잡한 음성이다.
4. 지저귐은 번식기에 수컷이 내는 것이고 울음소리는 평소 암수 모두 내는 것이다.

어휘

都会(とかい) 도회, 도시 | あさる 찾아 다니다, 잡다 | 評判(ひょうばん) 평판 | 鳴(な)き声(ごえ) 울음소리 | 音声(おんせい) 음성 | 個体(こたい) 개체 | 大声(おおごえ) 큰 목소리 | 耳障(みみざわ)り 귀에 거슬림 | さえずり 지저귐 | カナリア 카나리아 | ジュウシマツ 십자매 | ウグイス 휘파람새 | 心地(ここち)よく 기분좋게 | 複雑(ふくざつ)な 복잡한 | 雄(おす) 수컷 | 繁殖期(はんしょくき) 번식기 | 発(はっ)する (소리를)내다, 지르다 | 雌(めす) 암컷 | 単純(たんじゅん) 단순 | 厳密(げんみつ)な 엄밀한 | 機能(きのう) 기능 | 反映(はんえい) 반영

단문XVI 필자는 「롱 셀러 상품」이란 어떠한 것이라고 진술하고 있습니까? 16

히트 상품은 우연히 태어나는 일이 있어도 장기에 걸쳐서 안정 성장을 이루는 롱셀러 상품에 우연은 없다. 어느 상품이 히트할지 어떨지는 인지가 미치지 못하는 점이 있다. 생각지도 않은 순풍이 풀기도 하고 예상 밖의 타깃에 인기가 파급되

기도 하고 생각지도 못하는 용도가 발견되기도 하는 것이 히트 상품의 특성이다. 그러나 그러한 히트 상품이 롱셀러 상품이 되기 위해서는 그 상품에 초점을 좁혀서 잇달아서 신기축을 도입하는 시도가 불가결하다. 관련된 새로운 니즈를 발굴하여 신규 고객을 개척하여 그리고 또한 새로운 기술을 상품 속에 계속 도입한다고 하는 것은 그러한 시도이다. 그때 그때의 임기응변식 작업이 아니라 「브랜드로서 성장시키고 싶다」라는 기업측의 장기에 걸치는 선명한 의도가 불가결한 것이다.

1. 그때 그때의 유행에 뒤지지 않고 품질과 디자인의 장점을 겸비하고 있는 상품
2. 그때 그때의 상황의 고객의 니즈에 응하면서 임기응변으로 대처해서 만드는 상품
3. 고객의 새로운 니즈에 따라서 신기술을 받아들이면서 긴 안목으로 성장시키는 상품
4. 예상 밖의 타깃에 인기가 미치기도 하고 생각지도 못한 용도가 발견되는 상품

어휘

偶然(ぐうぜん)に 우연히 | 安定成長(あんていせいちょう) 안정 성장 | 遂(と)げる 이루다 | 人知(じんち) 인지(인간의 지혜) | ～が及(およ)ばない ～가 미치지 못하다 | 思(おも)いもしない 생각지도 못하다 | 追(お)い風(かぜ) 순풍 | 予想外(よそうがい) 예상 밖 | 波及(はきゅう) 파급 | 思(おも)いもつかない 생각지도 못 하는 | 用途(ようと) 용도 | 発見(はっけん) 발견 | 特性(とくせい) 특성 | 焦点(しょうてん) 초점 | 絞(しぼ)る 좁히다, 한정하다 | 新機軸(しんきじく) 신기축 | 導入(どうにゅう) 도입 | 試(こころ)み 시도, 시험 | 不可欠(ふかけつ) 불가결 | 関連(かんれん) 관련 | 発掘(はっくつ) 발굴 | 新規顧客(しんきこきゃく) 신규 고객 | 開拓(かいたく) 개척 | 作業(さぎょう) 작업 | 鮮明(せんめい)な 선명한 | 意図(いと) 의도 | 併(あわ)せ持(も)つ 아울러 가지다, 겸비하다 | 臨機応変(りんきおうへん) 임기응변 | 対処(たいしょ) 대처

독해 중문 정답

p.54~83

문제		번호	정답	문제		번호	정답
I	問1	1	2	IX	問1	17	3
	問2	2	1		問2	18	4
II	問1	3	3	X	問1	19	3
	問2	4	4		問2	20	2
III	問1	5	3	XI	問1	21	1
	問2	6	4		問2	22	4
IV	問1	7	2	XII	問1	23	2
	問2	8	4		問2	24	1
V	問1	9	1	XIII	問1	25	2
	問2	10	3		問2	26	4
VI	問1	11	4	XIV	問1	27	1
	問2	12	2		問2	28	2
VII	問1	13	2	XV	問1	29	1
	問2	14	1		問2	30	4
VIII	問1	15	1				
	問2	16	4				

독해 중문 해석

중문 I

페던틱이라는 말이 있다. 현학적이라는 의미로 학문이나 교양을 필요 이상으로 과시하는 태도에 관한 것이다. 일본어로 말하면 될 것을 프랑스어로 말해 보기도 하고, 아무도 읽지 않은 책의 이야기를 하는 것으로 자신의 교양을 과시하는 불쾌감을 주는 태도를 비판할 때 등에도 사용된다. 현대에서는 이 말 자체가 사어가 되어있다. 그것은 모르는 것을 창피하다고 생각하는 문화 자체가 없어져 버렸기 때문이다.

모르는 것이 창피가 아닌 이상 아무리 교양을 자랑삼아 보여도 듣는 측에 콤플렉스는 생기지 않는다. 그것을 들었다고 해서 공부를 하는 것도 아니다. 교양이 있는 것이 존경받는 일이고 책을 읽지 않는 것이 창피라고 여기는 전제가 있었기 때문에 의미가 없는 지식의 과시를 비판하는 말도 사용되는 의미가 있었다.

평소의 회화에 책 이야기를 집어넣는 일은 줄어들었다. 대학생에게 물어 보아도 친구끼리 진지하게 책에 관한 이야기를 하는 것은 예전의 대학생에 비하면 줄어들고 있다.

문1　밑줄 「이 말 자체가 사어가 되어 있는」이유로서 가장 적당한 것은 어느 것입니까? 1

1. 자신을 교양을 과시하는 사람을 비판할 때 등에 사용되기 때문에
2. 무지가 창피하다고 생각하는 사회적인 합의가 없어졌기 때문에
3. 자신의 학문이나 교양을 자랑하는 사람의 태도가 불쾌감을 주기 때문에
4. 일본어로 말하면 되는 것을 일부러 외국어로 말하거나 하기 때문에

문2　이 문장의 내용과 맞는 것은 어느 것입니까? 2

1. 사용되고 있는 환경이 바뀌면 말이 의미를 잃게 되는 경우가 있다.
2. 현대에도 학회에서는 페던틱이라고 하는 말을 사용하게 되었다.
3. 지금도 옛날도 타인이 교양이 있는 것을 과시하면 열등감을 느꼈다.
4. 대학생이 친구끼리 진지한 책에 관한 이야기를 하는 것은 지금도 옛날도 변함없다.

어휘

衒学的(げんがくてき) 현학적 | 学問(がくもん) 학문 | 教養(きょうよう) 교양 | 態度(たいど) 태도 | 誇示(こじ) 과시 | 嫌味(いやみ)な 불쾌감을 주는 | 死語(しご) 사어(현재 사용하지 않는 말) | 恥(はじ) 창피, 수치 | ～側(がわ) ～측, ～쪽 | 前提(ぜんてい) 전제 | ひけらかし 자랑, 과시 | 批判(ひはん) 비판 | 普段(ふだん) 평소 | 組(く)み入(い)れる 짜 놓다 | わき目(め)も振(ふ)らず 한눈팔지 않고 | コンセンサス 합의, 의견의 일치 | 不快感(ふかいかん) 불쾌감

중문Ⅱ

당신은 보통 어떠한 태도로 외국인을 접하고 있는가? 외국인과 접할 기회가 없다고 하는 사람도 일반적으로 일본인이 외국인과 접할 때 어떻게 하는가 생각해 보길 바란다.

일본인은 예의 바른 민족인가? 그와 같은 화제가 일본의 영자 신문의 투고란에서 논해지고 있었다. 일본인 자신 가운데도 이와 같은 일본인론에 관해서 의문을 갖는 사람이 적지 않은 것 같다. 나도 이 점에 대해서는 크게 의문이다. 애당초 민족 단위로 예의 바르다는 것도 상당히 섬뜩한 이야기다. 일본인을 보고 있으면서 내가 느끼는 것은 다른 나라 사람들과 똑같이 예의 바른 사람도 있거니와 그렇지 않는 사람도 있다는 것 일 뿐이다.

단지 일본인이 예의 바르다는 인상을 갖는 외국인도 상당히 많다고 하는 것도 사실이다. 특히 일본인의 동작에 그와 같은 인상을 갖는 것 같다. 하지만 이것은 일본인이 자주하는 몸짓에 대한 해석이 문화에 따라 다를 뿐이라고 나는 생각하고 있다. 그 몸짓이 인사이다. 일본인에 있어서 인사는 목례 정도의 의미밖에 없지만 예를 들면 미국 등에서는 최상위의 경위를 표하고 있다는 의미가 된다.

이것에 관해서 오스트레일리아에서 실시되었던 조사는 굉장히 흥미로웠다. 함께 일을 할 기회가 많은 일본인과 오스트레일리아인에게 전자에게는 「당신은 오스트레일리아인에게 머리 숙여 절하는가?」라고 묻고 후자에게는 「함께 일을 하는 일본인은 당신에게 머리 숙여 절하는가?」라고 질문한 것입니다. 정말이지 일본인은 「하지 않는다」고 대답하고 오스트레일리아인은 「한다」고 대답했기 때문에 재미있다. 요컨대 현지에서는 최고의 경의로서 파악되는 것을 우리들은 의식하지 않고 하고 있는 것이다.

문1　이 문장에서 필자는 일본인이 정중하다는 설은 어디에서 기인한다고 진술하고 있습니까? 3

1. 일본인은 옛날부터 전통을 중시하고 또한 상하 관계의 엄격한 신분 제도를 몸에 익혔던 것
2. 일본인은 국내에서 정중한 인사를 하고 외국에서도 마찬가지로 정중한 인사를 하는 것
3. 일본인의 목례에 불과한 것을 유럽인은 가장 정중한 인사로서 받아들이는 것
4. 일본인이 정중한 민족인지 어떤지는 일본의 영자 신문 투고란를 보면 알 수 있는 것

문2　밑줄 「일본인은 『하지 않는다』고 대답하고 오스트레일리아인은 『한다』고 대답했기 때문에 재미있다」고 하는데 필자는 왜 재미있다고 말하고 있습니까? 4

1. 일본인에게 있어서 단순한 목례는 고개 숙여 절하는 것으로 여기지지 않기 때문에
2. 일본인이 고개 숙여 절을 했는데, 자신은 한 기억이 없다고 거짓말했기 때문에
3. 일본인이 고개 숙여 절을 하지 않았는데, 오스트레일리아인은 했다고 거짓말을 했기 때문에
4. 오스트레일리아인에게 있어서 무의식적으로 하는 일본인의 목례는 가장 정중한 인사이기 때문에

어휘

普段(ふだん) 평소 | 態度(たいど) 태도 | 接(せっ)する 접하다 | 機会(きかい) 기회 | 礼儀正(れいぎただ)しい 예의 바른 | 民族(みんぞく) 민족 | 話題(わだい) 화제 | 英字新聞(えいじしんぶん) 영자 신문 | 投書欄(とうしょらん) 투고란 | 論(ろん)じる 논하다 | 疑問(ぎもん) 의문 | 大(おお)いに 매우, 크게 | 単位(たんい) 단위 | 不気味(ぶきみ)な 섬뜩한, 불안한 | 印象(いんしょう) 인상 | 事実(じじつ) 사실 | 仕草(しぐさ) 동작, 태도 | 所作(しょさ) 행동, 거동, 몸짓 | 解釈(かいしゃく) 해석 | 文化(ぶんか) 문화 | 異(こと)なる

다르다 | お辞儀 머리숙여 인사함, 절 | 会釈 목례, 가벼운 인사 | 程度 정도 | 意味合い 사정, 의미 | 最上位 최상위 | 敬意を払う 경의를 표하다 | 調査 조사 | 興味深い 흥미 깊은 | 機会 기회 | 前者 전자 | 後者 후자 | 一緒に 함께 | 要するに 요컨대 | 現地 현지 | 最高 최고 | 捉える 파악하다 | 意識する 의식하다 | ～を重んじる ～을 중시하다 | 上下関係 상하 관계 | 身分制度 신분 제도 | 受け止める 받아들이다

중문Ⅲ

신문을 활용해서 수업을 하면 미디어 · 리터러시는 물론 새로운 학력이라고 일컬어지는 앞으로의 시대에 요구되는 능력도 익혀집니다.

새로운 학력이란 무엇인가 하면 문제를 발견해서 해결해 가는 문제 해결형 학력에 관한 것입니다. 종래의 학력은 각 교과로 나누어진 계통적인 학습에 입각한 것이었습니다.

산수라면 덧셈과 뺄셈 다음으로 곱셈과 나눗셈을 하는 계통적으로 순서가 매겨진 것이었습니다.

여러분도 학교에서는 계통이 세워진 수업을 받아 왔다고 생각합니다. 덧셈 뺄셈 다음으로 곱셈 나눗셈, 그 다음으로 분수 등 순번으로 습득해 가는 방법이지요.

그러나 지금 왜 새로운 학력이 필요하게 되었느냐 하면 세상에서 우리들이 직면하는 여러가지 문제는 산수만으로 풀 수 있는 것도 아니고, 국어만으로 풀 수 있는 것도 아니다.

종합적인 힘이 필요해 졌기 때문입니다.

예를 들면 지진으로 피해를 입은 지역을 부흥해 간다고 하는 과제가 있다고 합니다.

부흥은 토목이나 건축의 지식만으로는 해결할 수 없지요. 거기에 사는 사람들의 마음의 치유나 커뮤니티 만들기, 복지의 충실 등 여러가지 지식이 필요합니다. 그러한 문제를 해결해 가기 위해서 생각하는 힘을 길러 가는 것이 새로운 학력의 큰 기둥입니다.

문1 밑줄 「새로운 학력」이란 어떠한 학력인가? 5

1. 계통을 세워서 순서가 매겨진 학습에 입각하는 학력
2. 피해를 입은 지역에의 복귀에 필요한 토목이나 건축의 지식
3. 스스로 문제를 발견하여 해결하는 문제해결형의 학력
4. 재해를 당한 주민의 치유나 복지에 관한 지식

문2 필자가 가장 말하고 싶은 것은 어느 것입니까? 6

1. 앞으로는 신문을 활용하는 미디어 · 리터러시가 점점 중요하게 되어 간다.
2. 덧샘이나 빨샘 등의 종래의 계통적인 학습에 입각한 학습의 중요성도 무시할 수 없다.
3. 앞으로의 시대는 학교에서 배웠던 종래의 교과보다 실천적인 지식을 몸에 익힌 편이 좋다.
4. 앞으로의 시대는 예기치 않은 사태를 만나도 문제를 해결할 수 있는 종합적인 학력이 필요하다.

어휘

新聞 신문 | 活用 활용 | 授業 수업 | 学力 학력 | 要求 요구 | 能力 능력 | 問題 문제 | 解決 해결 | 従来 종래 | 各教科 각 교과 | 系統的 계통적 | ～に基づく ～에 입각하다 | 算数 산수 | 足し算 덧셈 | 引き算 뺄셈 | 掛け算 곱셈 | 割り算 나눗셈 | 順序づける 순서를 매기다 | 系統だつ 계통이 서다 | 分数 분수 | 順番 순번, 차례 | 直面 직면 | 解ける 풀 수 있다 | 総合的な 종합적 | 地震 지진 | 被害 피해 | 地域 지역 | 復興 부흥 | 課題 과제 | 土木 토목 | 建築 건축 | 知識 지식 | 解決 해결 | 福祉 복지 | 充実 충실 | 養う 양육하다, 기르다 | 柱 기둥

중문Ⅳ

관용적인 사람이 인기가 있는 것은 말 할 필요도 없겠지요. 관용이란 마음이 넓은 것이니까, 대수롭지 않은 일로 화를 내거나 짜증을 내는 일은 없습니다. 그러기 때문에 다가가기 쉽습니다.

즉 관용적인 사람은 늘 상대를 받아 들이려고 하고 있는 것입니다. 그 의미에서 열린 사람이라 할 수 있습니다.

지난번에 이런 일이 있었습니다. 도쿄 역 근처의 오픈 스페이스에서 사람을 기다리고 있는 사이에 책을 읽고 있었는데 영국 사람이 말을 걸어 온 것입니다. 그는 나에게 '무엇을 읽고 있어요?'라고 물었습니다.

그리고 잠시 세상 돌아가는 이야기를 하고 있는 사이에 그가 재미있는 말을 꺼냈습니다. 책을 읽고 있는 사람에게 늘 말을 걸려고 하고 있다고 하는 것입니다.

이것은 어느 종류의 사회 실험으로 그의 분석에 의하면 책을 읽고 있는 사람은 말을 걸면 싹싹하게 응해 준다고 합니다. 이것에 대해서 휴대폰을 보고 있는 사람은 무뚝뚝하다고 합니다.

(A) 오픈 스페이스에서 일부러 휴대폰이라고 하는 사적 공간으로 깊숙이 들어간다고 하는 것은 외부로부터의 커뮤니케이션을 거부하고 있는 것입니다. 실제로 말을 걸어 오는 것이 싫으니까 굳이 휴대폰을 만지고 있는 사람은 있는 법입니다.

하지만 오픈 스페이스에서 책을 읽는다는 것은 세계를 넓히려고 하는 행위라고 생각됩니다. 책을 읽는 행위 자체, 새로운 세계를 열려고 하는 것이고 그것을 오픈 스페이스에서 한다고 하는 것은 「내가 읽고 있는 것을 공유해도 좋아요」라고 하는 기분의 발로이기도 하는 것은 아닐까요?

문1 밑줄「책을 읽고 있는 사람에게 늘 말을 걸려고 하고 있다」고 하는데 그것은 왜일까요? [7]

1. 오픈 스페이스에서 책을 읽는 사람은 경계심이 없어서 친숙하기 쉬운 성격의 소유자이니까
2. 툭 터진 공간에서 책을 읽는다는 행위는 상대를 받아들이려고 하는 마음가짐의 발로이니까
3. 오픈 스페이스에서 책을 읽는 다는 행위는 자신의 지식을 가르쳐주고 싶어하는 경향이 있기 때문에
4. 툭 터진 공간에서 책을 읽는다는 행위는 말을 걸어도 휴대폰을 만지작거리지 않으니까

문2 (A)에 들어갈 것으로서 가장 적당한 것은 어느 것입니까? [8]

1. 그러나
2. 예를 들면
3. 그래서
4. 즉

어휘

寛容(かんよう)な 관용할 줄 아는, 너그러운 | 近寄(ちかよ)る 다가가다 | 尋(たず)ねる 묻다 | 世間話(せけんばなし) 세상 이야기 | 話(はな)しかける 말을 걸다, 말을 붙이다 | ある種(しゅ) 어느 종류 | 実験(じっけん) 실험 | 分析(ぶんせき) 분석 | 気(き)さくに 싹싹하게, 소탈하게 | 応(おう)じる 응하다, 따르다 | 愛想(あいそ)が悪(わる)い 무뚝뚝하다 | 私的空間(していきくうかん) 사적공간 | 入(はい)り込(こ)む 깊숙이 들어가다 | 外部(がいぶ) 외부 | 拒否(きょひ) 거부 | 実際(じっさい) 실제, 정말로 | あえて 굳이, 억지로 | 行為自体(こういじたい) 행위자체 | シェアする 점유하다 | 表(あらわ)れ 나타남, 발로 | 警戒心(けいかいしん) 경계심 | なじむ 친숙해지다, 익숙해지다 | 心構(こころがま)え 마음가짐, 각오

중문Ⅴ

청줄청소놀래기에게는 독특한 행동이 있습니다. 다금바리(자바리)나 능성어 등의 거대한 물고기(여기에서는 의뢰인이라 부르지요)에 붙어 있는 기생충을 먹고 청소하는 것입니다. 부부가 사이가 좋고 자주 암수 두 마리가 쌍이 되어 의뢰인을 청소합니다.

하지만 (1)재미있게도 청줄청소놀래기란 실은 기생충을 그다지 좋아하지 않습니다. 사실은 의뢰인이 분비하는 점액을 먹는 쪽을 좋아합니다. 그러나 점액을 너무 먹어 버리면 의뢰인은 그 청줄청소놀래기를 버리고 헤엄쳐서 떠나가 버립니다. 즉 실직하지 않도록 어쩔 수 없이 기생충을 먹는 상황인 것입니다.

특히 쌍으로 행동하고 있을 때는 자신이 점액을 먹는 것으로(자신은 맛있다는 생각은 할 수 있지만) 상대방에게는 일방적으로 폐를 끼쳐 버려서 여기에 타자를 의식한 행동이 생길 가능성이 있습니다.

(2)이 점을 노렸던 부샤리 박사들은 혼자서 청소하고 있을 때와 쌍으로 청소하고 있을 때와 점액을 먹는 비율을 비교해 보았습니다. 흥미롭게도 쌍으로 청소하고 있을 때는 점액을 먹는 비율이 반 정도로 저하되었습니다. 타자가 있는 것으로 (얼핏 보아) 독선적인 행동을 삼가하는 것입니다.

문1 밑줄(1)「재미있는 것」이란 어떠한 것입니까? [9]

1. 의뢰인의 기대에 응하기 위해서 자신의 욕망을 억제하는 행동
2. 다금바리나 능성어 등의 거대한 물고기에 붙어 있는 기생충을 먹어서 청소하는 행동
3. 부부가 사이 좋게 의뢰인에게 붙어 있는 기생충을 먹어서 청소하는 행동
4. 기생충을 그다지 좋아하지 않고 의뢰인의 점액을 좋아하는 행동

문2 밑줄(2)「이 점」의 설명으로서 가장 적당한 것은 어느 것입니까? [10]

1. 상대방보다 적은 듯이 먹으려고 마음을 쓰는 것
2. 상대방을 의식하지 않고 마음이 가는 대로 행동하는 것
3. 상대방을 배려하여 독선적인 행동을 억제하는 것
4. 자신은 희생하여 상대방에게 모두 먹이는 행동을 취하는 것

어휘

独特(どくとく)な 독특한 | 行動(こうどう) 행동 | 寄生虫(きせいちゅう) 기생충 | 掃除(そうじ) 청소 | 夫婦(ふうふ) 부부 | 仲(なか)が良(よ)く 사이 좋게 | 雄雌(おすめす) 수컷과 암컷 | つがい 한 쌍, 동물의 암수 | 分泌(ぶんぴつ) 분비 | 粘液(ねんえき) 점액 | 好(この)み 좋아함, 취향, 기호 | 見捨(みす)てる 버리다, 내버려 두다 | 失業(しつぎょう) 실업 | 状況(じょうきょう) 상황 | 相棒(あいぼう) 상대, 짝 | 迷惑(めいわく) 폐, 민폐 | 他者(たしゃ) 타자, 타인 | 意識(いしき) 의식 | 可能性(かのうせい) 가능성 | 目(め)を付(つ)ける 노리다, 점찍다 | 比較(ひかく) 비교 | 割合(わりあい) 비율 | 半分程度(はんぶんていど) 절반 정도 | 低下(ていか) 저하 | 独(ひと)り善(よ)がりな 독선적인 | 控(ひか)える 삼가하다 | 期待(きたい) 기대 | 欲望(よくぼう) 욕망

중문Ⅵ

철학을 필수의 교양으로서 거론하는 이유는 아마도 바로 이해할 수 있을 것이라고 생각합니다. 물론 내 전공이 철학인 것도 있지만 무엇보다 철학은 모든 학문의 어머니이기 때문

입니다. 고대 그리스 철학자 아리스토텔레스는 서양 철학의 초석을 쌓은 사람이라고 말할 수 있지만, 그러한 그도 윤리학 논리학 정치학 자연과학 등 모든 학문의 기초를 만들어 모든 학문의 시조라고 불리고 있을 정도입니다.

철학은 애초에 사물의 본질을 비판적, 근원적으로 탐구하는 학문이기 때문에 어느 학문에도 불가결한 기본적인 사고 태도를 배울 수 있는 것입니다. 근거 없는 확신으로부터 스스로를 해방하기 위해서 우선 의심한다. 그리고 철저하게 질문을 되풀이 한다. 그 때 논리적으로 생각하는 것이 중요합니다. 그리고 나서야 비로서 만물의 본질에 다다를 수 있는 것입니다.

철학의 역사는 그러한 본질 탐구의 성과라고 말할 수 있습니다. 그 프로세스에서 만들어진 여러가지의 사고법이나 개념은 철학을 하는데 있어서 몹시 유용한 도구가 되겠지요. 그것이야 말로 우리들이 과거의 예지에 배우는 이유인 것입니다. 철학은 결코 암기 과목이 아닙니다. 생각하는 학문입니다. 그러나 그 때 과거의 예지를 도구로서 활용하기 위해서도 그것들을 알아 둘 필요가 있는 것입니다. (A) 보다 깊게 생각하기 위해서 알아 두는 것입니다.

문1 필자는 「철학」에 대해서 어떻게 진술하고 있습니까? 11

1. 철학은 깊게 생각하기 위해서 필요한 암기 과목의 하나이다.
2. 철학은 의심하지 않고 우선 윤리적으로 생각하는 것이 중요한 학문이다.
3. 철학은 본질 탐구를 위해서 진리를 끝까지 파고드는 실천적 학문이다.
4. 철학은 모든 학문을 지탱하는 기초적인 학문이다.

문2 (A)에 들어갈 것으로서 가장 적당한 것은 어느 것입니까? 12

1. 그래서
2. 말하자면
3. 게다가
4. 더구나

어휘

哲学 철학 | 必須 필수 | 教養 교양 | 挙げる (예로서) 들다 | 理由 이유 | 専門 전문 | 万学の母 모든 학문의 어머니 | 古代 고대 | 礎を築く 기초를 쌓다 | 人物 인물 | 倫理学 윤리학 | 論理学 논리학 | 政治学 정치학 | 自然科学 자연과학 | あらゆる 모든 | 学問 학문 | 基礎 기초 | 万学の祖 만학의 근원 | そもそも 애초부터, 도대체 | 物事 매사, 사물 | 本質 본질 | 批判的 비판적 | 根源的 근원적 | 探究 탐구 | 不可欠 불가결 | 思想態度 사상 태도 | 思い込み 굳게 믿음 | 解放 해방 | 疑う 의심하다 | 徹底的に 철저하게 | たどり着く 도달하다, 도착하다 | 歴史 역사 | 成果 성과 | 概念 개념 | 数々 다수, 수많음 | 有用な 유용한 | ツール 도구 | 過去 과거 | 英知 예지 | 決して 결코 | 暗記科目 암기 과목 | 活かす 살리다, 활용하다 | 突き詰める 밝혀내다, 추궁하다 | 実践的な 실천적인

중문Ⅷ

새가 알을 품는 행위 가운데서 가장 기묘한 것은 오스트레일리아와 뉴기니아 등에 살고 있는 무덤새라는 새입니다. 이것은 정말로 색다른 「포란」 행위를 보이기 때문에 이야기 하지 않을 수 없습니다.

무덤새의 수컷은 모래, 마른 잎, 작은 가지 등 총중량으로 쳐서 최고 5톤이나 될 만큼의 재료를 파 놓은 구멍에 운반해 넣고 직경이 12미터나 되는 큰 무덤을 만듭니다. 그러기 때문에 무덤새라는 이름이 있는 것입니다. 그것은 수컷의 중요한 재산이고 거기에서 구애를 합니다. 무덤새의 암컷은 교미 후에 그 무덤에 커다란 알을 몇 개 낳고 그대로 떠나갑니다. 그런데 그리고 나서 아버지인 수컷의 눈물겨울 만큼의 「포란」 행위가 시작됩니다. 그것은 자신이 앉아서 알을 품는 것이 아닙니다. 수컷은 알 위에 더욱더 마른 잎이나 모래를 높이 쌓아 무덤이 갖는 지열에 의해서 알을 품는 것입니다. 더구나 바깥 공기의 온도나 태양빛의 상태를 보면서 너무 뜨거워지게 되면 (A), 너무 차가워질 것 같으면 더 (B), 가능한 온도가 일정하게 되도록, 참으로 주의 깊게 돌봅니다. 이것을 6개월이나 계속한다고 하니까 정말로 훌륭한 아버지이지요.

문1 밑줄 「정말로 색다른 『포란』행동을 보인다」고 하는데 구체적으로 어떠한 행동을 가리키고 있습니까? 13

1. 수컷이 마른 가지나 모래로 일정한 온도를 유지하도록 하고 있는 무덤에 암컷이 앉아서 알을 품는 것
2. 수컷이 마른 잎이나 모래로 일정한 온도를 유지하도록 하고 있는 무덤의 지열로 알을 품는 것
3. 파 둔 구멍에 암컷이 마른 잎이나 모래를 구멍에 날라서 만든 무덤에 자신이 앉아서 알을 품는 것
4. 파 둔 구멍에 암컷이 마른 잎이나 모래를 날라서 만든 무덤에 수컷이 앉아서 알을 품는 것

문2 (A)와(B)에 들어갈 것으로서 가장 적당한 것은 어느 것입니까? 14

1. A: 모래를 줄이고 B: 모래를 끼얹고

2. A: 물을 끼얹고　　B: 열을 가하고
3. A: 잔 가지로 덮고　　B: 잔 가지를 많이 하여
4. A: 마른 잎을 많이 하여　　B: 마른 잎을 적게 하여

어휘

鳥(とり) 새 | 卵(たまご) 알 | 温(あたた)める (새가 알을) 품다 | 奇妙(きみょう)な 기묘한 | 行動(こうどう) 행동 | ツカツクリ 무덤새 | 抱卵(ほうらん) 포란, 알을 품음 | 雄(おす) 수컷 | 砂(すな) 모래 | 枯(か)れ葉(は) 마른 잎 | 小枝(こえだ) 잔가지, 작은 가지 | 総重量(そうじゅうりょう) 총중량 | 掘(ほ)る 파다 | 穴(あな) 구멍 | 運(はこ)び込(こ)む 반입하다 | 直径(ちょっけい) 직경 | 塚(つか) 무덤 | 財産(ざいさん) 재산 | 求愛(きゅうあい) 구애 | 雌(めす) 암컷 | 交尾(こうび) 교미 | 数個(すうこ) 몇 개 | 立(た)ち去(さ)る 떠나가다, 물러가다 | 涙(なみだ)ぐましい 눈물겹다 | 盛(も)り上(あ)げる 쌓아 높이다, 불룩하게 하다 | 地熱(じねつ) 지열 | 外気(がいき) 바깥 공기 | 温度(おんど) 온도 | 太陽(たいよう) 태양 | 光(ひかり) 빛 | 具合(ぐあい) 형편, 상태 | 注意深(ちゅういぶか)く 주의 깊게 | 立派(りっぱ)な 훌륭한

중문Ⅷ

나의 학창시절 몹시 어려운 말을 사용하여 강의를 하는 선생님이 있었다. 내용은 실로 훌륭하고 틀림이 없는 이야기를 하고 있었지만 듣고 있는 쪽은 전혀 알 수 없다. 그래서 불평을 말하려고 간 적이 있다.

「선생님의 강의는 몹시 알기 어렵다. 조금 더 쉽게 강의를 해 주어도 좋지 않을까요?」

하지만 선생님은

「아니 그럴 필요는 없다. 내가 말하고 있는 것에는 하나도 낭비가 없어. 내가 말한 것을 전부 써 봐」라고 한다.

오로지 메모를 하는데 열중했더니 분명히 그대로 선생님은 하나도 쓸데없는 말은 하지 않았다. 그대신 한마디라도 빠트리고 못 듣거나 의미를 잘못 이해하면 전혀 알 수 없게 되는 것이다. 이래서는 듣고 있는 것이 피로해진다. 그러니까 알기 어렵게 들리는 것이다.

강의를 잘 하는 선생님의 이야기에는 실은 쓸데없는 말이 가득 들어있다. 더구나 여기저기에 여분의 이야기가 들어 있다. 그러니까 반 정도 졸고 있어도 강의의 내용은 대개 알 수 있다. 즉 우리들이 상대에게 메시지를 보낼 때 중요한 것은 군더더기의 조절이다.

문1 밑줄 「선생님의 강의는 몹시 알기 어렵다」고 하는데 필자는 왜 이 선생님의 강의는 어렵다고 말하고 있습니까? 15

1. 낭비가 없는 만큼 주의하지 않으면 이해할 수 없을 우려가 있으니까
2. 어려운 말을 사용하는 데다가 너무나도 빠른 말로 강의하니까
3. 내용은 실로 훌륭하고 틀림은 없지만 단조롭게 강의를 하니까
4. 쉬운 말을 사용해서 강의를 하면 학생의 도움이 되지 않으니까

문2 필자는 잘하는 강의란 어떠한 것이라고 진술하고 있습니까? 16

1. 여러 갈래에 걸친 어휘의 풍부함에 더해서 시사하는 바가 큰 강의
2. 어려운 말과 쉬운 말이 반반씩 섞여진 긴 강의
3. 낭비가 없고 적재적소에 사용해야 할 말의 궁리가 되어진 강의
4. 어느 정도의 불필요한 이야기가 짜 넣어진 알맞은 길이의 강의

어휘

講義(こうぎ) 강의 | 中身(なかみ) 내용, 내용물 | 文句(もんく) 불평 | 全部(ぜんぶ) 전부 | 一心不乱(いっしんふらん) 일심불란, 한가지 일에만 몰두함 | 聞(き)きもらす 흘려 듣다, 빠트리고 듣다 | 取(と)り違(ちが)える 잘못 알다, 잘못 이해하다 | 全然(ぜんぜん) 전혀 | 冗長(じょうちょう)な 쓸데없이 긴 | 余分(よぶん)な 여분의 | 居眠(いねむ)りする 앉아서 졸다 | 内容(ないよう) 내용 | 相手(あいて) 상대 | サジ加減(かげん) 조절, 배려 | 早口(はやくち) 말이 빠름 | 一本調子(いっぽんちょうし) 단조로움 | 示唆(しさ) 시사 | 適材適所(てきざいてきしょ) 적재적소

중문Ⅸ

똑같은 크기의 것을 보아도 색의 차이에 따라서 느끼는 크기가 다르게 보입니다.

빨강이나 노랑은 팽창색, 파랑은 수축색이라고 알려져 있는데 밝기가 똑같은 빨강과 파랑을 비교하면 그 외관의 크기에는 거의 차이가 생기지 않는 것이 실험으로 확인되고 있습니다. 크기가 다르게 보이는 주된 원인은 명도에 있다고 말하고, 색상이나 채도에 의한 차는 작다고 여겨지고 있습니다. 노랑이 파랑보다 크게 보이는 것은 선명한 노랑은 명도가 높고 파랑은 명도가 낮기 때문입니다.

특히 검은 배경의 속에 있는 흰 물체가 가장 크게 보이고 흰 배경 속에 있는 검은 물체가 가장 작게 보입니다. 흰색이나 명도가 높은 노랑 등이 팽창색, 검정이나 명도가 낮은 파랑이나 빨강이 수축색이 됩니다.

바둑에서 사용하는 고급스런 바둑돌은 흰 돌은 대합, 검은 돌은 나치 지역에서 나는 검은 돌로 만들어지고 있습니다. 바둑판 위에 흰색과 검정색의 바둑돌을 두면 똑같은 크기로 보이지만 실은 검은 돌 쪽이 조금 크게 만들어져 있습니다. 흰색이 직경 21.9밀리미터인 것에 대해서 검정색의 직경은 22.2밀리미터입니다.

바둑은 에워싼 땅(진지)의 넓이를 경쟁하는 게임입니다. 똑같은 넓이의 땅이라도 흰 돌로 에워싼 땅 쪽이 넓게 보입니다. 검은 돌을 갖는 쪽은 호각이라도 자신의 땅이 좁다고 느껴 버려 만회하려고 해서 무리한 수를 두는 경우가 있기 때문에 바둑을 하는 사람은 요주의입니다.

또한 옷을 입으면 야위어 보이게 하는 테크닉의 하나는 (A) 것입니다. 어두운 색의 옷을 입는 것은 피부를 하얗게 보이는 효과도 있습니다. 날씬하게 보이게 하고 싶은 사람이 팽창색인 밝은 색의 옷을 입으면 좋겠지요.

문1 밑줄 「실은 검은 돌 쪽이 조금 크게 만들어져 있습니다」라고 하는데 그 이유는 무엇입니까? 17

1. 채도에 의한 영향을 받아서 검은 돌이 흰 돌보다 진지를 좁게 느끼게 하기 때문에
2. 바둑에서는 검은 돌을 갖는 것은 하수이니까 더 자신을 갖게 하기 위해서
3. 검은 돌이 수축색인 탓으로 실제의 넓이보다 진지를 좁게 느끼게 하기 때문에
4. 호각의 승부라도 자신의 땅이 좁다고 느껴서 무리한 수를 두기 때문에

문2 (A)에 들어갈 것으로서 가장 적당한 것은 어느 것입니까? 18

1. 팽창색인 검은 색의 옷을 입는
2. 수축색인 밝은 색의 옷을 입는
3. 팽창색인 밝은 색의 옷을 입는
4. 수축색인 어두운 색의 옷을 입는

어휘

膨張色(ぼうちょうしょく) 팽창색 | 収縮色(しゅうしゅくしょく) 수축색 | 等(ひと)しい 똑같다, 동일하다 | 比較(ひかく) 비교 | 見(み)かけ 겉모습, 외관 | 実験(じっけん) 실험 | 確(たし)かめる 확인하다 | 主(おも)な 주된 | 原因(げんいん) 원인 | 明度(めいど) 명도 | 色相(しきそう) 색상 | 彩度(さいど) 채도 | 鮮(あざ)やかな 선명한 | 背景(はいけい) 배경 | 囲碁(いご) 바둑 | 高級(こうきゅう)な 고급인, 고급스런 | 碁石(ごいし) 바둑돌 | 白石(しろいし) 흰 돌 | 蛤(はまぐり) 대합 | 黒石(くろいし) 검은 돌 | 那智黒石(なちぐろいし)(와카야마현 나치지방에서 산출된)검은 돌 | 碁盤(ごばん) 바둑판 | 直径(ちょっけい) 직경 | 囲(かこ)む 둘러싸다, 에워싸다 | 敵陣(てきじん) 적진 | 囲(かこ)う 에워싸다, 둘러싸다 | 互角(ごかく) 호각, 우열의 차가 없음 | 挽回(ばんかい) 만회 | 手(て)を打(う)つ 수를 쓰다, 수단을 강구하다 | 要注意(ようちゅうい) 요주의 | 着(き)やせ 옷을 입으면 야위어 보임 | 肌(はだ) 피부, 살갗 | 効果(こうか) 효과 | 逆効果(ぎゃくこうか) 역효과

중문X

나는 실력 이상의 일을 하는 것은 결코 나쁜 일이라고 생각하지 않다. 어려운 책을 읽고 조금 실력 이상으로 지적인 대화를 해 본다는 것은 좋은 일이다. 그 중에서도 젊을 때는 그렇게 해서 점점 자신의 생각을 습득해 간다. 오히려 그때까지의 자신의 지적 레벨 그대로 대화를 계속하고 있으면 언제까지나 그때까지의 자신으로부터 벗어날 수가 없다.

문제인 것은 어느 정도의 지위에 있는 사람이 그런 식으로 자신도 알고 있지 않는 어려운 말을 사용하고 싶어하는 것이다. 그런 종류의 사람은 평판이 좋은 비즈니스서를 당장 사서 읽으려고 한다. 그것 자체는 좋은 일이다. 사더라도 처음 몇 페이지로 평판이 좋은 항목이나 서평 등을 읽고 대강의 지식을 얻으려고 할 뿐이라는 것이 많지만 그것은 그것으로 좋다.

문제인 것은 거기에 나온 새로운 말을 정확히 이해하지 못하는데 회사의 조례 등에서 즉시 사용하고 싶어 하는 것이다. 물론 내용을 정확하게 알고 있고 그 말을 모르는 사람에게도 알 수 있도록 설명할 수 있는 것이라면 좋다.

그러나 이런 종류의 사람은 이런 말 정도 모두 공부하고 있어서 알고 있는 것이 당연하다는 듯이 사용한다. 더욱더 이런 종류의 사람의 이야기에는 가타가나 말이 무턱대고 나오는 것이 특징이다.

하지만 자신도 제대로 이해하지 못 하는 난해한 말을 하기도 하고 상대가 횡설수설하는 말을 전문 용어를 사용해서 말해 보거나 하는 것은 현명하게 보이기는 커녕 역효과 쪽이 많다. 특히 그 말의 의미를 정말로 알고 있는 사람에게 있어서는 어리석게 보인다. 모르는 사람으로 순진한 사람에게는 「역시 부장님은 굉장해!」라고 생각하게 하는 효과도 있을지 모르지만 설사 그 말을 몰라도 잠깐 보는 눈이 있는 사람에게는 「부장님은 또 신조어를 사용하여 똑똑한체 하고 있어」 라고 알아채는 법이다.

문1 밑줄 「나는 실력 이상의 일을 하는 것은 결코 나쁜 일이라고 생각하지 않는」이유로서 가장 적당한 것은 어느 것이니까? 19

1. 젊을 때에 어려운 책을 읽어 두지 않으면 나중에 두 번 다시 그 기회가 오지 않으니까
2. 젊을 때에 까치발을 딛으면 신장이 자라서 건강에 좋은 영향을 줄 수 있기 때문에
3. 젊을 때에 자신의 지적인 수준에 맞춘 회화에 머무르면 발전이 없기 때문에
4. 어려운 책을 읽고 자신의 지식을 과시하는 것은 젊음의 특권이니까

문2 필자가 가장 말하고 싶은 것은 어느 것입니까? 20

1. 어느 정도의 지위에 있는 사람이 평판이 좋은 비즈니스서를 읽는 것 자체는 좋지 않다.

2. 어느 정도의 지위에 있는 사람이 실력 이상으로 지적인 회화를 시도하는 것은 생각해 볼 일이다.
3. 어느 정도의 지위에 있는 사람이 실력 이상으로 지식을 자랑하고 싶어하는 것은 모르는 바는 아니다.
4. 실력 이상의 말은 모르는 사람이나 순진한 사람에게 때로는 효과가 있어서 사용해도 좋다.

어휘

背伸(せの)びをする 발돋움하다, 실력 이상의 일을 하다 | 身(み)につける 습득하다, 익히다 | 脱(だっ)する 벗어나다, 헤어나다 | ある程度(ていど) 어느 정도 | 地位(ちい) 지위 | 評判(ひょうばん) 평판 | 項目(こうもく) 항목 | 書評(しょひょう) 서평 | 一応(いちおう) 일단, 대강 | 知識(ちしき) 지식 | 仕入(しい)れる 사들이다, 입수하다, 얻다 | 朝礼(ちょうれい) 조례 | 中味(なかみ) 내용, 내용물 | やたらに 함부로, 무턱대고 | 特徴(とくちょう) 특징 | ろくに 제대로 | 難解(なんかい) 난해 | ちんぷんかんぷんな 종잡을 수 없는, 횡설수설한 | 専門用語(せんもんようご) 전문 용어 | 逆効果(ぎゃくこうか) 역효과 | 素直(すなお)な 순진한, 솔직한 | 新語(しんご) 신조어 | 利口(りこう)ぶる 똑똑한 체하다 | 見抜(みぬ)く 알아채다, 간파하다

중문XI

나는 젊은 사람의 말로서의 「야바이」를 사용해서는 안 된다고 생각하고 있습니다. 적어도 자기 자신의 말로서 이것을 사용한 적은 없습니다. 그것도 「야바이」를 사용함으로써 감정의 질이 현저하게 상처받고 손상되는 것으로 생각되기 때문입니다.

「야바이」는 대단히 편리한 말입니다. 주의를 기울일 만한 성질을 갖춘 사항은 모두 「야바이」로 표현하는 것이 가능하기 때문이고, 「야바이」의 사용법만 몸에 익히면 무엇에 대해서도 적절한 말의 선택에 골치를 앓는 힘든 작업을 모두 벗어날 수 있기 때문입니다.

그렇다 하더라도 하나 하나의 사항에는 독특한 성질이 있고 이와 같은 성질을 받아들일 때 우리들의 마음에 나타나는 기분의 하나 하나에도 또한 그 밖에 바꿀 수 없는 개성이 인정되지 않으면 안 됩니다. 일본어의 풍요로운 어휘는 이와 같은 개성의 차이를 정확하게 표현하는 노력 가운데서 오랜 세월을 들여서 형성되어 왔습니다.

「야바이」의 한마디의 말을 사용하면 사항의 성질이나 자신의 기분에 적합하는 말의 표현을 궁리하는 번거로운 작업을 생략하는 것이 가능해집니다. (A) 예를 들면 100종류의 표현을 「야바이」에 의해서 바꿔 놓는 것이 허락될 때 살아 남는 것은 「야바이」이고 100종류의 표현은 사어가 되는 것을 피할 수 없습니다. 100종류의 표현의 사용법을 기억하고 사용법을 끊임없이 궁리하는 것은 뇌에 커다란 부담을 강요하기 때문입니다. 「야바이」라고 하는 만능의 대용품을 단지 하나 외우고 있는 편이 훨씬 편한 것은 틀림없겠지요.

단지 「야바이」가 사용되어지는 한, 우리들의 언어 사용의 능력이 그만큼 손상되는 것은 확실합니다. 「야바이」에 익숙한 사람에게 있어서 이 말의 사용을 굳이 스스로에게 금하고 이것을 장면에 따라서 적절하게 바꾸어 말하는 작업은 터무니없이 괴로운 작업이 됩니다. 이것은 좀처럼 쓰이지 않는 수척해진 근육을 억지로 움직이는 고생과 비슷한 것이 됨이 틀림없습니다.

문1 (A)에 들어갈 것으로서 가장 적당한 것은 어느 것입니까? 21

1. 그러나
2. 한편
3. 그래서
4. 더구나

문2 이 문장에서 필자가 가장 말하고 싶은 것은 어느 것입니까? 22

1. 「야바이」는 매우 편리한 말이기 때문에 애용하는 편이 좋다.
2. 「야바이」의 한마디 말을 사용하면 언어 선택의 번거로움이 덜어진다.
3. 「야바이」라고 하는 만능의 말을 기억하고 있기만 하면 편하다.
4. 「야바이」는 일본어의 풍요로운 어휘를 파괴하기 때문에 사용하지 않는 편이 좋다.

어휘

若者言葉(わかものことば) 젊은이가 쓰는 말 | やばい 위험하다 | 感情(かんじょう) 감정 | 傷(きず)つける 상처를 입히다 | 損(そこ)なう 해치다, 상하게 하다 | 便利(べんり)な 편리한 | 注意(ちゅうい)を向(む)ける 주의를 향하다 | ~に値(あたい)する ~할 만하다 | 性質(せいしつ) 성질 | 具(そな)える 갖추다, 구비하다 | 事柄(ことがら) 사항 | 適切(てきせつ)な 적절한 | 選択(せんたく) 선택 | 頭(あたま)を悩(なや)ませる 골치를 앓다 | 作業(さぎょう) 작업 | 免(まぬか)れる 벗어나다 | 受(う)け止(と)める 받아들이다 | 現(あらわ)れる 나타나다 | 替(か)える 바꾸다 | 個性(こせい) 개성 | 認(みと)める 인정하다 | 豊(ゆた)かな 풍요로운 | 語彙(ごい) 어휘 | 差異(さい) 차이 | 正確(せいかく)に 정확하게 | 年月(ねんげつ) 세월 | 形作(かたちづく)る 만들다, 형성하다 | 適合(てきごう) 적합 | 言(い)い回(まわ)し 말(주변), 말의 표현 | 工夫(くふう) 궁리 | 面倒(めんどう)な 번거로운 | 省略(しょうりゃく) 생략 | 種類(しゅるい) 종류 | 表現(ひょうげん) 표현 | 置(お)き換(か)える 바꿔 놓다, 치환하다 | 許(ゆる)す 용서하다 | 生(い)き残(のこ)る 살아남다 | 死語(しご) 사어, 현재 사용하지 않는 말 | 記憶(きおく) 기억 | 脳(のう) 뇌 | 負担(ふたん) 부담 | 強(し)いる

강요하다 | 万能(ばんのう) 만능 | 代用品(だいようひん) 대용품 | 言語使用(げんごしよう) 언어 사용 | 確(たし)か 확실함 | 慣(な)れる 익숙해지다 | あえて 굳이, 억지로 | 禁(きん)じる 금하다, 금지하다 | 途方(とほう)もなく 터무니 없이 | 滅多(めった)に 좀처럼 | 痩(や)せ衰(おとろ)える 여위어 홀쭉해지다 | 筋肉(きんにく) 근육 | 無理(むり)やりに 억지로 | 苦労(くろう) 고생, 수고

중문XII

사춘기, 청춘기의 인간은 필사적으로 「자기 찾기」를 한다. 「자신은 어떠한 인간인가」를 알려고 한다. 물론 「있는 그대로의 자신」등 이라고 하는 것은 아니다. 발견하고 싶은 것은 어디까지나 「가치 있는 인간으로서의 자신」이다. 전절에서 「도쿄대에 들어가고 싶다」에 대해서 봐 왔다. 「동경대」도 자기 찾기의 목표이다. 「동경대에 들어 갈 수 있는 뛰어난 인간으로서의 자신」인 것을 확인하고 싶은 것이다.

하지만 동경대는 말하자면 장기적인 테마이고 오늘의, 지금의 자기 찾기와는 다르다. 지금 여기에 살고 있는 자신이 가치 있는 자신인지 어떤지 하는 자기 확인을 하기 위한 수단은 자신의 주변의 사람들의 자신에 대한 태도를 거울로 삼는 것이고, 그 중에서도 자신이 갖고 싶다고 생각하는 상대를 거울로 삼는 것이다. 즉 사랑의 상대이다. 어떤 사람을 갖고 싶다고 생각한다는 것은 허다한 이성 가운데에서 그 사람을 거울로서 선택했다고 하는 것이다. 그리고 그 자신이 선택한 상대가 자신을 어떻게 평가해 주는 것일까? 그는 그 사람을 거울로 삼아 그 거울에 비치는 자신의 모습을 보려고 한다. 자기 확인을 위해서이다.

문1 밑줄 「거울로 삼는 것」이란 여기에서는 어떠한 의미로 사용되고 있습니까? 23

1. 자신을 칭찬해 주는 서포터인 것
2. 자신을 확인하기 위한 도구인 것
3. 자신의 화장을 도와주는 도구인 것
4. 자신의 내면에 존재하는 많은 페르소나의 하나인 것

문2 필자는 사춘기나 청춘기의 「자기 찾기」란 어떠한 것이라고 진술하고 있습니까? 24

1. 지금 현재 가치 있는 자신을 확인해 받고 싶은 것
2. 장래 사회적으로 훌륭하게 성공한 자신을 꿈 꾸는 것
3. 많이 있는 이성 가운데서 그 사람을 거울로서 선택한 것
4. 도쿄대에 들어갈 수 있는 뛰어난 인간으로서의 자신을 확인하고 싶은 것

어휘

思春期(ししゅんき) 사춘기 | 青春期(せいしゅんき) 청춘기 | 必死(ひっし)に 필사적으로 | 自分探(じぶんさが)し 자기 찾기 | 前節(ぜんせつ) 전절(↔후절) | 目標(もくひょう) 목표 | 確認(かくにん) 확인 | 長期的(ちょうきてき) 장기적 | 価値(かち) 가치 | 手段(しゅだん) 수단 | 周(まわ)り 주위, 부근 | 態度(たいど) 태도 | 鏡(かがみ) 거울 | あまた 무수히, 허다하게 | 異性(いせい) 이성 | 評価(ひょうか) 평가 | 映(うつ)る 비치다 | 姿(すがた) 모습 | 確(たし)かめる 확인하다 | 道具(どうぐ) 도구 | 化粧(けしょう) 화장 | 内面(ないめん) 내면

중문XIII

경제 거래에는 항상 이면성이 있습니다. 사람들이 재화나 서비스를 구입하면 그것과 반대의 방향으로 지불로서의 자금의 흐름이 있습니다. 주식이나 부동산 등의 자산이 매매되는 경우에도 똑같은 일이 일어납니다. 지불의 수단이 되고 있는 것이 화폐입니다. 화폐를 중심으로 한 금융 시장의 역할을 아는 것도 경제를 이해하는데 있어서 몹시 중요한 것이 됩니다.

화폐로서 통상 사용되는 것은 현금과 예금입니다. 현금이 화폐로서 사용되는 것은 설명할 필요도 없겠지요. 여러분이 매일 가게 등에서 물건이나 서비스를 살 때에는 현금을 사용하여 지불을 하는 경우가 많다고 생각합니다.

현실의 경제에서 보다 중요한 화폐로서의 역할을 다하고 있는 것이 예금입니다. 예금 그 자체가 화폐가 된다고 하기 보다 예금의 자동이체, 예금을 통한 신용카드의 결제, 또는 예금을 통한 납부 등이 지불 수단이 됩니다. 기업 등에 의한 금액이 큰 자금 결제는 기본적으로 예금을 통해서 행해지고 있기 때문에 현실의 경제에 있어서도 예금은 화폐로서 중요한 역할을 다하고 있습니다.

문1 밑줄 「이면성」의 의미로서 가장 적당한 것은 어느 것입니까? 25

1. 현금만 있으면 재화나 서비스를 동시에 구입할 수 있는 것
2. 재화나 서비스의 구입과 동시에 자금의 결제가 이루어지는 것
3. 실물경제에는 현금과 예금이 끊을래야 끊을 수 없는 관계인 것.
4. 지불 방법이 현금뿐만 아니라 신용카드도 가능한 것

문2 필자는 현실의 경제에서 「예금」에는 어떠한 역할이 있다고 진술하고 있습니까? 26

1. 주식이나 부동산 등이 매매될 때에 이용하는 역할
2. 시장 등에서 물건을 살 때에 현금 대신에 이용하는 역할
3. 재화나 서비스를 구입할 때에 현금 대신에 이용하는 역할
4. 여러가지 경제 활동을 할 때에 그 근거가 되는 화폐로서의 역할

어휘

経済取引(けいざいとりひき) 경제 거래 | 常(つね)に 항상 | 二面性(にめんせい) 이면성 | 財(ざい)

재화 | 購入 구입 | 反対 반대 | 方向 방향 | 支払い 지불 | 資金 자금 | 株 주식 | 不動産 부동산 | 資産 자산 | 売買 매매 | 貨幣 화폐 | 中心 중심 | 金融市場 금융 시장 | 役割 역할 | 経済 경제 | 理解 이해 | 重要 중요 | 通常 통상 | 用いる 이용하다 | 現金 현금 | 預金 예금 | 現金 현금 | 現実 현실 | 引き落とし 자동이체 | 決済 결제 | 振り込み 계좌 납입(불입) | 金額 금액 | 根拠 근거

중문XIV

과대 자기에 매달리는 것은 한심한 현실의 자신, 너무나도 무력한 자신에 직면하지 않기 위한 자기 방어의 심리 메커니즘에 의한 것이다. 그러한 관점에서 보면 변함없이 세상에 만연하고 있는 「자기 찾기」라는 것도 현실 도피의 심리 메커니즘에 의한 것이라고 말할 수 있다.

「이런 것은 진정한 자신이 아니야」

라고 생각하는 것으로 (A). 생각대로 성과를 낼 수 없는 자신. 두각을 나타내지 못하는 자신. 그만 게으른 마음에 져 버리는 나태한 자신. 기본적인 지식이나 교양이 결여되 있는 자신. 무엇을 해도 끈기가 없는 자신. 그러한 이상과는 거리가 먼 자신은 임시의 모습인 것이다. 진정한 자신은 이런 것이 아니다. 하고 싶은 것, 자신에 맞는 일, 나아가야 할 길이 발견되면 자신은 더 적극적으로 움직일 수 있을 것이다. 그렇게 생각하는 것으로 한심한 자신을 앞에 두고서 자기 혐오의 지옥으로부터 해방된다. 잠깐 동안의 평온을 얻을 수 있다.

만약 「여기가 자신이 있어야할 장소다」라고 뿌리를 내려 버린다면 아무리 이상과 달라도 아무리 한심하게 받아들이기 어려운 자신이라도 「지금, 여기」에 있는 현실의 자신이 진정한 자신의 모습이라고 인정하지 않을 수 없게 된다.

반대로 말하면 뿌리를 내리지 않고 자기 찾기를 계속하고 있는 사이에는 아무리 자신이 아쉬운 모습을 하고 있어도 「이것은 임시의 모습, 진정한 자신은 이런 것이 아니야」라고 해서 현실을 받아들이지 않아도 된다. 이것이 자기 찾기의 여행자의 심리 메커니즘인 것이다.

문1 (A)에 들어갈 것으로서 가장 적당한 것은 어느 것입니까 27

1. 현실의 자신을 보류할 수 있다.
2. 현실의 자신을 인정할 수 있다.
3. 오랫동안의 꿈을 실현할 수 있다.
4. 현실의 생활에 만족할 수 있다.

문2 밑줄 「자기 찾기의 여행자의 심리 메커니즘」이란 어떠한 것입니까? 28

1. 성과를 낼 수 없는 자신을 받아들이는 마음의 상태
2. 비참한 자신의 자화상에 만족할 수 없는 마음의 상태
3. 불행한 현실을 직시하고 곤란에 굽히지 않는 마음의 상태
4. 진정한 자아를 숨기고 끊임없이 또 한 사람의 자신을 찾는 마음의 상태

어휘

誇大 과대 | 自己 자기 | しがみつく 매달리다, 붙들고 늘어지다 | 情けない 한심하다 | 無力な 무력한 | 直面する 직면하다 | 防衛 방어 | 心理 심리 | 観点 관점 | 相変わらず 변함없이 | 世の中 세상 | 蔓延 만연 | 逃避 도피 | 棚上げ 보류 | 成果 성과 | うだつが上がらない 출세를 못하다, 두각을 나타내지 못하다 | 怠け心 게으른 마음 | 怠惰な 나태한 | 知識 지식 | 教養 교양 | 欠落 결락, 누락 | 根気 끈기 | 理想 이상 | ほど遠い (거리가) 멀다, 차이가 많다 | 見つかる 발견되다, 찾게 되다 | 積極的に 적극적으로 | 嫌悪 혐오 | 地獄 지옥 | 解放 해방 | 束の間 잠깐 사이 | 安らぎ 평온, 편안 | 居場所 거처, 있을 곳 | 根を下ろす 뿌리를 내리다 | 受け入れる 받아들이다 | ~ざるを得ない ~하지 않을 수 없다 | 残念な 유감스러운 | 仮の 임시의 | 旅人 나그네, 여행자 | 惨めな 비참한 | 自画像 자화상 | 曲げる 굽히다, 왜곡하다

중문XV

행복한 기분에 잠겨 있을 때야 말로 요주의—오하이오주립대학의 라운트박사들이 자신의 연구로부터 그런 결론을 이끌어 냈다. 심리 상태가 사람의 판단에 어떠한 영향을 주는가를 조사하기 위해서 5종류의 실험을 행한 결과, 「기쁜 기분일 때에는 (A)경향이 있는」 것을 알 수 있었던 것이다.

예를 들면 이러한 실험입니다. 참가자에게 테마에 따른 짧은 작문을 시켜서 즐거운 분위기와 그렇지 않은 보통의 분위기를 만들어 냅니다. 그리고 얼굴 사진을 보이고 그 사람을 신용할 수 있는지 어떤지 판단하게 하는 것입니다. 사진은 CG로 작성한 것으로 포동포동한 얼굴에 동그란 눈을 가진 부드럽고 온화할 것 같은 사람으로부터 수염을 기른 무서운 얼굴을 한 사람까지 여러 가지의 타입을 준비했습니다.

평소의 기분일 때는 표면적인 인상에 휩쓸리지 않고 신중한 판단을 하는 것에 대해서 즐거운 기분일 때는 좋아 보이는 사람에게는 신뢰감을 품고 나빠 보이는 사람에게는 불신감을 품는다고 하는 겉으로 보이는 그대로의 단순한 판단을 하는 경향이 강해지는 것을 알 수 있었습니다.

문1 (A)안에 들어갈 것으로서 가장 적당한 것은 어느

것입니까? 29

1. 표층적인 단서를 의지하여 안이하게 상황을 판단하는
2. 기쁜 기분을 더욱더 억제하고 신중하게 취하는 태도를 보이는
3. 외견에 현혹되지 않고 내면적인 심리에 입각해서 판단하는
4. 심층적인 근거를 바탕으로 보다 유연한 태도를 보이는

문2 이 문장의 내용과 맞는 것은 어느 것입니까? 30

1. 평상의 기분일 때도 겉으로 보이는 그대로의 단순한 판단을 하는 경우도 있을 수 있다.
2. 얼굴 사진을 보고 그 사람을 신용할 수 있는지 없는지 판단하는 것은 어려운 일이다.
3. 좋아 보이는 사람에게는 신뢰감을, 나빠 보이는 사람에게는 불신감을 갖는 것은 당연하다.
4. 즐거울 때는 기분이 들떠서 판단을 그르칠 우려가 있기 때문에 주의해야 한다.

어휘

幸せな 행복한 | ～に浸る ～에 잠기다 | 博士 박사 | 研究 연구 | 結論 결론 | 導く 이끌다 | 心理状態 심리상태 | 判断 판단 | 影響 영향 | 種類 종류 | 実験 실험 | 結果 결과 | 表層的 표층적 | 手がかり 실마리, 단서 | ～を頼りに ～을 의지하여 | 傾向 경향 | ～に沿う ～을 따라 가다, ～을 따르다 | 雰囲気 분위기 | 通常 통상 | 顔写真 얼굴 사진 | 信用 신용 | ～か否か ～인지 아닌지 | 作成 작성 | ふくよか顔 포동포동한 얼굴 | 柔和な 온유한, 부드럽고 온화한 | 髭を生やす 수염을 기르다 | 強面 무서운 얼굴을 함 | 平常 평상 | 表面的な 표면적인 | 印象に流される 인상에 휩쓸리다 | 慎重な 신중한 | 信頼感 신뢰감 | 不信感 불신감 | いだく(마음을) 품다 | 見た目 겉보기, 외관 | 単純 단순 | 傾向 경향 | 強まる 강해지다, 세지다

독해 장문 정답

p.84~93

문제		번호	정답	문제		번호	정답
I	問1	1	4	IV	問1	10	4
	問2	2	3		問2	11	2
	問3	3	3		問3	12	3
II	問1	4	3	V	問1	13	2
	問2	5	2		問2	14	4
	問3	6	4		問3	15	2
III	問1	7	4				
	問2	8	2				
	問3	9	3				

독해 장문 해석

장문 I

「왜 시를 만드는 것일까?」라는 물음에 대해서 어느 시인은 「일상의 말의 기호성을 타파하기 위해서」라고 대답하고 있다. 일상의 말로는 어형과 어의 사이에 관습에 의해서 정해진 연결이 다 만들어져 버렸다. 일상의 말을 사용하고 있는 한, 우리들은 이미 많이 타성화된 일상의 말의 규칙 위에 성립되는 일상의 세계 속에 이것 또한 타성화된 영위를 되풀이하는 것뿐이다. 시인이 의도하고 있는 것은 이 타성을 뒤흔든다고 하는 것이다. 기성의 어형과 어의 사이의 연결을 어긋나게 해 본다. (예를 들면 「불길의 고드름」과 같은 비유는 그 하나의 경우이다.) 그리고 그 신선한 말씨를 창조해 내는 의미를 일상의 세계를 초월하기 위한 발판으로 삼는 것이다.

새로운 말씨도 어느 표현이 있는 것을 의미하고 있다(또는 의미하고 있는 것처럼 이해할 수 있다)고 하는 한 역시 「기호」인 것에는 변함은 없다. 그러나 그것은 이미 정해진 내용을 관습에 따라서 무언가가 나타내고 있다고 하는 「부호」는 아니다. (A), 새로운 「기호」가 만들어져 그 「기호」에 의해서 파악되는 새로운 내용이 우리들의 세계에 새로운 식견으로서 더해진다. 그것은 하나의 창조적인 영위—신학적인 의미와는 다른 의미에서의 「언어 창조」의 영위이다.

언어 창조라고 하면 대단히 숭고한 것으로 들리지만 실은 이와 같은 언어 창조는 인간이라면 누구라도 끊임없이 행하고 있는 것이다. 아침의 작은 새의 지저귐에 즐거운 하루의 예고를 이해하기도 하고 한 잎의 잎사귀가 떨어져 가는 모습에 천하의 가을을 알기도 할 때, 거기에는 기호가 만들어지고 있다. 인간은 이미 관습적으로 정해진 기호를 구사할 뿐만 아니라 새로운 기호를 부지런히 창조해 내고 있는 것이다.

현대의 기호론이 그중에서도 관심을 기울이는 「기호」란 실

은 오히려 이와 같은 기호인 것이다. 이러한 「기호」에는 관습으로서 이미 만들어져 버린 「부호」와 같은 고정성은 없다. 그것들은 말하자면 더 유연한 것이고 「기호」라고 하는 말의 적용에 주저함조차 느끼게 한다.

문1 밑줄 「이 타성을 뒤흔든다고 하는 것」이 의미하는 것으로서 가장 적당한 것은 것입니까? [1]

1. 일상의 말로부터 대중이 좋아하는 비유 표현을 사용하는 것
2. 일상의 말로부터 대중에게 친숙한 말을 엄선해서 사용하는 것
3. 일상의 말과는 다른 전혀 새로운 말을 창조해 내는 것
4. 일상의 말로부터 새롭게 의미 부여된 말씨를 창조해 내는 것

문2 (A)에 들어갈 것으로서 가장 적당한 것은 어느 것입니까? [2]

1. 그러나
2. 더구나
3. 오히려
4. 더욱 더

문3 밑줄 「이와 같은 기호」란 무슨 기호입니까? [3]

1. 형태와 의미가 일치하는 기호
2. 미리 습관적으로 정해진 기호
3. 새로운 환경에 유연하게 대응할 수 있는 기호
4. 이미 정해진 내용을 나타내고 있는 기호

어휘

問い 물음 | 詩人 시인 | 日常 일상 | 記号性 기호성 | 打破 타파 | 語形 어형 | 語義 어의, 말뜻 | 習慣 습관 | 定める 정하다, 결정하다 | 結びつき 연결, 결합 | 出来上がる 완성되다, 다 만들어지다 | 惰性化 타성화 | 決まり 규칙, 규정 | 成り立つ 성립되다 | 営み 일, 영위 | 意図 의도 | 揺さぶりをかける 뒤흔들다 | 既成 기성 | ずらす (위치나 시간을 조금) 옮기다 | 焔 불길 | つらら 고드름 | 比喩 비유 | 新鮮な 신선한 | ことば遣い 말씨, 말투 | 創り出す 창조해 내다 | 意味 의미 | 踏み台 발판 | 表現 표현 | 解せる 이해할 수 있다, 알 수 있다 | ～限りは ～한은 | 慣習 관습 | 符号 부호 | 生み出す 만들어 내다 | 知見 지견, 견문하여 얻은 지식, 식견 | 加える 더하다, 가하다 | 創造的 창조적 | 神学的 신학적 | 崇高な 숭고한 | 予告 예고 | 読みとる 이해하다, 간판하다 | 天下 천하 | とりわけ 그중에서도, 특히 | 関心を寄せる 관심을 기울이다 | 固定性 고정성 | しなやかな 낭창낭창한, 유연한 | 適用 적용 | ためらい 주저 | 大衆 대중 | 柔軟 유연

장문II

스시나 회 등에서 인기가 있는 생선이라고 하면 지금은 다랑어라고 할 것입니다. 하지만 그 다랑어 가운데서도 특히 맛있다고 여겨지는 참다랑어는 수가 줄고 있고 멸종의 위험도 있다고 합니다.

그렇다면 양식을 하면 되지 않을까라고 생각될지 모릅니다. 줄어들어 버렸다고 하면 인공적으로 수를 늘리면 되지 않을까라고. 그것도 상당히 어려운 것입니다. 아니 그럴 리는 없어, 양식 참치는 옛날부터 있고 자신도 몇 번이나 먹은 적이 있다고 반론될지도 모릅니다만, 거기에 주의가 필요합니다. (1)옛날부터 있는 참치의 양식으로는 참치의 수의 문제는 해결할 수 없는 것입니다.

양식이라고 해도 축양과 완전 양식이 있는 것입니다. 축양이란 자연 속에 있는 천연의 물고기를 어렸을 때에 포획해서 먹이를 많이 주어서 맛있게 살찌게 하는 것을 말합니다. 한편 완전 양식이란 사육함으로써 물고기에게 산란시켜 그 산란시킨 알을 기르는 것입니다. 완전 양식이라면 계속해서 물고기를 늘릴 수도 있지만 몇 번이나 먹은 적이 있다고 말한 사람이 먹은 적이 있는 것은 축양 쪽입니다.

아니 (2)그런 것은 알고 있어, 최근 완전 양식도 일본국내에서 성공한 것이 아니냐 라고 다시 반론하는 참치에 대해서 잘 알고 있는 사람도 있겠지요. 그러나 그것도 정확하게 이해할 필요가 있습니다.

일본에서는 참치의 완전 양식이 실현되었습니다. 그러나 알에서 치어가 될 가능성만으로도 10%입니다. 더구나 치어가 되었다고 해서 안심할 수는 없습니다. 치어가 죽어 버리는 원인의 얼마인가는 대처할 수 있게 되었지만, 현재도 충분히 대처하지 못하는 경우가 있는 것입니다. 그 하나가 충돌사입니다. 참다랑어는 어두운 곳에서는 그다지 눈이 보이지 않아 유리 벽에 부딪쳐서 죽어버리는 경우가 있는 것입니다. 이것 이외에도 이물질을 실수로 삼키는 일도 있습니다. 요컨대 플라스틱 등의 음식물이 아닌 것을 잘못해서 먹어 버려 죽고 마는 케이스도 있는 것입니다. 그러기 때문에 치어가 된 참치가 식용이 될 정도까지 성장할 가능성도 10%정도입니다. 그러기 때문에 결국 알에서 생각하면 1%정도 밖에 살아 남지 못하게 됩니다.

물론 앞으로 기술이 향상되어 갈 것은 기대되고 있지만 낙관시하는 것은 위험합니다.

문1 밑줄(1)「옛날부터 있는 참치의 양식으로는 참치의 수의 문제는 해결할 수 없다」라고 하는데, 그것은 이유가 무엇입니까? 4

1. 옛날 방법은 완전 양식의 일종이기 때문에
2. 옛날 방법으로는 소비하는 양을 조달할 수 없으니까
3. 옛날 방법은 참치를 크게 하고 있을 뿐이니까
4. 옛날 방법으로 참치를 부화시킬 성공율은 지극히 낮으니까

문2 밑줄(2)「그런 것」이란 어떠한 것입니까? 5

1. 축양은 물론 완전 양식도 일본국내에서 이미 성공했다고 하는 것
2. 자신이 먹었던 것은 어렸을 때에 포획해서 기른 천연의 물고기라고 하는 것
3. 천연 물고기를 어릴 때에 포획해서 기르는 것이 얼마나 힘이 드는 일인가 하는 것
4. 완전양식이 알에서 기르는 것에 대해서 축양은 천연의 어린 물고기를 기르는 것이라고 하는 것

문3 필자는 일본에서의 참치의 완전 양식에 관해서 어떠한 문제점이 있다고 진술하고있습니까? 6

1. 축양에 비해서 상업적인 이익이 작다.
2. 천연의 참치를 살찌게 하는 것뿐이다.
3. 기술적으로는 가능하지만, 실현의 전망이 안 섰다.
4. 출하할 수 있는 단계까지 생존할 비율이 적다.

어휘

寿司(すし) 초밥 | 刺し身(さしみ) 회 | 花形(はながた) 스타, 인기있는 사람(사물) | マグロ 가다랑어, 참치 | 美味(びみ) 맛있음, 좋은 맛 | 絶滅(ぜつめつ) 멸종 | 危険(きけん) 위험 | 養殖(ようしょく) 양식 | 人工的(じんこうてき) 인공적 | 増(ふ)やす 늘리다 | 反論(はんろん) 반론 | 解決(かいけつ) 해결 | 畜養(ちくよう) 축양, 어패류 양식 | 完全(かんぜん) 완전 | 自然(しぜん) 자연 | 天然(てんねん) 천연 | 捕獲(ほかく) 포획 | 餌(えさ) 먹이 | 太(ふと)らせる 살찌우다 | 飼育(しいく) 사육 | 産卵(さんらん) 산란 | 卵(たまご) 알 | 延々(えんえん)と 계속해서 | 成功(せいこう) 성공 | 正確(せいかく)に 정확하게 | 実現(じつげん) 실현 | 稚魚(ちぎょ) 치어 | 可能性(かのうせい) 가능성 | 安心(あんしん) 안심 | 原因(げんいん) 원인 | 対処(たいしょ) 대처 | 現在(げんざい) 현재 | 衝突死(しょうとつし) 충돌사 | 誤飲(ごいん) 이물질을 실수로 삼킴 | 食用(しょくよう) 식용 | 結局(けっきょく) 결국 | 生(い)き残(のこ)る 살아 남다 | 技術(ぎじゅつ) 기술 | 向上(こうじょう) 향상 | 期待(きたい) 기대 | 楽観視(らっかんし) 낙관시 | 賄(まかな)う 공급하다, 조달하다 | 孵化(ふか) 부화

장문Ⅲ

철새는 날기 시작하는 시기를 어떻게 알까요? 이것에 대해서는 독일에 있는 막스플랑크 연구소의 조류 학자를 중심으로 지금까지 몇 가지의 실험이 실시되었습니다.

유럽에 살고 있는 연노랑솔새를 예로 조사해 봅시다. 이 연노랑솔새를 비롯하여 많은 새들은 야간에 이동을 합니다. 이동이 시작되는 시기에는 새들은 안절부절 못하고 침착함이 없어지고 날고 싶다고 하는 충동이 자꾸자꾸 높아지는 것 같습니다. 새장에 넣은 새라도 그 시기가 오면 새장 속을 빈번하게 이리 저리 날아 다니게 됩니다.

이 행동을 목표로 해서 새장에 넣은 새가 언제 이동의 충동을 보이게 되는가를 여러가지 조건으로 조사해 보았습니다. 첫 번째 그룹은 계절의 변천에 관한 외적인 정보가 전혀 들어가지 않은 환경에서 온도가 일정하게 매일 12시간의 인공적인 조명 아래에서 살게 했습니다. 두 번째 그룹은 아프리카의 자이르(현 콩고민주공화국)에 운반해 가서 거기 새장 속에서 살게 했습니다. 자이르는 적도 근처이기 때문에 1년 내내 일조 시간의 변화가 거의 없습니다. 세 번째 그룹은 독일에서 새장에 넣었지만 계절 변화에 관한 정보는 들어 오도록 해서 살게 했습니다.

그렇게 했더니 인공 조명의 방에서 생활하는 새도 자이르에 운반해 갔던 새도 독일에서 보통으로 살고 있는 새도 모두 아주 똑같은 시기에 똑같이 이동의 충동을 보였던 것입니다. 1년의 어느 시기에 이동을 시작하고, 어느 정도의 기간동안 계속해서 날다 그만 두는가하는 스케줄은(A)것 같습니다.

그러나 그것만으로 모든 것이 정해지는 것은 아닙니다. 1일 12시간의 인공 조명이라는 스케줄로 몇 년이나 계속해서 사육했더니 새들의 리듬은 1년 주기가 아니라 대략 10개월 주기가 되었습니다. 즉 원래 체내 시계로서 갖고 있는 리듬은 정확하게 1년 주기가 아니라 대략 10개월 정도이겠지요. 그것이 외적인 환경 변화의 자극으로 수정되어서 1년의 리듬이 되는 것 같습니다. 그것을 조정하고 있는 것은 1년을 통한 일조 시간의 변화에 있습니다. 연노랑솔새의 번식지의 하나는 북위 40도 정도의 장소에 있지만 그 지방에서의 1년간의 일조 시간의 변화를 흉내내 주면 어느 새나 모두 똑같은 1년간의 스케줄로 이동의 충동을 보인 것입니다.

문1 밑줄「이 행동」이란 어떠한 행동입니까? 7

1. 야간에 이동을 하는 것에의 불안한 행동
2. 새장 안에 넣어져 답답함을 느끼는 행동
3. 인간에 의해서 실험되는 것에의 불안한 행동
4. 이동 시기가 가까이 왔을 때 보아는 불안정한 행동

문2 철새가 날기 시작하는 시기를 아는 요인으로서 가장 적당한 것은 어느 것입니까? 8

1. 체내 시계와 환경 변화
2. 체내 시계와 일조 시간의 변화
3. 인공 조명과 일조 시간의 변화
4. 환경 변화와 계절적 기온의 변화

문3 (A)에 들어갈 것으로서 가장 적당한 것은 어느 것입니까? 9

1. 번식지에 의해서 정해져 있다.
2. 일조 시간에 의해서 정해져 있다
3. 체내 시계에 의해서 정해져 있다.
4. 환경 변화에 의해서 정해져 있다.

어휘

渡り鳥(わたりどり) 철새 | 時期(じき) 시기 | 研究所(けんきゅうじょ) 연구소 | 鳥類学者(ちょうるいがくしゃ) 조류학자 | 中心(ちゅうしん) 중심 | 例(れい) 예 | 調(しら)べる 조사하다 | 夜間(やかん) 야간 | 渡(わた)り 이동 | そわそわする 안절부절못하다 | 落(お)ち着(つ)き 차분함, 침착함, 침착성 | 衝動(しょうどう) 충동 | カゴ 새장, 바구니 | 頻繁(ひんぱん)に 빈번하게 | 飛(と)び回(まわ)る 날아다니다 | 行動(こうどう) 행동 | 目安(めやす) 기준, 목표, 대중 | 条件(じょうけん) 조건 | 季節(きせつ) 계절 | 移(うつ)り変(か)わり 변화, 변천 | 外的(がいてき)な 외적인 | 情報(じょうほう) 정보 | 環境(かんきょう) 환경 | 温度(おんど) 온도 | 人工的(じんこうてき) 인공적 | 照明(しょうめい) 조명 | 民主共和国(みんしゅきょうわこく) 민주공화국 | 赤道(せきどう) 적도 | 日照時間(にっしょうじかん) 일조 시간 | 体内時計(たいないどけい) 체내 시계 | 飼(か)う 기르다, 사육하다 | 周期(しゅうき) 주기 | 正確(せいかく)に 정확하게 | 変化(へんか) 변화 | およそ 대강, 대체로 | 刺激(しげき) 자극 | 修正(しゅうせい) 수정 | 調整(ちょうせい) 조정 | 繁殖地(はんしょくち) 번식지 | 北緯(ほくい) 북위 | 窮屈(きゅうくつ) 답답함

장문Ⅳ

사진은 진실하다고 일반적으로 생각되고 있다. 이것은 어느 경우에도 카메라 앞에는 사실의 대상이 있다고 믿어지고 있는 것에서 온 통념이라고 해야 할 것이다.

그러나 진실은 반드시 카메라라고 하는 기계적 수단만으로는 재현할 수 있는 것은 아니다. 거기에는 대상을 향한 작가의 태도나 지각 또는 그것을 통한 재능 등이 집대성되어서 비로소 진실의 표현에 다가가는 법이라고 말할 수 있다.

예술 작품이 만들어지는 경우, 개성에 의한 창조적인 비전을 형태로서 바꿔 놓지만, 그 과정을 통해서 표현의 이미지가 생기고 그 이미지를 구체화함으로써 작품이 만들어진다. 거기에서 비전은 지각과 표현의 상호 관계 속에서 표상화된다고 말할 수 있을 것이다.

사진에 있어서는 사진가가 대상에 의해서 비전에 자극을 받아서 그 결과 지각했던 것을 구체적으로 전개시키는 것이 노출이라고 하는 행위이다. 이 비전을 자극하는 것은 지각에 의해서 행해지는 것으로, 지각할 수 있다고 하는 것은 단지 눈 앞에 있는 것을 본다고 하는 것이 아니라 오히려 보도록 미리 준비된 작가의 태도가 있고 나서야 비로소 볼 수 있는 것이다. 매일 지나는 길가의 우체통도 통상은 무의식 속에 지나쳐 가고 (A). 그러나 우편물을 우체통에 넣는다고 하는 목적을 가졌을 때에 비로소 그 구조까지 뚜렷하게 보이는 것이다.

이것들은 작가의 경험, 또는 환경, 또한 그 감각에 의해서 지각하는 태도가 저절로 변화하는 사례라고 말할 수 있을 것이다. 카르티에 브레송은 「공간은 우리들의 눈에 대해서 어느 각도를 가지고 있다. 그래서 우리들은 자기자신 속에 독자적인 세계를 구성하는 것이다」라고 말하고 있다. 주관적인 말이지만 사물을 본다고 하는 것이 단지 수동적인 현상이 아니라 지각의 작용이고 거기에는 창조적인 정신을 작용시킬 필요가 있는 것을 나타내고 있는 것이라고 말할 수 있다. 사진에 있어서는 대상이 지각에 의해서 작가의 비전에 나타나고 개성적인 관찰을 통해서 그것을 표현하는 결과, 여기에 리얼리티가 생기게 된다고 말할 수 있는 것이다.

문1 밑줄 「진실은 반드시 카메라라고 하는 기계적인 수단만으로는 재현할 수 있는 것은 아니다」라고 하는데, 필자가 그렇게 생각했던 것은 이유가 무엇입니까? 10

1. 사진이 보편적인 진실을 나타낸다고는 할 수 없으니까
2. 작가가 대상을 자연스러운 형태로 카메라에 담을 수 없으니까
3. 사진은 보는 측의 받아들이는 방식에 따라 다르니까
4. 진실에 다가가기 위해서 필요한 작가의 내면성이 결여되어 있기 때문에

문2 (A)에 들어갈 것으로서 가장 적당한 것은 어느 것입니까? 11

1. 그 형태조차도 희미하게 느끼는 것은 아니다.
2. 그 형태조차도 명확하지 않은 것이다.
3. 그 형태는 어떻든 간에 색깔은 선명하게 기억한다.
4. 그 형태도 색깔도 명백하게 기억하고 있다.

문3 이 문장에서 필자가 가장 말하고 싶은 것은 어느 것입니까? 12

1. 사진은 작가의 객관적인 사고방식에 입각하여 재현되지 않으면 안 된다.
2. 카메라 앞에는 사실의 대상이 있다고 믿어지고 있는 것이 통념이다.
3. 사진은 작가의 주관적인 가치관을 통해서 표현된 것이 진실미를 띤다.

4. 작가의 보편적인 지각을 통해서 재현된 작품이 진정한 예술 작품이라 말할 수 있다.

어휘

写真 사진 | 真実 진실 | 一般に 일반적으로 | 事実 사실 | 対象 대상 | 通念 통념 | 機械的手段 기계적 수단 | 再現 재현 | 作家 작가 | 態度 태도 | 知覚 지각 | 才能 재능 | 集成 집대성 | 表現 표현 | 芸術作品 예술 작품 | 個性 개성 | 具体化 구체화 | 創造的な 창조적인 | 相互 상호 | 関係 관계 | 表象化 표상화 | 刺激 자극 | 結果 결과 | 具体的に 구체적으로 | 展開 전개 | 露出 노출 | 行為 행위 | あらかじめ 미리, 사전에 | 用意 준비 | 通る 지나가다 | 路傍 길가 | 通常 통상 | 無意識 무의식 | 通り過ごす 지나쳐 가다 | 明らかでない 분명하지 않다, 뚜렷하지 않다 | 郵便 우편(물) | 投函 투함, 우체통에 넣음 | 目的 목적 | 構造 구조 | 経験 경험 | 環境 환경 | 空間 공간 | 角度 각도 | 独自な 독특한 | 世界 세계 | 構成 구성 | 主観的な 주관적인 | 受動的な 수동적인 | 現象 현상 | 観察 관찰 | リアリティー 리얼리티 | おぼろげに 희미하게, 어슴푸레하게 | 鮮明に 선명하게 | 真実味 진실미

장문V

하루는 24시간밖에 없습니다. 이것은 전인류에게 주어진 공통의 조건입니다. 자주 일에 쫓기는 사람이 한숨 섞어 「하루가 48시간이라면」 등으로 말하지만 시간이 늘어날 리가 없습니다. 그러한 사람은 정말로 48시간으로 늘어도 또한 시간이 부족하다고 말할 것입니다.

하지만 나는 철학적 사고로 <u>하루를 96시간으로 하는 방법</u>을 가지고 있습니다. 24시간의 4배입니다.

그런 것은 가능할 리 없다고 생각될지 모릅니다. 하지만 가능한 것입니다. 어떤 것인가 하면 나의 경우 뭔가 한 가지 일을 할 때 항상 네 개의 의식을 가지고 있는 것입니다. 즉 일, 취미, 공부, 개인적인 것(가족)의 네 개입니다.

개인적인 것일 때는 일에 관한 것을 잊든지 공부할 때는 불필요한 것을 일체 생각하지 않는다는 사람도 있지만 나는 그런 식으로는 생각하지 않습니다. 항상 네 가지의 자신을 의식하고 있는 것입니다. 일을 하고 있을 때는 그것은 취미이기도 하고 공부이기도 하고 개인적인 일이기도 합니다. 개인적일 때는 업무이기도 하고 취미이기도 하고 공부이기도 한 것입니다. 예를 들면 가족과 영화를 보러 간다고 하면 그것을 개인적인 것으로서의 자신만이 소화하는 것이 아니라 업무로서의 자신도 소화하고 취미로서의 자신도 소화하고 공부로서의 자신도 소화해서 돌아가는 것입니다. 하나의 체험을 어느 것으로도 살린다는 것입니다.

인간이라는 것은 꽤 여러가지 일을 생각하면서 행동하고 있습니다. 그것을 잡념이라고 부르는 것도 가능하지만 우리들은 수행승과는 다릅니다. 항상 대량의 정보가 들어오는 일상 속에서 살고 있기 때문에 여러가지 사고가 교착하는 것은 당연한 일입니다. 「마음이 산만해진다」고 하는 마이너스의 이미지가 되는 것도 (A) 고 플러스로 파악하면 그 사람의 하루는 몇 배나 됩니다.

단지 이 이야기를 듣고 「좋아! 나도 그렇게 하자」라고 생각되는 사람은 매우 적겠지요. 실제로 「상상하는 것만으로 지쳤다」고 말해지는 경우도 있습니다. 하지만 이것도 생각하기 나름입니다. 하지 않으면 안된다고 생각하면 지쳐 버리는 법입니다. 중요한 것은 여기에서도 역시 즐기는 것입니다.

문1 밑줄 「하루를 96시간으로 하는 방법」이란 어떠한 것입니까? 13

1. 일반적으로 철학적인 사고로 일하면 하루 24시간의 4배나 일할 수 있다고 하는 것
2. 네 가지의 일을 동시에 처리하면 24시간의 4배에 해당되는 일을 할 수 있는 것
3. 인간은 사고방식 나름으로 하루를 96시간이라는 물리적인 시간을 만들 수 있다는 것
4. 철학자는 항상 철학적으로 생각하기 때문에 시간조차도 극복할 수 있다는 것

문2 (A)에 들어가는 것으로서 가장 적당한 것은 어느 것입니까? 14

1. 한눈도 팔지 않고 매사를 집중적으로 한다.
2. 하나 하나 순서를 따라서 처리해 간다.
3. 여러 가지 것을 따로 따로 한다.
4. 여러 가지 것을 동시에 생각할 수 있다.

문3 이 문장의 내용과 맞는 것은 어느 것입니까? 15

1. 하루를 96시간으로 하는 것은 철학자의 뛰어난 능력이다.
2. 인간은 즐겁게 하면 하루에 여러가지 일을 할 수 있는 법이다.
3. 하루에 여러 가지 일을 하면 곧 지치니까 그만 두는 편이 좋다.
4. 우리들도 수행승과 마찬가지로 대량 정보가 들어오는 것을 막아야 한다.

어휘

全人類(ぜんじんるい) 전인류 | 与(あた)える 주다, 과하다 | 共通(きょうつう) 공통 | 条件(じょうけん) 조건 | 追(お)われる 쫓기다 | ため息(いき)まじりに 한숨 섞어서 | 口(くち)にする 말하다, 입 밖에 내다 | 哲学的思考(てつがくてきしこう) 철학적 사고 | 術(すべ) 수단, 방법 | 常(つね)に 항상 | 意識(いしき) 의식 | 仕事(しごと) 일, 업무 | 趣味(しゅみ) 취미 | 余計(よけい)な 불필요한 | 映画(えいが) 영화 | 観(み)る 보다 | 消化(しょうか) 소화 | 体験(たいけん) 체험 | 結構(けっこう) 꽤, 상당히 | 雑念(ざつねん) 잡념 | 修行僧(しゅぎょうそう) 수행승 | 日常(にちじょう) 일상 | 思考(しこう) 사고 | 交錯(こうさく) 교착 | 気(き)が散(ち)る 마음이 산만해지다 | 捉(とら)える 파악하다 | 何倍(なんばい) 몇 배 | 思(おも)える 생각되다 | 実際(じっさい) 실제로 | 想像(そうぞう) 상상 | ～次第(しだい) ～나름 | 疲(つか)れる 피곤하다, 지치다 | 物理的(ぶつりてき)な 물리적인 | わき目(め)も振(ふ)らず 한눈도 팔지 않고 | 順(じゅん)を追(お)って 순서를 따라서 | ～と同様(どうよう)に ～와 마찬가지로 | 防(ふせ)ぐ 막다, 방지하다

EJU 일본어 청독해 출제 예상문제 정답 및 해석

청독해 정답

p.114~133

문제	번호	정답	문제	번호	정답	문제	번호	정답	문제	번호	정답
1番	1	2	6番	6	2	11番	11	2	16番	16	1
2番	2	3	7番	7	4	12番	12	1	17番	17	2
3番	3	2	8番	8	4	13番	13	3	18番	18	2
4番	4	3	9番	9	2	14番	14	4	19番	19	2
5番	5	3	10番	10	1	15番	15	3	20番	20	3

청독해 스크립트 및 해석

1番

先生が日本語学校と日本語教室の役割について話しています。この先生の話によると、日本語教室の役割として特に重要なのはどれですか。

日本語学校や日本語教室が各地にたくさんありますが、それらの役割は日本語を教えることだけではありません。その他に、外国人の居場所になる役割、外国人と様々な人との交流の場になる役割、日本の文化を知る機会を与える役割といったものがあります。これに関して、実は日本語学校と日本語教室とでは重視している役割が違います。日本語学校では、主に日本語教師としての専門的な教育を受けた人が日本語を教えます。この機関の主な役割は、日本語を教えることと日本語でのコミュニケーションに必要な日本の文化についてもよく知ってもらうことです。一方、日本語教室では、プロの日本語教師ではなく、ボランティアの人々が日本語を教えます。こうした機関の場合、日本語教室という名前は付いていますが、日本語を教えるということの優先度は高くない場合が多いのです。むしろ、より重要なのは、日本の中で外国から来た人が所属する場を作ることで、ここにいてもいいんだという精神的な安定感を与える役割です。

08_1~3번

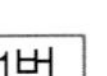

1번

선생님이 일본어 학교와 일본어 교실의 역할에 관해 이야기하고 있습니다. 이 선생님의 이야기에 따르면 일본어 교실의 역할로 특히 중요한 것은 어느 것인가요?

일본어 학교나 일본어 교실이 각지에 많이 있는데 이들의 역할은 일본어를 가르치는 것뿐만은 아닙니다. 그 외에 외국인의 보금자리가 되어주는 역할, 외국인과 다양한 사람들의 교류의 장이 되어주는 역할, 일본 문화를 알 기회를 마련해주는 역할 등이 있습니다. 이와 관련하여 사실 일본어 학교와 일본어 교실은 중시하는 역할이 다릅니다. 일본어 학교에서는 주로 일본어 강사로서 전문적인 교육을 받은 사람이 일본어를 가르칩니다. 이 기관의 주된 역할은 일본어를 가르치는 것과 일본어로 의사소통하는데 필요한 일본 문화를 알려주는 것입니다. 한편 일본어 교실에서는 전문 일본어 강사가 아닌 자원봉사자가 일본어를 가르칩니다. 이러한 기관의 경우 일본어 교실이라는 명칭을 사용하지만 일본어를 가르치는 것은 우선도가 높지 않은 경우가 많습니다. 오히려 더 중요한 것은 일본 내에 외국에서 온 사람이 소속될 곳을 만드는 것, 이곳에 있어도 된다는 정신적 안정감을 주는 역할입니다.

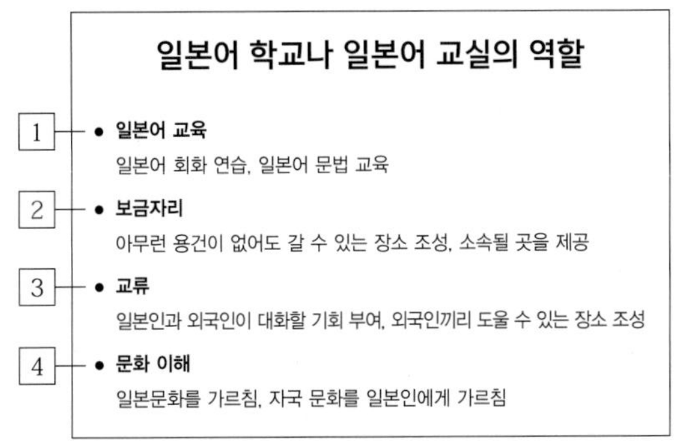

일본어 학교나 일본어 교실의 역할
1
• 일본어 교육
일본어 회화 연습, 일본어 문법 교육
2
• 보금자리
아무런 용건이 없어도 갈 수 있는 장소 조성, 소속될 곳을 제공
3
• 교류
일본인과 외국인이 대화할 기회 부여, 외국인끼리 도울 수 있는 장소 조성
4
• 문화 이해
일본문화를 가르침, 자국 문화를 일본인에게 가르침

어휘

用事 용건 | 所属先 소속처 | 日本語学校 일본어 학교 | 日本語教室 일본어 교실 | 各地각지 | 役割 역할 | 居場所 보금자리 | 交流 교류 | 機会 기회 | 機関 기관 | 与える 부여하다 | コミュニケーション 커뮤니케이션 | プロ 프로, 전문 | ボランティア 자원봉사자 | 優先度 우선도 | むしろ 오히려

2番

先生が、社員がすぐにやめてしまう会社の特徴について話しています。この先生が最後に挙げる会社の例で、会社の問題点となっているのは、どの特徴の組み合わせですか。

社員が辞めてしまう会社にはいくつか特徴があります。Aは、むやみにペナルティを課すという特徴です。例えば、失敗をした場合に大量の反省文を書かせるなどがこれに当たります。Bは、安易に人の能力を評価するという特徴です。例えば、病気で長期間休んでしまった社員に対して、あの社員は使えないなどと上司が評価する場合がこれです。Cは、目標を達成するために無理をするという特徴です。例えば、大半の社員に達成不可能な売上目標を設定し、そのための努力を強要するという場合が、これにあたります。

では、例について説明しますので、この会社の問題点がどの特徴に当てはまるのかを考えてください。この会社は比較的最近できた中小企業です。これから大きく会社を成長させるために非常に高い目標を立てました。そして、この目標を実現するために、達成がほぼ不可能なノルマを作り、達成できなかった社員にはその罰として何ページにもわたりノルマを達成できなかった理由を説明する文章を書かせました。

2번

선생님이 직원이 금방 그만두는 회사의 특징에 대해 이야기하고 있습니다. 이 선생님이 마지막에 언급하는 회사의 예시에서 회사의 문제점은 어느 특징과 어느 특징인가요?

사원이 그만두는 회사에는 몇 가지 특징이 있습니다. A는 과도하게 페널티를 남발한다는 특징입니다. 예를 들어 실패했을 때 대량의 반성문을 쓰게 하는 경우 등이 이에 해당합니다. B는 안일하게 사람의 능력을 평가한다는 특징입니다. 예를 들어 병으로 장기간 쉰 사원에게 상사가 무능하다는 등의 평가를 내리는 경우입니다. C는 목표를 달성하기 위해 무리한다는 특징입니다. 예를 들어 대부분의 사원에게 달성 불가능한 매출 목표를 설정하게 하고 노력을 강요하는 경우가 이에 해당합니다.

그렇다면 다음 사례에서 이 회사의 문제점은 어느 특징에 해당하는지를 생각해 보세요. 이 회사는 비교적 최근 설립된 중소기업입니다. 앞으로 크게 회사를 성장시키기 위해서 매우 높은 목표를 세웠습니다. 그리고 그 목표를 달성하기 위해 거의 불가능한 목표치를 할당하고 달성하지 못한 사원에게는 벌칙으로 목표를 달성하지 못한 이유를 몇 페이지나 쓰게 했습니다.

A） **과도하게 페널티를 남발한다.**

B） **안일하게 노동자를 평가한다.**

C） **목표를 달성하기 위해 무리한다.**

1. A와 B
2. B와 C
3. A와 C
4. A와 B와 C

어휘

むやみに 과도하게 | ペナルティ 페널티 | 課す 부과하다 | 安易に 안이하게 | 評価 평가 | 目標 목표 | 達成 달성 | 無理をする 무리를 하다 | 辞める 그만두다 | 反省文 반성문 | 使えない 쓸모없다 | 目標達成 목표달성 | 大半 대부분 | 達成不可能 달성 불가능 | 売上目標 매출 목표 | 努力 노력 | 強要 강요 | あたる 해당하다 | 当てはまる 들어 맞다 | 比較的 비교적 | 中小企業 중소기업 | 成長させる 성장시키다 | 非常に 매우 | 実現 실현 | ノルマ 목표치 | 罰 벌

3番

先生が情報技術が可能にした新しいサービスについて話しています。この先生がこのあと具体的に説明するのはどの対策についてですか。

近年、情報技術を使い大量のデータを収集することが可能になりました。そして、そのことによってよりよいサービスを顧客に提供できるようになってきています。例えば、コピー機をレンタルするサービスを例にしますと、これまでコピー機が頻繁に故障したとしても、その原因は不明確でした。ですが、データの収集によって、どのような使用方法でコピー機が使われているのかが早くわかるようになり、そこから故障が起こりやすい使用条件についても把握できるようになりました。そして、これを利用することで、今の使用条件で使い続けると、次はいつ故障するのかということも予測できるようになりました。また、問題の原因を把握できるようになったために適切な対策が迅速に行えるようにもなりました。これを更に進め、故障が起きにくい使用方法を顧客に伝えることで、故障の予防もできるようになってきています。では、この点に関して具体的に説明して行きたいと思います。

3번

선생님이 정보기술이 가능케 한 새로운 서비스에 관해 이야기하고 있습니다. 이 선생님이 이후에 구체적으로 설명하는 것은 어느 대책에 관해서인가요?

최근 정보 기술을 사용하여 대량의 데이터를 수집할 수 있게 되었습니다. 그리고 그로 인해 보다 양질의 서비스를 고객에게 제공할 수 있게 되었습니다. 예를 들어 복사기 대여 서비스를 예로 들면 지금까지는 복사기가 빈번히 고장나더라도 그 원인은 불명확했습니다. 하지만 데이터 수집으로 인해 어떤 방식으로 복사기가 사용되고 있는지를 빨리 알 수 있어 거기서 고장이 발생하기 쉬운 사용 조건도 파악할 수 있게 되었습니다. 그리고 이를 이용하여 이 사용 조건으로 계속 사용하면 다음은 언제 고장이 나는지도 예측할 수 있게 되었습니다. 또 문제의 원인을 파악할 수 있게 되어 적절한 대책을 신속하게 시행할 수 있게 되었습니다. 여기서 더 발전하여 고장이 잘 발생하지 않는 사용 방법을 고객에게 전달하여 고장 예방도 가능하게 되었습니다. 그럼 이 점에 관해 구체적으로 설명하겠습니다.

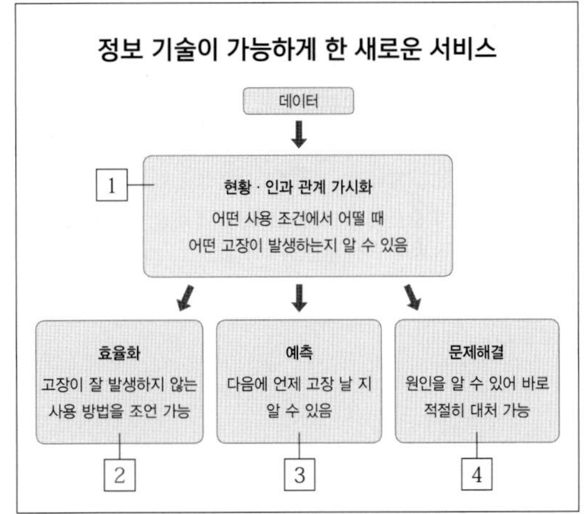

정보 기술이 가능하게 한 새로운 서비스
데이터
1
현황 · 인과 관계 가시화
어떤 사용 조건에서 어떨 때
어떤 고장이 발생하는지 알 수 있음
효율화
고장이 잘 발생하지 않는
사용 방법을 조언 가능
예측
다음에 언제 고장 날 지
알 수 있음
문제해결
원인을 알 수 있어 바로
적절히 대처 가능
2
3
4

어휘

情報技術 정보 기술 | データ収集 데이터 수집 | 現状 현황 | 因果関係 인과 관계 | 可視化 가시화 | 使用条件 사용 조건 | 故障 고장 | 起こる 발생하다 | 効率化 효율화 | 助言 조언 | 予測 예측 | 問題解決 문제 해결 | 即座 바로 | 適切 적절 | 対処 대처 | 顧客 고객 | 提供 제공 | コピー機 복사기 | レンタル 대여 | 頻繁 빈번 | 不明確 불명확 | 把握 파악 | 迅速 신속 | 伝える 전달하다 | 予防 예방

09_4~6번

4番

先生が海の危険について話しています。この先生によると、海流に関する危険があるのは図でいうとどこの部分ですか。

プールとは違い、海には様々な危険があります。その危険の一つが海流によるものです。Bの部分はサンゴ礁がある位置を示しています。サンゴ礁を境にして陸地側の部分、つまりAの部分は海流は穏やかであり比較的安全な場所です。Cの部分は、サンゴ礁とサンゴ礁の切れ目に当たる部分です。ここもサンゴ礁よりも陸地側にありますから、波などを見ると非常に穏やかです。ただ、ここはサンゴ礁が存在しないため、周辺部分よりも水位が深くなっている部分です。海岸に向かってやって来た波は、余ったエネルギーを沖の方に返しますが、そのときに水位が深い部分に波のエネルギーが流れるのです。それが、離岸流とよばれる沖に向かって流れる海流です。この海流が発生している場所にいると、沖に向かって流されてしまいますから、非常に危険です。すぐに別の場所に移動する必要があります。

4번

선생님이 바다의 위험에 대해 이야기하고 있습니다. 이 선생님에 따르면 해류와 관련된 위험이 있는 곳은 그림의 어느 부분인가요?

수영장과는 달리 바다에는 다양한 위험이 존재합니다. 그 위험 중 하나가 해류에 의한 것입니다. B부분은 산호초의 위치를 나타낸 것입니다. 산호초를 경계로 육지쪽 부분 즉 A부분은 해류가 잔잔하여 비교적 안전한 장소입니다. C부분은 산호초와 산호초의 틈에 해당하는 부분입니다. 이곳도 산호초보다 육지 쪽에 있어 파도 등은 매우 잔잔합니다. 단 이곳은 산호초가 존재하지 않아 주변부 보다 수위가 깊어지는 부분입니다. 해안을 향해 밀려온 파도는 잉여 에너지를 바다 쪽으로 돌려보내는데 이때 수위가 깊은 부분으로 파도의 에너지가 흘러들어 갑니다. 그것이 이안류라고 불리는 바다 쪽으로 흐르는 해류입니다. 이 해류가 발생하는 장소에 있으면 바다 쪽으로 휩쓸려가므로 매우 위험합니다. 즉시 다른 장소로 이동해야 합니다.

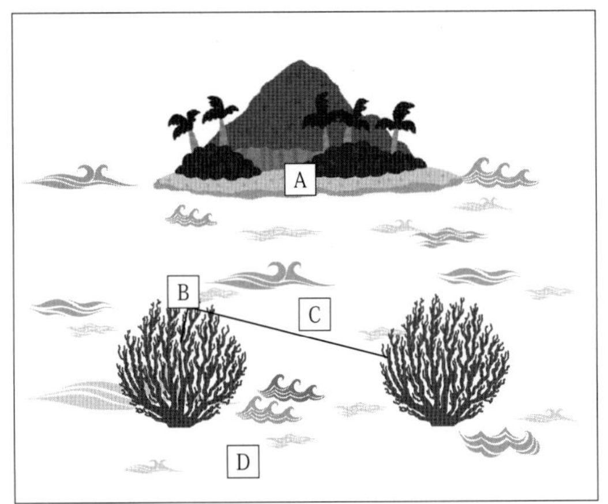

1. A
2. B
3. C
4. D

어휘

プール 수영장 | 海流(かいりゅう) 해류 | サンゴ礁(しょう) 산호초 | 境(さかい) 경계 | 陸地(りくち) 육지 | 穏(おだ)やか 온화 | 切(き)れ目(め) 틈 | 波(なみ) 파도 | 海岸(かいがん) 해안 | 余(あま)る 남다 | 離岸流(りがんりゅう) 이안류 | 沖(おき) 앞바다 | 向(む)かう 향하다

5番

先生が環境学の授業で、風力発電による騒音について話しています。この先生が最後にする質問の答えは、図のどの部分ですか。

風力発電に関して、騒音を心配する声があります。そこで、風力発電による騒音について考えてみたいと思います。ここで、風力発電機から500メートル離れた場合の騒音を見てみましょう。ここでの騒音のレベルは40デシベル以下です。これは図書館の館内よりも静かな状態です。普通、この範囲よりも外に人々は暮らしていますから、騒音の問題というのはほぼ起こらないと考えていいのです。とはいえ、例外的にもっと近くに家があるかもしれません。では、100メートルの範囲ならどうでしょうか。この範囲でも騒音は冷蔵庫の出す騒音と同程度だと言われる50デシベル以下です。冷蔵庫はかなりうるさいのではないかと思われるかもしれませんが、この50デシベルというのは別の表現でいうと美術館の館内と同じレベルです。ここまでは生活に全く問題のないレベルの騒音だと思います。ただ、50メートル以内まで近づくと話は別です。この範囲だと騒音は80デシベルに達することがあります。これは掃除機と同じレベルの騒音ですから、快適には暮らせない状態といえます。

では、図のような風力発電機がある場合、風力発電による騒音が生活の問題にならないのは最大でどこからどこまでの範囲ですか。

5번

선생님이 환경학 수업에서 풍력 발전에 따른 소음에 관해 이야기하고 있습니다. 이 선생님이 마지막에 하는 질문의 답은 그림의 어느 부분인가요?

풍력 발전과 관련하여 소음을 우려하는 목소리가 있습니다. 그러므로 풍력 발전에 따른 소음에 관해 고찰해 보겠습니다. 여기서 풍력 발전기에서 500m 떨어진 경우의 소음을 알아봅시다. 여기서의 소음 수준은 40데시벨 이하입니다. 이는 도서관 관내보다도 조용한 상태입니다. 보통 이 범위보다 바깥쪽에 사람들이 살고 있으므로 소음 문제는 거의 발생하지 않는다고 봐도 무방합니다. 하지만 예외적으로 더 가까이에 집이 있을 수도 있죠. 그렇다면 100m 범위라면 어떨까요? 이 범위에서도 소음은 냉장고가 내는 소음과 같은 수준인 50데시벨 이하입니다. 냉장고면 꽤 시끄러운 거 아니냐고 생각하실 수도 있지만 이 50데시벨을 다르게 표현하면 미술관 관내와 같은 수준입니다. 여기서는 생활에 전혀 문제가 없는 수준의 소음이라고 생각합니다. 단, 50m 이내까지 다가가면 이야기가 다릅니다. 이 범위에서 소음은 80데시벨에 달하는 경우가 있습니다. 이는 청소기와 같은 수준의 소음이므로 쾌적하게 생활할 수 없는 상태라고 할 수 있습니다.

그럼 그림과 같은 풍력발전기가 있는 경우 풍력발전에 의한 소음이 생활에 지장을 주지 않는 것은 최대 어디부터 어디까지의 범위 입니까?

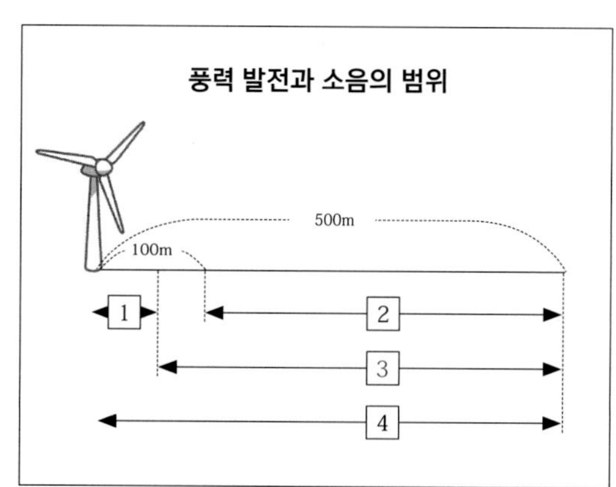

어휘

風力発電(ふうりょくはつでん) 풍력발전 | 騒音(そうおん) 소음 | 心配(しんぱい) 걱정 | 離(はな)れる 떨어지다 | レベル 수준 | デシベル 데시벨 | 館内(かんない) 관내 | 静(しず)かな 조용한 | 範囲(はんい) 범위 | 暮(く)らす 살다 | 例外的(れいがいてき) 예외적 | 冷蔵庫(れいぞうこ) 냉장고 | かなり 상당히 | 美術館(びじゅつかん) 미술관 | 全(まった)く 전혀 | ただ 단 | 達(たっ)する 달하는 | 掃除機(そうじき) 청소기 | 快適(かいてき) 쾌적

6番

先生が生物学の授業でネズミの実験について話しています。この先生が最後にする質問の答えはどれですか。

動物がストレスを受ける要因を調べるためにネズミを対象とした実験を行いました。実験ではネズミを小さな筒に入れてストレス状態にし、そのストレスの強さを血液検査により調べました。ネズミが一匹の場合と複数の場合、一匹だけ拘束をする場合と全てのネズミを拘束する場合など状況を変えて、最もストレスを受けるのはどのような状況なのかを調べました。

結果として、一匹よりも複数に対する実験の方で、興味深い結果が得られました。特に、他のネズミと比べて、不平等な状況か平等な状況かによって受けるストレスが大きく違うということがわかったのは大きな成果でした。ストレス環境であっても、自分以外のネズミも同じ環境にいるなら、ネズミは大きなストレスを受けず、逆に自分だけがストレス状況にある場合は、極端に大きなストレスを受けていることがわかったのです。

では、ネズミが最もストレスを感じるのはどの場合だと考えられますか。

6번

선생님이 생물학 수업에서 쥐 실험에 관해 이야기하고 있습니다. 이 선생님이 마지막에 하는 질문의 답은 어느 것인가요?

동물이 스트레스를 받는 요인을 조사하기 위해 쥐를 대상으로 실험을 했습니다. 실험에서는 쥐를 작은 통에 가둬 스트레스 상태로 만든 후, 그 스트레스 강도를 혈액 검사로 조사했습니다. 쥐가 한 마리일 경우와 여러 마리일 경우, 한 마리만 갇혀있는 경우와 모든 쥐가 갇혀있는 경우 등으로 상황을 바꿔 가장 스트레스를 많이 받는 것은 어떤 상황인지를 알아보았습니다.

결과적으로 한 마리보다는 여러 마리를 대상으로 한 실험에서 흥미로운 결과를 얻을 수 있었습니다. 특히 다른 쥐와 비교하여 불평등한 상황인지 평등한 상황인지에 따라 받는 스트레스가 크게 다르다는 점을 알게 된 것은 큰 성과였습니다. 스트레스 환경에 놓여 있더라도 자신 이외의 쥐도 같은 환경에 있다면 쥐는 큰 스트레스를 받지 않았고, 반대로 자신만 스트레스 상황에 놓여 있는 경우 극단적으로 큰 스트레스를 받는다는 것을 알게 된 것입니다.

그렇다면 쥐가 가장 큰 스트레스를 받는 것은 어떤 경우라고 볼 수 있을까요?

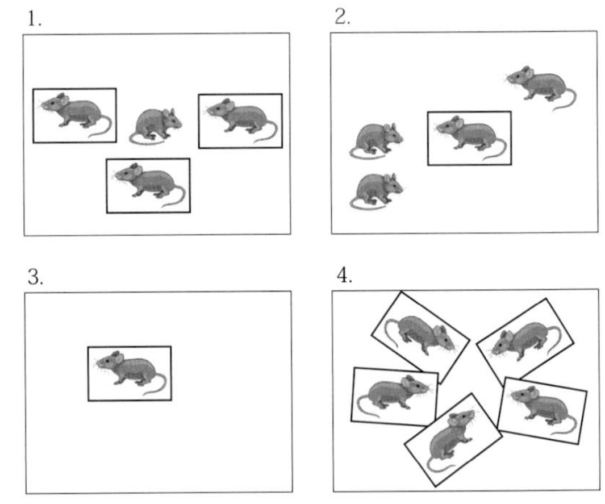

어휘

ストレスを受ける 스트레스를 받다 | 要因 요인 | 調べる 조사하다 | ネズミ 쥐 | 対象 대상 | 実験 실험 | 筒 통 | 血液検査 혈액검사 | 一匹 한 마리 | 複数 복수 | 拘束 구속 | 興味深い 흥미깊은 | 不平等 불평등 | 成果 성과 | ストレス環境 스트레스 환경 | 逆に 반대로 | 極端に 극단적으로 | ストレスを感じる 스트레스를 느끼다

10_7~14번

7番

専門家が授業で日本企業が採用する際に重視することについて話しています。この専門家が最後にする質問の答えはどれですか。

日本の企業は社員を採用する際、今現在の能力ではなくて、その人の将来性を重視すると言われています。また、もう一つ重視するのが、採用すると決定したその人が本当にその企業でずっと働いてくれるかどうかです。これを定着可能性といいます。特に、中小企業の場合、大企業に比べ社員の定着が難しいため、個人の将来的な能力よりもこの定着可能性をより重視する必要があります。逆に大企業は、中小企業に比べ多くの人を採用しており定着可能性も高いわけですから、より将来性に着目して採用を行うべきでしょう。

さて、将来性と定着可能性の両方を備えた人材を採用するのは難しい状況を考えてください。こうした中で、食品を取り扱う中小企業が新たな人材を採用したいと思っています。では、この企業が採用すべき人材は、この図でいうと、どの点にあたりますか。

7번

전문가가 수업에서 일본 기업이 채용 시 중시하는 것에 대해 이야기하고 있습니다. 이 전문가가 마지막에 하는 질문의 답은 어느 것인가요?

일본의 기업은 사원을 채용할 때 지금 현재 능력이 아닌 그 사람의 장래성을 중시한다고 합니다. 또 한 가지 중시하는 것이 채용하기로 결정한 사람이 정말 그 기업에서 계속 근무할 것인지 입니다. 이를 정착 가능성이라고 합니다. 특히 중소기업의 경우 대기업에 비해 사원의 정착이 어렵기 때문에 개인의 장래적 능력보다는 정착 가능성을 더 중시할 필요가 있습니다. 반대로 대기업은 중소기업에 비해 많은 사람을 채용하고 정착 가능성도 높으니 보다 장래성에 착목하여 채용해야 하겠죠.

장래성과 정착 가능성 모두를 겸비한 인재를 채용하는 것은 힘든 상황이라고 생각합시다. 이러한 상황에서 식품을 취급하는 중소기업이 새 인재를 채용하려 합니다. 이 기업이 채용해야 할 인재는 이 그림에서 어느 부분에 해당할까요?

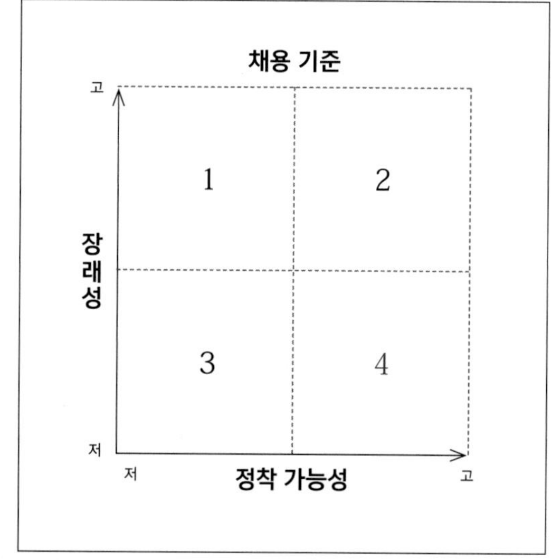

어휘

企業 기업 | 社員 사원 | 採用 채용 | 将来性 장래성 | 重視する 중시하다 | 定着可能性 정착가능성 | 中小企業 중소기업 | 大企業 대기업 | 定着 정착 | 難しい 어렵다 | 個人 개인 | 着目する 착목하다 | 両方 양쪽 | 備える 갖추다, 대비하다 | 人材 인재 | 取り扱う 취급하다

8番

先生が、授業で話しています。この先生の話によると、今の政策でどのタイプの企業が増加して、どのタイプの企業が減少しますか。

女性の社会進出が進み、企業もそれに対応しようとしています。ですが、企業の対応の仕方はそれぞれです。女性の社会進出が注目され始めたときに最初に話題になったのは、男性と同様に女性が出世できる会社です。ですが、その際には、女性の子育て問題はあまり話題にならず、そのための制度も十分に整備されませんでした。

一方で近年注目されるようになってきているのは、子育てと仕事が両立できる企業です。ただ、子育てと仕事が両立できるといっても、仕事は続けられますが、男性並みの出世は難しいというタイプの企業もあります。今の政府の政策は少子化に対応するために女性の仕事と育児の両立を図るものです。これによって、昔ながらの出世の面でも子育ての面でも女性を配慮しない企業は淘汰され、減少していくはずです。一方で、子育てに配慮した企業は増えると考えられます。ただし、優秀な女性の労働者がその能力を発揮し、それが社会的に認められるかどうかという事に関しては今の政策では配慮されておらず、そうしたタイプの企業は増えないと考えられます。

8번

선생님이 수업에서 이야기하고 있습니다. 이 선생님의 말에 의하면 지금 정책으로 인해 어느 유형의 기업이 증가하고 어느 유형의 기업이 감소하나요?

여성의 사회 진출이 많아지면서 기업도 이에 대응하려 하고 있습니다. 하지만 기업의 대응 방법은 제각각입니다. 여성의 사회 진출이 주목 받기 시작했을 때 처음 화제가 된 것은 남성과 동일하게 여성이 출세할 수 있는 사회입니다. 하지만 이때 여성의 육아 문제가 별로 화제가 되지 않아 이를 위한 제도도 충분히 정비되지 못했습니다.

한편 최근 주목 받기 시작한 것은 육아와 일을 양립할 수 있는 기업입니다. 단, 육아와 일을 양립할 수 있다고 하지만 일은 계속할 수 있어도 남성만큼 출세하는 것은 어려운 유형의 기업도 있습니다. 현정부의 정책은 저출산에 대처하기 위해 여성의 일과 육아의 양립을 꾀하고 있습니다. 이에 따라 출세 면에서도 육아 면에서도 여성을 배려하지 않는 구식 기업은 도태되어 점점 줄어들 것입니다. 한편 육아를 배려한 기업은 늘어날 것으로 보입니다. 단, 우수한 여성 노동자가 그 능력을 발휘하여 그것이 사회적으로 인정 받을 수 있을 것인지가 현 정책에서는 배려되지 않아 그러한 유형의 기업은 늘지 않을 것으로 보입니다.

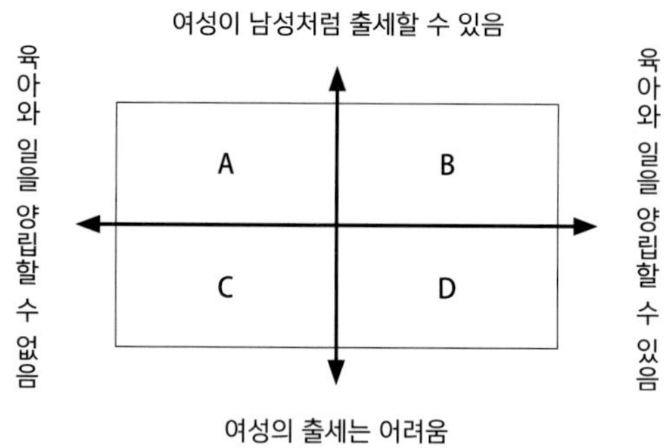

1. B는 증가, C는 감소
2. D는 증가, A는 감소
3. B는 증가, D는 감소
4. D는 증가, C는 감소

어휘

女性(じょせい) 여성 | 社会進出(しゃかいしんしゅつ) 사회 진출 | 進(すす)む 진행되다 | 対応(たいおう)する 대응하다 | 仕方(しかた) 방법 | それぞれ 제각각 | 注目(ちゅうもく)され始(はじ)める 주목받기 시작하다 | 話題(わだい)になる 화제가 되다 | 同様(どうよう)に 동일하게 | 出世(しゅっせ) 출세 | 子育(こそだ)て 육아 | 制度(せいど) 제도 | 十分(じゅうぶん)に 충분히 | 整備(せいび)される 정비되다 | 近年(きんねん) 최근 | 両立(りょうりつ) 양립 | 続(つづ)けられる 계속할 수 있다 | 男性並(だんせいな)み 남성만큼 | 政府(せいふ) 정부 | 政策(せいさく) 정책 | 少子化(しょうしか) 저출산 | 対応(たいおう)する 대처하다 | 育児(いくじ) 육아 | 図(はか)る 꾀하다 | 昔(むかし)ながらの 구식 | 配慮(はいりょ)する 배려하다 | 淘汰(とうた)される 도태되다 | 減少(げんしょう) 감소 | 優秀(ゆうしゅう) 우수 | 発揮(はっき)する 발휘하다 | 社会的(しゃかいてき)に認(みと)められる 사회적으로 인정받는 | 増(ふ)える 늘어나다

9番

先生が介護に関連する仕事について説明しています。この先生が最後にする質問の答えはどれですか。

介護に関する仕事を目指している人もいると思いますが、一口に介護といってもそれに関わる仕事は様々です。そこで、今回は、2つの基準をもとに、4つのタイプに介護に関する仕事を分けようと思います。1つ目の基準は、デスクワークか肉体労働かということです。例えば、福祉を必要とする人の相談に乗る仕事や書類作成などの仕事はデスクワークです。一方、肉体労働というのは、リハビリなどの医療行為や食事の援助など、直接老人や障害者の方にふれあいながら体力を使って援助を行う仕事のことです。2つ目の基準が、その仕事をするのに敷居が高いか低いかです。例えば、介護に関わる仕事の中には、大学でそれに関する授業を受講していないと資格試験すら受けられないものもあります。こうしたものは敷居が高いということになります。一方で、何の資格もなしに行うことができる介護に関わる仕事もあります。こうした仕事は敷居が低いということになります。

では、次の例はどのタイプの仕事でしょうか。社会福祉士は福祉に関する相談を受ける仕事です。そして、この仕事をするためには、大学で福祉を学び、資格試験を受験する必要があります。さて、この場合、図のどこにあたりますか。

9번

선생님이 간병과 관련된 직업에 대해 설명하고 있습니다. 이 선생님이 마지막에 하는 질문의 답은 어느 것인가요?

간병과 관련된 직업을 목표로 삼고 있는 사람도 있을 텐데요, 간병이라고 한 단어로 표현은 하지만 이와 관련된 일은 다양합니다. 그래서 이번에는 2가지 기준을 바탕으로 4가지 유형으로 간병 관련 직업을 나눠보려 합니다. 첫 번째 기준은 사무직인가 육체노동인가 입니다. 예를 들어 복지가 필요한 사람을 상담하는 업무나 서류 작성 등의 업무는 사무직입니다. 한편 육체노동은 재활 등의 의료 행위나 식사 보조 등 직접 고령자나 장애인을 대하며 체력을 써서 돕는 일입니다. 두 번째 기준은 그 직업에 취업할 때 진입 장벽이 높은가 낮은가 입니다. 예를 들어 간병 관련 직업 중에는 대학에서 관련 수업을 수강하지 않으면 자격시험조차 응시하지 못하는 직업도 있습니다. 이러한 직업은 진입 장벽이 높다고 할 수 있습니다. 한편 아무런 자격 없이도 할 수 있는 간병 관련 직업도 있습니다. 이러한 직업은 진입 장벽이 낮다고 할 수 있습니다.

그럼 다음 예시는 어떤 유형의 직업일까요? 사회복지사는 복지 관련 상담을 하는 직업입니다. 그리고 그 일을 하기 위해서는 대학교에서 복지를 공부하고 자격시험을 칠 필요가 있습니다. 이 경우 그림의 어느 부분에 해당할까요?

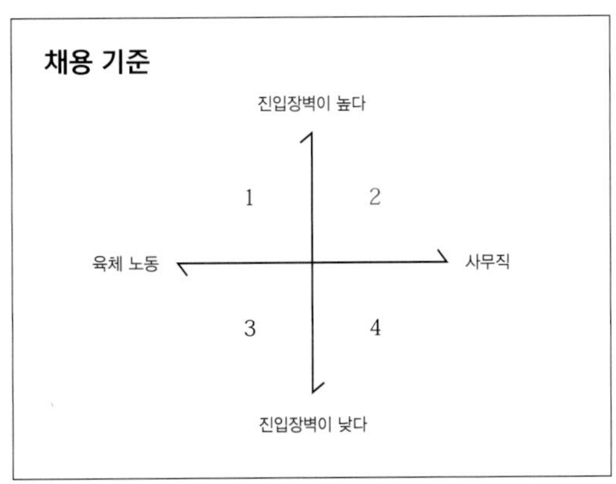

어휘

介護(かいご) 간병 | 目指(めざ)す 목표로 하다 | 一口(ひとくち)に 한마디로 | 様々(さまざま) 다양 | 基準(きじゅん) 기준 | もとに 바탕으로 | 分(わ)ける 나누다 | デスクワーク 사무직 | 肉体労働(にくたいろうどう) 육체노동 | 福祉(ふくし) 복지 | 相談(そうだん)に乗(の)る 상담하다 | 書類作成(しょるいさくせい) 서류 작성 | リハビリ 재활 | 医療行為(いりょうこうい) 의료 행위 | 食事(しょくじ)の援助(えんじょ) 식사 보조 | 直接(ちょくせつ) 직접 | 老人(ろうじん) 노인 | 障害者(しょうがいしゃ) 장애인 | ふれあう 접하다 | 体力(たいりょく)を使(つか)う 체력을 쓰다 | 援助(えんじょ) 지원 | 敷居(しきい)が高(たか)い 장벽이 높다 | 低(ひく)い 낮다 | 授業(じゅぎょう) 수업 | 受講(じゅこう) 수강 | 資格試験(しかくしけん) 자격시험 | 社会福祉士(しゃかいふくしし) 사회복지사 | 学(まな)ぶ 배우다

10番

食文化の専門家が米やパンに対する支出額の変化について話しています。この専門家によれば、2000年代の米やパンに対する支出額はどのように変化しましたか。

日本の主食は米です。ですから、日本人はこれまで米を中心に食べて生活をしてきました。とはいえ、食の西洋化によって、パンを食べる文化も浸透してきました。特に、朝食としてパンを食べる人は少しずつ増えてきました。

消費量で見るとやはり米が主食であるというのは現在でも変わらないのですが、各世帯が米やパンに使う支出額に関して2000年代に大きな変化がありました。まず、それまでずっと減り続けてきた米の消費量が2000年に入ってからもさらに減り続け、そのため米に対する支出額も大きく減少しました。一方、パンですが、パンは米に比べ価格が高いということもあって、パンに対する支出額は増え続けました。そして、2010年代に入り、ついに米とパンの支出額が逆転し、パンが米を上回りました。2000年代には様々な変化がありましたが、こうした食に対する支出額の変化も、大きな変化であると私は思います。

10번

식문화 전문가가 쌀과 빵에 대한 지출액 변화에 관해 이야기하고 있습니다. 이 전문가에 따르면 2000년대의 쌀과 빵에 대한 지출액은 어떻게 변화했나요?

일본의 주식은 쌀입니다. 그렇기 때문에 일본인은 지금까지 쌀을 중심으로 한 식생활을 해 왔습니다. 하지만 식문화의 서양화로 인해 빵을 먹는 문화도 침투되어 왔습니다. 특히 아침 식사로 빵을 먹는 사람은 조금씩 늘어왔습니다.

소비량으로 보면 역시 쌀이 주식인 점은 지금도 변함없지만 각 세대가 쌀이나 빵에 쓰는 지출액과 관련하여 2000년대에 큰 변화가 있었습니다. 우선 그 전까지 계속 줄어들었던 쌀 소비량이 2000년 들어서는 더 줄어들어 쌀에 대한 지출액도 크게 감소했습니다. 한편 빵은 쌀에 비해 가격이 높다는 점도 있어 빵에 대한 지출액은 늘어왔습니다. 그리고 2010년대에 들어 드디어 빵과 쌀의 지출액이 역전되어 빵이 쌀을 웃돌았습니다. 2000년대에는 다양한 변화가 있었지만 이러한 먹거리에 대한 지출액 변화도 큰 변화라고 저는 생각합니다.

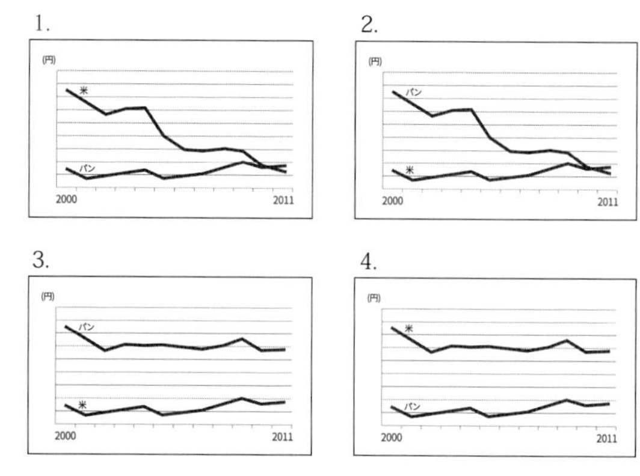

어휘

主食(しゅしょく) 주식 | 西洋化(せいようか) 서양화 | 浸透(しんとう)する 침투하다 | 朝食(ちょうしょく) 조식 | 少(すこ)しずつ 조금씩 | 増(ふ)える 늘다 | 消費量(しょうひりょう) 소비량 | やはり 역시 | 各世帯(かくせたい) 각 세대 | 支出額(ししゅつがく) 지출액 | 減(へ)り続(つづ)ける 계속 줄다 | 価格(かかく) 가격 | 増(ふ)え続(つづ)ける 계속 늘다 | 逆転(ぎゃくてん) 역전 | 上回(うわまわ)る 웃돌다

11番

先生が納豆の中の納豆菌の数とねばり成分の量について話しています。先生が次の実験で調査すると言っているのはどの部分ですか。

日本の国民食と言える納豆ですが、その健康効果は非常に高く評価されています。ここで、健康効果と強い関係のある納豆菌、この納豆菌は納豆を作ってから2日間で急速に増加しその後はほとんど増えなくなります。しかし、ここで知っておいてほしいのは、実は健康効果があるのは納豆菌そのものではなく、納豆菌が作り出すねばり成分なんです。この納豆のねばり成分の方はその後も増え続け、3日前後にピークを迎えた後は減少に転じます。栄養面でいうとここからどんどん悪化していくことになるわけです。次の実験では納豆の健康効果が最も高まるときとその直前に注目して、納豆の中で何が起こっているのかを調べたいと思います。

11번

선생님이 낫또 속의 낫또균의 수와 점액 성분의 양에 대해 이야기하고 있습니다. 선생님이 다음 실험에서 조사할 것이라고 말하고 있는 것은 어느 부분인가요?

일본의 국민식이라고 할 수 있는 낫또는 건강 효과가 매우 높이 평가받고 있습니다. 여기서 건강면의 효과와 크게 관련된 낫또균, 이 낫또균은 낫또를 만든 후 이틀간 급속하게 증가하며 그 후에는 거의 늘어나지 않습니다. 그러나 여기서 말씀드리고 싶은 것은, 건강 효과가 있는 것은 낫또균 그 자체가 아닌 낫또균이 만들어내는 끈적한 점액 성분이라는 사실입니다. 이 낫또의 점액 성분은 그 후에도 점점 늘어나 3일 전후에 피크에 달한 후 감소세로 돌아섭니다. 영양면에서는 이때부터 점점 나빠지는 겁니다. 다음 실험에서는 낫또의 건강 효과가 가장 높은 시기와 그 직전에 주목하여 낫또 내에서 무슨 일이 벌어지는 지 알아보고자 합니다.

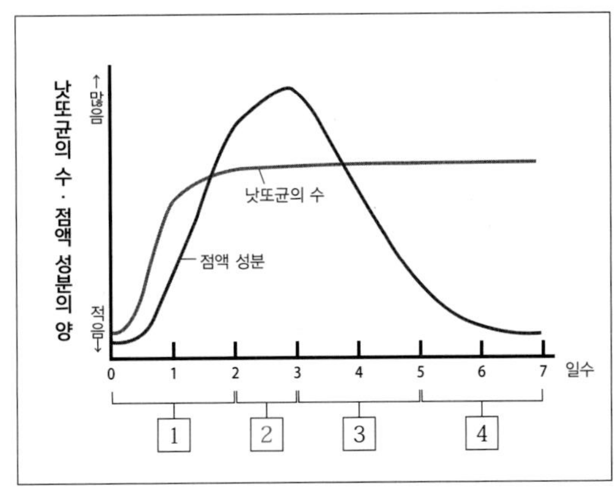

어휘

国民食(こくみんしょく) 국민식 | 納豆(なっとう) 낫또 | 健康効果(けんこうこうか) 건강 효과 | 非常(ひじょう)に 매우 | 高(たか)く評価(ひょうか)される 높게 평가되다 | 納豆菌(なっとうきん) 낫또균 | 急速(きゅうそく)に 급속히 | ほとんど 거의 | ねばり成分(せいぶん) 점액 성분 | ピークを迎(むか)える 피크에 달하다 | 減少(げんしょう)に転(てん)じる 감소세로 돌아서다 | 栄養面(えいようめん) 영양면 | 実験直前(じっけんちょくぜん) 실험 직전 | 注目(ちゅうもく)する 주목하다

12番

先生が化粧をすることによる印象について話しています。先生の話をグラフに表すとどのようになりますか。

化粧をすることで他の人への印象がどのように変わるかという実験が行われたことがあります。実験では、恋愛対象として魅力的かという魅力度、友人にしたいかという好感度、人間として信頼できそうかという信頼度をそれぞれ調べました。実験の結果、魅力度に関しては濃いメイクをした人が最も高いことがわかりました。しかし、好感度や信頼度に関しては濃いメイクをした人が最も低いという意外なこともわかりました。むしろそれらに関しては、薄いメイクの人やノーメイクの人のほうが高かったのです。ノーメイクは魅力度という面では低いといっていいのですが、好感度や信頼度という面では、薄いメイクの人には劣るものの十分にいい印象を与えることがわかったのです。

12번

선생님이 화장에 따른 인상에 대해 이야기하고 있습니다. 선생님의 이야기를 그래프로 나타내면 어떻게 되나요?

화장을 하면 타인에 대한 인상이 어떻게 변하는가에 대한 실험이 시행된 적이 있습니다. 실험에서는 연애 대상으로서 매력적인가를 보여주는 매력도, 친구가 되고 싶은지에 관한 호감도, 인간으로서 신뢰할 수 있는지에 관한 신뢰도를 각각 측정했습니다. 실험 결과, 매력도는 진한 메이크업을 한 사람이 가장 높았습니다. 하지만 호감도나 신뢰도는 진한 메이크업을 한 사람이 가장 낮다는 의외의 면도 알 수 있었습니다. 이는 오히려 옅은 메이크업이나 노메이크업인 사람이 높았습니다. 노메이크업은 매력도 면에서는 낮다고 할 수 있지만 호감도나 신뢰도의 면에서는 옅은 메이크업보다는 못해도 충분히 좋은 인상을 준다는 것을 알게 된 것입니다.

1.

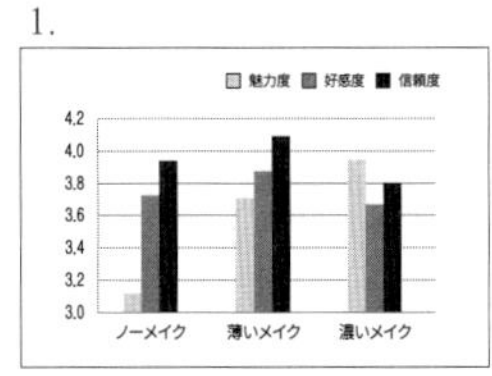

2.

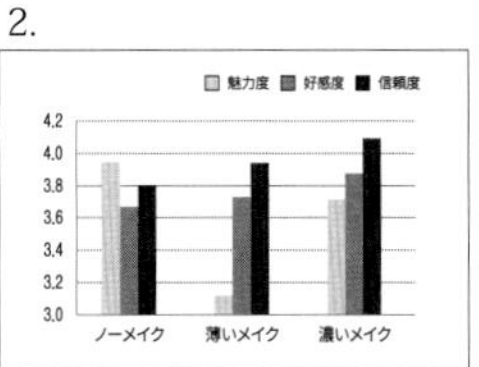

3.

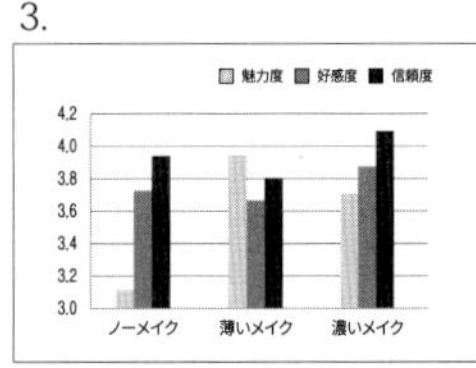

4.

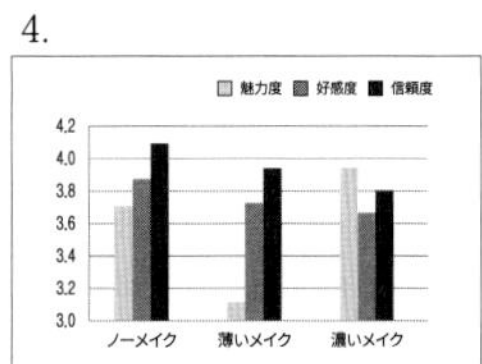

어휘

化粧(けしょう) 화장 | 印象(いんしょう) 인상 | 恋愛対象(れんあいたいしょう) 연애 대상 | 魅力的(みりょくてき) 매력적 | 魅力度(みりょくど) 매력도 | 友人(ゆうじん) 친구 | 好感度(こうかんど) 호감도 | 信頼度(しんらいど) 신뢰도 | 濃(こ)いメイク 진한 메이크업 | 意外(いがい) 의외 | むしろ 오히려 | 薄(うす)いメイク 옅은 메이크업 | ノーメイク 노메이크업 | 劣(おと)る 뒤떨어지다 | 十分(じゅうぶん)に 충분히 | 印象(いんしょう)を与(あた)える 인상을 주다

13番

先生が自動車会社の技術開発とその評価について話しています。先生が注目したほうがいいと言っているのはどれですか。

企業の技術者は、消費者のために様々な開発を行います。ですが、それらが全て技術者が思ったように評価されるわけではありません。資料を見てください。これは、技術者が行った開発とそれに対する消費者の評価を表しています。二重丸、丸、バツはその評価です。二重丸は非常に高い評価、丸は高い評価、バツは低い評価、何も印がないところは新たな技術開発による影響が感じられなかったということを表します。

この企業が行った開発には、ドアに関するものと防音に関するものがありますが、防音に関しては技術者の狙い通りの評価を受けているため特に気にすることはありません。

ここで考えたいのは、ドアに関する項目です。技術者はドアに関する工夫をしようとしたわけで、防音に関する工夫をしたわけではありません。しかし、防音に関する部分で消費者に評価されている項目があります。こうしたものが後々イノベーションと結びつくことも少なくありませんから、この点について特に注目すべきだと私は考えます。

13번

선생님이 자동차 회사의 기술개발과 그 평가에 관해 이야기하고 있습니다. 선생님이 주목해야 한다고 말하고 있는 것은 어느 것인가요?

기업의 기술자는 소비자를 위해 다양한 개발을 합니다. 하지만 이것들이 모두 기술자가 생각한 것처럼 평가되지는 않습니다. 자료를 보시기 바랍니다. 이는 기술자가 시행한 개발과 그에 대한 소비자의 평가를 나타낸 것입니다. 이중 동그라미, 동그라미, 가위표는 그 평가입니다. 이중 동그라미는 매우 높은 평가, 동그라미는 높은 평가, 가위표는 낮은 평가, 가장 표시가 적은 곳은 새로운 기술 개발에 의한 영향을 느낄 수 없었음을 뜻합니다.

이 기업이 시행한 개발에는 문에 관한 것과 방음에 관한 것이 있는데 방음에 관한 것은 기술자의 의도대로 평가를 받았으므로 특별히 신경 쓸 부분은 없습니다.

여기서 생각해 볼 부분은 문에 관한 항목입니다. 기술자는 문을 고안하려 했을 뿐 방음을 고안하려 한 것은 아닙니다. 하지만 방음에 관한 부분에서 소비자에게 좋은 평가를 받은 항목이 있습니다. 이러한 것이 후에 이노베이션으로 결부되는 일도 적지 않으므로 이 점에 대해 특히 주목해야 한다고 저는 생각합니다.

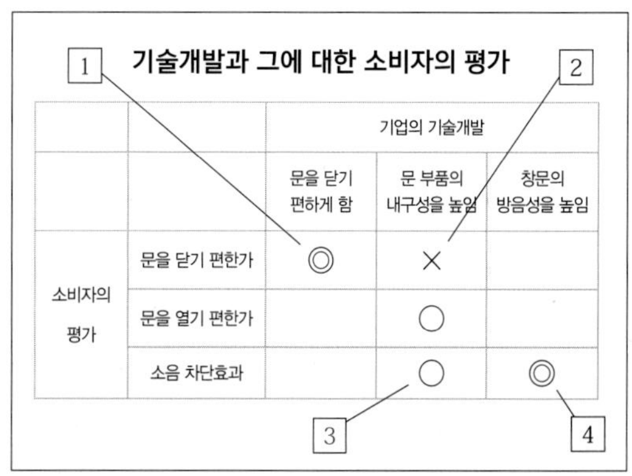

기술개발과 그에 대한 소비자의 평가

		기업의 기술개발		
		문을 닫기 편하게 함	문 부품의 내구성을 높임	창문의 방음성을 높임
소비자의 평가	문을 닫기 편한가	◎ (1)	× (2)	
	문을 열기 편한가		○	
	소음 차단효과		○ (3)	◎ (4)

어휘

企業(きぎょう) 기업 | 技術者(ぎじゅつしゃ) 기술자 | 消費者(しょうひしゃ) 소비자 | 開発(かいはつ) 개발 | 評価(ひょうか)される 평가되다 | わけではない ~는 것은 아니다 | 資料(しりょう) 자료 | 表(あらわ)す 나타내다 | 二重丸(にじゅうまる) 이중 동그라미 | 丸(まる) 동그라미 | バツ 가위표 | 非常(ひじょう)に 매우 | 印(しるし) 표시 | 新(あら)たな 새로운 | 技術開発(ぎじゅつかいはつ) 기술개발 | 影響(えいきょう) 영향 | ドア 문 | 防音(ぼうおん) 방음 | 狙(ねら)い通(どお)り 의도대로 | 項目(こうもく) 항목 | 工夫(くふう)をする 고안하다 | 後々(のちのち) 후에 | イノベーション 이노베이션 | 結(むす)びつく 결부되다

14番

先生が歴史区分について話しています。先生の話している歴史区分を表にするとどのようになりますか。

歴史をその時代の特徴によって区分する場合があります。現在、西洋史では古代・中世・近世・近代という4つの時代に歴史を区分します。

その区分の特徴を宗教と政治体制に分けて示したのが資料の図です。西洋史では、都市国家と呼ばれる小さな国家が乱立していたことが古代の政治面での特徴とされています。また、貴族が自分の領地を支配する封建社会は中世の特徴であり、国王に権力が集中する絶対王政は近世の特徴であると言われています。そして、最後に現在の民主主義につながるような国民国家が近代の特徴です。この政治的な特徴に関してはある程度、日本史でも当てはまる事が多いです。

しかし、宗教の観点からは西洋の歴史の区分を日本の歴史にそのまま適用することは難しいです。宗教の普及に関しては、日本で仏教が普及したのは古代にあたりますし、宗教改革といえる現象も、宗教の普及と同様に、時代区分が一つ前になります。

14번

선생님이 역사 구분에 대해 이야기하고 있습니다. 선생님이 말하고 있는 역사구분을 표로 나타내면 어떻게 되나요?

역사를 그 시대의 특징에 따라 구분하는 경우가 있습니다. 현재, 서양사에서는 고대 · 중세 · 근세 · 근대라는 4가지 시대로 역사를 구분합니다.

이 구분의 특징을 종교와 정치 체제로 나누어 나타낸 것이 자료의 그림입니다. 서양사에서는 도시 국가라고 불리는 작은 국가가 난립한 것이 고대 정치의 특징이라고 여겨지고 있습니다. 또 귀족이 자신의 영지를 지배하는 봉건 사회는 중세의 특징이며 국왕에게 권력이 집중되는 절대 왕정은 근세의 특징이라고 여겨지고 있습니다. 그리고 마지막으로 현재의 민주주의와 연결되는 국민 국가가 근대의 특징입니다. 이 정치적 특징은 일본사에서도 어느 정도 들어맞는 일이 많습니다.

그러나 종교의 관점에서는 서양의 역사 구분을 일본의 역사에 그대로 적용하기 어렵습니다. 종교의 보급과 관련하여 일본에서 불교가 보급된 것은 고대에 해당하고 종교 개혁이라고 할 수 있는 현상 역시 종교의 보급과 마찬가지로 시대 구분이 한 시대 앞서 있습니다.

서양사의 역사 구분

	종교	정치체제
고대		도시국가
중세	종교의 보급(기독교)	봉건사회
근세	종교개혁	절대왕권
근대		국민국가

1.

	종교
고대	종교의 보급, 종교개혁
중세	
근세	
근대	

2.

	종교
고대	
중세	종교의 보급
근세	종교개혁
근대	

3.

	종교
고대	종교의 보급
중세	
근세	종교개혁
근대	

4.

	종교
고대	종교의 보급
중세	종교개혁
근세	
근대	

어휘

歴史(れきし) 역사 | 時代(じだい) 시대 | 特徴(とくちょう) 특징 | 区分(くぶん) 구분 | 西洋史(せいようし) 서양사 | 古代(こだい) 고대 | 中世(ちゅうせい) 중세 | 近世(きんせい) 근세 | 近代(きんだい) 근대 | 宗教(しゅうきょう) 종교 | 政治体制(せいじたいせい) 정치 체제 | 示(しめ)す 나타내다 | 都市国家(としこっか) 도시 국가 | 呼(よ)ばれる 불리다 | 乱立(らんりつ)する 난립하다 | 貴族(きぞく) 귀족 | 領地(りょうち) 영지 | 配(はい)する 지배하다 | 封建社会(ほうけんしゃかい) 봉건 사회 | 国王(こくおう) 국왕 | 権力(けんりょく) 권력 | 集中(しゅうちゅう)する 집중하다 | 絶対王政(ぜったいおうせい) 절대 왕정 | 民主主義(みんしゅしゅぎ) 민주주의 | つながる 이어지다 | ある程度(ていど) 어느 정도 | 日本史(にほんし) 일본사 | 当(あ)てはまる 들어맞다 | 観点(かんてん) 관점 | そのまま 그대로 | 適用(てきよう)する 적용하다 | 普及(ふきゅう) 보급 | 仏教(ぶっきょう) 불교 | 宗教改革(しゅうきょうかいかく) 종교 개혁 | 現象(げんしょう) 현상

11_15~16번

15番

先生がホンソメワケベラという魚の実験について話しています。先生によれば、ホンソメワケベラが鏡を見た後にノドをこすりつける行動をするのはどうしてですか。

ホンソメワケベラという魚に関して面白いことがわかりました。図１にあるようにホンソメワケベラは、水槽内に鏡を設置し体の一部に印をつけると、鏡でその印に気づき、印を水槽の底にこすりつけて取ろうとします。図２で分かるように、鏡を見たことによってこのような行動をとっているのは明らかです。というのも、印をつけても鏡がないとこのような行動はとらないからです。また、印がついていることによってこのような行動をとっていることも明らかです。印がないときにはこのような行動は見られないからです。これまで、鏡に写っているのが自分自身だということを、魚は認識することができないとされていました。他の魚の場合、鏡に映った自分を敵だと認識し攻撃することもありました。しかし、ホンソメワケベラは鏡というものがどのようなものであるのかを理解し、その上で、鏡に映った印をとろうとする行動を取ったのです。

15번

선생님이 청줄청소놀래기라는 물고기의 실험에 대해 이야기하고 있습니다. 선생님에 의하면 청줄청소놀래기가 거울을 본 후 목을 문지르는 행동을 하는 것은 왜일까요?

청줄청소놀래기라는 물고기와 관련하여 재미있는 사실을 알게 되었습니다. 그림 1처럼 청줄청소놀래기는 수조 안에 거울을 설치하고 몸의 일부에 표시를 하면 거울에서 그 표시를 발견하고 표시를 수조 바닥에 비벼서 지우려고 합니다. 그림 2에서 알 수 있듯이 거울을 봤기 때문에 그러한 행동을 취하는 것은 명백합니다. 표시를 해도 거울이 없으면 이러한 행동을 하지 않기 때문입니다. 또 표시가 있기 때문에 이러한 행동을 취한다는 것도 확실합니다. 표시가 없을 때는 이러한 행동은 볼 수 없기 때문입니다. 지금까지 거울에 비친 것이 자기자신이라는 것을 물고기는 인식할 수 없다고 여겨져 왔습니다. 다른 물고기의 경우 거울에 비친 자신을 적이라고 인식하여 공격하기도 했습니다. 그러나 청줄청소놀래기는 거울이 어떤 것인지를 이해하고 거울에 비친 표시를 지우려는 행동을 한 것입니다.

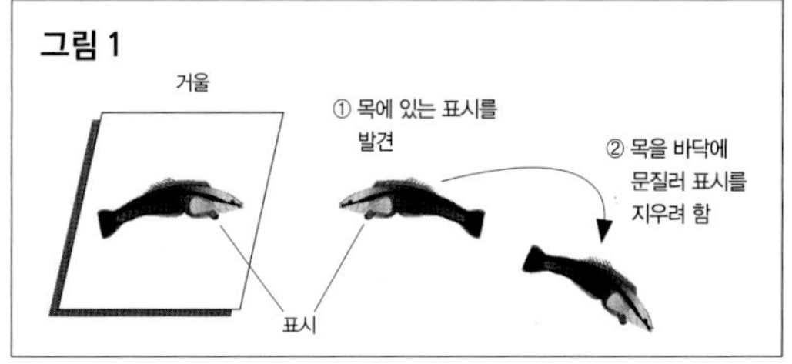

① 목에 있는 표시를 발견
② 목을 바닥에 문질러 표시를 지우려 함

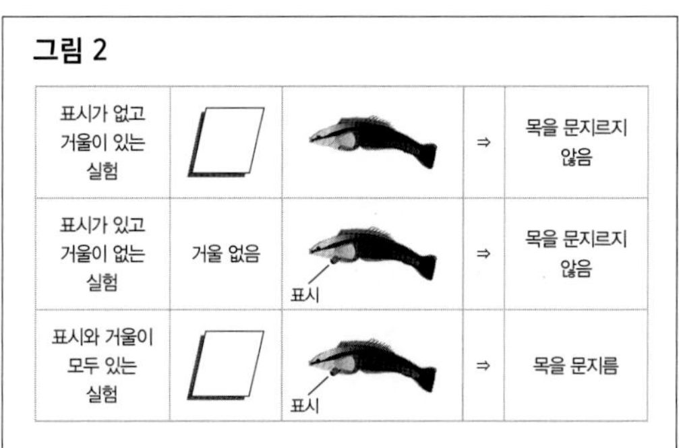

그림 2
표시가 없고 거울이 있는 실험
⇒
목을 문지르지 않음
표시가 있고 거울이 없는 실험
거울 없음
표시
⇒
목을 문지르지 않음
표시와 거울이 모두 있는 실험
표시
⇒
목을 문지름

1. 거울에 비친 자신의 모습에 위협하려고 해서
2. 거울에 비친 물고기에게 구애 행동을 취해서
3. 거울에 비친 물고기가 자기라는 것을 알고 있어서
4. 거울이 무엇인지 인식하지 못하고

어휘

ホンソメワケベラ 청줄청소놀래기 | 魚 물고기 | 水槽 수조 | 鏡 거울 | 設置する 설치하다 | 印をつける 표시를 하다 | 気づく 눈치채다 | 水槽の底 수조 바닥 | こすりつける 비비다 | 取ろうとする 지우려고 하다 | 行動をとる 행동을 취하다 | 明らかな 명백한 | 映る 비치다 | 敵 적 | 認識する 인식하다 | 攻撃する 공격하다 | 理解する 이해하다

16番

先生が人間の心理に関する実験について説明しています。この先生によれば、この実験の成果はビジネスで例えばどのように応用されていますか。

人間の心理は、事前に見た情報によって大きく左右されます。それを証明したある実験があります。図を見てください。この実験では、Aグループとbグループに被験者を分け、両方のグループの前でルーレットを回します。Aグループのルーレットは10で止まるように設定されており、Bグループのルーレットは65で止まるように設定されています。このルーレットを回し、それぞれのグループに10と65という異なる数字を見せた後に、「国際連合に所属するすべての国の中で、アフリカ大陸にある国は何%ですか」という質問を両方のグループに対して行います。ルーレットの数字と質問は全く関係がないはずなのに、10という小さな数字を見せられたAグループの人々の答えの平均は25%となり、65という大きな数字を見せられたBグループの平均は45%になりました。

この実験によって、人間はあらかじめ目にした数値の影響を強く受けるということがわかりました。このような実験の成果はビジネスでも応用されています。例えば、レストランなどのメニューで最初に高い価格の商品を提示しておきます。そうしておくと、最初の高い価格に影響されて、高い価格のものでもついつい選んでしまいやすくなるのです。

16번

선생님이 인간의 심리에 대한 실험에 대해 설명하고 있습니다. 이 선생님에 따르면 이 실험의 성과는 비즈니스에서 예를 들면, 어떻게 응용되고 있나요?

인간의 심리는 사전에 본 정보에 따라 크게 좌우됩니다. 이를 증명한 실험이 하나 있습니다. 그림을 보십시오. 이 실험에서는 A그룹과 B그룹으로 피험자를 나누고 두 그룹 앞에서 룰렛을 돌립니다. A그룹의 룰렛은 10에서 멈추도록 설정되어 있고, B그룹의 룰렛은 65에서 멈추도록 설정되어 있습니다. 이 룰렛을 돌려 각각의 그룹에게 10과 65라는 서로 다른 숫자를 보여준 후 '국제 연합에 소속된 모든 국가 중에 아프리카 대륙에 있는 국가는 몇%입니까?' 라는 질문을 양 그룹에게 했습니다. 룰렛 숫자와 질문은 전혀 상관이 없는데도 10이라는 작은 숫자를 보여준 A그룹 사람들의 답변의 평균은 25%, 65라는 큰 숫자를 보여준 B그룹의 평균은 45%였습니다. 이 실험으로 인간은 먼저 본 수치의 영향을 크게 받는다는 것을 알 수 있었습니다. 이러한 실험의 성과는 비즈니스에서도 응용되고 있습니다. 예를 들어 레스토랑 메뉴에서 처음에 비싼 가격의 상품을 제시해 둡니다. 그러면 처음에 본 비싼 가격에 영향을 받아 비싼 것을 자기도 모르게 고르기 쉬워집니다.

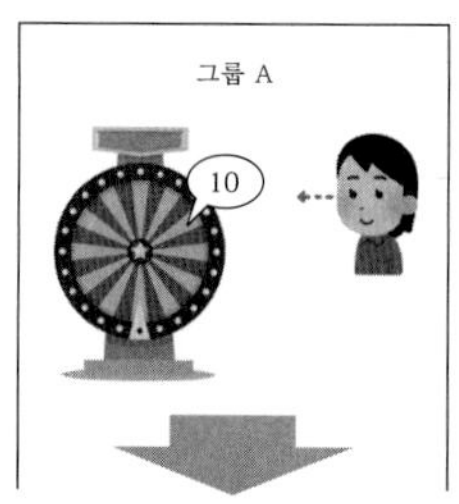

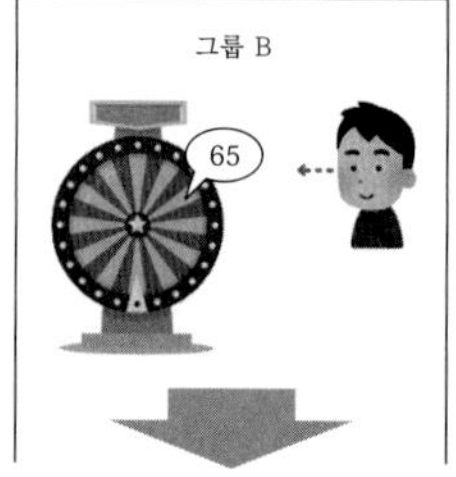

질문 : 국제연합에 소속된 모든 국가 중에 아프리카 대륙에 있는 국가는 몇%입니까?

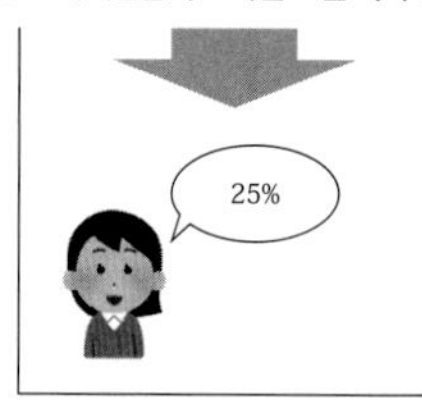

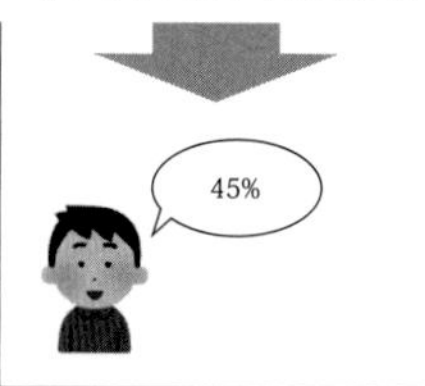

1. 높은 상품 가격이 눈에 들어오도록 한다.
2. 메뉴에 대해 소비자에게 다양한 질문을 한다.
3. 가격이 저렴하다는 것을 처음에 어필한다.
4. 룰렛이라는 게임을 비즈니스에 도입한다.

어휘

心理 심리 | 事前 사전 | 情報 정보 | 左右される 좌우되다 | 証明する 증명하다 | グループ 그룹 | 被験者 피험자 | ルーレット 룰렛 | 回す 돌리다 | 止まる 멈추다 | 設定される 설정되다 | 異なる 다른 | 国際連合 국제 연합 | 所属する 소속되다 | アフリカ大陸 아프리카 대륙 | 関係のない 상관없는 | 答え 대답 | 平均 평균 | あらかじめ 앞서 | 目にする 보다 | 数値 수치 | ビジネス 비즈니스 | 応用される 응용되다 | 提示する 제시하다 | ついつい 자기도 모르게 | 選ぶ 고르다

12_17~20번

17番

男子学生と女子学生が話しています。この男子学生は、いつボランティアに行くと言っていますか。

男子学生：イベントボランティアの募集見た？行く？

女子学生：行く行く。このイベント、私の友達が企画したんだよね。

男子学生：じゃあ、僕も行こうかな。１１月２３日がイベント当日だから、その日は避けたほうがいいよね。けど、この英語資格者歓迎っていうのは気になるな。

女子学生：ああ、それは外国人の人達がたくさん来る予定だから、その人達の案内のボランティアだよ。イベント前日の案内とイベント当日の案内のボランティアがあるんだよ。

男子学生：へえ、それは面白そうだな。けど、やっぱりイベント当日はイベント自体を楽しみたいからその日は避けて、こっちの日がいいな。どう？この日に一緒に参加しない？

女子学生：そうしようかな。

男子学生：じゃあ、決まりだね。

17번

남학생과 여학생이 대화하고 있습니다. 이 남학생은 언제 자원봉사를 하러 갈 것이라고 말하고 있나요?

남학생 : 이벤트 자원봉사 모집 봤어? 갈 거야?

여학생 : 응 갈거야! 이 이벤트 내 친구가 기획한 거거든.

남학생 : 그럼 나도 갈까? 11월 23일이 이벤트 당일이니까 그 날은 피하는 게 좋겠지? 하지만 이 영어자격증 보유자 환영이라는 게 신경 쓰여.

여학생 : 아~ 그건 외국인이 많이 올 예정이라서 그 사람들을 안내하는 자원봉사야. 이벤트 전날 안내와 이벤트 당일 안내 자원봉사가 있어.

남학생 : 오… 재밌겠는데? 하지만 역시 이벤트 당일은 이벤트를 즐기고 싶으니까 피하고, 이 날이 좋겠어. 어때? 이날 같이 참가하지 않을래?

여학생 : 그럴까?

남학생 : 그럼 정해졌네.

자원봉사 모집 일정

	이벤트 자원봉사 모집			특기 사항
		오전	오후	
1	11월 20일	○	×	운동부 학생 환영
	11월 21일	×	○	운동부 학생 환영
2	11월 22일	○	○	영어 자격증 보유자 환영
3	11월 23일	×	○	영어 자격증 보유자 환영
4	11월 24일	○	○	

※○는 모집함, ×는 모집 안 함

어휘

イベント 이벤트 | ボランティア 자원봉사 | 募集(ぼしゅう) 모집 | 企画(きかく)する 기획하다 | 当日(とうじつ) 당일 | 避(さ)ける 피하다 | 英語資格者(えいごしかくしゃ) 영어자격증 보유자 | 歓迎(かんげい) 환영 | 気(き)になる 신경쓰이다 | 外国人(がいこくじん) 외국인 | 予定(よてい) 예정 | 案内(あんない) 안내 | 前日(ぜんじつ) 전날 | 一緒(いっしょ) 함께 | 参加(さんか)する 참가하다

18番

女子学生と男子学生が論文集の製本方法について話しています。この二人は、どの製本の仕方を候補として考えていますか。

女子学生：論文集を作ろうと思うんだけど、いろいろな製本の仕方があるみたいで。

男子学生：論文集の長さってどれくらいだっけ。

女子学生：今回はほとんど学生全員の論文を掲載する予定だから、すごく長くなるみたいだよ。

男子学生：じゃあ、ページが多くても大丈夫な製本方法がいいね。

女子学生：このフレキシブルバックって方法は、名前の通り背表紙が柔軟に動くから大量のページでも大丈夫だったはずだよ。だけど、耐久性には問題あるって言ってた。

男子学生：そうか、でも、とりあえず候補には入れとこう。あと、これも表紙と本文との間に隙間があって柔軟に動きそうだけど。

女子学生：そうそう、それもページが多い場合にいいって。

男子学生：それじゃあ、これも検討することにしよう。

18번

여학생과 남학생이 논문집 제본방식에 관해 대화하고 있습니다. 두 사람은 어떤 제본 방식을 후보로 생각하고 있나요?

여학생 : 논문집을 만들려고 하는데 다양한 제본 방법이 있나 봐.

남학생 : 논문집 길이가 어느 정도였지?

여학생 : 이번에는 거의 모든 학생의 논문이 게재될 예정이니까 엄청 긴가 봐.

남학생 : 그럼 페이지가 많아도 되는 제본 방법이 좋겠네.

여학생 : 이 플렉시블 백 방식은 이름 그대로 뒷 표지가 유연하게 움직여서 페이지가 많아도 괜찮을 걸? 하지만 내구성에는 문제가 있다고 했어.

남학생 : 그렇구나, 하지만 일단 후보에는 넣어 두자. 또 이것도 표지와 본문 사이에 틈이 있어서 유연하게 움직일 것 같아.

여학생 : 맞아 맞아, 그것도 페이지가 많은 경우에 좋대.

남학생 : 그럼 이것도 검토해 보기로 하자.

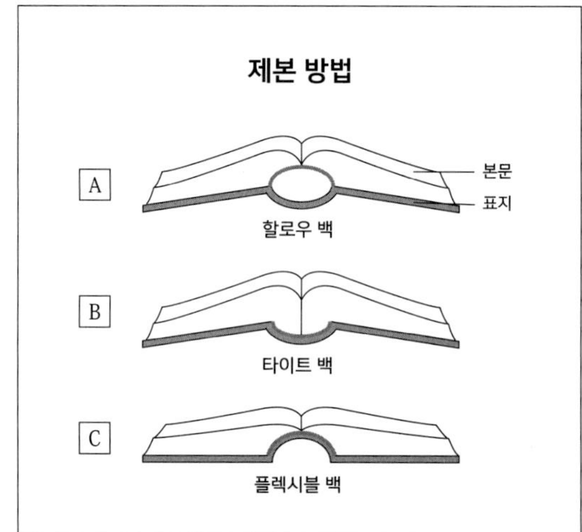

1. A
2. A와 C
3. B와 C
4. C

어휘

論文集(ろんぶんしゅう) 논문집 | 製本(せいほん) 제본 | 仕方(しかた) 방식 | 長(なが)さ 길이 | 学生全員(がくせいぜんいん) 학생 전원 | 掲載(けいさい)する 게재하다 | ページ 페이지 | フレキシブルバック 플렉시블 백 | 名前(なまえ)の通(とお)り 이름대로 | 背表紙(せびょうし) 책등 | 柔軟(じゅうなん) 유연 | 大量(たいりょう) 대량 | 耐久性(たいきゅうせい) 내구성 | とりあえず 일단 | 候補(こうほ) 후보 | 表紙(ひょうし) 표지 | 本文(ほんぶん) 본문 | 隙間(すきま) 틈 | 検討(けんとう)する 검토하다

19番

男子学生と女子学生がアメリカの採用経路について話しています。女子学生が面白いと言っているのはどれですか。

男子学生：それ何？

女子学生：アメリカの就職の経路だって。

男子学生：へえ、日本とずいぶん違うんだね。日本だともっとサイトを利用して就職している人が多いんじゃないかな。

女子学生：そうだよね。インターネットを利用せずに就職をしている人が多いのがすごく興味深いと思う。

男子学生：アメリカの方が日本よりも情報化に力を入れているイメージがあるのにね。ただ、この項目は、大学のホームページ内の就職支援サイトを使っているかもしれないし、インターネットを通しての就職かもしれないよ。

女性学生：そうだね。でも、これとかは就職したい企業の人に直接アプローチしたってことだし、これなんかはその企業に直接行ったってことでしょ。すごく面白いよ。

男子学生：やっぱり企業の人も書類と短い面接だけじゃわからない部分も多いからね。こうした方法で採用をしているのが多いっていうのも納得できるよ。

19번

남학생과 여학생이 미국의 채용 경로에 대해 이야기하고 있습니다. 여학생이 흥미롭다고 말하고 있는 것은 어느 것인가요?

남학생 : 그건 뭐야?

여학생 : 미국의 취업 경로래.

남학생 : 오, 일본이랑은 많이 다르네. 일본은 사이트를 이용해서 취업하는 사람이 더 많지 않을까?

여학생 : 맞아. 인터넷을 이용하지 않고 취업하는 사람이 많은 게 굉장히 흥미로운 것 같아.

남학생 : 미국이 일본보다 정보화에 힘쓰는 이미지가 있는데도 말이야. 근데 이 항목은 대학 홈페이지 내의 취업 지원 사이트를 이용한 걸 수도 있고 인터넷을 통한 취업일 수도 있어.

여학생 : 그러게. 하지만 이건 취업하고 싶은 회사 사람에게 직접 접근했다는 거고 이건 그 기업에 직접 갔다는 거잖아. 진짜 신기해.

남학생 : 역시 회사 사람들도 서류와 짧은 면접만으로는 알 수 없는 부분이 많으니까. 이런 방법으로 채용하는 일이 많다는 게 납득은 돼.

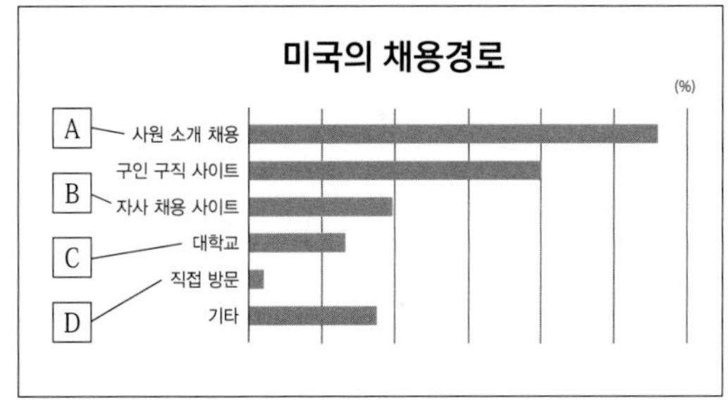

1. A와 B
2. A와 D
3. B와 C
4. C와 D

어휘

アメリカ 미국 | 就職 취업 | 経路 경로 | ずいぶん 꽤 | 違う 다르다 | サイト 사이트 | インターネット 인터넷 | 興味深い 흥미 깊다 | 情報化 정보화 | 力を入れる 힘쓰다 | イメージ 이미지 | 項目 항목 | ホームページ 홈페이지 | 就職支援サイト 취업 지원 사이트 | アプローチ 접근 | 書類 서류 | 面接 면접 | 納得できる 납득할 수 있다

20番

男子学生と女子学生が仕事にかかる時間について話しています。男子学生と女子学生の話によれば大学でレポートを書くときに計算に含めなくてもいい時間はどれですか。

男子学生：先生が話していた仕事にかかる時間についての話って覚えてる？

女子学生：うん、何もしない無駄な時間も想定しておかないといけないっていう点はすごく納得したよ。

男子学生：それで、これってさ。大学での勉強にも応用できるよね。例えば、レポートの書くときの計画を作るときにも参考になると思う。レポートを書くための資料集めとかは準備の作業ってことになるし、メインの仕事の作業はレポートを書く時間そのものってことになる。

女子学生：そうだね。でも、レポートを完成させたらレポートに関する作業は終わりだから、この部分はレポート作成の際には計算に入れなくてもいいんじゃないかな。

男子学生：なるほど。それってレポートでいうと、採点とかの作業になるから、学生じゃなくて先生がすることだね。

20번

남학생과 여학생이 일에 소요되는 시간에 관해 이야기하고 있습니다. 남학생과 여학생의 대화에 따르면 과제를 작성할 때 계산에 포함시키지 않아도 되는 시간은 어느 것인가요?

남학생 : 선생님이 말씀하셨던 일에 소요되는 시간에 관한 이야기 기억나?

여학생 : 응, 아무 것도 하지 않는 쓸모 없는 시간도 염두에 둬야 한다는 말이 굉장히 이해가 갔어.

남학생 : 그래서 말인데 이거 대학 공부에도 응용 가능하지 않을까? 예를 들면 과제 작성 계획을 세울 때에도 참고할 수 있을 것 같아. 과제를 작성하기 위한 자료 수집 같은 건 준비 작업이고 메인 업무 작업은 과제를 작성하는 시간인 거지.

여학생 : 그러게. 하지만 과제를 완성하고 나면 과제 관련 작업은 끝난 거니까 이 부분은 과제 작성 시에는 계산하지 않아도 되지 않을까?

남학생 : 그러게. 이건 과제로 치면 채점 작업 같은 거니까 학생이 아니고 선생님이 하는 거네.

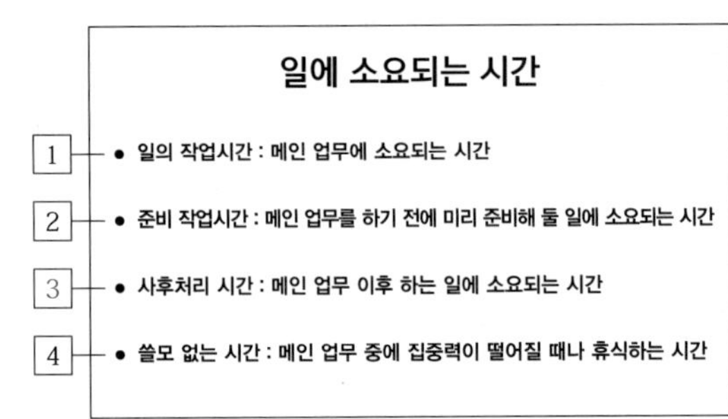

일에 소요되는 시간
1 ● 일의 작업시간 : 메인 업무에 소요되는 시간
2 ● 준비 작업시간 : 메인 업무를 하기 전에 미리 준비해 둘 일에 소요되는 시간
3 ● 사후처리 시간 : 메인 업무 이후 하는 일에 소요되는 시간
4 ● 쓸모 없는 시간 : 메인 업무 중에 집중력이 떨어질 때나 휴식하는 시간

어휘

かかる 소요되다 | 覚(おぼ)える 기억하다 | 無駄(むだ)な時間(じかん) 쓸모 없는 시간 | 想定(そうてい)する 염두에 두다 | 納得(なっとく)する 납득하다 | 応用(おうよう) 응용 | レポート 과제 | 計画(けいかく) 계획 | 参考(さんこう)になる 참고가 되다 | 資料集(しりょうあつ)め 자료 모으기 | 準備(じゅんび) 준비 | メインの仕事(しごと) 주된 업무 | 完成(かんせい)させる 완성시키다 | 終(お)わり 끝 | 計算(けいさん)に入(い)れる 계산에 넣다 | 採点(さいてん) 채점

EJU 일본어 청해 출제 예상문제 정답 및 해석

청해 정답

p.153

문제	번호	정답	문제	번호	정답	문제	번호	정답	문제	번호	정답
1番	1	1	8番	8	1	15番	15	3	22番	22	4
2番	2	2	9番	9	1	16番	16	2	23番	23	1
3番	3	2	10番	10	4	17番	17	4	24番	24	2
4番	4	2	11番	11	1	18番	18	1	25番	25	3
5番	5	4	12番	12	3	19番	19	1	26番	26	4
6番	6	1	13番	13	2	20番	20	4	27番	27	4
7番	7	3	14番	14	4	21番	21	3			

청해 스크립트 및 해석

20_1~6번

1番

先生が、社会学の授業で携帯電話の学校内の使用について話しています。この先生は、学校内では携帯電話をどのようにしたほうがいいと言っていますか。

携帯電話が普及するようになって久しいです。携帯電話が登場したときから問題視されてきたのが、学校での取り扱いをどうするかです。携帯電話は電話という名前がついていますが、電話以外にも様々なことができます。ゲームをダウンロードすればそれで遊ぶこともできます。そのため、携帯電話を学校内では禁止したほうがいいのでないかという声もあります。携帯電話の使用に関してはいろいろと意見があると思いますが、持ち込みに関しては認めてもいいのではないかと私は考えています。現在の子どもは学校が終わった後も塾などに行くことが多く、夜遅くに子どもだけで道を歩くことも少なくありません。防犯の観点からも携帯電話の是非を考えたほうがいいのです。

この先生は、学校内では携帯電話をどのようにしたほうがいいと言っていますか。

1. 校内に持って来ることは認める。
2. 校内への持ち込みを禁止する。
3. 校内での使用を全面的に認める。
4. 先生が使い方をきちんと教育する。

1번

선생님이 사회학 수업에서 휴대전화의 교내 사용에 관해 이야기하고 있습니다. 이 선생님은 교내에서는 휴대전화를 어떻게 하는 것이 좋다고 말하고 있나요?

휴대전화가 보급된 지도 시간이 많이 흘렀습니다. 휴대전화가 등장했을 때부터 문제시되고 있는 것이 학교에서 어떻게 취급할 것인가입니다. 휴대전화는 전화라는 이름이 붙어 있지만 전화 이외에도 다양한 것을 할 수 있습니다. 게임을 다운로드하여 놀 수도 있죠. 그래서 휴대전화를 교내에서는 금지하는 것이 좋지 않냐는 의견도 있습니다. 휴대전화 사용에 관해서는 다양한 의견이 있겠지만 반입은 허용해도 되지 않냐는 것이 제 생각입니다. 현재 아이들은 학교가 끝난 후에도 학원 등에 다니는 일이 많아 밤늦게 아이 혼자 길을 걷는 일도 드물지 않습니다. 방범이라는 시점에서도 휴대전화의 옳고 그름을 생각하는 것이 좋습니다.

이 선생님은 교내에서는 휴대전화를 어떻게 하는 것이 좋다고 말하고 있나요?

1. 교내에 가져오는 것은 허용한다.
2. 교내 반입을 금지한다.
3. 교내에서의 사용을 전면적으로 허용한다.
4. 선생님이 사용법을 제대로 교육한다.

어휘

携帯電話(けいたいでんわ) 휴대전화 | 普及(ふきゅう) 보급 | 久(ひさ)しい 오래되다 | 登場(とうじょう) 등장 | 問題視(もんだいし) 문제시 | 取(と)り扱(あつか)い 취급 | 遊(あそ)ぶ 놀다 | 禁止(きんし) 금지 | 声(こえ) 목소리, 의견 | 持(も)ち込(こ)み 반입 | 認(みと)める 허용하다 | 塾(じゅく) 학원 | 夜遅(よるおそ)く 밤늦게 | 防犯(ぼうはん) 방범 | 是非(ぜひ) 옳고 그름

2番

先生が生涯学習について話しています。この先生は、生涯学習にはどのような効果があると言っていますか。

生涯学習という言葉が広がるようになって大分経ちました。大学を卒業し、就職した後でも、もう一度大学に戻って勉強し直したり、大学以外の様々な機会を通して勉強をやり直す人が少しずつですが増えてきています。

こうした大人になってからの学びによって得るものはこれまで「人生をより豊かにする」などの抽象的な言葉で表現されてきました。しかし、近年の調査で明確な利点が判明しました。大学などで学び直した人々は、より専門性を深めたり、新しい専門性を身につけることができます。結果として、賃金を含めより好条件の職場に転職できる可能性が高まったり、より責任のある仕事を任されたりと、キャリアアップに役立つことがわかったのです。

この先生は、生涯学習にはどのような効果があると言っていますか。

1. キャリアアドバイザーとしての必要な知識を得られる。
2. 収入や職位を向上させる機会を得やすくなる。
3. 研究者としての深い専門性を高めることができる。
4. 人生の中の学ぶことによる喜びに気づく。

2번

선생님이 평생학습에 관해 이야기하고 있습니다. 이 선생님은 평생 학습에는 어떤 효과가 있다고 말하고 있나요?

평생 학습이라는 말이 확산된 지도 꽤 시간이 지났습니다. 대학을 졸업하고 취직한 후에도 다시 한번 대학에 돌아가 공부하거나 대학 이외의 다양한 기회를 통해 다시 공부하는 사람이 조금씩이지만 늘고 있습니다.

이렇게 성인이 된 후의 배움을 통해 얻는 것은 지금까지 '인생을 보다 풍요롭게 한다'는 등의 추상적인 말로 표현되어 왔습니다. 하지만 최근 조사로 명확한 이점이 판명되었습니다. 대학 등에서 다시 공부한 사람들은 보다 전문성을 심화시키거나 새로운 전문성을 습득할 수 있습니다. 결과적으로 임금을 포함하여 더 좋은 조건의 직장으로 이직할 수 있는 가능성이 높아지거나 더 책임 있는 일을 담당하는 등 커리어 향상에 도움이 된다는 것을 알게 된 것입니다.

이 선생님은 평생 학습에는 어떤 효과가 있다고 말하고 있나요?

1. 커리어 상담사로서 필요한 지식을 얻을 수 있다.
2. 수입이나 직위를 향상시킬 기회가 늘어난다.
3. 연구자로서 전문성을 심화시킬 수 있다.
4. 인생에서의 배움의 즐거움을 느낄 수 있다.

어휘

生涯学習 평생 학습 | 大分 꽤 | 経つ 경과하다 | ～し直す 다시 ～하다 | 機会 기회 | やり直す 다시 하다 | 学び 배움 | 豊か 풍족함 | 抽象的 추상적 | 近年 최근 | 専門性を深める 전문성을 심화시키다 | 身につける 습득하다 | 賃金 임금 | 好条件 좋은 조건 | 転職 이직 | キャリアアップ 커리어 향상 | 役立つ 도움이 되다

3番

先生がイッカクという動物について話しています。この先生は、イッカクの牙はどのように生えていると言っていますか。

イッカクはクジラの仲間で、海で暮らす哺乳類です。イッカクという一つの角という意味の名前ですが、その名前の通りイッカクには角のようなものが一本生えてます。イッカクは、これを使って、オス同士で優劣を決めるための戦いを行ったり、獲物を捕らえたりします。動物の角というものは普通は頭上から生えているものです。しかし、イッカクの角のようなものは、実は牙なのです。したがって、頭上からではなく、口の上の辺りから正面に向かって生えています。角の多くは頭の骨が変形したものなので頭から生えているのですが、イッカクのそれは歯が変形したものであるためそのように生えているのです。

3번

선생님이 일각고래라는 동물에 관해 이야기하고 있습니다. 이 선생님은 일각고래의 어금니가 어떻게 나 있다고 말하고 있나요?

일각고래는 고래의 동류로 바다에 서식하는 포유류입니다. 일각은 하나의 뿔이라는 의미의 이름인데 이 이름처럼 일각고래에게는 뿔 같은 것이 하나 돋아 있습니다. 일각고래는 이것을 사용하여 수컷끼리 우월을 정하기 위해 싸우거나 먹잇감을 잡기도 합니다. 동물의 뿔은 보통 머리 위에 자랍니다. 그러나 일각고래의 뿔 같은 것은 사실 어금니입니다. 따라서 머리 위가 아닌 입 위쪽에서 정면을 향해 솟아있습니다. 대부분의 뿔은 머리 뼈가 변형된 것이므로 머리에서 자라지만 일각고래는 치아가 변형된 것이므로 그런 식으로 나는 것입니다.

この先生は、イッカクの牙はどのように生えていると言っていますか。

1. 頭上から上に向かって生えている。
2. 顔に対して前に向かって生えている。
3. 歯のように複数が並んで生えている。
4. シカの角のように枝分かれして生えている。

이 선생님은 일각고래의 어금니가 어떻게 나 있다고 말하고 있나요?

1. 머리 위에서 위를 향해 나 있다.
2. 얼굴에서 앞을 향해 나 있다.
3. 치아처럼 여러 개가 나열되어 나 있다.
4. 사슴 뿔처럼 갈라져서 나 있다.

어휘

イッカク 일각고래 | クジラ 고래 | 仲間 동류 | 海 바다 | 暮らす 살다 | 哺乳類 포유류 | 生える 자라다 | オス 수컷 | 優劣を決める 우열을 정하다 | 獲物を捕える 먹잇감을 잡다 | 角 뿔 | 頭上 머리 위 | 牙 어금니 | 骨 뼈 | 変形する 변형하다 | 歯 치아 | 枝分かれする 갈라지다

4番

先生がカップの種類について話しています。この先生は、口が小さいカップにはどのような特徴の飲み物が適していると言っていますか。

カップの種類の中に、コーヒーカップとティーカップがあります。この2つのカップの違いは、まず、コーヒーカップは口が小さいということです。口が小さいと空気に触れる面積が小さくなるため、中に入っている飲み物の温度が冷めにくいという特徴があります。コーヒーは沸騰させた直後のお湯ではなく、90度前後の温度が適しているとされます。80度くらいが適切だという人もいます。これはそれほど高い温度とは言えないため、冷めやすいカップだと、あっという間に飲み物の温度が下がり、味が変わってしまいます。そのため、コーヒーはコーヒーカップと非常に相性が良いのです。紅茶の場合だと、100度で入れるのが好ましいとされていますから、むしろ人間が飲むのに適切な温度に冷めるまで待つ必要があります。そのため、紅茶を飲みたいのなら、コーヒーカップよりもティーカップの方が良いのです。

この先生は、口が小さいカップにはどのような特徴の飲み物が適していると言っていますか。

1. 紅茶のように香りを楽しむ飲み物
2. すぐに温度が下がると困る飲み物
3. 100度近くの温度の飲み物
4. コーヒーのように苦い飲み物

4번

선생님이 컵 종류에 대해 말하고 있습니다. 이 선생님은 입구가 작은 컵은 어떤 특징의 음료가 적합하다고 말하고 있나요?

컵의 종류에는 커피 컵이나 티 컵이 있습니다. 이 두 컵의 차이는 우선 커피 컵은 입구가 작습니다. 입구가 작으면 공기와 닿는 면적이 적어지므로 안에 든 음료의 온도가 잘 식지 않는다는 특징이 있습니다. 커피는 끓인 직후의 뜨거운 물이 아니라 90도 내외의 온도가 적절하다고 합니다. 80도 정도가 적절하다는 사람도 있습니다. 이는 그렇게 높은 온도가 아니기 때문에 식기 쉬운 컵이면 순식간에 음료의 온도가 내려가 맛이 변해 버립니다. 때문에 커피는 커피 컵과 매우 궁합이 좋습니다. 홍차의 경우 100도에 우리는 것이 좋다고 하므로 오히려 사람이 마시기에 적합한 온도로 식을 때까지 기다릴 필요가 있습니다. 때문에 홍차를 마시고 싶다면 커피 컵보다 티 컵이 좋습니다.

이 선생님은 입구가 작은 컵은 어떤 특징의 음료가 적합하다고 말하고 있나요?

1. 홍차처럼 향을 즐기는 음료
2. 금방 온도가 내려가면 곤란한 음료
3. 100도에 가까운 온도의 음료
4. 커피처럼 쓴 음료

어휘

カップ 컵 | 種類 종류 | コーヒーカップ 커피 컵 | ティーカップ 티 컵 | 空気に触れる 공기와 접촉하다 | 面積 면적 | 飲み物 음료 | 冷めにくい 식기 어렵다 | 沸騰させる 끓이다 | お湯 뜨거운 물 | 適している 적합하다 | あっという間 순식간 | 相性が良い 궁합이 좋다 | 紅茶 홍차 | 好ましい 바람직하다 | 香り 향기 | 困る 곤란하다 | 苦い 쓰다

5番

先生が、共働きと家事について話しています。この先生は子どもがいる家庭と家事について、どのように言っていますか。

共働き世帯が増えています。そのため、今までのように家事に労力を割くのが難しくなってきています。そこで、家事負担を軽くするために各家庭の家事のやり方に様々な変化が出ています。その一つが、食事に関するものです。以前よりも、簡単な料理や冷凍食品などといった手間のかからない食事で済ませる場合が増えているのです。このような状況に対して、子どもがいないならそれでもいいかもしれないが、子どもがいるなら、そのような手抜き料理は許されないと考える人もいます。しかし、子どもがいたとしても、共働きという状況から考えて、専業主婦が主流だった時代と同じ手間をかけるのは、無理があると思います。栄養バランスをきちんと考えれば、多少手抜きになってしまっても問題はないと思いますし、むしろ、変に無理をして家事自体を苦痛に感じてしまうことの方が問題だと思います。これは料理以外の家事にも言えることです。

この先生は子どもがいる家庭と家事について、どのように言っていますか。

1. 子どものために、栄養バランスの優れた和食中心の食事にした方がいい。
2. 子どもがいるのなら、せめて料理くらいは手間を掛けるべきである。
3. たとえ子どもがいても、子どものことは気にせずに自由にすべきだ。
4. 子どもがいても、過度に家事に労力を割かなくてもいい。

5번

선생님이 맞벌이와 가사에 대한 이야기를 하고 있습니다. 이 선생님은 아이가 있는 가정과 가사에 대해 어떻게 말하고 있나요?

맞벌이 세대가 늘고 있습니다. 때문에 지금까지처럼 가사에 노동력을 할애하는 것이 어려워지고 있습니다. 그래서 가사부담을 경감하기 위해서 각 가정의 가사에도 다양한 변화가 일어나고 있습니다. 그 중 하나가 식사와 관련된 것입니다. 예전보다 간단한 요리나 냉동식품 등 수고가 덜 드는 식사로 해결하는 경우가 늘고 있습니다. 이러한 상황에 대해 아이가 없으면 그래도 괜찮지만 아이가 있다면 그런 허술한 식사는 용인할 수 없다고 생각하는 사람도 있습니다. 하지만 아이가 있어도 맞벌이라는 상황을 고려하면 전업주부가 주류였던 시대와 같은 수고를 들이는 것은 무리가 있습니다. 영양균형을 잘 고려하면 조금 대충 만들어도 문제는 없다고 생각하고 오히려 괜히 무리해서 가사 자체를 괴롭게 느끼는 것이 문제라고 생각합니다. 이는 요리 이외의 가사도 동일합니다.

선생님은 아이가 있는 가정과 가사에 대해 어떻게 말하고 있나요?

1. 아이를 위해 영양균형을 우선한 일식 중심의 식사를 하는 것이 좋다.
2. 아이가 있다면 적어도 요리 정도는 공을 들여야 한다.
3. 아이가 있다고 해도 아이는 신경쓰지 말고 자유롭게 해야 한다.
4. 아이가 있어도 과도하게 가사에 노동력을 할애하지 않아도 괜찮다.

어휘

共働き(ともばたら) 맞벌이 | 家事(かじ) 가사 | 世帯(せたい) 세대 | 増える(ふ) 늘다 | 労力(ろうりょく)を割く(さ) 노동력을 할애하다 | 家事負担(かじふたん) 가사 부담 | 軽く(かる)する 경감하다 | 冷凍食品(れいとうしょくひん) 냉동식품 | 手間(てま)のかからない 수고가 들지 않는 | 済ませる(す) 해결하다 | 手抜き(てぬ) 허술한 | 専業主婦(せんぎょうしゅふ) 전업주부 | 主流(しゅりゅう) 주류 | 栄養(えいよう)バランス 영양 균형 | 苦痛(くつう)に感じる(かん) 괴롭게 느끼다 | 優れた(すぐ) 뛰어난 | 和食中心(わしょくちゅうしん)の食事(しょくじ) 일식 중심의 식사 | せめて 최소한 | 過度(かど)に 과도하게

6番

先生が50年前の社会について話しています。この先生は、50年前から現在までの間にどのような変化があったと言っていますか。

50年前の時代を懐かしむ声が多数ありますが、その時代の負の面もきちんと見ておく必要があります。

6번

선생님이 50년 전의 사회에 대해 이야기하고 있습니다. 이 선생님은 50년 전부터 현재까지 어떤 변화가 있었다고 말하고 있나요?

50년 전 시대를 그리워하는 목소리가 많지만 그 시대의 부정적인 측면도 제대로 봐 둘 필요가 있습니다.

例えば、50年前ではどこでもタバコを吸うことができ電車や飛行機の中でさえタバコを吸う人がいるのが普通でした。今では、喫煙所などを除き多くの場所でたばこを吸う事はできません。このような今の状況は昔を懐かしむ人から見れば、不自由になったというようにみえるでしょう。他にも、昔は教師に権威があったなどと言う人もいますが、この時代は、教師が体罰を行うのが普通の時代でした。つまり、50年前の社会は、非喫煙者という少数派や生徒という弱い立場の人たちは軽視されていた時代でもあったわけです。現在は一人一人の権利に関する意識が高まりその状況が改善された時代とも言えるのです。

この先生は、50年前から現在までの間にどのような変化があったと言っていますか。

1. 多数派や強者以外の人権も配慮されるようになった。
2. 少数派の人権が多数派よりも重視されるようになった。
3. タバコを吸う権利が重視され自由に喫煙ができるようになった。
4. 教師の権利が拡大し生徒に強硬な態度を取れるようになった。

예를 들어 50년 전에는 어디서든 담배를 피울 수 있어 전철이나 비행기 안에서조차 담배를 피는 사람이 있는 것이 일반적이었습니다. 지금은 흡연소 등을 제외하면 대부분의 장소에서 담배를 피울 수 없습니다. 이러한 지금의 상황은 과거를 그리워하는 사람 입장에서는 자유롭지 못해진 것처럼 보일 것입니다. 그 외에도 과거에는 교사에게 권위가 있었다는 사람도 잇는데 그 시대는 교사가 체벌을 하는 것이 일반적인 시대였습니다. 즉 50년 전 사회는 비흡연자라는 소수파나 학생이라는 약한 입장의 사람들이 경시된 시대이기도 했던 것입니다. 현재는 한 사람 한 사람의 권리에 대한 의식이 고조되어 그러한 상황이 개선된 시대라고도 할 수 있습니다.

이 선생님은 50년 전부터 현재까지 어떤 변화가 있었다고 말하고 있나요?

1. 다수파나 강자 이외의 인권도 배려되게 되었다.
2. 소수파의 인권이 다수파보다 중시되게 되었다.
3. 담배를 피울 권리가 중시되어 자유롭게 흡연할 수 있게 되었다.
4. 교사의 권리가 확대되어 학생에게 강경한 태도를 취할 수 있게 되었다.

어휘

懐(なつ)かしむ 그리워하다 | 負(ふ)の面(めん) 부정적인 면 | きちんと 제대로 | タバコを吸(す)う 담배를 피우다 | 電車(でんしゃ) 전철 | 飛行機(ひこうき) 비행기 | 喫煙所(きつえんじょ) 흡연소 | 教師(きょうし) 교사 | 権威(けんい) 권위 | 体罰(たいばつ)を行(おこな)う 체벌하다 | 非喫煙者(ひきつえんしゃ) 비흡연자 | 少数派(しょうすうは) 소수파 | 生徒(せいと) 학생 | 弱(よわ)い立場(たちば) 약한 입장 | 軽視(けいし)される 경시되다 | 権利(けんり) 권리 | 意識(いしき)が高(たか)まる 의식이 고조되다 | 強硬(きょうこう)な態度(たいど)を取(と)る 강경한 태도를 취하다

21_7~9번

7番

先生が「あそび」について話しています。この先生は、「あそび」には何の役割があると言っていますか。

工学では２つ以上のものをつなぎ合わせて機械を作るときに余分な隙間を作ります。この隙間を「あそび」といいます。この「あそび」という部分は、必要不可欠です。というのも、機械は衝撃によって変形したりすることがよくあるのですが、「あそび」を作ることによって、そのような変形があっても使用できるようになるのです。これは、人間の心にも言えることです。心にも「あそび」が必要です。心の隙間、要するに、余裕が不可欠なのです。この「あそび」の部分がないと、大きな状況の変化に対応できずに心が健全に働かなくなってしまいます。「あそび」というのは、機械であれ心であれ衝撃の中でも健全さを保つために必要なものなのです。これが「あそび」の持つ役割です。

7번

선생님이 '아소비'에 대해 이야기하고 있습니다. 이 선생님은 '아소비'에는 어떤 역할이 있다고 말하고 있나요?

공학에서는 2가지 이상의 것을 연결하여 기계를 만들 때 여분의 틈을 만듭니다. 이 틈을 '아소비'라고 합니다. 이 '아소비'라는 부분은 필요 불가결합니다. 기계는 충격에 의해 변형되는 일이 잦은데 '아소비'를 만들어 두면 그런 변형이 일어나도 사용할 수 있기 때문입니다. 이는 인간의 마음에도 대입할 수 있습니다. 마음에도 '아소비'가 필요합니다. 마음의 틈, 즉 여유가 불가결합니다. 이 '아소비' 부분이 없으면 큰 상황 변화에 대처하지 못해 마음이 건전히 작용하지 못하게 됩니다. '아소비'라는 것은 기계든 마음이든 충격 속에서도 건전함을 유지하기 위해 필요한 것입니다. 이것이 '아소비'가 가진 역할입니다.

この先生は、「あそび」には何の役割があると言っていますか。

1. ストレス発散をする役割
2. 機械に慣れ親しむ役割
3. 変化に柔軟に対応する役割
4. 子どもの心に想像力をもたせる役割

이 선생님은 '아소비'에는 어떤 역할이 있다고 말하고 있나요?

1. 스트레스 발산을 하는 역할
2. 기계에 익숙해지는 역할
3. 변화에 유연하게 대처하는 역할
4. 아이의 마음에 상상력을 불러일으키는 역할

어휘

工学 공학 | つなぎ合わせる 이어붙이다 | 機械 기계 | 余分な隙間 여분의 틈 | 必要不可欠 필요 불가결 | 衝撃 충격 | 変形 변형 | 余裕 여유 | 働く 작용하다 | 健全さを保つ 건전함을 유지하다 | 役割 역할 | ストレス発散 스트레스 발산 | 慣れ親しむ 익숙해지다 | 柔軟に対応する 유연하게 대처하다 | 想像力をもたせる 상상력을 불러일으키다

8番

先生がダイエットについて話しています。この先生が最も言いたいことは何ですか。

日本では、りんごダイエットなど、特定のものだけを食べてダイエットを行うという方法が流行ってきました。このような方法を取る場合、結果的に痩せることはよくあります。このようなダイエット方法をする場合、好きなだけりんごを食べるわけでなく、食べる量を過度に制限するわけですから痩せるのは当然の話です。しかし、私はダイエットを体重を減らすという狭い意味で捉えるのはやめたほうがいいと考えています。ダイエットというのは、健康な体型を実現する行為です。過度のカロリー制限や偏った食事は健康を害する原因となり、ダイエットの本来の意味からはずれることになると考えます。

この先生が最も言いたいことはなんですか。

1. ダイエットの意味を広く考えるべきだ。
2. ダイエットの意味を自分なりに定義するべきだ。
3. 痩せるためにリンゴダイエットは効果はない。
4. 痩せるためにリンゴダイエットは効果がある。

8번

선생님이 다이어트에 대해 이야기하고 있습니다. 이 선생님이 가장 하고 싶은 말은 무엇인가요?

일본에서는 사과 다이어트 등 특정한 음식만을 먹는 다이어트 방법이 유행되어 왔습니다. 이러한 방법을 취할 경우 결과적으로 살이 빠지는 일은 많습니다. 이러한 다이어트 방법을 취할 경우 원하는 만큼 사과를 먹는 것이 아니라 먹을 양을 과도하게 제한하는 것이기 때문에 살이 빠지는 것은 당연합니다. 하지만 저는 다이어트를 체중 감량이라는 좁은 의미로 받아들이는 것은 그만두는 것이 좋다고 생각합니다. 다이어트는 건강한 체형을 실현하는 행위입니다. 과도한 칼로리 제한이나 편중된 식사는 건강을 해치는 원인이 되어 다이어트의 본래 의미에서 벗어나는 것이라고 생각합니다.

이 선생님이 가장 하고 싶은 말은 무엇인가요?

1. 다이어트의 의미를 넓게 생각해야 한다.
2. 다이어트의 의미를 자기 나름대로 정의해야 한다.
3. 살을 빼는데 사과 다이어트는 효과가 없다.
4. 살을 빼는데 사과 다이어트는 효과가 있다.

어휘

りんごダイエット 사과 다이어트 | 特定 특정 | 流行る 유행하다 | 痩せる 살이 빠지다 | 過度に制限する 과도하게 제한하다 | 当然の話 당연한 이야기 | 体重を減らす 체중을 줄이다 | 狭い意味 좁은 의미 | 捉える 받아들이다 | 健康な体型 건강한 체형 | 過度のカロリー制限 과도한 칼로리 제한 | 偏った食事 편중된 식사 | 健康を害する 건강을 해치다

9番

先生が敬語について話しています。この先生は敬語が現在使われているのは、何のためだと言っていますか。

敬語は身分主義のなごりであるから使いたくないという

9번

선생님이 경어에 대해 이야기하고 있습니다. 이 선생님은 경어가 현재 사용되고 있는 것은 이유를 어떻게 말하고 있나요?

경어는 신분주의의 잔재이므로 사용하고 싶지 않다는 외

外国の方の意見を聞いたことがあります。もちろん、敬語はもともとは立場が下のものが上の立場の人に使うものとして発達しました。ですが、現在の敬語を考えてみてください。現在の敬語は、立場が上の人が下の人に使う場合もかなりあります。親しみのある関係であれば、敬語なしで気兼ねなく話すことが必要なことも多々あります。とはいえ、まだ関係がそこまで深まっていない状態でそのような話し方をすると、ついつい踏み入ってはいけない話題にまで触れてしまうことがあります。くだけた話し方は、話し相手との距離感を見失わせてしまうことがあるのです。敬語というのは現在では何よりもそのために使われているのではないかと私は考えています。

この先生は敬語が現在使われているのは、何のためだと言っていますか。

1. 相手との一定の心理的距離を保つため
2. 話し相手への尊敬の念を表すため
3. 相手よりも立場が下であることを示すため
4. 話し相手への親しみを表現するため

국인의 의견을 들은 적이 있습니다. 물론 경어는 원래 낮은 입장의 사람이 높은 입장의 사람에게 사용하는 것으로 발달되었습니다. 하지만 지금의 경어를 생각해 보세요. 지금의 경어는 높은 입장의 사람이 낮은 사람에게 사용하는 경우도 꽤 있습니다. 친한 상대라면 경어 없이 편하게 이야기할 필요가 있는 경우도 종종 있습니다. 하지만 아직 그렇게 깊은 관계가 아닌 상태에서 그러한 말투를 사용하면 무의식 중에 침범해서는 안 될 화제까지 언급하게 되는 경우가 있습니다. 스스럼없는 말투는 대화 상대와의 거리감을 잃게 할 때가 있는 거죠. 경어는 이제 무엇보다도 그런 이유에서 사용되고 있는 것이 아닌가 저는 생각합니다.

이 선생님은 경어가 현재 사용되고 있는 것은 이유를 어떻게 말하고 있나요?

1. 상대와 일정한 심리적 거리감을 유지하기 위해
2. 대화 상대에 대한 존경의 뜻을 표현하기 위해
3. 상대보다 낮은 입장이라는 것을 나타내기 위해
4. 대화 상대에 대한 친근함을 표현하기 위해

어휘

敬語(けいご) 경어 | 身分主義(みぶんしゅぎ) 신분주의 | なごり 자취, 잔재 | 立場(たちば) 입장 | 親(した)しみのある関係(かんけい) 친근한 관계 | ついつい 무의식 중에 | 踏(ふ)み入(い)る 침범하다, 들어가다 | くだけた 스스럼없는 | 距離感(きょりかん)を見失(みうしな)う 거리감을 잃다 | 尊敬(そんけい)の念(ねん)を表(あらわ)す 존경의 뜻을 표현하다

22_10~15번

10番

先生が動物学の授業で動物の飼い方について話しています。この先生は、動物を飼うときに重要なことは何だと言っていますか。

動物を飼うときに一部の飼い主がやってしまうのが愛情の押し付けです。人間と同じように扱い、人間と同じような食べ物を与えないと可愛そうだと考えてしまうのです。こうした考えは、むしろ動物のストレスになることも少なくありません。ですから、動物を飼う際に重要となるのは、動物の視点からものを見て行動することです。動物は動物ごとに様々な習性があります。例えば、人間なら好きな相手をじっと見ることは普通の行為ですが、猫の場合だと、じっと見つめるという行為は敵意を表すことになります。人間のルールではなく、動物のルールを理解し、それにそって行動することが大切なのです。

この先生は、動物を飼うときに重要なことは何だと言っていますか。

1. 人間のルールを動物にも守らせること
2. 我が子も同然の愛情を持って育てること

10번

선생님이 동물학 수업에서 동물 키우는 방법에 관해 이야기하고 있습니다. 이 선생님은 동물을 키울 때 중요한 것은 무엇이라고 말하고 있나요?

동물을 키울 때 일부 주인이 하게 되는 것이 애정을 강요하는 행위입니다. 인간처럼 취급하고 인간과 같은 음식을 주지 않으면 불쌍하다고 생각하는 거죠. 이러한 생각은 오히려 동물에게 스트레스가 되는 일도 적지 않습니다. 그러므로 동물을 키울 때 중요한 것은 동물의 시점에서 보고 행동하는 것입니다. 동물은 동물 별로 다양한 습성이 있습니다. 예를 들어 인간이라면 좋아하는 상대를 응시하는 것은 일반적인 행위이지만 고양이의 경우 응시하는 행위는 적의를 나타내는 것입니다. 인간의 룰이 아닌 동물의 룰을 이해하고 이에 따라 행동하는 것이 중요합니다.

이 선생님은 동물을 키울 때 중요한 것은 무엇이라고 말하고 있나요?

1. 인간의 룰을 동물에게도 지키게 하는 것
2. 자기 자식처럼 애정을 가지고 키우는 것

3. 動物の目を愛情をこめて見つめること
4. 動物の習性にあった行動をすること

3. 동물의 눈을 애정을 가지고 보는 것
4. 동물의 습성에 맞는 행동을 하는 것

어휘

動物学 동물학 | 飼い方 키우는 법 | 飼い主 주인 | 押し付け 강요 | 扱い 취급하다 | 食べ物を与える 음식을 주다 | 視点 시점 | 習性 습성 | じっと見る 응시하다 | 敵意を表す 적의를 나타내다 | ルール 룰 | 我が子も同然の 내 자식과 다름없는 | こめる 담다

11番

先生が、ある企業が始めたインターネットサービスについて話しています。この先生は、この会社の新しいサービスの特徴は何だと言っていますか。

これまでインターネット上でサービスを行ってきたある会社が現在のサービスを一新するという発表をしました。

この会社は、いわゆるSNSサイトを運営して評価されてきました。皆さんも御存知のようにSNSというのは、インターネット上で様々な人と自分の近況・写真などを共有するサービスです。世界中の様々な人がこのサービスを利用するようになり、世界中で情報を共有できるようになりました。ですが、一方で、世界中の人々が情報を共有することによって、個人情報が勝手に不特定多数の人々の間で共有されるなどの問題も起きるようになりました。そこで、この会社は、逆に情報が共有される範囲を狭め、基本的に自分の本当の知人や特別に許可をした人の中でしか情報が公開されないようにしました。これまでのインターネットサービスとは逆の方向ですね。

この先生は、この会社の新しいサービスの特徴は何だと言っていますか。

1. 特定の人しか投稿した情報にアクセスできない。
2. ウェブ上で共有される情報の種類が限定されている。
3. サービスの範囲が広がったためより多く人と情報共有ができる。
4. 不特定多数の人とインターネットを通して知り合える。

11번

선생님이 어떤 기업이 시작한 인터넷 서비스에 대해 이야기하고 있습니다. 이 선생님은 이 회사의 신규 서비스의 특징이 무엇이라고 말하고 있나요?

지금까지 인터넷 상에서 서비스를 해 왔던 한 회사가 현재의 서비스를 새롭게 바꾸겠다고 발표했습니다.

이 회사는 이른바 SNS 사이트를 운영하여 좋은 평가를 받아 왔습니다. 여러분도 아시듯이 SNS는 인터넷 상에서 다양한 사람과 자신의 근황, 사진 등을 공유하는 서비스입니다. 전세계의 다양한 사람들이 이 서비스를 이용하게 되었고 전세계에서 정보를 공유할 수 있게 되었습니다. 하지만 한편으로 전세계 사람들이 정보를 공유함으로써 개인 정보가 마음대로 불특정 다수의 사람들 사이에서 공유되는 등 문제도 발생하게 되었습니다. 그래서 이 회사는 반대로 정보가 공유되는 범위를 좁혀 기본적으로 자신의 실제 지인이나 특별히 허가한 사람 사이에서만 정보가 공개되도록 했습니다. 지금까지의 인터넷 서비스와는 역방향이죠.

이 선생님은 이 회사의 신규 서비스의 특징이 무엇이라고 말하고 있나요?

1. 특정한 사람만 업로드한 정보에 접근할 수 있다.
2. 인터넷 상에서 공유되는 정보 종류가 한정되어 있다.
3. 서비스 범위가 넓어져서 보다 많은 사람과 정보 공유를 할 수 있다.
4. 불특정다수의 사람과 인터넷을 통해 친해질 수 있다.

어휘

インターネット 인터넷 | 一新する 새롭게 바꾸다 | いわゆる 이른바 | 御存知のように 아시다시피 | 近況 근황 | 共有する 공유하다 | 個人情報 개인 정보 | 勝手に 마음대로 | 不特定多数 불특정 다수 | 範囲 범위 | 狭める 좁히다 | 知人 지인 | 逆の方向 역방향 | 投稿する 업로드하다, 인터넷에 글을 쓰다 | アクセス 접근

12番

経済学の授業で先生が日本の通貨について話しています。この先生によれば、5円硬貨に穴を空けるようになったのはどうしてですか。

日本の通貨には、10000円、5000円、2000円、1000円という紙幣の他に、500円、100円、50円、5円、1円という硬貨がありますね。ここで面白いのは、50円や5円という硬貨にはなぜか穴があるということです。外国には穴が空いているお金が少ないですから、外国人の旅行客の中にはこうしたお金をお土産として持って帰る人もいるようですね。50円硬貨に穴が空いているのは単純に100円と区別をしやすくするためなのですが、面白いのは5円硬貨に関する話です。5円硬貨は、最初に作られたときは実は穴が空いていなかったのです。ですが、1950年前後に日本の物価が急増したため、通貨を大量に作らなくてはならず、通貨を作るコストを削減する必要がでてきました。穴を空ければその分だけ、金属が節約できますよね。そのため、当時、5円硬貨に穴が空けられるようになりその名残りが現在でも残っているのです。

この先生によれば、5円硬貨に穴を空けるようになったのはどうしてですか。

1. 100円と区別しやすいから
2. 外国人のお土産にもなるから
3. 硬貨を作る費用が安くなるから
4. 穴が空いている方が縁起が良いから

12번

경제학 수업에서 선생님이 일본의 통화에 대해 이야기하고 있습니다. 이 선생님에 따르면 5엔짜리 동전에 구멍을 내게 된 것은 어째서 인가요?

일본의 통화에는 10000엔, 5000엔, 2000엔, 1000엔과 같은 지폐 외에 500엔, 100엔, 50엔, 5엔, 1엔과 같은 동전이 있죠. 여기서 재미있는 것은 50엔이나 5엔 동전에는 어찌된 일인지 구멍이 있다는 사실입니다. 외국에는 구멍이 뚫린 돈이 적어서 외국인 여행객 중에는 이러한 돈을 기념품으로 가져가는 사람도 있다고 합니다. 50엔 동전에 구멍이 뚫려있는 것은 단순히 100엔과 구별하기 쉽도록 하기 위해서이지만 재미있는 것은 5엔 동전에 관한 이야기입니다. 5엔 동전은 처음 만들어졌을 때 사실 구멍이 뚫려있지 않았습니다. 하지만 1950년 전후에 일본 물가가 급증하여 통화를 대량생산하게 되어 통화 제작 비용을 삭감할 필요성이 생겼습니다. 구멍을 뚫으면 그만큼 금속을 절약할 수 있잖아요? 그래서 당시 5엔 동전에 구멍이 뚫리게 되었고 그 자취가 아직도 남아있는 것입니다.

이 선생님에 따르면 5엔짜리 동전에 구멍을 내게 된 것은 어째서 인가요?

1. 100엔과 구별하기 쉬우므로
2. 외국인의 기념품이 되기도 하므로
3. 동전을 만드는 비용이 저렴해지므로
4. 구멍이 뚫려있는 것이 길하므로

어휘

経済学(けいざいがく) 경제학 | 通貨(つうか) 통화 | 硬貨(こうか) 동전 | 紙幣(しへい) 지폐 | 穴(あな)が空(あ)いている 구멍이 뚫린 | 旅行客(りょこうきゃく) 여행객 | お土産(みやげ) 기념품 | 持(も)って帰(かえ)る 가지고 돌아가다 | コスト 비용 | 削減(さくげん)する 삭감하다 | 金属(きんぞく) 금속 | 節約(せつやく) 절약 | 縁起(えんぎ)が良(よ)い 길한, 재수가 좋은

13番

先生がアベコベガエルというカエルについて話しています。この先生はこのカエルにアベコベガエルという名前がつけられたのはどうしてだと言っていますか。

アベコベガエルというカエルは南米に生息するカエルです。あべこべというは、逆とか反対という意味のあべこべです。このカエルのどこがあべこべなのでしょうか。このカエルも他のカエルと同じように、卵から孵化すると、オタマジャクシになりしばらくは水の中だけで生活します。成長し成体に近づくにつれ足が生えるようになり陸上でも活動ができるようになります。普通のカエルと同じですね。ですが、このカエルは、他のカエルと違い、成体になる前の段階の大きさが非常に大きいのです。その大きさ

13번

선생님이 아베코베 가에루라는 개구리에 관해 이야기하고 있습니다. 이 선생님은 아베코베 가에루라는 이름이 붙은 이유가 무엇이라고 설명하고 있나요?

아베코베가에루(파라독스 개구리)라는 개구리는 남미에 서식하는 개구리입니다. 아베코베라는 말은 거꾸로 또는 반대라는 의미의 あべこべ입니다. 이 개구리의 어디가 아베코베(거꾸로)인 걸까요. 이 개구리도 다른 개구리처럼 알에서 부화하면 올챙이가 되어 당분간은 물 속에서만 생활합니다. 성장하여 성체가 되면서 다리가 나오고 육지에서도 활동할 수 있게 됩니다. 일반적인 개구리와 동일하죠. 하지만 이 개구리는 다른 개구리와 달리 성체가 되기 전 단계의 크기가 매우

は25cmにも達します。大きさとアベコベという名前とは関係のないように思うかもしれませんが、なんとこのカエルは、成体になると4cmほどになってしまうのです。成長すると、逆に小さくなってしまうことから「アベコベガエル」という名前がつけられたのです。

この先生はこのカエルにアベコベガエルという名前がつけられたのはどうしてだと言っていますか。

1. 成体になると非常に大きく成長するから
2. 大人になるとサイズが縮んでしまうから
3. 陸上で生活できるようになるから
4. アベコベ模様と呼ばれる柄がついているから

큽니다. 그 크기는 25cm에 달합니다. 크기와 아베코베라는 이름은 무관하다고 생각하실지도 모르지만 이 개구리는 성체가 되면 4cm 정도 크기로 작아집니다. 성장하면 반대로 작아지기 때문에 '아베코베 가에루(파라독스 개구리)'라는 이름이 붙은 것이죠.

이 선생님은 아베코베 가에루라는 이름이 붙은 이유가 무엇이라고 설명하고 있나요?

1. 성체가 되면 매우 크게 성장하므로
2. 어른이 되면 사이즈가 줄어들기 때문에
3. 육지에서 생활할 수 있게 되므로
4. 아베코베 모양이라고 불리는 무늬가 있어서

어휘

アベコベガエル 파라독스 개구리 | 南米(なんべい) 남미 | 生息(せいそく)する 서식하다 | あべこべ 거꾸로, 반대 | 卵(たまご) 알 | 孵化(ふか)する 부화하다 | オタマジャクシ 올챙이 | 足(あし)が生(は)える 다리가 나오다 | 成体(せいたい) 성체 | ～につれ ～함에 따라 | 縮(ちぢ)む 줄어들다 | 模様(もよう) 모양 | 柄(がら) 무늬

14番

先生が欧米と日本の学校制度について話しています。この先生は、日本が４月から始まるのはどうしてだと言っていますか。

欧米と日本では、学校が始まる時期が違いますね。欧米の多くの国では９月から学校に入学しますが、日本の場合は４月からです。欧米で９月入学が多いのは、農業の影響が大きいと言われています。欧米では、７月から８月は小麦などの収穫のために非常に忙しく、昔だとこの時期は子どもも農業を手伝わないといけません。そのため、ちょうど忙しくなくなる９月を学校の始まりの時期に設定したと言われています。一方、日本は農業とは別の理由が関係しています。学校運営にはお金が必要ですが、その運営のための資金の一部または全ては政府によってまかなわれます。そのため、学校も政府の予算のスケジュールと同じようなスケジュールを組んだほうが合理的なのです。予算を含め日本の政府の業務は４月にその年の仕事を始め、翌年の３月に終わるという仕組みですから、学校もそれを考えた日程になっているのです。

この先生は、日本が４月から始まるのはどうしてだと言っていますか。

1. ４月は農業の仕事が減って時間的な余裕があるから
2. ４月に勉強をするのにちょうどいい気候になるから
3. ４月は大手企業が予算計画を決定する時期だから
4. ４月に業務を開始する政府に合わせたから

14번

선생님이 구미와 일본의 학교 제도에 관해 이야기하고 있습니다. 이 선생님은 일본이 4월부터 시작하는 이유를 어떻게 설명하고 있나요?

구미와 일본에서는 학교가 시작하는 시기가 다르죠. 구미의 대부분의 국가는 9월부터 학교에 입학하지만 일본은 4월부터입니다. 구미에 9월 입학이 많은 이유는 농업의 영향이 크다고 합니다. 구미에서는 7월부터 8월은 밀 등의 수확 때문에 매우 바빠서 옛날에는 아이들도 이 시기에는 농사를 도와야 했습니다. 그렇기 때문에 마침 한가해지는 9월을 학교가 시작하는 시기로 설정했다고 합니다. 한편 일본은 농업과는 다른 이유가 관계되어 있습니다. 학교 운영에는 자금이 필요한데 그 운영을 위한 자금의 일부 또는 전부는 정부가 조달합니다. 때문에 학교도 정부 예산 일정과 같은 일정을 짜는 것이 합리적인 것이죠. 예산을 포함한 일본 정부의 업무는 4월에 그 해 업무를 시작하고 다음 해 3월에 끝나는 형태이므로 학교도 이를 고려하여 계획이 짜여져 있습니다.

이 선생님은 일본이 4월부터 시작하는 이유를 어떻게 설명하고 있나요?

1. 4월은 농사일이 줄어 시기적으로 여유가 있으므로
2. 4월이 공부하기 딱 좋은 기후이므로
3. 4월은 대기업이 예산 계획을 결정하는 시기이므로
4. 4월에 업무를 시작하는 정부에 맞췄으므로

어휘

欧米 구미 | 学校制度 학교 제도 | 時期 시기 | 違う 다르다 | 入学 입학 | 農業 농업 | 影響が大きい 영향이 크다 | 小麦 밀 | 収穫 수확 | 非常に忙しい 매우 바쁘다 | 昔 옛날 | 手伝う 돕다 | 学校運営 학교 운영 | 資金 자금 | 政府 정부 | まかなう 조달하다 | 予算 예산 | スケジュールを組む 일정을 짜다 | 合理的 합리적 | 業務 업무 | 翌年 다음 해 | 仕組み 시스템, 제도 | 気候 기후

15番

男子学生と女子学生が他学部の授業について話しています。この女子学生は、自分にとってこの授業のどんな点がよかったと言っていますか。

男子学生：ねえ、経営学部の授業を受けに行ったんだよね。

女子学生：うん、他学部の授業を取れる制度があるからね。経営学部に興味あったから受講してみたの。

男子学生：それで、どうだった？

女子学生：私が所属している経済学部でもう習った部分が多くて、あまり知識の面では得たものは多くない気がするなあ。

男子学生：へえ、僕も受講を考えてたんだけどやめたほうがいいかな。

女子学生：いや、私と一緒に受けた友達は経営について勉強できたって言ってたよ。たぶん、同じようなテーマの授業を取ったことなかったらいろいろと勉強になるんだと思う。

男子学生：うーん、悩むなあ。

女子学生：それに、知識以外の面では私にとって得るものがたくさんあったよ。経済学部よりも、学生同士で討論させる形式が多くて、自分の意見を人に伝える練習になった。

男子学生：そうか。じゃあ、やっぱり受講しようかな。

この女子学生は、自分にとってこの授業のどんな点がよかったと言っていますか。

1. 専門性を広げられるところ
2. 新しい知識を得られるところ
3. 学生間で話し合う機会が多いところ
4. 経済学部との共通点が多いところ

15번

남학생과 여학생이 타 학부 수업에 대해 이야기하고 있습니다. 이 여학생은 자신에게 이 수업은 어떤 점이 좋았다고 말하고 있나요?

남학생 : 저기, 경영학부 수업 들으러 갔었지?

여학생 : 응, 다른 학부 수업을 들을 수 있는 제도가 있으니까. 경영학부에 관심이 있어서 수강해봤어.

남학생 : 그래서 어땠어?

여학생 : 내가 소속된 경제학부에서 이미 배운 부분이 많아서 별로 지식적인 면에서는 얻은 게 많지 않은 것 같아.

남학생 : 흐음, 나도 수강할까 했는데 안 하는 게 나을까?

여학생 : 아니 나랑 같이 들은 친구는 경영에 관해 공부할 수 있었다고 하던데? 아마 비슷한 주제의 수업을 들은 적이 없으면 공부가 많이 될 거야.

남학생 : 음, 고민되네.

여학생 : 그리고 지식 이외의 면에서는 나도 얻을 게 많았어. 경제학부보다 학생끼리 토론시키는 형식이 많아서 자신의 의견을 사람들에게 전달하는 연습이 됐어.

남학생 : 그래? 그럼 역시 수강해 볼까?

이 여학생은 자신에게 이 수업은 어떤 점이 좋았다고 말하고 있나요?

1. 전문성을 넓힐 수 있는 점
2. 새로운 지식을 얻을 수 있는 점
3. 학생끼리 대화할 기회가 많은 점
4. 경제학부와 공통점이 많은 점

어휘

他学部 타 학부 | 授業 수업 | 経営学部 경영학부 | 授業を受ける 수업을 받다, 수강하다 | 制度 제도 | 興味ある 흥미 있는 | 受講する 수강하다 | 所属 소속 | 経済学部 경제학부 | 習う 배우다 | 知識の面 지식 면 | 得る 얻다 | テーマ 주제 | 学生同士 학생끼리 | 討論 토론 | 形式 형식 | 意見 의견 | 人に伝える 사람에게 전달하다 | 練習 연습 | 専門性 전문성 | 共通点 공통점

23_16~24번

16番

女子学生と男子学生が大学までの通学方法について話しています。この女子学生は、これから何をしますか。

女子学生：大学までの道が遠いんだけど、どうすればいいかな。

男子学生：僕はスクーターで通学してるよ。免許も一日で取れるし、大学まですごく早く行けるよ。

女性学生：スクーターね。

男子学生：免許を取るのもそんなにお金はいらないしね。ああ、でも、スクーター自体はもちろん安くはないから少しまとまったお金はいるよね。

女子学生：お金はアルバイトで貯めてるから大丈夫だと思う。じゃあ、決めた。免許取りに行こう。

男子学生：ちょっとまって、一応、確認しておくけど今住んでいるところにスクーターを置く場所ある？場所があるかどうか大家さんに確認しておいたほうがいいよ。

女子学生：ああ、そういえば。大家さんに確認しておくよ。

この女子学生は、これから何をしますか。

1. スクーターの免許を取りに行く。
2. 駐車スペースの有無を確かめる。
3. スクーターを買いに行く。
4. スクーターで大学に行く。

16번

여학생과 남학생이 대학교까지의 통학 방법에 관해 이야기하고 있습니다. 이 여학생은 지금부터 무엇을 할까요?

여학생 : 대학교까지 가는 길이 먼데 어떻게 하면 좋을까?

남학생 : 나는 스쿠터로 통학하고 있어. 면허도 하루 만에 딸 수 있고 학교까지 아주 빨리 갈 수 있어.

여학생 : 스쿠터?

남학생 : 면허 따는데 돈도 그렇게 많이 안 들어. 아, 그런데 스쿠터 자체는 물론 저렴하지 않아서 어느 정도 목돈이 있어야 해.

여학생 : 돈은 아르바이트로 모으고 있어서 괜찮아. 결정했어. 면허 따러 가야겠다.

남학생 : 잠깐만. 일단 확인차 묻는 건데 지금 사는 곳에 스쿠터를 둘 장소는 있어? 장소가 있는지 집주인한테 물어보는 게 좋아.

여학생 : 아, 그러고 보니. 집주인한테 확인해 볼게.

이 여학생은 지금부터 무엇을 할까요?

1. 스쿠터 면허를 따러 간다.
2. 주차 공간 유무를 확인한다.
3. 스쿠터를 사러 간다.
4. 스쿠터로 학교에 간다.

어휘

通学方法(つうがくほうほう) 통학 방법 | 道(みち)が遠(とお)い 길이 멀다 | スクーター 스쿠터 | 免許(めんきょ)を取(と)る 면허를 따다 | まとまったお金(かね) 목돈 | アルバイト 아르바이트 | 貯(た)める 저축하다 | 確認(かくにん)する 확인하다 | 置(お)く場所(ばしょ) 둘 장소 | 大家(おおや) 집주인 | 駐車(ちゅうしゃ)スペース 주차 공간

17番

先輩の男子学生と女子学生が、ゼミのミーティングの予定について話しています。ゼミのミーティングを行うのはいつですか。

男子学生：こんにちは。

女子学生：こんにちは。ちょうどよかった。先輩、次のゼミのミーティングいつがいいですか？今週の水曜日の予定だったんですが、延期になりそうで…

男子学生：え、そうなの？

女子学生：はい、先生が来られないらしくて。

男子学生：う～ん、今週中じゃないとだめかな？今から今週は厳しいんだけど。

女子学生：いえ、来週でもいいですよ。

男子学生：じゃあ、僕は金曜日がいいかな。他の人は？

17번

선배 남학생과 여학생이 연구회 미팅 계획에 대해 이야기하고 있습니다. 연구회 미팅은 언제 하나요?

남학생 : 안녕?

여학생 : 안녕하세요. 마침 잘 됐네요. 선배, 다음 연구회 미팅 언제가 좋으세요? 이번 주 수요일에 할 예정이었는데 연기될 것 같아서요…

남학생 : 아, 정말?

여학생 : 네, 선생님이 못 오신다고 하셔서.

남학생 : 음, 이번 주 중이어야 해? 지금부터 이번 주는 힘든데.

여학생 : 아니요, 다음 주도 괜찮아요.

남학생 : 그럼 나는 금요일이 좋은데. 다른 애들은?

女子学生：その日はみんな大丈夫だったはずです。その日にしましょう。

ゼミのミーティングを行うのはいつですか。

1. 今週の水曜日
2. 今週の金曜日
3. 来週の水曜日
4. 来週の金曜日

여학생 : 그날은 다들 괜찮았던 것 같아요. 그날로 해요.

연구회 미팅은 언제 하나요?

1. 이번 주 수요일
2. 이번 주 금요일
3. 다음 주 수요일
4. 다음 주 금요일

어휘

先輩(せんぱい) 선배 ｜ ゼミ 세미나, 연구회 ｜ ミーティング 미팅 ｜ 予定(よてい) 예정 ｜ ちょうど 마침 ｜ 今週(こんしゅう) 이번 주 ｜ 水曜日(すいようび) 수요일 ｜ 延期(えんき) 연기 ｜ 厳(きび)しい 힘들다 ｜ 来週(らいしゅう) 다음 주

18番

女子学生と男子学生がトンネルの照明について話しています。この女子学生は、トンネルの照明が一部消えているのは、どうしてだと言っていますか。

女子学生：ねえ、トンネルの照明ってときどき消えているところがあるって知っている？

男子学生：そういえば、ときどき光ってないときあるね。

女子学生：あれって、トンネルの中と外の明るさの違いで目がくらまないようにするためなんだって。

男子学生：え、そうなんだ。

女子学生：そう、一部の 照明を消すことで明るさを調整してるらしいよ。

男子学生：単純に、交換のし忘れだと思ってた。

女子学生：それが違うんだよ。コストの削減って考える人もいるみたいだけど、それも勘違い。

男子学生：ふうん、コストの削減っていうのもありそうな話だけど違うんだね。

この女子学生は、トンネルの照明が一部消えているのは、どうしてだと言っていますか。

1. 明るさの変化で見えなくなるのを防ぐため
2. 必要最低限の照明だけを使ってコストを削減するため
3. 照明を交換する人手が不足しているため
4. 単に職員が交換をするのを忘れたため

18번

여학생과 남학생이 터널 조명에 관해 이야기하고 있습니다. 이 여학생은 터널 조명이 일부 꺼져있는 이유가 뭐라고 말하고 있나요?

여학생 : 저기 터널 조명은 가끔 꺼져 있는 데가 있는 거 알아?

남학생 : 그러고 보니 가끔 켜져 있지 않을 때가 있네.

여학생 : 그거 터널 안이랑 밖의 밝기 차이로 눈앞이 깜깜해지지 말라고 그런 거래.

남학생 : 헐, 그렇구나.

여학생 : 응, 일부 조명을 꺼서 밝기를 조절하는 거래.

남학생 : 단순히 깜박 잊고 교체 안 한 건 줄 알았어.

여학생 : 그게 아니래. 비용 삭감이라고 생각하는 사람도 있나 본데 그것도 아니래.

남학생 : 흐음. 비용 삭감도 있을 법한 얘긴데 아니구나.

이 여학생은 터널 조명이 일부 꺼져있는 이유가 뭐라고 말하고 있나요?

1. 밝기 변화로 눈이 보이지 않게 되는 걸 방지하기 위해
2. 최소한으로 필요한 조명만 사용하여 코스트를 절감하기 위해
3. 조명을 교환하는 인력이 부족해서
4. 단순히 직원이 교환하는 것을 깜박해서

어휘

トンネル 터널 ｜ 照明(しょうめい) 조명 ｜ 消(き)える 꺼지다 ｜ 明(あか)るさの違(ちが)い 밝기 차이 ｜ 目(め)がくらむ 눈앞이 깜깜해지다, 현기증이 나다 ｜ 照明(しょうめい)を消(け)す 조명을 끄다 ｜ 明(あか)るさ 밝기 ｜ 調整(ちょうせい) 조정 ｜ 単純(たんじゅん)に 단순히 ｜ ～し忘(わす)れる ~하는 것을 잊다 ｜ 勘違(かんちが)い 착각 ｜ ありそうな話(はなし) 있을 법한 이야기 ｜ 人手(ひとで)が不足(ふそく)する 인력이 부족하다

19番

女子学生が、経済学の勉強方法について先生に相談しています。この先生は、女子学生にどんなアドバイスをしましたか。

女子学生：先生、経済学について授業の他に自分なりに勉強しているんですが、どうもわからない部分が多くて…。

先　　生：どのように勉強していますか？

女子学生：経済学の入門書を何冊も読んでいるのですが、数式の部分とか経済思想に関わる部分とか難しいところまで進むと、どうも分からなくなるんです。もっと専門的なものを読んだほうがいいんでしょうか。

先　　生：専門書を読むのも悪いことではないですが今はまだ早いと思います。経済学は、深い部分に進むと、数学や哲学、それに歴史学など様々な学問とつながってくるのです。それらを勉強すれば経済学の勉強も捗るはずですよ。

この先生は、女子学生にどんなアドバイスをしましたか。

1. いろいろな分野についても勉強するように言った。
2. より専門的な経済学の本を読むように言った。
3. 数学の先生にもアドバイスを求めるように言った。
4. 経済学の入門書をもっと読むように言った。

19번

여학생이 경제학 공부 방법에 관해 선생님께 상담하고 있습니다. 이 선생님은 여학생에게 어떤 조언을 했나요?

여학생 : 선생님 경제학에 관해 수업 외에도 제 나름대로 공부하고 있는데 모르는 부분이 많아서요….

선생님 : 어떤 식으로 공부하고 있나요?

여학생 : 경제학 입문서를 몇 권이나 읽고 있는데 수식 부분이나 경제 사상에 관한 부분 같은 어려운 부분까지 가면 아무래도 잘 모르겠더라구요. 더 전문적인 것을 읽는 게 좋을까요?

선생님 : 전문서를 읽는 것도 나쁘지 않지만 아직은 이르다고 생각해요. 경제학은 깊이 들어가면 수학이나 철학, 역사학 등 다양한 학문과 이어지거든요. 그걸 공부하면 경제학 공부도 더 순조로울 거예요.

이 선생님은 여학생에게 어떤 조언을 했나요?

1. 다양한 분야에 대해서도 공부하도록 조언했다.
2. 보다 전문적인 경제학 서적을 읽도록 조언했다.
3. 수학 선생님에게도 조언을 구하도록 조언했다.
4. 경제학 입문서를 더 읽도록 조언했다.

어휘

勉強方法(べんきょうほうほう) 공부 방법 | 相談(そうだん)する 상담하다 | 自分(じぶん)なりに 자기 나름대로 | 入門書(にゅうもんしょ) 입문서 | 数式(すうしき) 수식 | 経済思想(けいざいしそう) 경제 사상 | 早(はや)い 이르다 | 数学(すうがく) 수학 | 哲学(てつがく) 철학 | 歴史学(れきしがく) 역사학 | つながる 이어지다 | 捗(はかど)る 순조롭게 진행되다 | アドバイスを求(もと)める 조언을 구하다

20番

司会者が、ＴＶ番組で、国際問題の専門家にインタビューしています。この専門家は、人々が社会問題の現状に誤解を持っているのはなぜだと言っていますか。

司会者：社会問題に対する正しい理解が必要だといつもおっしゃっていますね。

専門家：はい。例えば、「ここ数十年で世界の貧困問題は改善しているか、それとも悪化しているか」という質問にあなたならどう答えますか。

司会者：それは、やはり悪化しているのではないでしょうか。

専門家：いえ、それは正しい認識とはいえません。

司会者：では、改善していると？

専門家：はい、しかも、劇的に改善しています。ですが、誤解をしている人が多いのです。

20번

사회자가 TV 방송에서 국제 문제 전문가에게 인터뷰를 하고 있습니다. 이 전문가는 사람들이 사회 문제의 현황에 대해 오해하고 있는 것은 무엇 때문이라고 말하고 있나요?

사회자 : 사회문제에 대한 올바른 이해가 필요하다고 항상 말씀하시잖아요.

전문가 : 네. 예를 들어 '최근 수십 년 사이에 세계의 빈곤 문제는 개선되었는가, 악화되었는가'라는 질문에 당신은 어떻게 대답하시겠어요?

사회자 : 그건 역시 악화되고 있지 않나요?

전문가 : 아니오, 그건 올바른 인식이라고 할 수 없습니다.

사회자 : 그럼 개선되었다는 말씀이신 건가요?

전문가 : 네, 게다가 극적으로 개선되고 있습니다. 하지만 오해하고 있는 사람이 많죠.

司会者：なるほど、そうした誤解が多いのにはどのような背景があるのでしょうか。

専門家：それは、学校を卒業し社会人になったあとは様々な知識を更新せずにいる癖が多くの人にあるからでしょう。ですから、社会問題に関してそれがどのような問題かを知っている人は多くても、現状はそれがどうなっているかは知っている人がなかなかいないのです。

この専門家は、人々が社会問題の現状に誤解を持っているのはなぜだと言っていますか。

1. 問題の惨状に目を背けたいと思っているから
2. 学生時代に真面目に勉強していなかったから
3. あまりにも劇的に現状が変わってしまったから
4. 学生時代を終えると新しい知識を得なくなるから

사회자 : 그렇군요. 그런 오해가 많은 데는 어떤 배경이 있을까요?

전문가 : 그건 학교를 졸업하고 사회인이 된 후에는 다양한 지식을 업데이트하지 않는 버릇이 많은 사람들에게 있기 때문일 겁니다. 그러니까 사회 문제에 관해 그게 어떤 문제인지 아는 사람은 많아도 지금 현재 그것이 어떻게 되었는지 아는 사람은 잘 없는 거죠.

이 전문가는 사람들이 사회 문제의 현황에 대해 오해하고 있는 것은 무엇 때문이라고 말하고 있나요?

1. 문제의 참상에서 눈을 돌리고 싶다고 생각하고 있으므로
2. 학생 시절에 성실하게 공부하지 않았으므로
3. 너무나 극적으로 현실이 변했으므로
4. 학생 시절을 벗어나면 새로운 지식을 얻지 않게 되므로

어휘

司会者(しかいしゃ) 사회자 | TV番組(ばんぐみ) TV 방송 | 国際問題(こくさいもんだい) 국제 문제 | 専門家(せんもんか) 전문가 | 社会問題(しゃかいもんだい) 사회 문제 | 現状(げんじょう) 현황 | 誤解(ごかい)を持(も)つ 오해를 갖다 | 正(ただ)しい理解(りかい) 올바른 이해 | おっしゃる 말씀하다 | 貧困問題(ひんこんもんだい) 빈곤 문제 | 改善(かいぜん) 개선 | 悪化(あっか) 악화 | 認識(にんしき) 인식 | 劇的(げきてき)に 극적으로 | 背景(はいけい) 배경 | 社会人(しゃかいじん) 사회인 | 知識(ちしき) 지식 | 更新(こうしん)する 업데이트하다, 경신하다 | 癖(くせ) 버릇 | 問題(もんだい)の惨状(さんじょう) 문제의 참상 | 目(め)を背(そむ)ける 눈을 돌리다 | 真面目(まじめ)に 성실하게

21番

アナウンサーと男性が保育士という仕事について話しています。この男性が、仕事をするときに気をつけているのはどんなことですか。

アナウンサー：保育士という仕事についてお話をお聞きしたいと思います。

男　性：保育士というと、女性の仕事というイメージが強いのですが、かなり体力を使う仕事でもあるので、男手が必要なこともかなり多い仕事です。

アナウンサー：そういえば、幼稚園はいろいろとイベントがありますから、重いものとかを動かすことが多いですね。

男　性：はい、それもそうですし、子供と一緒に走り回って遊んだりもしますからね。

アナウンサー：失礼ですが、女性ばかりの職場で働きにくかったりはしないのですか。

男　性：そうですね。保育士という仕事は子どもだけを相手にすると思われがちですが、同僚の人々や子供の両親とも信頼関係を作って行かなくてはなりたちません。ですから、私は一人では仕事はできないということを胸に刻んで仕事に励んでいますよ。そうす

21번

아나운서와 남성이 보육사라는 직업에 대해 이야기하고 있습니다. 이 남성이 일을 할 때 주의하고 있는 점은 어떤 점입니까?

아나운서 : 보육사라는 직업에 대해 이야기를 듣고 싶은데요.

남　성 : 보육사라고 하면 여성의 직업이라는 이미지가 강한데 상당히 체력이 소모되는 일이기도 해서 남자의 힘이 필요한 경우도 꽤 많습니다.

아나운서 : 그러고보니 유치원은 이것저것 이벤트가 많아서 무거운 물건을 옮기는 일이 많죠.

남　성 : 네, 그것도 그렇고, 아이와 함께 뛰어다니면서 놀기도 하니까요.

아나운서 : 실례지만 여성들뿐인 직장에서 일하기 힘들지는 않으신가요?

남　성 : 네, 보육사라는 직업은 아이들만 상대하면 된다고 생각하기 쉽지만 동료나 아이의 부모님과도 신뢰 관계를 만들어 나가야 합니다. 그래서 저는 혼자서 일할 수 없다는 생각을 가슴에 새겨 두고 열심히 일하고 있습니다. 그러면 여성이 많은 직장에서도 충분히 해낼 수 있습니다.

れば、女性が多い職場でも十分にやっていけます。

この男性が、仕事をするときに気をつけているのはどんなことですか。

1. 子どもにケガをさせないようにしている。
2. 力仕事を率先してするようにしている。
3. 大人とも良好な関係をつくるようにしている。
4. イベントを積極的に企画するようにしている。

이 남성이 일을 할 때 주의하고 있는 점은 어떤 점입니까?

1. 아이가 다치지 않도록 한다.
2. 힘 쓰는 일을 솔선해서 하려 한다.
3. 어른과도 좋은 관계를 맺으려 한다.
4. 이벤트를 적극적으로 기획하려 한다.

어휘

アナウンサー 아나운서 | 保育士(ほいくし) 보육사 | 仕事(しごと) 일 | 気(き)をつける 주의하다 | イメージが強(つよ)い 이미지가 강하다 | かなり 상당히 | 体力(たいりょく)を使(つか)う 체력을 소모하다 | 幼稚園(ようちえん) 유치원 | 走(はし)り回(まわ)る 뛰어다니다 | 遊(あそ)ぶ 놀다 | 失礼(しつれい)ですが 실례지만 | ~ばかりの ~뿐인 | 職場(しょくば) 직장 | 働(はたら)きにくい 일하기 힘들다 | 相手(あいて)にする 상대하다 | ~がちだ ~하기 쉽다 | 同僚(どうりょう) 동료 | 両親(りょうしん) 부모님 | 信頼関係(しんらいかんけい) 신뢰 관계 | 胸(むね)に刻(きざ)む 가슴에 새기다 | 仕事(しごと)に励(はげ)む 열심히 일하다 | やっていける 해낼 수 있다 | 率先(そっせん)する 솔선하다 | 積極的(せっきょくてき) 적극적 | 企画(きかく)する 기획하다

22番

男性が語学学校の受付で話をしています。この男性はこれからどのようにスペイン語の授業を受講しますか。

男性：すみません。この18,000円のスペイン語の授業は今登録できますか。

女性：はい、できますよ。それは、週1回の集団授業で1ヶ月分の料金ですが、それでよろしいですか。1対1の個人授業で2万5000円の授業もありますが…。

男性：そうなんですか？でも、18000円の授業の方はキャンペーン中でお得だって聞いたんですが…。

女性：はい、今、2ヶ月分登録すると、2ヶ月の分の料金で3ヶ月授業が受けられるんですよ。ですが、夏休み期間中に1ヶ月だけ登録するという場合は、特にお得ではないですよ。

男性：そうなんですか。うーん、でも、集団授業にします。

女性：授業を受講する期間はどうしますか？

男性：じゃあ、せっかくなので2ヶ月分の料金を支払うことにします。

この男性はこれからどのようにスペイン語の授業を受講しますか。

1. 個人授業を1ヶ月間受講する。
2. 集団授業を1ヶ月間受講する。
3. 集団授業を2ヶ月間受講する。
4. 集団授業を3ヶ月間受講する。

22번

남성이 어학원 접수처에서 이야기를 하고 있습니다. 이 남성은 지금부터 어떤 스페인어 수업을 수강할까요?

남성 : 실례합니다. 이 18,000엔짜리 스페인어 수업은 지금 등록 가능한가요?

여성 : 네, 가능합니다. 그건 주 1회 그룹 수업이고 1개월치 가격인데 괜찮으신가요? 1 대 1 개인 수업인 2만 5000엔 짜리 수업도 있는데…

남성 : 그래요? 하지만 18,000엔짜리 수업이 이벤트 중이라 더 이득이라고 들었는데…

여성 : 네, 지금 2개월을 등록하면 2개월 금액으로 3개월 수업을 들을 수 있어요. 하지만 여름 방학 기간 중에 1개월만 등록하신다면 특별히 이득은 아니에요.

남성 : 그렇군요. 흠, 하지만 그룹 수업으로 할게요.

여성 : 수업 수강 기간은 어떻게 하시겠어요?

남성 : 그럼 이왕 이벤트 중이니까 2개월 금액을 지불하겠습니다.

이 남성은 지금부터 어떤 스페인어 수업을 수강할까요?

1. 개인 수업을 1개월 수강한다.
2. 그룹 수업을 1개월 수강한다.
3. 그룹 수업을 2개월 수강한다.
4. 그룹 수업을 3개월 수강한다.

어휘

語学学校(ごがくがっこう) 어학원 | 受付(うけつけ) 접수처 | スペイン語(ご) 스페인어 | 受講(じゅこう) 수강 | 登録(とうろく) 등록 | 集団授業(しゅうだんじゅぎょう) 그룹 수업 | ～ヶ月分(かげつぶん) ~개월치 | キャンペーン 이벤트, 캠페인 | お得(とく) 이득 | 夏休み(なつやす) 여름 방학 | せっかく 모처럼 | 支払う(しはら) 지불하다

23番

ホテルで働いている人がホテルの仕事について話しています。この人は、ホテルの仕事で何が重要だと言っていますか。

私達のようにホテルで働く人々を最近では、ホテリエといいます。昔はホテルマンという言葉をよく使ったのですが、それだと男の人だけがホテルで仕事をしているようなのでホテリエという名称が主流になったのです。ホテルには様々な人が来ます。外国の人はもちろん、多様な年齢層の人や様々な職業の人が来ます。そうした多種多様な人々に満足してもらうのがホテリエという仕事なのです。そのため、すばやくお客様の好みを察することができるというのがホテリエとして働く人間の資質だと私は考えます。何も、お客様の好みにすべて合わせる必要はありませんが、それを把握しておくのとしておかないのでは、いざ問題が起こったときの対処に大きな違いができるのです。

この人は、ホテルの仕事で何が重要だと言っていますか。

1. お客様の嗜好を即座に感じ取ること
2. いつでもお客様の好みに合わせること
3. 多様な国の文化を理解すること
4. 多種多様な人々を好きになること

23번

호텔에서 일하는 사람이 호텔 업무에 대해 이야기하고 있습니다. 이 사람은 호텔 업무에서 무엇이 중요하다고 말하고 있나요?

우리처럼 호텔에서 일하는 사람들을 요즘에는 호텔리어라고 합니다. 예전에는 호텔맨이라는 말을 많이 썼지만 그러면 남자만 호텔에서 일하는 것 같기 때문에 호텔리어라는 명칭이 주류가 되었습니다. 호텔에는 다양한 사람들이 방문합니다. 외국인은 물론 다양한 연령층의 사람, 다양한 직업의 사람이 옵니다. 그러한 다종다양한 사람들을 만족시키는 것이 호텔리어라는 일입니다. 때문에 신속하게 고객의 취향을 파악할 수 있는 것이 호텔리어로 일하는 사람의 자질이라고 저는 생각합니다. 무조건 고객의 취향에 모두 맞출 필요는 없지만 이를 파악해 두는 것과 하지 않는 것은 만약 사건이 터졌을 때의 대처에 큰 차이가 발생합니다.

이 사람은 호텔 업무에서 무엇이 중요하다고 말하고 있나요?

1. 고객의 기호를 그 자리에서 감지하는 것
2. 언제든 고객의 취향에 맞추는 것
3. 다양한 국가의 문화를 이해하는 것
4. 다종다양한 사람들에게 호감을 가지는 것

어휘

ホテル 호텔 | ホテリエ 호텔리어 | ホテルマン 호텔맨 | 名称(めいしょう) 명칭 | 主流(しゅりゅう)になる 주류가 되다 | 様々な人(さまざまなひと) 다양한 사람 | 年齢層(ねんれいそう) 연령층 | 満足(まんぞく)してもらう 만족시키다 | すばやく 신속하게 | 好(この)みを察(さっ)する 취향을 파악하다 | 資質(ししつ) 자질 | 好(この)みに合(あ)わせる 취향에 맞추다 | 把握(はあく)しておく 파악해 두다 | 嗜好(しこう) 기호 | 即座(そくざ)に 바로 | 感(かん)じ取(と)る 감지하다

24番

女子学生と男子学生が「イーストサイドストーリー」という学説について話しています。この男子学生は、この説はどのような点で否定されたと言っていますか。

女子学生：ねえ、「イーストサイドストーリー」って何か教えてくれる？

男子学生：ああ、それは、アフリカの東側の草原が人間の発祥の地という説だよ。イーストっていうのは英語で東って意味のイースト。

女子学生：ふうん。なぜ、そんな説が出てきたの？

男子学生：それは、アフリカ大陸の東側の草原があったと

24번

여학생과 남학생이 '이스트사이드스토리'라는 학설에 관해 이야기하고 있습니다. 이 남학생은 이 설의 어떤 점이 부정되었다고 말하고 있나요?

여학생 : 저기 '이스트사이드스토리'가 뭔지 가르쳐 줄 수 있어?

남학생 : 아, 그건 아프리카 동쪽 초원이 인간의 발상지라는 설이야. 이스트는 영어로 동쪽이라는 뜻의 이스트.

여학생 : 흐음, 왜 그런 설이 나온거야?

남학생 : 그건 아프리카 대륙 동쪽 초원에 있었다고 여겨지는 장소에서 다양한 옛 인류의 뼈가 발견되었기 때문이야.

思われる場所で、いろいろな昔の人類の骨とかが見つかったからだよ。

女子学生：ふうん。じゃあ、アフリカ東部の草原で人類は生まれたんだね。

男子学生：いや、今ではこの説は有力な説じゃないよ。いろいろな学者から否定されているんだ。

女子学生：え、そうなの？

男子学生：うん。人類は森林で生まれたっていうのが今の説だからね。まあ、場所に関してはアフリカっていうのは正しいと言われているし、アフリカのどこかっていうのははっきりしないけど…。

女子学生：ふうん、なるほど。

この男子学生は、この説はどのような点で否定されたと言っていますか。

1. 人類がアフリカで生まれたという点
2. 人類が草原で生まれたという点
3. 人類がアジアの東部で生まれたという点
4. 人類が400万年前に生まれたという点

여학생 : 흐음. 그럼 아프리카 동쪽 초원에서 인류는 탄생한 거네?

남학생 : 아니, 이제 그 설은 유력한 설이 아니야. 다양한 학자들에게 부정당하고 있어.

여학생 : 아, 정말?

남학생 : 응. 인류는 숲속에서 태어났다는 것이 현재 설이거든. 뭐 장소가 아프리카인 건 맞다고 여겨지고 있고 아프리카의 어디인지는 확실하지 않지만….

여학생 : 흐음. 그렇구나.

이 남학생은 이 설의 어떤 점이 부정되었다고 말하고 있나요?

1. 인류가 아프리카에서 태어났다는 점
2. 인류가 초원에서 태어났다는 점
3. 인류가 아시아 동부에서 태어났다는 점
4. 인류가 400만년 전에 태어났다는 점

어휘

イーストサイドストーリー 이스트사이드스토리 | 学説(がくせつ) 학설 | 否定(ひてい)される 부정되다 | アフリカ 아프리카 | 東側(ひがしがわ)の草原(そうげん) 동쪽 초원 | 人間(にんげん)の発祥(はっしょう)の地(ち) 인간의 발상지 | 大陸(たいりく) 대륙 | 骨(ほね) 뼈 | 見(み)つかった 발견된 | 有力(ゆうりょく)な説(せつ) 유력한 설 | 森林(しんりん) 삼림, 숲 | はっきりしない 분명하지 않은 | アジア 아시아

24_25~27번

25番

先生が高齢者を対象とした商品やサービスについて話しています。この先生が最後にする質問の答えは何ですか。

高齢者が増えてくることによって、高齢者に対してどのような商品やサービスをどうアピールするのかということが問題になってきました。とにかく理解しておかないといけないのは、高齢者という言葉で一括りにしてしまうと、そのニーズがわかりにくくなるということです。例えば、高齢者といっても、まだ一人で活動できる元気な高齢者なのか、生活するための助けが必要な高齢者なのかで、薦めるべき商品やサービスは全く違います。まだ元気な高齢者の場合は、かなりお金と時間の余裕もあり、それを使って楽しみたいという欲求も強いことが多いです。そのため、こうした高齢者には高級な商品や遠くの国への旅行などを薦めたほうがいいです。一方、一人では生活が難しくなっている高齢者に関しては、健康を維持するための商品や生活を支援するためのサービスが必要です。

ということは、まだまだ働く元気はあるのですが、定年で仕事を辞めた高齢者にはどのようなサービスを薦めればいいですか。

25번

선생님이 고령자를 대상으로 한 상품이나 서비스에 대해 이야기하고 있습니다. 이 선생님이 마지막에 하는 질문의 답은 무엇인가요?

고령자가 늘어나면서 고령자를 대상으로 어떤 상품이나 서비스를 어떻게 어필할 것인가가 문제가 되고 있습니다. 어쨌든 이해해 둬야 할 점은 고령자라는 말로 묶어 버리면 그 니즈를 알기 어려워진다는 점입니다. 예를 들어 고령자라고 해도 아직 혼자 활동할 수 있는 건강한 고령자인지 생활하기 위해 도움이 필요한 고령자인지에 따라 추천할 상품이나 서비스가 전혀 다릅니다.

또 건강한 고령자일 경우 금전적 시간적 여유도 상당히 많아 이를 소비하여 즐기고 싶다는 욕구도 강한 경우가 많습니다. 때문에 이러한 고령자에게는 고급 상품이나 먼 나라로의 여행 등을 추천하는 것이 좋습니다. 한편 혼자서는 생활하기 힘들어진 고령자의 경우 건강을 유지하기 위한 상품이나 생활을 지원하기 위한 서비스가 필요합니다. 그렇다면 아직 일할 힘은 있지만 정년이 되어 일을 그만둔 고령자에게는 어떤 서비스를 추천하면 좋을까요?

この先生が最後にする質問の答えは何ですか。

1. 健康のためのスポーツトレーニング
2. 生活を支援してくれる介護サービス
3. ヨーロッパを一周する旅行プラン
4. 様々な病気に対応した医療保険

이 선생님이 마지막에 하는 질문의 답은 무엇인가요?

1. 건강을 위한 스포츠 트레이닝
2. 생활을 지원해주는 요양 서비스
3. 유럽 일주 여행 플랜
4. 다양한 질병에 대처한 의료 보험

어휘

高齢者 고령자 | 商品 상품 | サービス 서비스 | アピールする 어필하다 | 一括りする 한데 묶다 | ニーズ 니즈 | わかりにい 알기 어려운 | 元気な 건강한 | 助けが必要な 도움이 필요한 | 薦める 추천하다 | 余裕 여유 | 欲求が強い 욕구가 강한 | 遠くの国 먼 나라 | 旅行 여행 | 健康を維持する 건강을 유지하다 | 定年 정년 | 仕事を辞める 일을 그만두다 | 介護サービス 요양 서비스 | ヨーロッパ 유럽 | 一周 일주 | 医療保険 의료보험

26番

先生が、うつ病について話しています。この先生が最後に挙げる例では、どのようにうつ病の人に声をかけたらよいですか。

うつ病というのは知っていますね。ストレスなど様々なことが原因で病的に精神が落ち込んでしまう状態のことです。うつ病の人に必要なのはプレッシャーを与えずに、その人のペースに合わせるということです。例えば、「頑張って」といってしまうと、うつ病の人は真面目な人が多いのでその言葉にプレッシャーを感じ必要以上に頑張ろうとします。そして、それがうまくいかないことによってもっと落ち込むのです。「どうして落ち込んでるの」などと原因について話すことを強要するのも、精神的に大きなプレッシャーになるのでだめです。そうではなくて、例えば、「話したくなったら話して」というような形で声をかけるといいのです。

では、あなたの友達がうつ病になったとします。このとき、あなたはその友人にどのように声をかけるといいのでしょうか。

1. 「嫌なことがあるなら話して」
2. 「君ならもっとできるよ」
3. 「君の気持ちは分かるよ」
4. 「気が向いたら相談して」

26번

선생님이 우울증에 대해 이야기하고 있습니다. 이 선생님이 마지막에 드는 예에서 우울증인 사람에게 어떻게 말을 걸면 좋을까요?

우울증은 알고 계시죠? 스트레스 등 다양한 것이 원인이 되어 병적으로 정신이 침체되는 상태입니다. 우울증인 사람에게 필요한 것은 압박을 주지 않고 그 사람의 페이스에 맞추는 것입니다. 예를 들어 '힘내'라고 말하면 우울증인 사람 중에는 성실한 사람이 많기 때문에 그 말에 압박을 느껴 필요 이상으로 노력하려고 합니다. 그리고 그것이 잘 안되면 더 침울해지죠. '왜 우울한 거야?' 등 원인에 대해 말하도록 강요하는 것도 정신적으로 큰 압박이 되기 때문에 해서는 안 됩니다. 그러지 말고 예를 들어 '이야기하고 싶어지면 말해'라는 식으로 말을 걸면 좋습니다.

자, 당신의 친구가 우울증에 걸렸다고 합니다. 그때 당신은 친구에게 어떻게 말을 걸면 좋을까요?

1. '나쁜 일이 있으면 말해 봐'
2. '너라면 더 잘 할 수 있어'
3. '네 맘 알아'
4. '기분이 내킬 때 상담해'

어휘

うつ病 우울증 | 挙げる 들다 | 声をかける 말을 걸다 | ストレス 스트레스 | 原因 원인 | 病的に 병적으로 | 精神 정신 | 落ち込む 침울해지다, 침체되다 | プレッシャーを与える 압박을 가하다 | ペースに合わせる 페이스에 맞추다 | プレッシャーを感じる 압박을 느끼다 | うまくいかない 잘 안되다 | 強要する 강요하다 | 気が向く 마음이 내키다

27番

先生が、短期大学の入学者について話しています。この先生が最後にする質問の答えは何ですか。

皆さんは短期大学への進学を考えたことはありませんか。4年間ではなく、2年間だけ専門分野を勉強するタイプの大学ですね。最近、この短期大学への入学者が減っています。もともと、短期大学に入学する人はどのような人が多かったのかというと女性が多かったのです。短期大学の設立が始まった1950年代には、男子学生を対象に技術者を育成する学部などもあったのですが、70年代くらいには女子学生向けの保健関係の学部などが多数になっていきました。この背景には、男性には高い学歴が求められ、女性にはそれが求められていなかったということがあります。社会で求められている学歴に応じて、女性は2年間だけ大学に行き、男性は4年間大学に行くという社会的な区別があったわけです。ですが、そうした区別は現代ではなくなってきてますよね。そうした社会的な変化によって短期大学の学生の減少が起こっているわけです。ということは、短期大学の学生が今減少している理由はどうしてだということになりますか。

この先生が最後にする質問の答えは何ですか。

1. 男性の技術者は４年制の大学に行くようになったから
2. 男性に比べ女性の大学進学率が低いから
3. 保健関係などの女性向けの学部が減少したから
4. 女性にもより高い学歴が求められるようになったから

27번

선생님이 단기대학 입학자에 관해 이야기하고 있습니다. 이 선생님이 마지막에 하는 질문의 답은 무엇인가요?

여러분은 단기대학 진학을 고려하신 적은 없나요? 4년간이 아니라 2년만 전문분야를 공부하는 유형의 대학입니다. 최근 이 단기대학으로의 입학자가 줄어들고 있습니다. 원래 단기대학에 입학하는 사람은 어떤 사람이 많았나 하면 여성이 많았거든요. 단기대학 설립이 시작된 1950년대에는 남학생을 대상으로 기술자를 육성하는 학부 등도 있었지만 70년대즈음에는 여학생을 대상으로 한 보건 관련 학부 등이 많아졌습니다. 그 배경에는 남성에게는 높은 학력이 요구되고 여성에게는 그것이 요구되지 않았다는 점이 있습니다. 사회에서 요구하는 학력에 따라 여성은 2년간만 대학에 다니고 남성은 4년간 대학에 다니는 사회적 구별이 있었던 거죠. 하지만 그런 구별은 현대에는 없어지고 있죠. 그러한 사회적 변화에 따라 단기대학 학생 감소가 벌어지고 있는 것입니다. 즉, 단기대학 학생이 지금 감소하고 있는 이유는 무엇이라는 말이죠?

이 선생님이 마지막에 하는 질문의 답은 무엇인가요?

1. 남성 기술자는 4년제 대학에 다니게 되어서
2. 남성에 비해 여성의 대학진학률이 낮아서
3. 보건 관련 등 여성을 대상으로 한 학부가 감소해서
4. 여성에게도 보다 높은 학력이 요구되게 되어서

어휘

短期大学(たんきだいがく) 단기대학 | 進学(しんがく) 진학 | 入学者(にゅうがくしゃ) 입학자 | 専門分野(せんもんぶんや) 전문분야 | 設立(せつりつ) 설립 | 育成(いくせい)する 육성하다 | 保健(ほけん) 보건 | 向(む)けの ~을 대상으로 한 | 高(たか)い学歴(がくれき) 높은 학력 | 求(もと)められる 요구되다 | 応(おう)じて ~에 따라 | 技術者(ぎじゅつしゃ) 기술자

EJU 일본어 기술 찬성·반대형 기술문제 I

記述問題 1　모범답안

　幸せな人生を送るために必要なのは、外面を磨くことではなく、内面を磨くことであると思う。

　ここでいう内面とは、人間の精神や能力のことだと思う。私は、精神的な成熟や能力の熟達は生涯にわたって自分を豊かにするものだと思う。精神的に成熟し、能力も高い人間は、自己評価も高く、他者からも好まれる。しかも、精神や能力は磨き続けることを忘れなければ、簡単に衰えたりはしない。

　一方、外見はというと、年齢を重ねるにつれ、どうあがいても衰えるしかないものである。しかも、外面は結局のところ、他者からの視線に怯えて磨くものであり、それは真の自己評価にはつながらないものなのである。もちろん、外面も全く重要でないわけではないが、それは、内面のように生涯にわたって自分を豊かにするものではないのである。

　以上のように、内面を磨き上げることのほうが、私には重要に思える。幸せな人生を欲するなら、一時的な幸福を与える方法よりも、生涯にわたって人生を豊かにする方法を選ぶべきである。

記述問題2 모범답안

　これからのますます複雑化していく社会の中で、自分の考えを適切に伝えられる能力は非常に重要になっている。私はより重視すべきは国語力であると思う。

　もちろん、外国語能力は国際社会で活躍する上で重要となる能力の一つであり、それを重視すべきだという意見に同意できる面はある。しかし、それでも、国語力の方が重要であると私は考える。人間の内部には、言語化の難しい複雑な感情や考えが渦巻いている。私達はそれをまず、自分たちの母語でできる限り表現しようとする。このときに、必要となるのが、自分の内面を母語で表現する能力である国語力だ。外国語能力は、どれだけ母語の能力に近づいても、母語の表現力を超えることはない。なぜなら、外国語能力は母語の言語能力を基盤に成長するものであるからだ。すなわち、外国語能力が重要だとしても、その基盤となる国語力が貧弱だと意味がないのである。

　以上のように、複雑化する社会の中で、重視すべきものは自分の考えを適切に伝えるための国語力であると思う。

EJU 일본어 기술 찬성・반대형 기술문제Ⅱ

記述問題 1　모범답안

簡単に他人を信じてしまう人がいる。こうした人に対する評価は賛否両論があるが、わたしは基本的に好ましい性格だと考えている。

こうした性格の悪い面は、悪意のある嘘も信じてしまうことである。どこにでも人を騙そうとする人はいるものだ。信じすぎてしまう人はそうした人の話を信じてしまい、様々な被害を受けることもある。これは確かに問題だ。

しかし、こうした性格には良い面もある。それは、人との深い信頼関係を築けることだ。疑い深い人は、疑ってばかりで他の人との信頼関係を築くのは難しいことが多い。一方、人を信じる人は、その信じる対象が良い人であれば、互いに信じ合い、信頼関係を築くことができる。

信頼関係というものは何ものにも代えがたいものだと私は考える。したがって、そうした関係を築くことができる人を信じられる性格はやはり好ましいものではないだろうか。騙そうとする人もいるだろうが、強い信頼関係によって結びついた友人たちがいればそうした困難も乗り越えられると私は考える。

記述問題2　모범답안

完璧主義の人がいる。こうした性格には良い面も悪い面もあるが、悪い面の方が大きいというのが私の考えである。

完璧主義の人の性格の良い点は、様々なことに関して完璧を目指すため、よい結果を出しやすいところだ。例えば、グループでプレゼンテーションを行う場合でも、完璧主義の人が一人いれば、その質が高いものになりやすい。

しかし、完璧主義には深刻な悪い点がある。それは、様々なことを完璧にこなそうとするために心理的なプレッシャーが大きくなりやすいという点だ。ときには、プレッシャーが大きすぎて挑戦すること自体をやめてしまう人も少なくない。例えば、私の知り合いでアルバイトでチームリーダーを任された人がいた。しかし、その責任のある仕事を自分では完璧にこなせないと思い、結局、アルバイト自体をやめてしまった。このように完璧主義者は、必要以上にプレッシャーを感じてしまうのだ。

以上のように、完璧を目指しすぎるのも考えものだというのが私の意見だ。

EJU 일본어 기술 문제해결형 기술문제 Ⅲ

記述問題 1　**모범답안**

　宗教の違いが原因となり、トラブルに発展することは決して珍しくない。中でも、頻繁に起こるのが食に関するトラブルだ。こうしたトラブルができるだけ起こらないように宗教に対する理解を深める必要があると思う。

　宗教には食のトラブルがつきものだ。たとえば、ヒンズー教では牛を食べることが禁じられ、イスラームでは豚を食べることが禁じられている。このようなことを知らずに、そうした肉をヒンズー教徒やムスリムに食べさせてしまい、それが大きなトラブルになってしまうことがあるのだ。

　このような問題ができるだけ起こらないようにするために、私たちは各宗教に対する理解を深める必要がある。特定の宗教を信じない人は宗教そのものに無関心になりがちであるし、特定の宗教を持つ人は異なる宗教を軽視しがちである。しかし、このような考えのままでは、宗教のトラブルはこれからも増え続ける一方であろう。自分とは馴染みの薄い宗教にも目を向け、トラブルが起こらないよう、注意すべきである。

　以上のように、宗教が原因となる食のトラブルは後を絶たないが、異なる宗教に対する配慮があれば減少していくと思う。

記述問題２　모범답안

　社会に出ると、様々な問題に直面することになる。中でも、深刻なのが職場でのいじめの問題だ。こうした問題に対処するためにはどうすればいいのだろうか。

　いじめというと学校でのいじめをイメージするが、実際には、職場でもいじめはある。すでに社会人であるから犯罪になるような殴る蹴るといったことはめったにないが、無視をするなどの精神的ないじめは社会人になっても行われることがある。やめさせたい社員に対して会社側がそのようなことを主導する場合もあるそうだ。

　このような問題に対処するには、やはり、信頼できる仲間を作るしかない。人間関係の問題は、一人で打開するのは難しい。解決しようとして、悪化することも少なくない。しかし、誰かが近くにいれば、驚くほど簡単にその状況に応じた解決策が見つかることが多い。自分が苦しい時に誰かに頼ることは悪いことではないはずだ。

　以上のように、社会に出てもいじめは存在するが、そうしたことは信頼できる仲間がいれば大きな問題にはならない。

記述問題 1 **모범답안**

　世界的にまだ解決されていない問題として、男女間の不平等がある。特に、女性の労働権に関する問題は無視できない問題だ。これを解決するためには一体どうしたらいいのだろうか。

　韓国を含む多くの国で、女性の労働する権利は十分に保障されていない。もちろん、女性が雇用される機会は以前と比べれば、保障されるようになったと思う。しかし、雇用されても、男性と同じ条件で働くことができているかというとそうではないと思う。例えば、女性は男性よりも出世が難しい。これは、各企業の役員の女性の割合を見ても明らかなことである。さらに、女性は仕事を続けるのも難しい。出産などによって一度仕事を離れた時に復帰しやすくする制度がほとんどの企業で整っていないからだ。

　このような問題を解決するためには、やはり、法的な措置を取るしかないと思う。女性の役員比率を法的に決めたり、育児休業に関する法律をより厳格に運用する必要があるのだ。こうした方法は、北欧で実際に行われ、成功を収めている。

　以上のように、労働に関して男性に対して不平等な状態にある。法的措置によって、これを是正すべきだ。

記述問題 2 **모범답안**

　日本には様々な差別問題がある。中でも、男女差別の問題は無視することのできない問題だ。これを解決するためには、女性の権利を守るための法律を整備するだけでは不十分である。人々の意識そのものを変えなくてはならない。

　日本では、男尊女卑の傾向がまだまだ見られる。就職する女性の平均的な給与は男性に比べて低く、雇用機会も男性に比べて少ない。子どもの出来たあとも女性が仕事を続けることをよく思わない人も少なからずいる。

　では、こうした問題を解決するためにはどうしたらいいのだろうか。それは、やはり教育しかないと思う。法的に女性の権利を保障しても、人々が女性の自由な選択をよく思わないならば、やはり女性は生きにくいままである。したがって、教育を通して、女性の自由な生き方を認める意識を高めることが最善の策であると私は思う。

　以上のように、男女差別の問題は重要な問題だ。これを解決するために、教育を通して人々の意識を変えていく必要があると思う。

記述問題 1 **모범답안**

　韓国でも喫煙者は減っている。その背景には健康意識の高まりがあると思う。

　韓国の喫煙者は決して少なくない。男性だけでなく、女性の喫煙者をよく見かけるし、違法であるが、中高生の喫煙者もよく見かける。私の周辺にも喫煙者は多い。韓国でかなり多くの喫煙者が存在していることは、紛れもない事実である。しかし、以前と比べると喫煙者は徐々に減っているように思われる。事実、私の周辺にいる大人たちは次々とやめている。

　喫煙者減少の背景には、健康意識の高まりがあると思う。現在では、喫煙が喫煙者本人だけではなくその周辺の人にも害を及ぼすことは周知のことである。また、タバコが肺がんリスクを大きく高めることも大勢の人が知る事実である。このように、以前は一部の人だけが知っていたタバコの健康リスクを多くの人が知るようになったのである。これが、喫煙者減少の大きな原因であると私は思う。

　以上のように、韓国では喫煙者は減っている。それは、健康意識の高まりによって多くの人がタバコのリスクに気づいたからである。

記述問題 2　**모범답안**

　世界中で、SNSを通したコミュニケーションが行われている。私が住む韓国もその例外ではない。では、私たちが普段使っているSNSは社会にどのような影響を与えているのだろうか。

　韓国でもSNSは広く使われている。特に最近は、カカオトークのように、携帯電話からアクセスできるSNSが人気である。私自身もカカオトークを使って、日々、友人たちと様々な情報を共有し、コミュニケーションを行っている。

　SNSは不特定多数の人との情報共有を可能した。これが特に経済面で大きな影響を与えていると考える。とくに、商品に関する評判は、インターネット上での口コミサイトによる影響が強まっていると思われる。ときには、いい加減な口コミによる風評被害によって、大きな悪影響が発生することさえある。

　以上のように、韓国でもSNSは広く使われている。SNSが可能にした情報共有は経済を中心として大きく社会に影響を与えていると思う。

EJU 일본어 기술 예상형 기술문제 Ⅵ

記述問題 1　모범답안

　日本では多くの地域が衰退に向かっているが、一方で今なお発展を続けている地域も存在する。日本の西宮市もその一つだ。私は西宮市はこれからも発展すると考えている。

　西宮市の最大の変化は以前に比べて発展した点にある。西宮市は現在でも発展し続けている都市であり、人口も増え続けている。人口減少社会になった日本では、こうした都市は非常に稀である。最近では巨大なモールが作られ、発展に拍車をかけている。

　西宮市はこれからも発展し続けると私は思う。なぜなら、これまでの西宮市発展の最大の理由は、地理的な利便性の高さにあり、その地理的な優位性はこれからも変わらないからだ。西宮市は、神戸市と大阪市のちょうど中間に位置し、どちらの都市にも20分ほどあれば行くことができる。神戸市で働く人も大阪市で働く人も住むのに適した都市、そして、神戸市でも大阪市でも遊びたいと思っている人にとってまさにうってつけの都市、それが西宮市なのである。

　以上のように、西宮市は地理的な優位性によりこれまで発展してきた。そして、これからも発展していくと私は思う。

記述問題 2 모범답안

　日本における人間関係は確実に希薄化している。特に、親子関係の希薄化は著しい。しかし、このような関係性は徐々に改善されていくはずだ。

　日本において、今や、親と子の関係はそれほど親密なものとは言えない。半世紀前なら、日本でも親が子どもの将来を気にしたり、子どもの人生について口を出したりするのは当然のことであった。しかし、現在ではそうではない。子どもの将来については放任する親が多数存在するし、子どもの人生について口を出すどころか子どもとほとんど口をきかない親も少なくない。

　このように日本の親子関係は希薄化しているのだが、これからはまた親密なものになっていくと私は考えている。それは、最近、家族というものが再評価されているからだ。最近のアンケート調査でも、最も大切なものは何かという問いに、家族と答える人は増えているという。こうした状況が進展し、家族の重要性に誰もが気づくようになれば親子関係は以前のように親しいものに戻るはずである。

　以上のように、現在日本の親子関係は希薄化しているが、これからは親密なものに戻ると考えられる。

모의테스트

정답 및 스크립트

일본유학시험(EJU) 모의고사 정답표

読解			
문제		번호	정답
I		1	2
II		2	3
III		3	2
IV		4	3
V		5	4
VI		6	2
VII		7	2
VIII		8	3
IX		9	1
X		10	1
XI	問1	11	2
	問2	12	3
XII	問1	13	1
	問2	14	3
XIII	問1	15	3
	問2	16	4
XIV	問1	17	3
	問2	18	3
XV	問1	19	3
	問2	20	1
XVI	問1	21	3
	問2	22	1
XVII	問1	23	3
	問2	24	1
	問3	25	1

聴読解			聴解		
문제	번호	정답	문제	번호	정답
1番	1	2	13番	13	3
2番	2	4	14番	14	3
3番	3	2	15番	15	2
4番	4	3	16番	16	4
5番	5	4	17番	17	2
6番	6	3	18番	18	4
7番	7	4	19番	19	2
8番	8	3	20番	20	3
9番	9	2	21番	21	1
10番	10	2	22番	22	2
11番	11	1	23番	23	3
12番	12	2	24番	24	1
			25番	25	3
			26番	26	1
			27番	27	1

MP3_25

해석_26

EJU 일본어 記述問題1 모범답안

　学校内での髪の色や服装などのファッションを制限すべきかどうかということに関して賛否両論がある。だが、私は学校内であれこうした制限は不要であると考える。

　もちろん、こうした制限を設けたいと思う教師側の気持ちは分からないわけではない。こうした制限がない場合、一部の生徒が極端に派手な格好をして勉強をする雰囲気自体を壊してしまうのではないかという心配があるのだろう。

　しかし、そうした考えは時代錯誤であると思う。現在は価値観も多様化しているし、また、身近にいる人のバックグラウンドも多彩になっている。小中高などで、全く違う価値観を持つ人とともに勉強したり、国籍が違う人とともに時間を過ごすのが当たり前になっているのだ。こうした状況下で望まれる教育というのは旧態依然とした勉強の雰囲気を維持することではなく、多様性を受け入れる寛容さを育てることであると思う。

　以上のように、不要な制限を維持するのではなく、時代に合わせて教育のあり方を変化させるべきだと私は思う。

EJU 일본어 記述問題2 모범답안

　大学生になったときに、一人暮らしをした方がいいという意見もあれば実家から通った方がいいという意見もある。私は一人暮らしの方が望ましいと思う。

　たしかに、実家から通った方が経済的に負担が少なくなるというは正しい。家賃や食費などが節約できるからだ。とはいえ、大学にいく理由は大学を卒業したという証明をもらうためではなく、社会人になる前に自身を成長させるためであると私は考える。

　したがって、よほどの理由がない限りは一人暮らしをするべきだと思う。一人で暮らすというのは、実は様々な成長のチャンスなのだ。家事、様々な料金の支払い、生活リズムの維持、一人暮らしをして初めてそうしたことの大変さが分かる。そして、その大変さから自立するために必要なスキルを学んでいくものであると私は考えている。大学進学というのは、そうしたことを学び始める絶好のきっかけなのだ。それを無駄にすべきではないと私は思う。

EJU 일본어 청독해 스크립트

練習　学生がコンピュータの画面を見ながら先生の説明を聞いています。学生は今、画面のどの項目を選べばいいですか。

えー、これから、この大学のコンピュータの使い方について説明します。

では、コンピュータの画面を見てください。今日は、大まかな説明しかしませんが、もっと詳しい事を知りたい人は、右上の「利用の仕方」などを見ておいてください。ああ、今じゃなくて、あとで。あとで見ておいてください。今日はまず、私費留学生の受験の資格を問い合わせることにしましょう。では、画面の右下の項目を選んでください。

1番　先生がオオスズメバチの巣の場所について話しています。この先生の話によれば、オオスズメバチが巣を作る場所は、この図の中のどことどこですか。

オオスズメバチは私たちの身近にいる蜂ですが、とても危険な蜂でもあります。近くに巣が作られていると非常に危険なので注意が必要です。オオスズメバチは雨に濡れることを避けるため様々なものの内部に入り込み、巣を作ります。公園などでは、木の隙間から内部に入り込み巣を作っていることが多いので注意が必要です。蜂の中には、人が住んでいる場所の近くでも活発に活動する種類もあり、屋根裏などの家の内部に巣を作る場合もありますが、オオスズメバチは人が暮らしている場所にはあまり近づきません。ですが、人が住む家の周りでも、自然が多い場所だと、地中などに入り込み巣を作ることがあるので油断してはいけません。

2番　先生が教育学の授業で能力テストの種類について説明しています。先生が問題が起こる可能性があるといっているのはどれですか。

能力テストに関して、テストが調べる能力を基準にして分ける場合とテストの方式によって分ける場合があります。例えば、調べる能力に関して言うと、英語の単語テストなどは知識を調べるテストです。知っていたら答えられるテストのタイプですね。逆にIQテストは知的能力を調べるテストです。知識ではなく論理的に考えることで答えがわかるテストです。また、テストの方式に関して言うと、例えば、４択問題などのテストが客観式です。この方式は採点する際のコストが少なくて済むのが利点です。一方、作文などの文章を作成するタイプの試験が記述式の試験です。これは、客観式では測れない人間の能力を深く広く測ることができる面では非常に優れた方法なのですが、採点に大きなコストや労

力を必要とします。

さて、今、日本の大学入試は知識よりも知的能力を重視し、客観式を減らし記述式を増やす形に変わってきています。ですが、大きなコストがかかる方法に関しては、実施する大学の負担増によりあとで大きなトラブルが起こる可能性があるので注意が必要です。

3番　自然エネルギーの専門家が図を見せながら、太陽光パネルの設置場所について話しています。この専門家によると、最も適切な太陽光パネルの設置場所はどこですか。

太陽光パネルを設置する場合、日当たりの良い南向きに設置したほうがいいです。また、重要なのが設置するパネルの大きさと屋根の形です。

この図を見てください。屋根に太陽光パネルが設置されていますが、それぞれ、屋根の向きと屋根の形が違います。図で多くの家がそうしているように南向きにしたほうがいいのですが、もう一つ考えなくてはならないのが表面積です。しかも、全体の面積の合計ではなく、日当たりの良い一方向に対する表面積が大事です。多方向にパネルを設置して、合計の表面積を高めるという方法もありますが、その分だけコストも掛かりますし非効率的なのでおすすめできません。

4番　男子学生と図書館職員が話しています。この男子学生はどこに資料を探しに行きますか。

男子学生：資料がなくてこまっているんですが…
図書館職員：はい、文献資料をお探しですか。それとも、視聴覚資料をお探しですか。
男子学生：はい、文献なのですが。
図書館職員：なるほど、どのような文献ですか。
男子学生：古い文献を探しています。
図書館職員：では、この第一図書館にはありませんね。ここかここに行くといいですよ。貸出は希望されていますか。
男子学生：まあ、それができれば嬉しいですが、それにはこだわりません。コピーができればそれでいいです。それよりも、探している資料がもしかしたら雑誌に分類されているのかもしれないのですが…
図書館職員：でしたら、ここに行ったほうがいいですね。文献と雑誌の両方を調べられますから。
男子学生：ここは古い雑誌もあるのですか。
図書館職員：はい、雑誌のコーナーの中に古い雑誌もあるはずです。
男子学生：ありがとうございます。

5番　女子学生と男子学生がブランド機能について話しています。この女子学生がニュースで見た事例は、４つの機能のうちどれに当てはまりますか。

男子学生：前の授業のブランドの４つの機.能の話って覚えている？「出処表示機能」って機能がよくわからなかったんだけど。

女子学生：ああ、それは、どの企業が作ったものかを知らせる機能よ。ブランドのもっとも基本的な機能ね。

男子学生：そうだった。ブランドがないと、パッケージが変わっちゃうだけでいつも買っている商品がどれかわかんなくなっちゃうよね。

女子学生：そういえば、缶コーヒーブランドで有名な企業が買収されそうになったってニュースで見たんだけど…

男子学生：ああ、僕も見たよ。

女子学生：その企業、その缶コーヒーブランドがあることで、買収の金額がすごいことになって、結局、買収されなかったんだって。考えてみればこれってブランドの機能の一つに関係してるよね。

6番　カウンセラーが上司のタイプとそれに合わせた相談の仕方について説明しています。この先生が最後にする質問の答えはどれですか。

なにか問題が起こった際、上司に相談をして助けてもらわなくてはならない場合があります。このような場合、上司の性格に合わせて、相談をすることが大事です。たとえば、なんでも自分が決めたい政治家タイプの上司の場合は、問題点だけを話し解決策などはすべて上司にまかせた方がうまくいきます。次にエンターティナータイプですが、こうした人は自分の行動の影響力を重視します。ですので、これまでの上司の功績をほめてその上司でないと問題が解決しないことをアピールしましょう。さらに、カウンセラータイプの上司ですが、このタイプは人間関係を重視しますので、問題によって人間関係が悪くなるということを話せばいいです。最後に、学者タイプの上司ですが、このタイプの人は、正確な情報を重要視しますので、時間をかけてじっくり説明することが大切です。

では、あるプロジェクトが、プロジェクトメンバーの一人の不注意が原因で失敗しそうだとします。この状況で、このままだとそのメンバーが孤立してしまうから助けたいと言って説得できるのはどのタイプの上司ですか。

7番　先生が政治学の授業で政府が建設物を作る際の費用について話しています。この先生が問題意識を持ってほしいと言っているのはどれですか。

この図は、政府が公的な建設物を作る際の費用について表したものです。この図における企画というのは、実際に建設を行う前にかかる費用です。要するに、調査や様々な案を審査するための費用です。次の建設は文字通り建設物を作る際にかかる費用です。短期的な視点で見ると、最も大きな費用となる部分です。そして、その次の管理費用ですが、これは建設物の維持や修繕のためにかかる費用です。全体としての費用が最も大きくなる時期です。そして、最後が廃棄です。もう使わなくなった建設物の解体などを行う際の費用です。

短期間で大きな費用が掛かるため、普通、問題視されやすいのが建設にかかる費用です。ですが、最近は国民の意識も高まり長期的な視点から管理費用についても注目する動きが広がっています。これを更に進めて管理費用のあとのコストについても考える意識を広めてほしいと私は考えています。図では費用が少なく見えていますが、実際には環境への配慮を考えると、さらに費用は大きくなります。この点に問題意識を持ってほしいと私は思います。

8番　先生が日本の天気記号について話しています。この先生が最後にする質問の答えはどれですか。

日本では天気を表す日本独自の記号があります。図のように、白い丸は晴れであることを表し、二重丸は曇り、黒い丸は雨であることを表します。更に、白い丸に３つの交差する線を加えると、雪を意味する記号になります。また、これらの基本的な記号に、カタカナのツや二を加えることで、雪や雨の強さや持続時間を表すこともできます。例えば、カタカナのツは強いということを意味しますが、これが雪の記号につくと強い雪という意味になり、雨に加えると強い雨という意味になります。また、カタカナの二という記号を雨に加えると、にわか雨、つまり短時間だけ降る雨という意味になります。それから、天気記号は風の強さも表すことができます。基本の記号の上などに、線を加えると、それで風の強さを表すことができます。図にあるように２本ならば弱い風、8本ならば強い風ということを意味します。

では、強い風が吹き、強い雨が降る日の天気を天気記号で表すとどうなりますか。

9番　先生が授業で、ウマという動物を使った実験について話しています。この先生によればウマが非常に高い知能を持っていると言えるのはどうしてですか。

ウマは人間と生活してきた歴史が長く、自分の欲求を伝えようと人間に対して様々な形でメッセージ

を送っています。図１を見てください。飼育員がエサが入ったバケツを持ってきました。そして、ウマには届かない位置に、そのバケツを置きました。この場合、ウマは飼育員に視線を送ったり、触るなどをしてエサをとってほしいということを伝えます。次に、図２を見てください。この図の場合、エサを持ってきた飼育員はウマから届かない位置にエサを置き、その場から立ち去ります。その代わり、別の飼育員がやってきてエサから離れた位置に立ちます。図２のような場合、図１よりもウマは必死に飼育員にメッセージを送ります。ウマは新しくやって来た飼育員がエサがそこにあるということを知らないかもしれないということを理解し、エサがあることを伝えようとするのです。このようなことは、飼育員の立場になって考えるということができないと起こりえない行動です。これは、ウマが非常に高い社会性を持ち、高度な知的能力を持っていることを示しています。

10番　先生が授業で、動物の視野について説明しています。この先生の説明によると、ウマとウサギの視野を表す図として正しい組み合わせはどれですか。

図を見てください、一番上にあるように動物には両目で見ることができる視野、片目だけで見ることができる視野、どちらの目でも見ることができない死角があります。肉食獣のネコの場合、獲物との距離を立体的に捉える必要があり、そのため獲物を立体的に把握できる両目の視野の部分が大きいです。一方、草食獣の場合は、全方向に対して危険な存在が迫っていないか把握する必要があります。そのため、とにかく見える範囲が広いという特徴があります。ウマもウサギも草食獣ですから、そうした危険を察知する上で都合のいい視野をもっているのですが、とくにウサギは前後に両目で見ることができる視野を持っており、後方からの危険にも気づけるようになっています。

11番　先生が経営学の授業で、インターネットで商品に関わる情報を発信する人たちについて話しています。この先生が最後にする質問の答えはどれですか。

近年、インターネットを通じて商品に関わる情報を発信する人たちが増えてきました。この図を見てください。これは、商品の情報を発信する人の特性を分類したものです。特性の一つは、影響力です。これは情報を発信する人の消費者に対する影響力を表します。例えば、芸能人がSNSを通じて商品を紹介すると、大きな影響力がありますね。この場合、影響力が高いということになります。逆に一般人が紹介しても影響がほとんどありません。この場合、この図では影響力が低いということになります。また、もう一つの特性は、「ロイヤリティ」です。その発信者がその商品をどれだけ好きかを表します。例えば、毎日その商品を使っている人がその商品の良さを知ってほしくて情報を発信する場合、ロイヤリティが高いということになります。逆に、その商品が好きでもないのに仕事として商品の情報を発信

している人はロイヤリティが低いということになります。

さて、影響力の有無にかかわらず、商品のことが好きで情報を発信している人のことをアンバサダーといいます。では、消費者に対して高い影響力を持つアンバサダーはこの表ではどの位置に分類されますか。

12番 先生がグローバル化する現在の状況に合わせたプログラマーの給与のあり方について話しています。この先生の説明によれば、現在の状況に合わせたプログラマーの給与として適切な図はどれですか。

近年、グローバル化の影響を受けて給与のあり方も見直しを迫られています。特に、プログラマーの給与が問題になっています。今まで日本は年功序列制と言われる給与体系をとっており、就職したときの給与は低いのですが、勤続年数が上がれば上がるほど給与も上昇していくというのが普通でした。プログラマーもその例外ではありません。ですが、他国ではそうなっていません。他国では、日本ほど安定的に給与が上昇するわけではありませんが、はじめに高い給与を提示します。そうしなければ、世界中から人材が集まらないのです。なので、日本もこの世界の潮流に合わせるべきです。つまり、日本も他の国のように最初から高い給与を提示すべきなのです。そうしなければ、グローバル競争の中で人材を獲得することはできません。これまでの年功序列制のようにそこから安定的に給与を上昇させる必要はありません。ずっと入社時の給与水準のままというのでもかまいません。ともかく、入社時に魅力を感じるような給与体系に変わるべきです。

EJU 일본어 청해 스크립트

練習　女子学生と男子学生が鈴木さんとの待ち合わせについて話しています。この二人はこれからどうしますか。

女子学生：鈴木さん、まだ来ないね。

男子学生：うん、何かあったのかな。昨日会った時は必ず来るって。

女子学生：鈴木さんに電話した？

男子学生：うん、したけど出ない。たぶん電車の中なので出ないかも。

女子学生：どうする。待つ？シンポジウムもう始まるよ。

男子学生：鈴木さんもぜひ行きたいと言ってたから少し待って一緒に行こうよ。10分くらい待っても来なければ先に行くってメール送っておくね。

女子学生：うん、その方がいいね。

この二人はこれからどうしますか。

1．鈴木さんに電話する。

2．鈴木さんに先に行ってもらう。

3．鈴木さんを待たない。

4．鈴木さんを待ってから行く。

13番　男子学生と女子学生がレポートについて話しています。この女子学生は、レポートの提出が遅れないようにするためには最初に何をしたらいいと言っています か。

男子学生：この前、レポートの締切に間に合わなくて、提出できなかったんですけど、レポートを早く書くコツとかないですか。

女子学生：早く書くコツはないけど、提出に送れないようにするコツならあるよ。たぶん、面倒なことは後回しにしちゃう性格でしょ。

男子学生：はい…そうかもしれません。

女子学生：性格は仕方がないのだけど、その場合、時間がかかることが最後に残っちゃうから、結局、間に合わなくなるの。だから、時間がかかることから先にやったほうがいいよ。

男子学生：なるほど。そういえば、今回、時間がかかりそうな図表をレポートに入れないといけないんですよ。

女子学生：それから始めるといいよ。その後で、文章を書いたり、内容を整理したりすればいいの。

男子学生：ありがとうございます。

この女子学生は、レポートの提出が遅れないようにするためには最初に何をしたらいいと言っていますか。

1．効率化のための計画表の作成
2．学習スタイルを改善すること
3．レポートで使う図表を作ること
4．内容を整理すること

14番　就職アドバイザーが、就職活動の際の服装について話しています。この人は、就職活動の際にどのような服装をしたほうがいいと言っていますか。

就職活動する際、リクルートスーツと呼ばれる紺色のスーツを着るというイメージがありますね。例えば、まだ20代前半の大学生の人たちがこうしたスーツを着て就職活動をするのは、若々しく見えますし爽やかに見えます。また、就職活動を行っている多くの学生がこうした服装をしている以上、こうした服装が学生にとって無難であることは間違いありません。しかし、就職活動をするときの服装で重要なことの一つは年相応の格好をすることです。例えば、就職活動をする場合でも30代の人が若い人と同じようにリクルートスーツを着て若々しさをアピールすると、逆に未熟な印象を与えてしまいます。それよりも、高級感ある落ち着いたスーツを着るほうが、よい印象を与えられるはずです。このように就職活動をする際の服装はよく考えて選ばなくてはなりません。

この人は、就職活動の際にどのような服装をしたほうがいいと言っていますか。

1．落ち着いた服装をすること
2．若々しい服装をすること
3．年齢に合った服装をすること
4．無難な格好をすること

15番　先生が、政府のメディア戦略について話しています。この先生によれば、政府が知られたくないニュースを金曜日に発表するという戦略が日本では通用しないのはなぜですか。

海外では政府が国民にあまり知ってほしくないニュースを発表するときは金曜日が多いそうです。これは、偶然こうなったというわけではなく実はこれは一つのメディア戦略なのです。金曜日以外にも、クリスマスなんかもこうしたニュースが発表されやすいです。共通点はなにか分かりますか。そう、連休です。金曜日のあとにも土曜日と日曜日がありますね。その日のあとに2日以上の連休があるときに知

ってほしくないニュースは発表されるのです。休みで友人などいろいろと遊んでいるうちにニュースを見るのを忘れてしまうからです。ですが、私はこれは日本では通用しないと思います。週末などの休日に何をするかという質問に対して、日本ではテレビなどを見るという人の割合が非常に高いのです。この他にも、「何もしないでゆっくりする」という人の割合も高いのですが、こういう人も本当に何もしていないわけではなく、ネットを見たり、テレビを見たりしているはずです。

この先生によれば政府があまり知られたくないニュースを金曜日に発表するという戦略が日本では通用しないのはなぜですか。

1．日本人のメディアリテラシーが非常に高いから
2．日本人は休みにもメディアに多く触れるから
3．日本人は金曜日にニュースを見る習慣があるから
4．日本には連休があまりないから

16番　男子学生と先生がロボットと人工知能について話しています。先生は人間の労働者がいなくならないのはどうしてだと言っていますか。

男子学生：ロボットと人工知能の技術の発展はすごいですね。
先　　生：ええ、そうですね。現在では、そうした技術を応用して料理をするロボットもできていますからね。
男子学生：では、いつかサービス業で人間の労働者はいなくなるのでしょうか？
先　　生：いえ、それはないでしょう。
男子学生：どうしてそう言えるんですか？
先　　生：例えば、様々な作業に関してロボットが人間のような動きができるようになったとしても、問題が起こったときの決断や決定はロボットにはできないんです。
男子学生：人工知能の技術が上がれば、むしろ、人間よりも正確な判断ができる気もするんですが、そうではないんですか。
先　　生：正確な判断ができるようになったとしても、ロボットに責任は取れません。結局、人間がそれをやらないといけないんです。

先生は人間の労働者がいなくならないのはどうしてだと言っていますか。

1．人間と同等の動きがロボットにはできないから
2．AIでは人間のような判断はできないから
3．創造的な仕事は人間にしかできないから
4．責任を持って決定を行う存在が必要だから

17番　先生が新たに開発された水について話をしています。先生はこの水をどのように活用すればいいと考えていますか。

海水魚という魚と淡水魚という魚の違いは分かりますね。海水魚というのは海でしか生きることができない魚で、淡水魚というのは川や湖でしか生きられない魚です。ですが、日本の大学で海水魚と淡水魚の両方が生きることのできる水が開発されました。この水は塩分濃度を低くした海水のような水で、海水魚でも淡水魚でも生きられるような塩分の濃度に調整されています。海水魚と淡水魚の両方をこの水で育てられるということ自体には大きなメリットはありません。しかし、この水は簡単に作ることができるので周辺に海がない山地でも、安いコストで海水魚を育てることができます。その点を活用すれば、農家の人が余った土地を使って海水魚を養殖するということも可能なのです。これが実現できれば、農家の人を始め様々な人の利益になるはずです。

先生はこの水をどのように活用すればいいと考えていますか。

1．海水魚と淡水魚の両方を育てる。

2．海から離れた場所で海の魚を育てる。

3．栄養価の高い農業生産物を作る。

4．淡水魚を海でも生きていけるようにする。

18番　専門家が子どもに楽器を習わせることについて話しています。この専門家は、子どもが楽器を習う理由として一番大きなものは何だと言っていますか。

現在、以前に比べて音楽を大学で専攻しようとする人が減っているそうです。子どものころから楽器を子どもに習わせる親も少なくなっているようです。

子どもに楽器を教えるというのはいいことです。楽器は何もプロになるためだけに習うのではありません。もちろん、高い目標を持って技術を磨くということも大切ですが、何よりも重要なのは、努力が演奏という方法で形にできるということです。勉強での努力は点数という味気ないもので現れてきます。ですが、音楽をすれば、演奏という形で日々の成長を自分自身を含めた多くの人と共有することができます。それは、子どもにとって大きな財産になると私は考えています。

この専門家は、子どもが楽器を習う理由として一番大きなものは何だと言っていますか。

1．一流の音楽家になるために必要だから

2．演奏によって多額の財産を築くことができるから

3．子どものときからやらないと楽器はうまくならないから

4．日常的な成長をいろいろな人と分かち合うことができるから

19番　先生が読書について話しています。先生によれば、読書の楽しさを知るためにはどうすればいいですか。

大学生になってやっと本を読み始める人は少なくありません。その場合、先生や先輩方から昔の難しい本を推薦される場合が多いです。こうした場合、すでに高く評価されている本を勧めてくれることが多いですから、その勧められた本は読んでも無駄にはならない本がほとんどです。効率的に最小限の本だけを読みたい場合はそのような本の読み方もいいでしょう。しかし、私はまずは読書の楽しさを知ってもらうことが先決だと考えています。読書を始めたばかりのときは、まずは、無理をしなくても読める程度の難しさの本を読むといいと思います。しかも、様々なジャンルの本を読むことが望ましいです。様々な知識に触れて視野を拡げることが読書の最大の楽しみの一つだからです。

先生によれば、読書の楽しさを知るためにはどうすればいいですか。

1．面白いと評判の本をできるだけたくさん読む。

2．自分に合ったレベルの多様な分野の本を読む。

3．少なくてもいいので難しい分野の本を最後まで読む。

4．エンターテインメント性の高い本を読む。

20番　女子学生と男子学生が話しています。この男子学生は、どのようなテーマで発表をする予定ですか。

女子学生：今度の発表、何をテーマに話すか決めた?

男子学生：うん、まあね。この前の授業で知ったんだけど、多くの人が信じているけど、データを見ると正しくないことって結構あるらしいんだよ。

女子学生：ふ～ん、例えば？

男子学生：そうだな。例えば、少年犯罪が増え続けているって信じている人が多いけど、警察のデータでは、実際には激減していて、むしろ高齢者の犯罪は増えているとかね。

女子学生：じゃあ、データの正しい読み方とか、統計の正しい分析の仕方みたいな発表をするの。

男子学生：いや、諸問題に対して皆が漠然と持っている考えと調査データを比べてみたいんだ。

女子学生：へえ、面白そうだね。

この男子学生は、どのようなテーマで発表をする予定ですか。

1．少年犯罪と高齢者の犯罪の比較

2．警察が発表する犯罪調査から分かる犯罪の原因と影響

3．社会問題に対するイメージと数値で見た実態の比較

4．データや統計の正しい理解の仕方

21番　先生が絵について話しています。先生は絵がうまくなるにはどうすればいいと言っていますか。

よく絵に関して「好きこそものの上手なれ」という言葉を持ち出す人がいます。好きだから絵を描くのがうまくなるということです。ですが、私はこのような考えには賛成できません。むしろ、芸術の楽しさを知り好きになるためには、ある程度、うまくないといけないと思います。そして、うまくなるためには犠牲が必要です。１日は２４時間しかなく、いろいろなことを諦めて、その内の多くを芸術のために使わないとうまくはなれないのです。そして、うまくなっていく内に、本当の意味で好きになっていくのです。

先生は絵がうまくなるにはどうすればいいと言っていますか。

１．多大な時間を絵のために費やすこと
２．好きなときに楽しんで絵を描くこと
３．特別な才能を持って生まれること
４．金銭的な犠牲を払うのを惜しまないこと

22番　先生が日本の料理の食材であるワサビについて話しています。先生はワサビにはどのような効果があると言っていますか。

昔から使われている食材を調べてみると、思わぬ効果があって驚かされることがあります。例えば、寿司や刺し身などを食べるときに、薬味として使うワサビなどもそうです。生魚を食べるときにワサビを食べるのは、ただ単に美味しいというだけでなく理にかなっているのです。というのも、生魚は非常に菌が発生しやすい食材です。また、寄生虫が中に隠れている場合も多いです。ワサビはそうした菌や寄生虫を殺す作用があるのです。さらに、カビの発生を予防する効果もあります。ですので、食中毒を予防する効果があるわけです。また、生魚から話が離れますが、抗菌作用や抗カビ作用があるということは、食材を長期保存させる効果があるということも意味します。菌が少ないと、食べ物が腐るスピードは遅くなりますからね。

先生はワサビにはどのような効果があると言っていますか。

１．栄養不足を予防し病気になりにくくする。
２．健康被害を抑止し食品を長持ちさせる。
３．腐りやすい食品を腐らせずに発酵させる。
４．蚊やハエなどの害虫を殺す。

23番　男子学生と女子学生が観光地の問題について話しています。この男子学生は観光地では問題に対してどのような対策を取ろうとしていると言っていますか。

男子学生：休みの時期になると一部の観光地では外国人の観光客が急増するようになって困っているという話、聞いたことある?

女子学生：そうらしいね。どの国でも夏休みとかは同じくらいの時期だし、観光客の人もみんな有名な観光地に行きたいよね。

男子学生：そうなんだよ。でも、そうなると、時期や場所が集中しちゃって、宿泊施設が足りなくなったり、サービスが低下したりして観光客にとってもすごく不利益が多いんだよ。そこに住んでいる人たちも困っているし。

女子学生：なるほど。

男子学生：だから、そこに住んでいる人達の間で外国人旅行客が来る人数を制限してほしいという声も大きいんだよ。

女子学生：でも、人が移動してくるのなんて制限できるの？

男子学生：もちろん、無理だよ。だから、その時期だけホテルとかお寺とかの利用コストを高くすることで、来る観光客を減らすようにするそうだよ。

女子学生：ああ、そうだよね。今その観光地に行ったらたくさんお金がかかると聞くと、別の時期にしたり、別の場所への観光を考えるかもしれない。

男子学生：そういうことだね。

男子学生は観光地では問題に対してどのような対策を取ろうとしていると言っていますか。

1．観光客に他の観光地のよさを知ってもらう。
2．入っている観光客の数を制限する。
3．宿泊料や拝観料を引き上げる。
4．宿泊施設や観光サービス業の人員を増やす。

24番　専門家が子育て支援について話しています。この専門家は、子育て支援に積極的な社会になるためにはどのようなことが広がったほういいと言っていますか。

少子化問題を解決するためにも、子育て支援を充実させる必要があることが多くの人に認められるようになりました。以前であれば、支援がなくても昔はきちんと子育てをしていたとか、最近の若い人には努力が足りないなどと言われることもありました。それが、現在では、子育てに関わる問題が個人的なことではなく社会の問題としてきちんと認識されるようになったのです。もちろん、現在でも昔のような批判をする人もいます。年配の男性の中には少なくないかもしれません。しかし、男性もきちんと

子育てに参加し、様々な支援なしに子育てをすることがいかに大変なのか分かるようになればこのような声はますます減っていくはずです。子育て支援に積極的な社会を作るためにも、そうしたことが広がっていってほしいと思います。

この専門家は、子育て支援に積極的な社会になるためにはどのようなことが広がったほういいと言っていますか。

1．男性も子育ての苦労を知ること
2．政府が子育ての重要性を認識すること
3．子どもを育てるための努力を惜しまないこと
4．年配男性の考えを改めるために教育すること

25番 先生が解決が困難な問題について相談を受けたときの対処の仕方について話しています。先生によれば、問題に関してその場で考えた解決策を提示するのがよくないのはなぜですか。

あなたは、解決が困難な問題について相談を受けたらどうするでしょうか。例えば、相談者が上司との関係が悪いという問題の場合、あなたは上司と仲良くするためのアドバイスをすることもあるでしょう。ですが、それはもしかしたら見当外れなことかもしれません。解決困難な問題について話してきたということは、そもそも、解決策を聞きたいわけではない可能性が高いです。その人も、それを解決するのは難しいということは知っているはずです。こういう場合、その場の思いつきで解決策を話すのは逆効果の可能性があります。困難な問題に対してその場でちょっと考えた解決策を提示すると、相談した側としては自分の問題を軽く考えていると思ってしまいますからね。理不尽かと思うかもしれませんが、要するに、こういう場合、ただ話を聞いてほしいことが多いので、自分の意見を言うのではなく、ただ話を聞いてあげましょう。

先生によれば、問題に関してその場で考えた解決策を提示するのがよくないのはなぜですか。

1．解決策を話しても笑いものにされるだけだから
2．こういう相談をする人は理不尽な人だから
3．問題を過小評価しているという誤解を与えてしまうから
4．素人が解決策を提示するよりも専門家に相談したほうがいいから

26番　先生が転職について話しています。この先生は、転職に関して「ジョブホッピング」の何が問題だと言っていますか。

皆さんは転職について考えたことはありますか。転職というのは仕事を変えるということで、要するにそのときに働いている会社をやめて別の会社に就職し直すことですね。日本では、最近、これが増加傾向です。転職自体は悪いわけではないのですが、それがジョブホッピングになっていないかどうかは注意が必要です。転職には、計画的に昇給やキャリアアップを目指すキャリアビルディングと無計画に職を転々とするジョブホッピングがあります。もちろん、転職すること自体一定のリスクがあり、よく考えて行われなくてはなりませんが、キャリアビルディングは自分の未来の可能性を広げる行為であり、積極的に挑戦すべきことです。ですが、無計画なジョブホッピングの場合、それは自分の社会人としての信頼を損失させることにもつながります。そうなると、キャリアアップどころか職を変えるたびに、キャリアダウンしていく事になってしまいます。つまり、信頼のない人でも働けるようなところでしか働けなくなってしまうのです。これは見過ごせない点です。

この先生は、転職に関して「ジョブホッピング」の何が問題だと言っていますか。
1．より悪い労働環境で働くことになること
2．信頼を取り戻さないと働けなくなること
3．キャリアアップできず現状維持になってしまうこと
4．転職に伴って発生する一定のリスクが存在すること

27番　先生が諺や名言について話しています。この先生によれば「お客様は神様だ」という言葉はもともとどのような意味の言葉でしたか。

諺や名言は数多くありますが、そうした言葉に関して気をつけなくてはいけないのは、どのような文脈で誰がその言葉を言ったのかということです。

例えば、「お客様は神様だ」という言葉があります。要するに、神様にそうするようにお客様を大事にしなければいけないということですよね。ですが、注意すべきなのはこれはもともと客をもてなす側、要するにお店側の発言であったということです。主体は客ではなくて、お店だったわけです。にもかかわらず、現在では客の側が「お客様は神様だ」などと言う場合が少なくありません。主体がもてなす側であれば、「お客様は神様だ」といえば、それはサービス精神の表れでしかありません。ですが、もてなされる側であれば「我々を神様のように扱え」という脅迫のようなものになってしまいます。

この先生によれば「お客様は神様だ」という言葉はもともとどのような意味の言葉でしたか。

1．店側の客をもてなす心を表現した言葉

2．店側の客への絶対服従を表す言葉

3．客側の店への脅迫を表す言葉

4．客側の店からのサービス精神を求める言葉

日本語 JAPANESE AS A FOREIGN LANGUAGE

日本留学試験　模擬試験

日　本　語　解　答　用　紙

JAPANESE AS A FOREIGN LANGUAGE ANSWER SHEET

受験番号 Emaminee Registration Number		名　前 Name	

⬆ あなたの受験票と同じかどうか確かめてください。Check that these are the same as your Examination Voucher. ⬆

注意事項 Note

1. 必ず鉛筆（HB）で記入してください。
   Use a medium soft (HB or No.2) pencil.
2. この解答用紙を汚したり折ったりしてはいけません。
   Do not soil or bend this sheet.
3. マークは下のよい例のように、○わく内を完全にぬりつぶしてください。
   Marking Examples.

よい例 Correct	悪い例 Incorrect
●	⊗ ✓ ◎ ◐ ●

4. 訂正する場合はプラスチック消しゴムで完全に消し、消しくずを残してはいけません。
   Erase any unintended marks completely and leave no rubber marks.
5. 所定の欄以外には何も書いてはいけません。
   Do not write anything in the margins.
6. この解答用紙はすべて機械で処理しますので、以上の１から５までが守られていないと採点されません。
   The answer sheet will be processed mechanically.
   Failure to observe instructions above may result in rejection from evaluation.

読　解 Reading Comprehension

解答番号	解答欄 Answer 1 2 3 4
1	① ② ③ ④
2	① ② ③ ④
3	① ② ③ ④
4	① ② ③ ④
5	① ② ③ ④
6	① ② ③ ④
7	① ② ③ ④
8	① ② ③ ④
9	① ② ③ ④
10	① ② ③ ④
11	① ② ③ ④
12	① ② ③ ④
13	① ② ③ ④
14	① ② ③ ④
15	① ② ③ ④
16	① ② ③ ④
17	① ② ③ ④
18	① ② ③ ④
19	① ② ③ ④
20	① ② ③ ④
21	① ② ③ ④
22	① ② ③ ④
23	① ② ③ ④
24	① ② ③ ④
25	① ② ③ ④

聴　解　・　聴　読　解 Listening and Listening-Reading Comprehension

聴読解 Listening-Reading Comprehension

解答番号	解答欄 Answer 1 2 3 4
練習	① ② ③ ●
1	① ② ③ ④
2	① ② ③ ④
3	① ② ③ ④
4	① ② ③ ④
5	① ② ③ ④
6	① ② ③ ④
7	① ② ③ ④
8	① ② ③ ④
9	① ② ③ ④
10	① ② ③ ④
11	① ② ③ ④
12	① ② ③ ④

聴解 Listening Comprehension

解答番号	解答欄 Answer	1 2 3 4	解答番号	解答欄 Answer	1 2 3 4
練習	正　し　い	① ② ③ ●	20	正　し　い	① ② ③ ④
	正しくない	● ● ● ④		正しくない	① ② ③ ④
13	正　し　い	① ② ③ ④	21	正　し　い	① ② ③ ④
	正しくない	① ② ③ ④		正しくない	① ② ③ ④
14	正　し　い	① ② ③ ④	22	正　し　い	① ② ③ ④
	正しくない	① ② ③ ④		正しくない	① ② ③ ④
15	正　し　い	① ② ③ ④	23	正　し　い	① ② ③ ④
	正しくない	① ② ③ ④		正しくない	① ② ③ ④
16	正　し　い	① ② ③ ④	24	正　し　い	① ② ③ ④
	正しくない	① ② ③ ④		正しくない	① ② ③ ④
17	正　し　い	① ② ③ ④	25	正　し　い	① ② ③ ④
	正しくない	① ② ③ ④		正しくない	① ② ③ ④
18	正　し　い	① ② ③ ④	26	正　し　い	① ② ③ ④
	正しくない	① ② ③ ④		正しくない	① ② ③ ④
19	正　し　い	① ② ③ ④	27	正　し　い	① ② ③ ④
	正しくない	① ② ③ ④		正しくない	① ② ③ ④

記述問題

以下の二つのテーマのうち，**どちらか一つを選んで**400字～500字程度で書いてください（句読点含む）。

1.
「学校では髪の色や服装などを制限すべきだ」という意見もあれば、「学校の中でも髪の色や服装は自由にしていい」という意見があります。あなたはどちらの意見に賛成しますか。両方の意見に触れながら、あなたの意見を述べなさい。

2.
「大学生になるのなら一人暮らしを経験したほうがいい」という意見もあれば、「大学生でも実家から大学に通ったほうがいい」という意見があります。あなたはどちらの意見に賛成しますか。両方の意見に触れながら、あなたの意見を述べなさい。

——このページは問題はありません。——

読解問題

説明

読解問題は，問題冊子に書かれていることを読んで答えてください。

選択肢１，２，３，４の中から答えを一つだけ選び，読解の解答欄にマークしてください。

I　次の文章で筆者が言いたいこととして最も適当なものはどれですか。　1

「夢」の意味合いは、1000年前と現在では180度異なっていると言っていいと思います。たとえば、自分が少し気になっている異性が夢に出てきたらどう思うでしょうか。現在の私達であれば「やはり、私はあの人のことが好きなのだな」などと思うのが普通です。ですが、1000年前の日本人は「やはり、あの人は私のことが好きなのだな」などと思いました。現在の私達からすれば、ずいぶん虫のいい話だと思いますが、昔の人は夢を通じて人の思いが伝わってくると信じていたから、このように考えたのです。現在は、科学的な常識をもとに現象の理由を考えますが、1000年前の人たちは、今の私達から見れば迷信と言えることも含んだ常識の上に世界を見ていたのです。

1. 1000年前の人々は何でも都合のいいように解釈していた。
2. 大昔と現在では夢を解釈する前提が全く異なっている。
3. 現在の私たちは夢を科学的に分析しなければならない。
4. 夢によって人がなにを考えているかが分かる。

Ⅱ　次の案内の内容と合っているものはどれですか。　2

情報システム室についてのご案内

利用可能時間：
平日　10：00～19：00
土曜日　12：00～17：00

本学において、各学部の校舎にはパソコンなどを利用する学生向けに情報システム室が設けられています。

利用に関しまして、学部に関係なく全ての校舎の情報システム室が利用できるので、所属する学部の情報システム室が満員などの理由で利用できない場合は、他の情報システム室を利用してください。また、一部の学部に関しては学部の校舎内に情報システム室がないのでその場合は別の校舎まで移動して利用してください。

なお、利用する際には、学生証が必要となります。学生証によりゲートが開く仕組みになっているので、学生証がない場合は入室することができません。学生証を忘れた人は情報システム室以外のパソコンを利用できる施設を使ってください。

ちなみに、情報システム室は、レポートや授業課題の作成など学習目的でのパソコンの利用を想定して設置されているものですが、サークルのための利用やその他の私的利用を含め、利用目的に制限はありません。とはいえ、レポートの提出期間などは、学習目的で利用する人が優先して使えるように、私的な利用はできるかぎり手短に済ませるようにお願いします。

	経済学部	経営学部	社会学部	法学部	文学部	理工学部
情報システム室の有無	○	○	×	×	○	○

以上

1. 全ての学部の校舎に情報システム室がある。
2. 情報システム室は学習目的で使う人だけが利用できる。
3. 学生証を携帯していないと情報システム室に入れない。
4. 昼休みの時間は職員も休むので利用できない。

Ⅲ　筆者は、下線部「旅行を好きになるコツ」とはどのようなものだと言っていますか。

3

旅、旅行があまり好きでない人がいる。

旅が嫌いな人は、余計なところにエネルギーを使ってしまっている。要するに、旅慣れていないのである。

旅が嫌いな人はなぜ嫌いなのかを自覚し、旅行を好きになるコツに気づけば旅行を楽しむことができるようになる。

旅慣れない人たちの荷物を見ると、それがよく分かる。旅慣れない人たちの荷物には、十分すぎるほどの準備が見て取れる。滞在日数分の着替え、薬・絆創膏（ばんそうこう）、ガイドブック数冊、日本の食品、タオル、シャンプー等々、とにかく何があってもいいように、いろいろなものを持っていく。持っていく物の数が心配の数を表しているようだ。このような人は、持っていく予定のものを一つ持って行き忘れるだけで、パニック状態になってしまう。

旅慣れた人は違う。旅慣れた人はなんとかなるのを知っている。着替えは滞在日数分なくても、現地で十分調達できる。薬、タオル、シャンプーなんかも同様だ。ガイドブックなんかいらないし、必要でも必要なページだけ切り取るなり、携帯電話のカメラで写真を撮るなりすればいい。現地にいろいろな食物があるのに、日本食を持っていくなんてもってのほかだ。極端な話、旅行はお金、それから海外旅行の場合はパスポートがあれば、なんとかなるのである。あれやこれやを心配して準備をして疲れてしまうようなことはしないわけだ。

つまり、身も心も軽くしていくことが旅の秘訣なのだ。

1. パニック状態にならないようにするために入念の旅の準備をすること
2. 無駄ことを心配するのをやめ、最低限の荷物だけを持っていくこと
3. 旅の目的を明確にしてそのためのプランを入念に立てること
4. 旅行先で十分な贅沢ができるようにたくさんのお金を用意すること

Ⅳ　次の文章で、筆者が言いたいことはどれですか。　4

完璧主義は実は完璧とはほど遠い結果をもたらすことが多い。多くの場合、完璧主義者は分不相応な目標を設定し、それを完璧に実現しようとする。だが、行うべきことが完成に近づくにつれて、完璧主義者はそれが完璧には程遠いことに気づく。そうなると、それを完璧に近づけるために締切を過ぎてしまったり、最終的には、完成自体を諦めてしまったりする。要するに、逃げ出すのである。

完璧を目指すこと自体は悪いことでない。そう思う人も多いと思う。だが、完璧を目指すことがプラスに働くことは極めて少ない。それは、多くの場合、逃げ出さざるを得ない方向に自分自身を追い込んでいるだけなのだ。

もちろん、例外的に、芸術家などの高い目標を掲げてそれに邁進しないと、その世界で生き残れない場合もあるだろう。だが、そうした人々は常人には耐えることのできない圧力の中で仕事をしている。私達のような普通の人々が同じようにしようとすると、すでに述べたような結果になるのである。

私達一般人は完璧主義を遠ざけたほうがよい結果に近づける。余裕を持てる状況を作ったほうがほんの少しだけ完璧に近づけるのである。

1. 掲げた目標を達成しないことは逃げ出すことにほかならない。
2. 一般の人もやはり少しであっても完璧に近づいたほうがいい。
3. あまり目標を高く設定しすぎないほうがいい結果が出せる。
4. 完璧主義を貫くことは難しいが一歩一歩努力を重ねるべきである。

V　筆者は名作というのはどのような作品のことだと言っていますか。 5

実際に、斬新な作品が視聴者の心を捉え人気になるということはほとんどない。作品性の高い、玄人好みの作品に反応するするのはごく一部のマニアとクリエーターだけである。映画にせよ、ドラマにせよ、新しいことをやろうとするとそれは一般の人には理解されないわけだ。勧善懲悪(かんぜんちょうあく)といったわかりやすいストーリーは、多くの人の頭の中にそのパターンが刷り込まれて、さして負担を感じずに理解することができる。しかし、斬新な作品は頭の中の枠組みでは理解できないので、視聴者に大きな負担を強いる。それゆえ、その理解するための負担を引き受けられる一部の人だけが反応するのが普通なのである。

だが、名作と言われる作品たちは例外だ。そうした作品が登場するとき、最初は、ごく一部の人だけ反応する。そして、それが口コミで広がっていき、社会現象となる。名作と呼ばれる作品は、一般の人でも負担を引き受けてしまう何かがある。

1. ごく一部のクリエイターにだけ理解される作品
2. 一般の人にも理解されるわかりやすい作品
3. 商業的な戦略によって社会現象となる作品
4. 理解は難しいがそれでも大衆に受け入れられる作品

Ⅵ　筆者は、外国人に日本の文化を教えるときどのようにするのがいいと述べていますか。 6

外国人と接するとき、私たちはいろいろと自国の文化について教えようとします。外国の方も日本の文化についていろいろと知りたがることが多いと思います。

日本の文化には素晴らしいものがたくさんあります。それを知ってもらいたいと思うことはいいことだと思います。そこで、少し気を使ってほしいのは、その外国の方にも母国の文化があるということです。良かれと思っていろいろと文化を紹介するときに、それを押し付けていないか、を気をつけてほしいのです。宗教的なものが代表例ですが、宗教と関係なくとも、外国の人にとって押しつけになっていることもあります。

一例として、様々な仕草があります。伝統的な仕草ではありませんが、人差し指と中指の二本の指を立てるピースサインは、海外では侮蔑(ぶべつ)的な表現と受け取られることもあります。また、正座などの座り方も外国人の中には苦痛に感じる人も多いそうです。

話し方に関しても敬語を使うことが不快だと感じる外国の方もいます。人間は対等であるのだから、上下関係を作る言語表現は使いたくないということのようです。

日本の文化を教えるとき、日本人と同じように外国人が振る舞うように押し付けてしまいがちですが、相手の文化を尊重することも大事なのです。

1. 日本文化の問題点について熟知しておいたほうがいい。
2. 教える際に日本人と同様の言動を強要しないほうがいい。
3. 教えるなら外国人の文化についてもよく勉強して教えたほうがいい。
4. 日本文化を知ってもらえるように丁寧に教えたほうがいい。

Ⅶ　筆者は違法ダウンロードに関して刑罰の対象になるのはどのような場合だと言っていますか。 7

自分の好きな映画や音楽がインターネットのホームページ上でダンロードできる状態だったから、ダウンロードした。そんな人はいないでしょうか。

これは、刑事罰に問われる可能性がありますので気をつけてください。以前は罰則がなかったのですが、2012年の違法ダウンロードの刑罰化に伴い、2年以下の懲役あるいは200万円以下の罰金が科される可能性が出てきました。

ですが、これに関して罰則対象となるのは極めて限定的であるということも知っておいていいと思います。その対象となるのは、ホームページ上の映像や音楽を自分のパソコンなどの端末にダウンロードして保存したときに限られるのです。

例えば、インターネット上に違法にアップロードされた映像や音楽を自分のパソコンにファイルとして保存せずに観たり聞いたりした場合はどうでしょう。または、ホームページなどではなく友人がメールの添付ファイルとして送ってきたものをダウンロードした場合はどうでしょう。あるいは、インターネット上にある写真やイラストなどの画像ファイルをダウンロードして保存した場合はどうでしょう。これらは、全て違法ではありません。まずは、ホームページ上からダウンロードしたこと、そして、それが映像や音楽であること、最後に、自分のパソコンやスマートフォンといったものに保存すること、が条件なので、こうした点に気をつければ少なくとも罰則の対象にはなりません。ただし、違法でなくても作品を作った創作者の権利には十分に配慮する必要がありますし、違法ダウンロードに関する法律とは別の法律の刑罰の対象になったり、訴えられたりする危険性はありますので、その点も忘れないようにしてください。

1. ホームページに違法アップロードされた話題の映画を観たがファイルは保存しなかった。
2. ホームページに違法アップロードされた音楽を自宅のパソコンに保存したが聞かなかった。
3. 違法アップロードされていた有名作家のイラスト集を作家の許可なくダウンロードした。
4. 違法にアップロードされていた音楽を友人からメールの添付ファイルとして受け取った。

Ⅷ　次の文章の内容と合っているものはどれですか。 8

日本は世界でも１、２を争う長寿大国であり日本食が世界的に健康に良い食事なのは間違いありません。日本は世界的に心臓病で死ぬリスクが低い国であり、日本の食文化はその大きな要因の一つだと考えられています。ですが、日本食を盲信し過ぎてはいけません。

日本食にも弱点はあります。それは、塩分の過剰摂取になりやすいことと、カルシウム不足になりやすいことです。塩分の過剰摂取とカルシウム不足はともに高血圧の原因になり、高血圧は様々な疾患の原因となります。とくに、日本は北部に行くほど料理の味付けが濃くなり、塩分濃度が上昇する傾向があるのでその点も知っておく必要があります。

もちろん、肉中心、小麦粉中心、高カロリーの西洋的な食事が日本食よりもいいというわけではありません。ですが、西洋的な食事に比べて日本食のほうがおおむね健康であるからといって、日本食が完全な健康食というわけではありません。

1. 日本食は完全な健康食である。
2. 西洋の食事の方が日本食よりも健康である。
3. 塩分の多い日本食は高血圧の原因となりうる。
4. 肉中心の食事ではカルシウム不足になる。

Ⅸ　次の文章で筆者は、日本で暮らしている人が日本の魅力に気づかない理由は何だと言っていますか。　9

*碁盤の目のように垂直に交わる路地、歴史ある数々の寺院、昔ながらの姿を残す**町家(まちや)、数百年その店の味を守り続けてきた老舗、こうしたものを私は当たり前だと思ってきた。実際、私が育った京都にはそれらが当たり前のようにあった。だから、ときおり遠くからやってきた大人たちが、京都の街をみて「この店は500年も続いているのか」などと感慨深げにつぶやく理由が幼い私には全くわからなかった。

日本の魅力は日本に住んでいる人でないとわからないという人がいる。いや、むしろ逆であると私は考える。京都でずっと住んでいた私には京都の魅力がわからなかった。東京の大学に行くこととなり、東京に暮らすようになって少し京都の魅力がわかるようになった気がするが、本当は今もわからないのだと思う。住んでいる人には空気のように当たり前の景色が外から来る人にはその国、地域の魅力になるのだ。

＊碁盤の目：

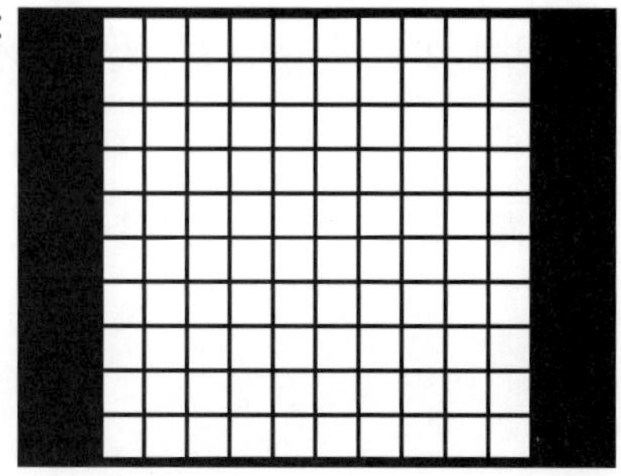

＊＊町家：日本の伝統的な家屋の一つ

1. 独自の魅力を当然なものだと思ってしまうから
2. 日本の伝統を体現した京都に無関心だから
3. 日本には魅力がまったくないと言っていいから
4. ずっと日本で暮らしてきた人ですらわからないから

X　次の文章で筆者が最も言いたいことはなんですか。　10

ロボットの技術の発展は、ここ数十年で目を見張るものがある。人間が手作業でやってきた作業のかなりの部分がロボットで代用できるようになってきている。人間の手の動きよりも正確にロボットは動くことができる。

とはいえ、一流の人間の職人の手は正確に「動く」だけでなく、細やかな違いを「感じる」役割も担っている。すなわち、高感度のセンサーとしての役割を果たしているのである。「動く」ことの面でロボットのほうが勝っているとはいえ、今のところ、「感じる」ことの面でロボットは人間に遥かに及ばない。

したがって、ロボットには正確な仕事をすることはできるが、一つ一つの材質の違いに合わせた精密な仕事はまだできないと言える。目の前にある材質の特性を繊細に捉えるセンサーなしには、人間の職人並みの仕事はできないのである。

1. センサーとしての機能では人間のほうがロボットよりも優れている。
2. 多くのロボットに高感度のセンサーを搭載することが予定されている。
3. すべての動作においてもはや人間はロボットに勝てなくなっている。
4. ロボットの方が、計算能力において人間を遥かに凌ぐ能力がある。

―このページは問題はありません。―

XI　次の文章を読んで後の問に答えなさい。

経営戦略というものを一言で表すとすれば、会社が生き残っていくための長期的な方策のことです。そのためには、時代の流れを敏感に察知しながら、他社とは違う自社の強みを見つけ、活かすことが重要となります。

経営戦略を考える場合、企業は競合他社をよく分析します。「自社と他社との違いは何か」ということや「自社だけが持っている強みは何なのか」をそれによって見極めていくのです。こうした分析の結果、自社と同じようなビジネスをやっている企業が多い場合はその戦略の方向転換を考える必要が出てきます。同じような商品やサービスを提供している会社が多い場合は、結局、値下げ競争になってしまい、利益率が下がっていき、共倒れになってしまうことも少なくありません。それよりも、競争相手となる企業が少ないビジネス、理想としては、全くないビジネスを探すのが望ましいのです。

ただ、他の企業との差異化を図るために、他の企業がやっていないことを無理にやろうとするのは考えものです。他の企業と違うことをやっても、そこに消費者のニーズがあるとはかぎりません。それに、新たに何かを「やる」のではなく、新たに何も「やらない」という方向性もあるのに、それに気づかず失敗する企業が数多くあるのが残念でなりません。日本はただでさえ、過剰なサービスが多く、そのサービスを快く思っていない人もかなりいるのです。例えば、環境意識が高い人は商品の過剰包装を不快に思いますし、ゆっくりと品選びをしたい人の中には店員に「何かお探しですか」などと声をかけられるのを嫌います。そうしたサービスを「やらない」ことがコストカットになるだけでなく、消費者のニーズを満たすことにつながることもあるのです。

会社としての強みは何かを「する」ことだけではないのです。生き残りをかけて何かを「やらない」という道を進むのを経営戦略の一つと言えます。

問１　他社と同じようなビジネスをしている場合、どのような影響があると言っていますか。　11

1. 両方の企業に相乗効果が生まれる。
2. 両方の企業に不利益がある。
3. 一方の企業しか生き残れなくなる。
4. 一方の企業が値下げ競争により利益が下がる。

問２　下線部「何もやらないという方向性」とはどのようなものですか。　12

1. 過剰なサービスをやめることによって、価格競争を重視する方向性
2. 無駄なサービスを減らすことによって、社員の負担を減らす方向性
3. 過剰なサービスを削減することによって、強みを創出する方向性
4. 無駄だと思われているサービスを少しずつ改善していく方向性

XII　次の文章を読んで後の問に答えなさい。

大学での学びの形には、講義を通して知識を習得するものと、体験を通して様々な気づきを得るものがあります。講義を通して得られる知識は、例えば、社会学部でいうと、社会学者の理論であったり、社会調査のデータであったり、そうしたデータを分析する方法論であったりします。

では、後者の気づきとは何かというと、それは知識を現実に結びつける視点を得ることです。

大学の学びは長く非現実的なものを追い求める「虚学」のイメージを持たれてきました。虚学、要するに、何の役にも立たない学問を勉強する場が大学だと思われてきたのです。ですが、（　A　）。大学の知識はもともと役に立たない知識だったわけではなく、それがどのように現実の課題と結びつくのかが多くの人にわかりにくかっただけなのです。

そこで、現在は体験型の学びが広く行われるようになり、特にフィールドワークを重視する大学が増えてきました。フィールドワークというのは、実際に問題が起こっている現場に行き、自分でそこで調査などを行う学びの形です。

以前であれば、「日本の人口の25％以上が65歳以上の高齢者である」という知識は、ただの知識で終わる場合が多かったのです。ですが、いまでは特に高齢化が進む地域に出向いて、そこで実際に何が起こっているのかを見る機会を大学側が提供します。それによって知識は生きた知識になるわけです。これが今の大学の学びです。

問1　（　A　）に入るものとして最も適当なものはどれですか。 13

1. その認識は誤りです。
2. 虚学の反意語は実学です。
3. そのイメージは今でも同じです。
4. それが学びの素晴らしさでもあります。

問2　筆者は大学の学びはどのように変化したと述べていますか。 14

1. 虚学による学びをより追求するようになった。
2. これまで行ってきた役に立たない学びを廃止した。
3. 気づきを得る機会が以前よりも多くなった。
4. 就職という現実の問題をより重視するようになった。

XIII　次の文章を読んで後の問に答えなさい。

私が、動物研究の中でも今になって犬を対象にし始めたのは、息子がきっかけであった。

息子が生まれたのももう8年も前の話で、気づけばすっかり大きくなって小学校に通うようになっていた。外でいるときは元気に友人たちと遊んでいるようだが、家にいるときは兄弟がいなくて、さびしくはないのだろうか。そんなことを思って、何か動物でも飼おうかと考え始めた。

私は家で仕事をすることが多いので家を完全に空けるということこそ少ないが、息子の相手をそこまでしてあげられるかといえば、つきっきりというわけにはいかない。妻も、忙しい人だから、私よりも家にいないことが多い。小学校では笑顔にあふれていた自分の子どもが、楽しそうにしていないわけではないものの、家ではどこか表情に乏しい感じがして、<u>このような疑問</u>を抱いたのだ。

私は子どものころ、猫を飼っていたので最初は猫にしようと思ったが、どうも猫は自分だけで遊んで飼い主をほったらかし、ということもあるから、やはり犬にしようということになった。ただ一人で遊んでいるのと、遊びたい相手がいてその遊びたい相手が遊んでくれないのとでは、後者の方が寂しさを募らせることになりそうだということも考えた。

実際に、飼ってみると犬という奴は本当に人間が好きなのだということがわかった。私が犬に関心を持ち研究をするようになったのは、これがきっかけだ。

問1　下線部「このような疑問」とは、どのような疑問ですか。　15

1. 楽しそうにしていないのはなぜかという疑問
2. 犬か猫のどちらの方がいいかという疑問
3. さびしがっているのではないかという疑問
4. 家をよく空けている両親を憎んでいるのではないかという疑問

問2　筆者は、筆者が猫ではなく犬を選んだ理由は何だと述べていますか。　16

1. 猫に比べて犬は手がかからないと思ったから
2. 犬が息子の表情を豊かにしてくれたことがあったから
3. 猫は子どものころに飼ったことがあり別の動物がよかったから
4. 猫だと息子をもっと寂しがらせてしまうかもしれないから

XIV　次の文章を読んで後の問に答えなさい。

冬眠する動物と言うと、クマを思い浮かべる人が多いのではないだろうか。確かに、クマも冬眠するが、クマは非常に例外的な存在である。多くの場合は、クマのように大型の動物ではなく、小型の動物が多いのである。

冬眠というのは、冬場に穴などに籠もり、活動を停止する状態のことを指す。冬眠する場合、体温は急激に下る。時には０度近くまで下がることもある。心拍数、呼吸数も激減し、エネルギー消費は極限まで抑えられる。

冬眠をするのは寒いからだという風に思っている人が少なくないが、これは正確な理解ではない。もちろん、寒くなるときに冬眠をする場合が多いのは確かであるが、必ずしもそうでない場合もあるのである。では、冬眠するのはなぜかと言うと、冬季にはエネルギー消費に見合うだけのエネルギーを確保するのが難しいからだ。寒いと体温を維持するために温かい時期よりも多くのエネルギーが必要となる。だが、冬場はその寒さのせいでエサが少ない。こうした状況に適応したのが冬眠する動物たちであると言える。要は、摂取エネルギーよりも消費エネルギーが多ければ冬眠するわけであるから、実は寒さは冬眠の絶対条件ではない。実際に、赤道近くの冬場でも高温になる地域でも冬眠する動物が見つかっている。

小型の動物に冬眠する動物が多いのも、エネルギーの消費と関わっている。体積の全体の割合から考えると小型の動物は外気にさらされている面が大型の動物よりも大きい。冷たい外気にさらされることが多い冬季になると、小型の動物は体温を維持するために大量のエネルギーをこまめに摂取することが必要となる。だが、冬季にはそれは難しいので、冬眠という戦略を取るようになったと考えられるのである。

問１　筆者はどのような場合に動物は冬眠すると述べていますか。 17

1. 気温が０度近くに達したとき
2. 12月ごろの特に気温が低いとき
3. 十分な食料を確保できないとき
4. エネルギー消費が変化するとき

問２　小型の動物について筆者の考えと合っているのはどれですか。 18

1. 大型の動物に比べ冬季に冬眠する種が少ない。
2. 冬眠をする際にこまめにエネルギーを取る必要がある。
3. 大型生物より気温の変化による影響を受けやすい。
4. 冬眠をする期間が長くなることが多い。

XV　次の文章を読んで後の問いに答えなさい。

　個性を重視する時代になり、自分自身が個性的でないことを悩む人も少なくないようです。そのような人は自己主張が強い人や独特のファッションで着飾る人を見て、自分自身との落差を感じているようです。

　しかしながら自分自身が何の個性もない人間だと考えるのは正しくありません。というのも、個性というのは本来、捨てたくても捨てられないものだと私は考えるからです。無くて七癖という言葉がありますが、人間なにか癖があるものです。それは自分自身にとってはコンプレックスになっている場合もあります。声が高かったり、話し方がゆっくりだったり、そうした克服したいコンプレックスがあるとしたら十分にその人は個性的な人だと言えると思います。

　それに、人は欠点に惹かれるとも言われます。あなたの個性があなたにとって魅力的な個性でないとしても、それが他人の目には魅力的に映ることもあるのです。

問１　下線部「それ」が示す内容として、最も適当なものはどれですか。 19

1. 自分自身に個性がないこと
2. 無くて七癖という言葉
3. 個々人が持っている癖
4. 克服したいコンプレックス

問２　筆者は「個性」をどのように考えていますか。 20

1. 本人にとっては嫌かもしれないが、他人からは好ましく思われることもあるもの
2. 本人にとっては特別な才能に思えるが、他人から見ると魅力的に見えないもの
3. 本人にとってはコンプレックスそのものだが、他人から見ると欠点に過ぎないもの
4. 本人にとっては気にならないものだが、他人の目には嫌な癖に映るもの

XVI　次の文章を読んで後の問に答えなさい。

子どもの性格や能力に影響を与えるものとして、遺伝的な要因と環境的な要因がよく挙げられます。そして、環境的な要因に関しては、家庭内の要因と家庭外の要因が挙げられます。これに関して、多くの人が家庭の外部よりも内部の要因のほうがより、大きな影響を与えていると考えているのではないでしょうか。

しかし、これは間違いなのです。少し考えてみれば分かるのですが、小学校に上がった時点で、子どもたちは生活の時間の大半をどこで過ごすのでしょうか。もちろん、寝ている時間を含めれば、家庭ということになるかもしれません。しかし、起きている時間の大半は、学校で過ごします。ですから、学校での友人からの影響、先生からの影響は非常に大きなものです。学校以外でも、学校の外で友人と遊んだりもしますので、友人というのはそれだけ大きな存在です。もちろん、家庭でも学校でもない空間として、塾などでの人間関係も子どもには大きな影響を与えます。

親は自分たちの影響を過大評価しています。そして、子どもが何か失敗をすると、自分たちの責任だと思ってしまいます。逆に、何か成果を出すと、それを自分たちの成果のように思います。これらはどちらも健全な考えではありませんし、正しくもありません。子どもたちが触れる世界は大きく、親であってもあくまでその一部でしかないのです。子どもは親の目から離れたところで様々な人や物と触れ合っており、そこから多くの影響を受けていることを忘れてはいけません。

問１　下線部「これ」の内容として、最も適当なものはどれですか。　21

1. 学校などの家庭以外の要因の影響が強いこと。
2. 遺伝的な要因が環境的な要因よりも重要であること。
3. 家庭の中の影響が家庭の外部の影響よりも強いこと。
4. 人々が思っているよりも家庭の内部の影響は大きくないこと。

問２　この文章では、家庭内の要因についてどう述べていますか。　22

1. 無数にある影響の中の一つに過ぎない。
2. 子供の失敗の原因となるものである。
3. 親の目からは見えないだけで大きな影響を与えている。
4. 遺伝的な影響と環境的な影響の両方に関わっている。

XVII　次の文章を読んで後の問に答えなさい。

日本において書籍は普通の商品とは異なる形で取り扱われてきた。それは他の商品から見れば不当に優遇されてきたといっても過言ではないかもしれない。それは、とくに消費者に書籍を売買する書店にとって有利な状況であった。

普通の商品は、売れなければ安くなる。逆に人気があって生産がそれに追いついていない場合は高くなることもある。すなわち、企業に決められた値段、要するに定価はあるが、それをもとに需要と供給との関係で、実際の価格は上下しているのである。

だが、書籍は違う。定価が決められており、全ての書店がその定価よりも高くすることもできないし安くすることもできない。したがって、書店は、一冊あたりの利益を低くしてでも安く売ろうという価格競争をする必要がない。

では、安売りできないからといって書店で売れ残るかというとそれはない。なぜなら、書籍は返品が可能だからである。返品が可能というのは、消費者が書店に返品が可能という意味ではない。書店がその書籍を作った出版会社などに書籍を返品できるということだ。

（　A　）、こういうことだ。1000円の書籍を書店が売りたいとする。売れた場合は、200円ほどが書店の利益になる。普通の商品なら、利益が100円に減ってしまうかもしれないが、他の店と競争するために900円にすることもあるだろう。しかし、書籍はそのようなことはしなくていい。必ず、すべての店が1000円で売らないといけないからだ。そして、1000円の書籍が売れ残ったとしても書店は損はしない。なぜなら、売れ残った本は出版会社などに返品でき、返品したら損害はないからだ。いわば、書店とはノーリスクのビジネスであったのだ。

このような従来型の書籍販売制度によって、消費者にとっては安く本が買えないというデメリットがあるのはたしかであるが、価格以外の面で消費者にとってのメリットはある。いや、メリットどころか、日本の豊かな文学や人文科学を支えてきたという大きな功績がある。というのも、日本の数多くの書店があるのも、このような制度による面があるし、また、各書店に大量には売れないような文学作品や人文学書が並べられているのもこのような制度とは無関係ではないからである。

しかし、近年、インターネット化によってインターネット上での書籍の販売が増え、このようなビジネスモデルが維持できなくなってきている。現状、インターネットでの売買でも書籍は定価で売買されているが、インターネットで買う場合、そのサイトで次に買い物するときに使えるポイントがつくことが多い。わずかであるが実質的な割引になっているのだ。

現在でも、日本の書店は急激に減ってきている。消費者にとっての利益は安く商品が買えるだけではないと私は考える。これまで、日本の書店が提供してきた文化面での役割に目を向け、それを守る方策を考える時期に来ているのではないだろうか。

問１　筆者は書籍の価格の特徴はどのようなものだと述べていますか。 23

1. 需要と供給の関係で決められる。
2. 書店が価格を設定できる。
3. 特定の価格以外で売ることができない。
4. 書店でだけ定価よりも安い価格で販売できる。

問２　（　Ａ　）に入るものとして、最も適当なものはどれですか。 24

1. つまり
2. だが
3. そして
4. それゆえ

問３　従来型の書籍売買制度に関して、本文と合っているものはどれですか。 25

1. 文化に貢献している面があるが存続が危ぶまれている。
2. 消費者が出版社に自由に返品できる制度である。
3. この制度が原因で日本の書店が減少している。
4. インターネット化によって問題点が改善されている。

―――このページは問題はありません。―――

聴読解問題

説明

聴読解問題は，問題冊子に書かれていることを見ながら，音声を聞いて答える問題です。

問題は一度しか聴けません。

それぞれの問題の最初に，「ポーン」という音が流れます。これは，「これから問題が始まります」という合図です。

問題の音声の後，「ポーン」という，最初の音より少し低い音が流れます。これは，「問題はこれで終わりです。解答を始めてください。」という合図です。

選択肢１，２，３，４の中から答えを一つだけ選び，聴読解の解答欄にマークしてください。

１番の前に，一度，練習をします。

練習

学生がコンピュータの画面を見ながら先生の説明を聞いています。学生は今，画面のどの項目を選べばいいですか。

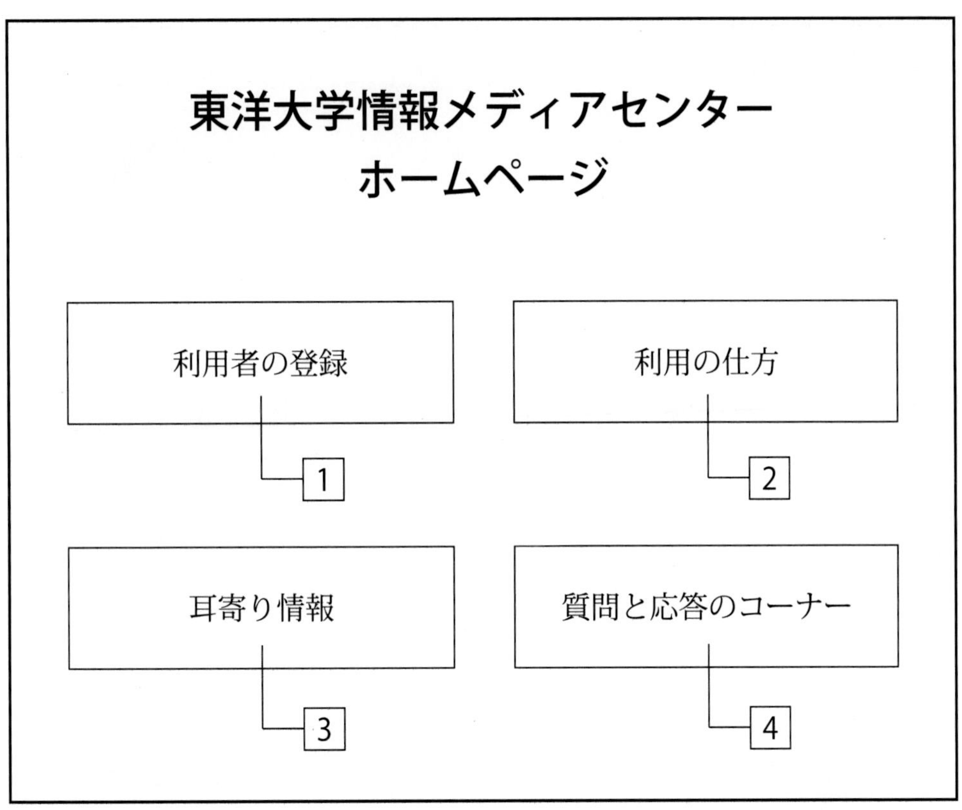

1番

先生がオオスズメバチの巣の場所について話しています。この先生の話によれば、オオスズメバチが巣を作る場所は、この図の中のどことどこですか。 1

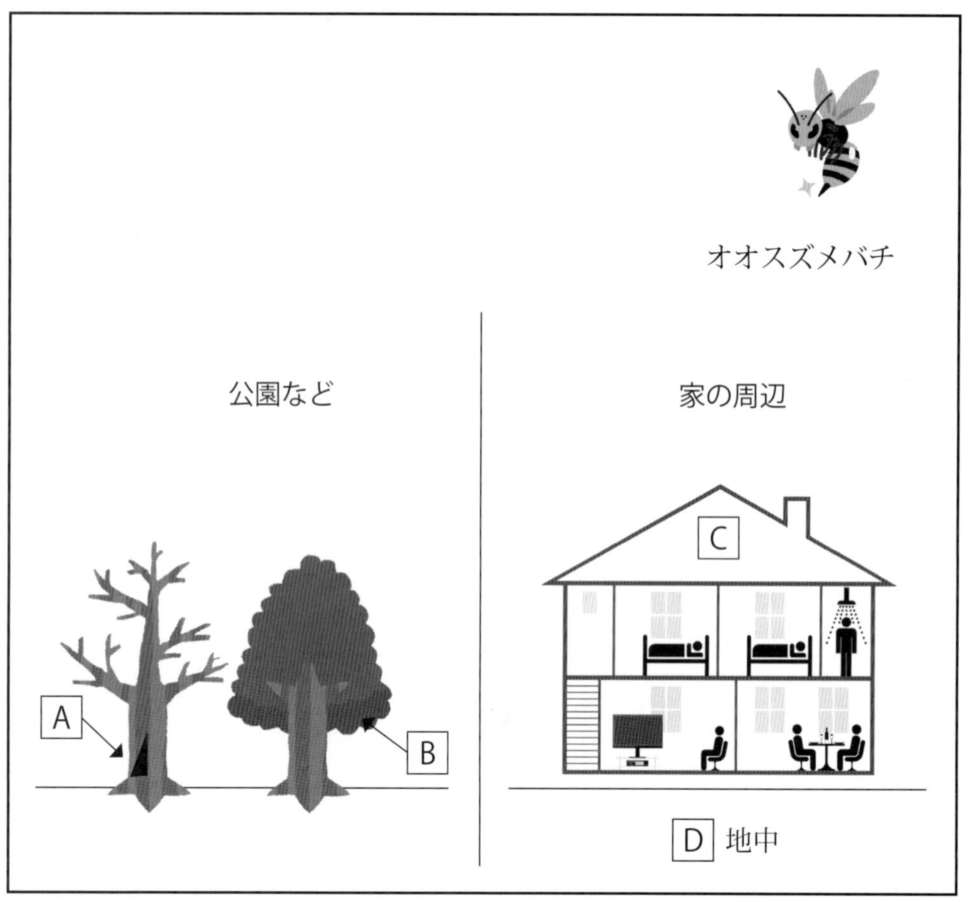

1. AとC
2. AとD
3. BとC
4. BとD

2番

先生が教育学の授業で能力テストの種類について説明しています。先生が問題が起こる可能性があるといっているのはどれですか。 2

能力テストの種類

能力テスト	調べる能力	知識	どれだけ知っているかを調べる	1
		知的能力	思考力や判断力を調べる	2
	テストの方式	客観式	選択肢や記号を選ぶ。	3
		記述式	解答となる文章を作成する	4

3番

自然エネルギーの専門家が図を見せながら、太陽光パネルの設置場所について話しています。この専門家によると、最も適切な太陽光パネルの設置場所はどこですか。

3

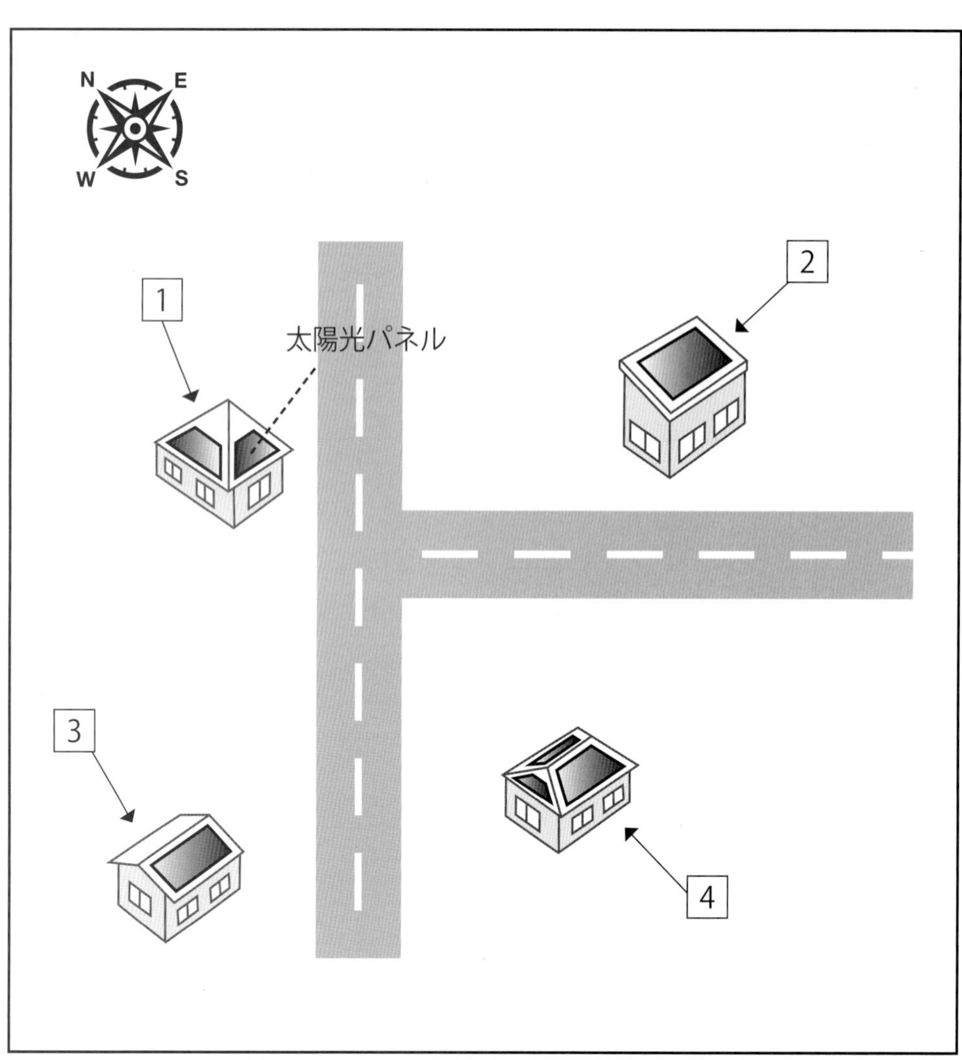

4番

男子学生と図書館職員が話しています。この男子学生はどこに資料を探しに行きますか。 4

			文献資料			視聴覚資料
		貸出の有無	一般書籍	古書	雑誌・新聞	DVD、CD
1	第一図書館	○		＼		
2	第二図書館	○			＼	＼
3	文学部資料室	閲覧のみ				＼
	心理学部資料室	閲覧のみ		＼		
4	工学部資料室	閲覧のみ		＼		

5番

女子学生と男子学生がブランド機能について話しています。この女子学生がニュースで見た事例は、４つの機能のうちどれに当てはまりますか。 5

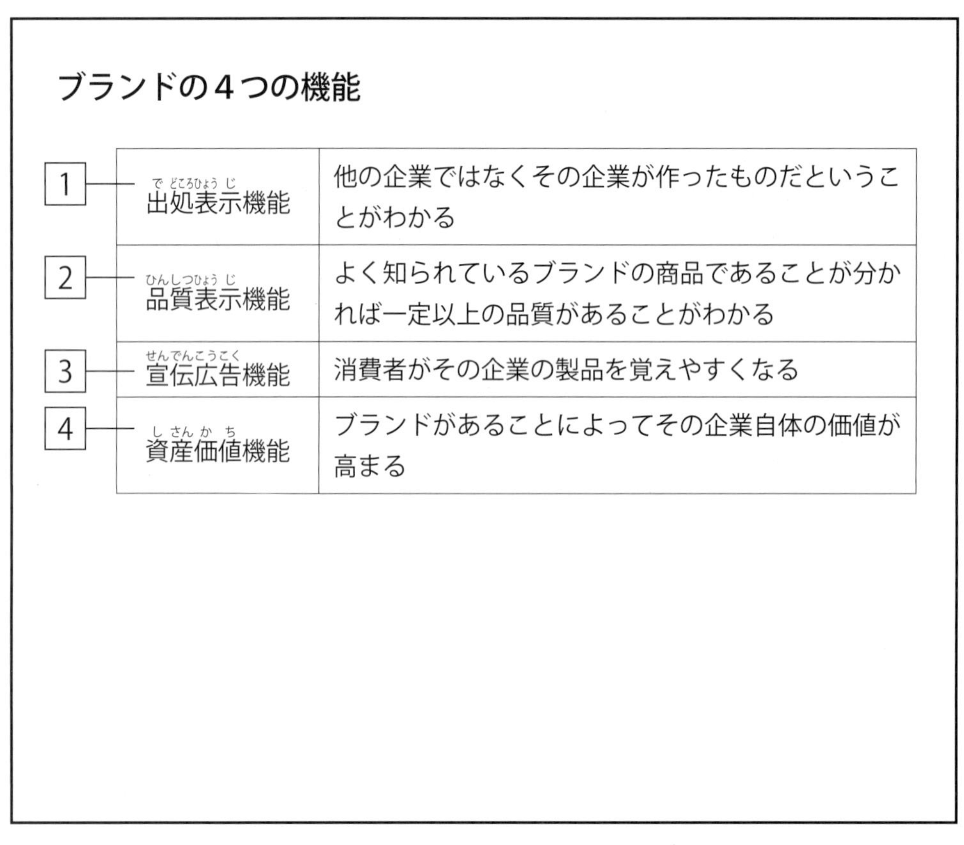

ブランドの４つの機能

1	出処表示機能（でどころひょうじ）	他の企業ではなくその企業が作ったものだということがわかる
2	品質表示機能（ひんしつひょうじ）	よく知られているブランドの商品であることが分かれば一定以上の品質があることがわかる
3	宣伝広告機能（せんでんこうこく）	消費者がその企業の製品を覚えやすくなる
4	資産価値機能（しさんかち）	ブランドがあることによってその企業自体の価値が高まる

6番

カウンセラーが上司のタイプとそれに合わせた相談の仕方について説明しています。この先生が最後にする質問の答えはどれですか。 6

上司のタイプに合わせた相談方法

1 ― **政治家タイプ**
自分で決めることを重視する⇒決定権を上司にゆだねる

2 ― **エンターティナータイプ**
影響力を重視する⇒上司のこれまでの実績をほめる

3 ― **カウンセラータイプ**
人間関係を重視する⇒人間関係への悪影響について話す

4 ― **学者タイプ**
正確な情報を重要視する⇒上司に詳しく説明する

7番

先生が政治学の授業で政府が建築物を作る際の費用について話しています。この先生が問題意識を持ってほしいと言っているのはどれですか。 7

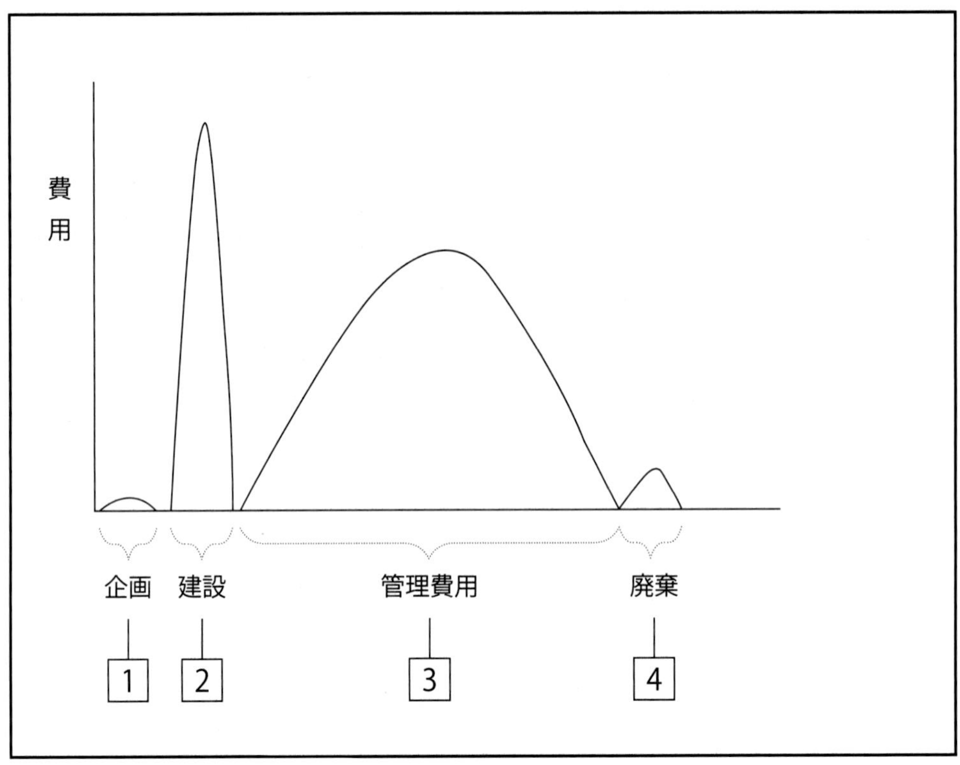

8番

先生が日本の天気記号について話しています。この先生が最後にする質問の答えはどれですか。 8

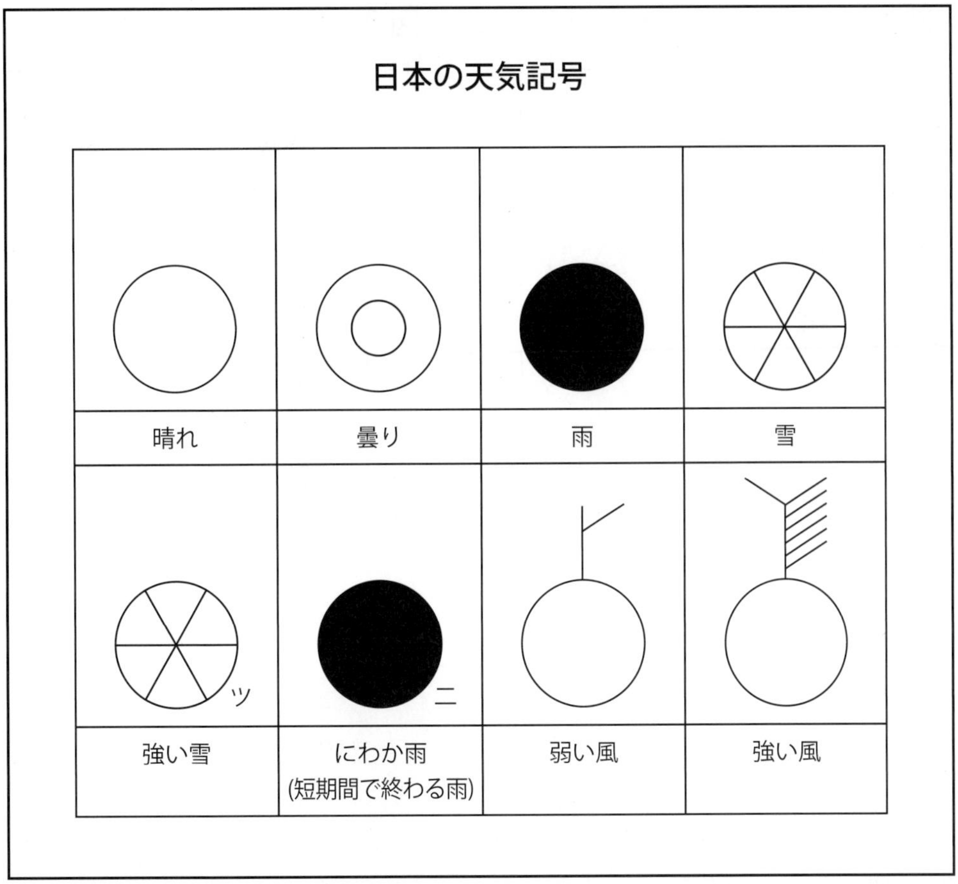

日本の天気記号

晴れ	曇り	雨	雪
強い雪	にわか雨 (短期間で終わる雨)	弱い風	強い風

1

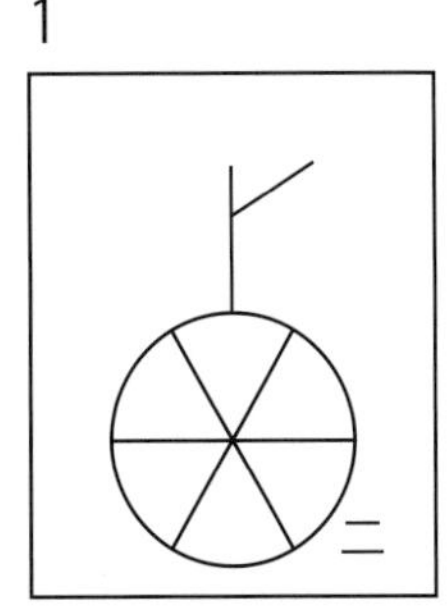

2

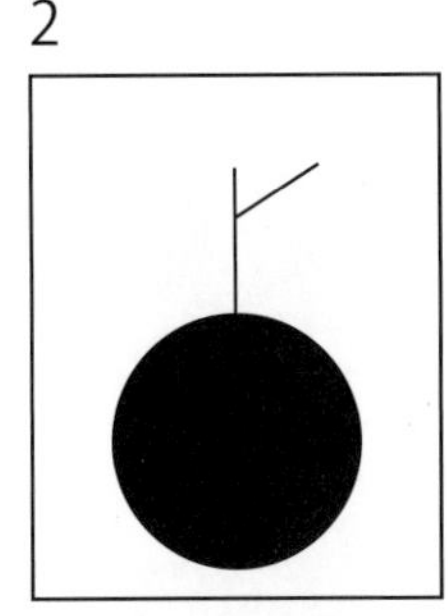

3

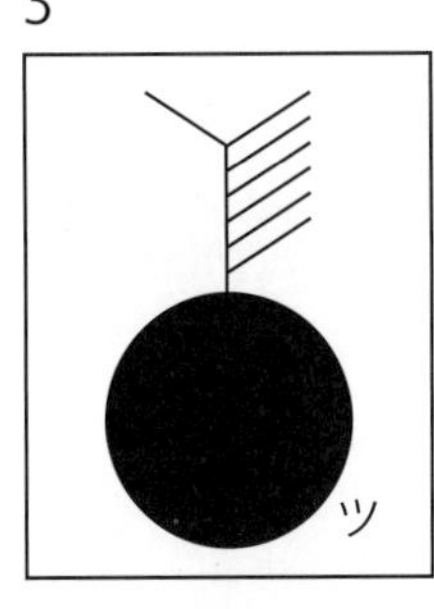

4

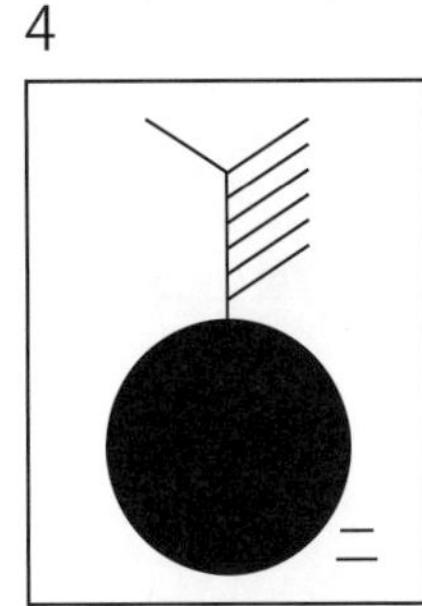

9番

先生が授業で、ウマという動物を使った実験について話しています。この先生によればウマが非常に高い知能を持っていると言えるのはどうしてですか。 9

図1

図2

1. エサがないということをウマが理解しているから。
2. 飼育員の視点から考えてそれに合わせた行動をしているから。
3. 人間にメッセージを送るという高度な社会性を見せたから。
4. 自分の欲求を実現する上で最も合理的な行動をとっているから。

10番

　先生が授業で、動物の視野について説明しています。この先生の説明によると、ウマとウサギの視野を表す図として正しい組み合わせはどれですか。　10

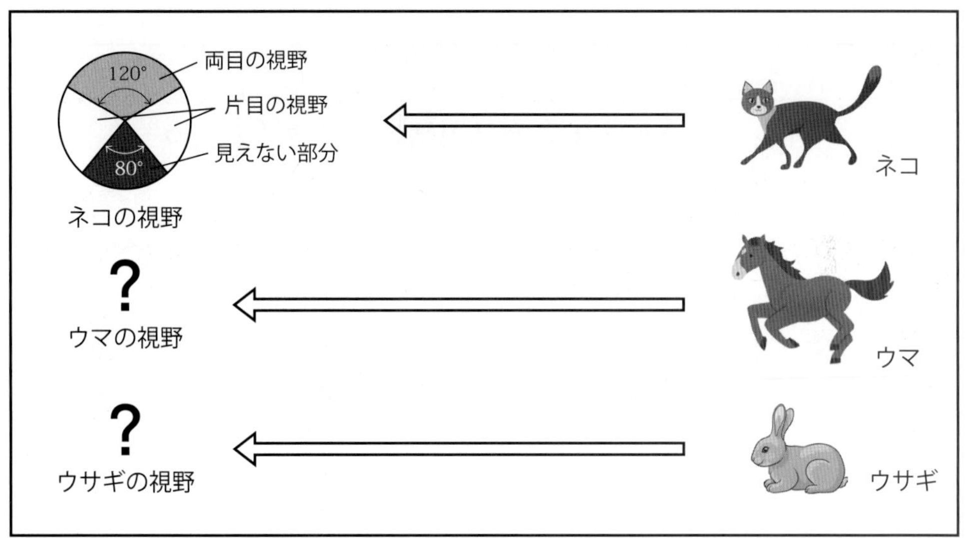

	ウマの視野	ウサギの視野
1	10° 9°	65° 3°
2	65° 3°	10° 9°
3	50° 200°	10° 9°
4	10° 9°	50° 200°

11番

先生が経営学の授業で、インターネットで商品に関わる情報を発信する人たちについて話しています。この先生が最後にする質問の答えはどれですか。 11

インターネット上で商品の情報を発信する人々

商品に対するロイヤリティ

影響力		高い	低い
	高い	1	2
	低い	3	4

12番

先生がグローバル化する現在の状況に合わせたプログラマーの給与のあり方について話しています。この先生の説明によれば、現在の状況に合わせたプログラマーの給与として適切な図はどれですか。 12

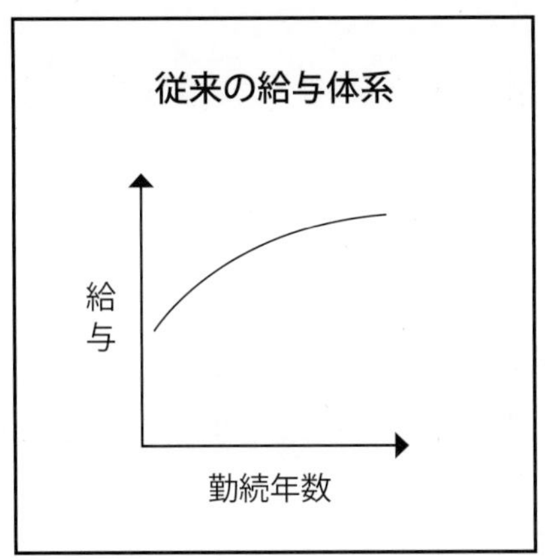

1

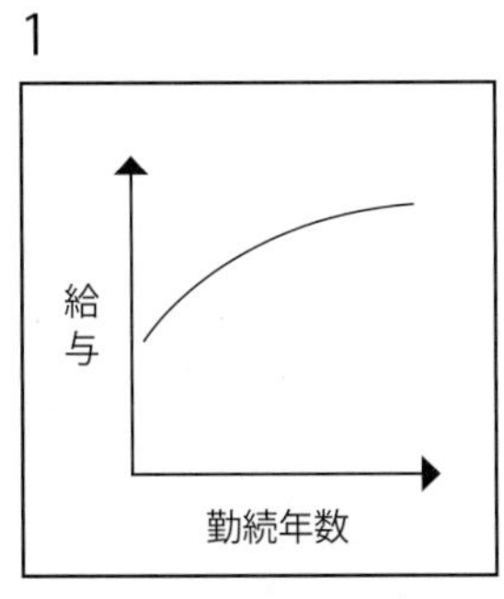

2

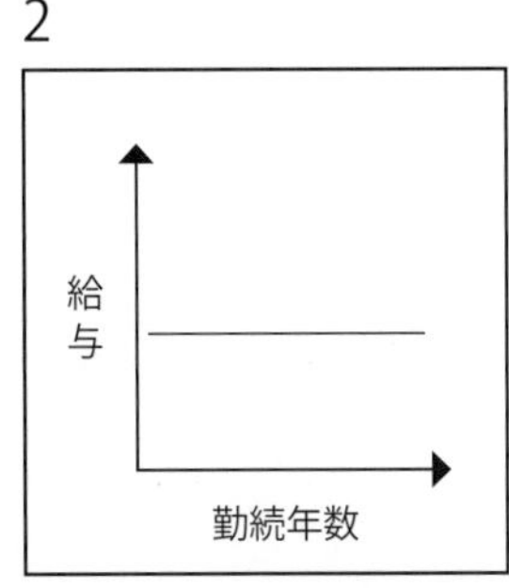

3

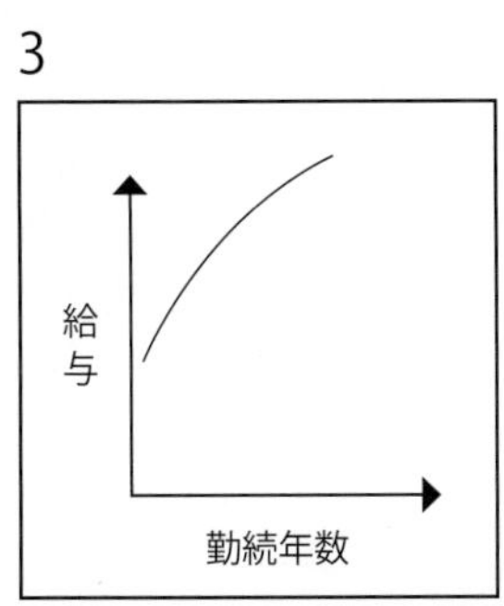

4

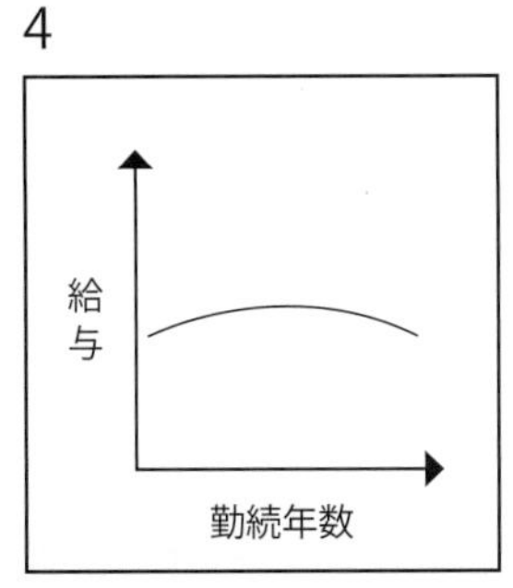

――このページは問題はありません。――

聴解問題

説明

聴解問題は，音声を聴いて答える問題です。問題も選択肢もすべて音声で示されます。問題冊子には，何も書かれていません。

問題は一度しか聴けません。

このページのあとに，メモ用のページが３ページあります。音声を聴きながらメモをとるのに使ってもいいです。

聴解の解答欄には，『正しい』という欄と『正しくない』という欄があります。選択肢１，２，３，４の一つ一つを聴くごとに，正しいか正しくないか，マークしてください。正しい答えは一つです。

１番の前に，一度，練習をします。

— メ　モ —

— メ　モ —

－ メ　　モ －

－メ　モ－